Betriebsrat für Dummies

Schummelseite

AF872001

DIE WICHTIGSTEN PARAGRAFEN DES BETRIEBSVERFASSUNGSGESETZES

§ 37 »Ehrenamtliche Tätigkeit, Arbeitsversäumnis«: Der Betriebsrat muss für seine Tätigkeit jederzeit freigestellt werden, das gilt auch für seine Teilnahme an einschlägigen Seminaren.

§ 80 »Allgemeine Aufgaben«: Definiert die Aufgaben des Betriebsrats.

§ 87 »Mitbestimmungsrechte«: Alle Bereiche, in denen der Betriebsrat ein erzwingbares Mitbestimmungsrecht hat.

§ 93 »Ausschreibung von Arbeitsplätzen«: Gibt dem Betriebsrat das Recht, innerbetriebliche Stellenausschreibung zu fordern.

§ 98 »Durchführung betrieblicher Bildungsmaßnahmen«: Der Betriebsrat hat bei allen betrieblichen Bildungsmaßnahmen ein Mitbestimmungsrecht.

§ 99 »Mitbestimmung bei personellen Einzelmaßnahmen«: Legt fest, dass bei jeder Einstellung, Versetzung, Ein- oder Umgruppierung die Zustimmung des Betriebsrats einzuholen ist.

§ 102 »Mitbestimmung bei Kündigung«: Eine Kündigung ohne Anhörung des Betriebsrats ist unwirksam!

§ 111 »Betriebsänderungen«: Bei jeder Art von Betriebsänderung (Schließung, Zusammenlegung, Verlegung) muss der Betriebsrat unterrichtet und angehört werden.

RECHTE DES BETRIEBSRATS

- ✔ **Informationsrechte:** Der Arbeitgeber muss den Betriebsrat über alle betrieblichen Angelegenheiten anhand von Originalunterlagen rechtzeitig, umfassend und verständlich informieren, damit der Betriebsrat prüfen kann, ob die Maßnahme Verschlechterungen der Arbeitsbedingungen oder gar den Abbau von Arbeitsplätzen nach sich zieht.
- ✔ **Beratungsrechte:** Im Vorfeld geplanter Maßnahmen muss der Arbeitgeber die Bedenken, Einwände oder Vorschläge des Betriebsrats anhören.
- ✔ **Widerspruchsrechte:** Bei fristgerechten Kündigungen hat der Betriebsrat das Recht, Widerspruch einzulegen, sofern bestimmte Gründe, die gegen die Kündigung sprechen, vorliegen.
- ✔ **Zustimmungsverweigerungsrechte:** Bei Einzelmaßnahmen wie Einstellung, Versetzung, Ein- und Umgruppierung muss der Arbeitgeber die Zustimmung des Betriebsrats einholen. In bestimmten Fällen kann der Betriebsrat seine Zustimmung verweigern.
- ✔ **Mitbestimmungsrechte:** In allen sozialen Angelegenheiten hat der Betriebsrat ein erzwingbares Mitbestimmungsrecht. Der Arbeitgeber muss in diesen Fällen mit dem Betriebsrat zu einer Einigung kommen, bevor er etwas unternimmt.

Betriebsrat für Dummies

Schummelseite

AUFGABEN DES BETRIEBSRATS

- **Überwachen:** Der Betriebsrat muss darauf achten, ob alle Gesetze, Verordnungen, Regelungen, Tarifverträge, Unfallverhütungsvorschriften und Betriebsvereinbarungen zugunsten der Beschäftigten eingehalten oder umgesetzt werden.
- **Schützen:** Der Betriebsrat muss Verschlechterungen von Arbeitsbedingungen (Arbeitszeiten, Zulagen, Arbeitssicherheit) und den Verlust von Arbeitsplätzen mit allen ihm zu Gebote stehenden Mitteln abzuwehren versuchen. Außerdem ist es seine Aufgabe, die Interessen von Arbeitnehmern, die aus irgendeinem Grund benachteiligt sind (Schwerbehinderte, ältere Arbeitnehmer, Ausländer), zu wahren.
- **Gestalten:** Der Betriebsrat muss keineswegs nur auf Situationen reagieren, er kann – und soll! – auch selbst Vorschläge erarbeiten und durchsetzen. Dieses Initiativrecht besteht in allen Bereichen, in denen er ein erzwingbares Mitbestimmungsrecht hat.

KEIN BESCHLUSS OHNE …

- Betriebsratssitzung
- ordnungsgemäße Einladung mit Tagesordnung
- Beschlussfähigkeit des Betriebsrats: mindestens die Hälfte der Betriebsratsmitglieder muss anwesend sein
- Aufnahme des Beschlusses ins Protokoll
- Unterschrift des Vorsitzenden und eines weiteren Betriebsratsmitglieds

WO SIND FRISTEN ZU BEACHTEN?

- Drei Tage: fristlose (außerordentliche) Kündigung
- Eine Woche: Einstellung, Versetzung, Ein- oder Umgruppierung, fristgemäße (ordentliche) Kündigung
- Zwei Wochen: Anfechtung der Betriebsratswahl, Anfechtung des Spruchs der Einigungsstelle

Eine Frist beginnt jeweils am Tag nach dem Eingang der Information. Zum Beispiel: Der Betriebsrat erhält eine Information am Dienstag, die Sieben-Tage-Frist beginnt am Mittwoch und endet sieben Tage später, also am darauffolgenden Dienstag. Ist dieser Dienstag ein Feiertag, endet die Frist am darauffolgenden Werktag (es sei denn, das ist ein Samstag – dann verlängert sie sich auf den Montag).

Betriebsrat für Dummies

Margarete Graf
Sigrid Britschgi

Betriebsrat für dummies®

5. Auflage

WILEY
WILEY-VCH GmbH

Betriebsrat für Dummies

Bibliografische Information der Deutschen Nationalbibliothek

Die Deutsche Nationalbibliothek verzeichnet diese Publikation in der Deutschen Nationalbibliografie; detaillierte bibliografische Daten sind im Internet über `http://dnb.d-nb.de` abrufbar.

5. Auflage 2026

Print ISBN: 978-3-527-72469-7
ePub ISBN: 978-3-527-85849-1

Coverillustration: © snyGGG - stock.adobe.com
Korrektur: Johanna Rupp, Nußloch
Satz: Straive, Chennai, India
Druck und Bindung: CPI Group (UK) Ltd, Croydon, CR0 4YY

C9783527724697_120526

Über die Autorinnen

Sigrid Britschgi ist Fachanwältin für Arbeitsrecht im Anwaltsbüro Windirsch, Britschgi & Wilden in Düsseldorf. Sie vertritt seit 1994 ausschließlich Arbeitnehmer, Betriebs- und Personalräte sowie Schwerbehindertenvertretungen. Betriebsräte werden von ihr in der täglichen Arbeit unterstützt und bei Verhandlungen, Einigungsstellenverfahren oder vor dem Arbeitsgericht vertreten. Außerdem ist sie in der Bildungsarbeit tätig und vermittelt in Schulungen unter anderem neu gewählten Betriebsräten die erforderlichen Kenntnisse für ihre Betriebsratsarbeit. Durch die Kombination von Anwalts- und Schulungstätigkeit weiß sie sehr genau, wo die Probleme zwischen Theorie und Praxis liegen und wie man am besten damit umgeht.

Als Autorin hat sie einen Kommentar zu einem Manteltarifvertrag gemeinsam mit weiteren Kollegen verfasst sowie ein Buch zum betrieblichen Eingliederungsmanagement. Regelmäßig veröffentlicht sie Beiträge in Fachzeitschriften.

Margarete Graf war viele Jahre lang Lektorin für Schulbuch, Sachbuch und Reiseführer in verschiedenen mittelständischen Verlagen. Mit der Betriebsratsarbeit kam sie zunächst als Vorsitzende eines Wahlvorstands zur Durchführung von Betriebsratswahlen in Kontakt. Schon einige Jahre später wurde sie selbst zur Betriebsratsvorsitzenden gewählt und mehrmals im Amt bestätigt. Sechzehn Jahre lang führte sie nicht nur zahllose Gespräche und Verhandlungen, sondern leitete auch die Vorbereitung und Verhandlung von zahlreichen Betriebsvereinbarungen, unter anderem zum Thema Vertrauensarbeitszeit (diese Betriebsvereinbarung wurde später – mit anderen – Gegenstand eines Forschungsprojekts), und verhandelte über verschiedene Sozialpläne.

Margarete Graf arbeitete danach mehrere Jahre als Redakteurin bei einer Berufsgenossenschaft. Außerdem war sie freiberuflich als Autorin und Lektorin tätig. Zu ihren zahlreichen Veröffentlichungen gehören Reise- und Wanderführer, Sachbücher und Beiträge für Sammelbände, Zeitungen und Zeitschriften.

Auf einen Blick

Über die Autorinnen **7**
Einführung **23**

Teil I: Was der Betriebsrat kann und darf 29

Kapitel 1: Betriebsrat – wozu eigentlich? 31
Kapitel 2: Betriebsrat und andere Gremien 45
Kapitel 3: Soziale Angelegenheiten – ohne Betriebsrat geht gar nichts 63
Kapitel 4: Einstellung und Kündigung 87
Kapitel 5: Betriebsratsarbeit konkret 105

Teil II: Die tägliche Arbeit 123

Kapitel 6: Das Betriebsratsbüro 125
Kapitel 7: Wie man sich schlaumacht 139
Kapitel 8: Die Betriebsratssitzung 153
Kapitel 9: Öffentlichkeitsarbeit 177

Teil III: Die Betriebsversammlung 189

Kapitel 10: Großer Auftritt für den Betriebsrat – die Betriebsversammlung 191
Kapitel 11: Vorbereitung ist alles 199
Kapitel 12: Der Tag ist da 211

Teil IV: Verhandlungen mit dem Arbeitgeber 221

Kapitel 13: Grundsatz: vertrauensvoll 223
Kapitel 14: Die Betriebsvereinbarung 237
Kapitel 15: Mit harten Bandagen 251
Kapitel 16: Interessenausgleich und Sozialplan 267

Teil V: Die Wahl 279

Kapitel 17: Der Wahlbaukasten 281
Kapitel 18: Wahlverfahren maßgeschneidert 297
Kapitel 19: Wählen und zählen 315

Teil VI: Der Top-Ten-Teil 331

Kapitel 20: Zehn Internetseiten für Betriebsräte 333
Kapitel 21: Zehn gesetzliche Regelungsbereiche 337
Kapitel 22: Zehn Tipps für Verhandlungen mit dem Arbeitgeber 343
Kapitel 23: Zehn Tipps für ein erfolgreiches Beratungsgespräch 349
Kapitel 24: Die zehn häufigsten Fragen, auf die Sie eine Antwort geben können sollten 351

Glossar **359**
Abbildungsverzeichnis **371**
Stichwortverzeichnis **373**

Inhaltsverzeichnis

Über die Autorinnen **7**

Einführung **23**

Über dieses Buch 23
Konventionen in diesem Buch 24
Törichte Annahmen über den Leser 24
Was Sie nicht lesen müssen 25
Wie dieses Buch aufgebaut ist 25
Teil I: Was der Betriebsrat kann und darf 25
Teil II: Die tägliche Arbeit 25
Teil III: Die Betriebsversammlung 26
Teil IV: Verhandlungen mit dem Arbeitgeber 26
Teil V: Die Wahl 26
Teil VI: Der Top-Ten-Teil 26
Symbole, die in diesem Buch verwendet werden 26
Wie es weitergeht 27

TEIL I
WAS DER BETRIEBSRAT KANN UND DARF **29**

Kapitel 1
Betriebsrat – wozu eigentlich? **31**

Die betriebliche Interessenvertretung 31
Was kann der Betriebsrat, was ich nicht kann? 32
Auf dem Boden des Gesetzes 34
Welche Aufgaben hat der Betriebsrat denn nun eigentlich? 35
Betriebliche Mitbestimmung – ein kurzer Überblick 36
Wo der Betriebsrat nichts zu sagen hat 38
Wir streiken – nicht! 39
Kein Betriebsrat ohne Wahl 39
Weshalb ausgerechnet ich? 40
»Betriebsrat? Das erlaubt unser Chef nie!« 40
»Das kann ich nicht« 40
»Dafür habe ich keine Zeit« 40
»Das traue ich mir nicht zu« 41
»Wir brauchen keinen Betriebsrat« 41
»Wenn ich kandidiere, kann ich mir meine nächste Beförderung abschminken« 42
»Aber was habe ich persönlich davon?« 42
»Und der Arbeitgeber?« 43
Ehre, wem Ehre gebührt 44

Kapitel 2
Betriebsrat und andere Gremien 45
Die Größe des Betriebsrats 45
Wer wählt? 46
Der Betriebsratsvorsitzende 46
Die Aufgaben des Vorsitzenden 47
Der Betriebsausschuss 49
Größe und Zusammensetzung 50
Die Aufgaben des Betriebsausschusses 50
Andere Ausschüsse des Betriebsrats 51
Wir sind nicht allein – Gremien und Ausschüsse 52
Der Wirtschaftsausschuss 52
Der Arbeitsschutzausschuss 54
Aufgaben auf Arbeitsgruppen übertragen 55
Wird die Arbeit des Betriebsrats durch Arbeitsgruppen einfacher? 56
Im großen Stil – Gesamt- und Konzernbetriebsräte 57
Der Gesamtbetriebsrat 57
Der Konzernbetriebsrat 59
Arbeitnehmer im Aufsichtsrat – die Unternehmensmitbestimmung 59
Sonderrechte für Sonderfälle 59
Jugend- und Auszubildendenvertretung 59
Schwerbehindertenvertretung 60
Sprecherausschuss 60
Die Gewerkschaften 61
Gewerkschaftliche Vertrauensleute 61

Kapitel 3
Soziale Angelegenheiten – ohne Betriebsrat geht gar nichts 63
Das Herz der Betriebsratsarbeit: Die Mitbestimmungsrechte 63
Die Mitbestimmungsrechte in sozialen Angelegenheiten 64
Initiativrecht 65
Fragen der betrieblichen Ordnung 66
Die tägliche Arbeitszeit 69
Überstunden 71
Kurzarbeit 72
Wo und wann gibt es Geld? 72
Urlaubsgrundsätze 73
Überwachung 74
Arbeits- und Gesundheitsschutz 76
Sozialeinrichtungen 80
Werkswohnungen 80
Betriebliche Lohngestaltung 81
Festsetzung der Akkord- und Prämiensätze 82
Betriebliches Vorschlagswesen 82

Gruppenarbeit ... 83
Ausgestaltung von mobiler Arbeit ... 83
Mitbestimmung bei der Qualifizierung von Mitarbeitern ... 84

Kapitel 4
Einstellung und Kündigung ... 87
Mitbestimmung bei Einstellungen ... 87
Die innerbetriebliche Ausschreibung ... 88
Eigene Vorschläge zur Beschäftigungssicherung ... 89
Wie entscheidet der Betriebsrat? ... 89
Versetzung, Umgruppierung, Umsetzung ... 91
Zustimmung nicht erteilt! ... 91
Der Arbeitgeber geht mit dem Kopf durch die Wand – und Sie zum Gericht! ... 92
Mitbestimmung bei Kündigung ... 94
Eine Kündigung ohne Anhörung des Betriebsrats ist unwirksam ... 94
Beschlussfassung des Betriebsrats ... 94
Der Widerspruch des Betriebsrats verhindert die Kündigung zunächst nicht ... 99
Beratungs- und Informationsrechte ... 100
Worüber muss der Arbeitgeber informieren? ... 100
Wenn die Information nur spärlich fließt ... 101
Einblick in die Gehaltslisten ... 101
Arbeitgeber, seid nett zu Betriebsräten ... 103

Kapitel 5
Betriebsratsarbeit konkret ... 105
Die Aufgaben des Betriebsrats ... 105
Ziffer 1: Überwachung ... 106
Ziffern 2 und 3: Gestaltung ... 107
Ziffern 4, 6 und 7: Schutz ... 107
Ziffern 2a und b, 5, 8 und 9: Förderung ... 107
Jetzt geht's los ... 108
Was nicht zur Betriebsratsarbeit gehört ... 109
Wie Sie ein Projekt auf die Beine stellen ... 109
Wer macht was im Betriebsrat? ... 111
Aufgaben gerecht verteilen ... 112
Der richtige Ansprechpartner für jeden ... 112
Das Beratungsgespräch ... 113
Die Sprechstunde ... 114
Ist da wer? ... 115
Pst, vertraulich ... 117
So viel Zeit muss sein – für die Betriebsratsarbeit ... 118
Und die Arbeit? ... 119
Betriebsratsarbeit ist Arbeit ... 120
Freistellung ... 121

TEIL II
DIE TÄGLICHE ARBEIT ... 123

Kapitel 6
Das Betriebsratsbüro ... 125
Lage und Größe ... 125
Die Suche nach dem besten Ort ... 126
Platz für alle ... 126
Schlüsselstellung ... 127
Nichts hören, nichts sehen ... 127
Tisch und Stuhl und mehr ... 128
Nicht nur Papier und Bleistift ... 129
Aktenvernichter ... 130
Kopiergerät ... 130
Telefon und Smartphone ... 130
Internet und E-Mail ... 131
Personal Computer ... 132
Drucker ... 132
Sensibel – Datenschutz des Betriebsrats ... 133
Großer Betriebsrat – große Räume ... 133
Auch der kleine Betriebsrat braucht einen Arbeitsplatz ... 134
Wer soll das bezahlen ...? ... 134
Wie der Betriebsrat seine Ansprüche durchsetzt ... 137

Kapitel 7
Wie man sich schlaumacht ... 139
Fachliteratur und Gesetzestexte ... 139
Die Grundausstattung ... 140
Kommentare und Handbücher ... 140
Fachzeitschriften ... 143
»Zwar weiß ich viel, doch will ich alles wissen« – Seminare und Fortbildungsveranstaltungen ... 143
Das Grundlagenseminar ... 144
ChatGPT, Copilot und Co ... 145
Das Recht auf Freistellung ... 145
Die Anmeldung zum Seminar ... 147
Rechtsanwälte und Sachverständige ... 148
Die »nähere Vereinbarung« ... 151
Erforderlichkeit ohne Diskussionen ... 151
Der Rechtsanwalt ... 152

Kapitel 8
Die Betriebsratssitzung ... 153
Die Wahl des richtigen Zeitpunkts ... 154
Der Ort des Geschehens ... 154
Virtuelle Betriebsratssitzung – wenn der Betriebsrat es will ... 155
Regelmäßig und ohne Zeitdruck ... 156

Die Einladung zur Sitzung . . . 157
Einberufung durch andere . . . 158
Die Betriebsratssitzung ist keine Überraschungsparty – die Tagesordnung . . . 158
Ständige Punkte . . . 159
Das Wichtigste zuerst . . . 159
Verschiedenes zu »Verschiedenes« . . . 160
Wer wird eingeladen? . . . 162
Der Gewerkschaftsvertreter . . . 163
»Ich kann leider nicht« . . . 164
Vorsitz führt der Vorsitzende . . . 165
Antragstellung und Beschluss . . . 166
Antragstellung . . . 167
Die Abstimmung . . . 167
Rechtlich gesehen . . . 170
Der Beschluss ist gefasst . . . 170
»Nur was man schwarz auf weiß besitzt ...« – das Protokoll . . . 171
Was steht drin? . . . 171

Kapitel 9
Öffentlichkeitsarbeit . . . 177
Regelmäßige Gespräche . . . 177
Das Schwarze Brett . . . 178
Der richtige Ort . . . 178
Größer als ein Tablett! . . . 179
Der Betriebsrat hat das Hausrecht . . . 179
Was hängt denn da? . . . 180
Alles so laaaangweilig? . . . 180
Der »Brettbeauftragte« . . . 181
Information via Flugblatt . . . 181
Kommunikation per E-Mail . . . 182
Der Betriebsrat im Intranet . . . 182
Die Belegschaftsbefragung . . . 183
Den Aufwand abschätzen . . . 184
Rudi Ratlos will es wissen . . . 184
Die Gretchenfragen . . . 184
Jetzt sind die Kollegen gefragt . . . 185
Auswertung und Präsentation . . . 185

TEIL III
DIE BETRIEBSVERSAMMLUNG . . . 189

Kapitel 10
Großer Auftritt für den Betriebsrat –
die Betriebsversammlung . . . 191
Warum eine Betriebsversammlung? . . . 192
In der Hauptrolle: Der Betriebsrat . . . 192

Einmal im Vierteljahr . . . 193
Wenn es brennt 194
Teilversammlungen . . . 195
Abteilungsversammlungen . . . 195
Geschlossene Gesellschaft . . . 196
Keine Freizeitbeschäftigung . . . 197
Gegenveranstaltung? Abgesagt! . . . 198
Die Rechte der Betriebsversammlung . . . 198

Kapitel 11
Vorbereitung ist alles . . . 199
Der ideale Termin . . . 199
Der richtige Ort . . . 200
Die Ausstattung . . . 201
Die Einladung . . . 202
Das Ankündigungsplakat . . . 202
Fax, Intranet und E-Mail . . . 204
Jetzt wird es inhaltlich . . . 204
Die Tagesordnung . . . 205
Der Bericht des Betriebsrats . . . 205
Weitere Themen der Betriebsversammlung . . . 208
Mündlich oder schriftlich? . . . 210

Kapitel 12
Der Tag ist da . . . 211
Hier hat der Betriebsrat das Sagen . . . 211
Die Botschaft der Sitzordnung . . . 212
Die Versammlungsleitung . . . 213
Begrüßung und Vorstellen der Tagesordnung . . . 213
Der Bericht des Betriebsrats: Ablesen oder frei sprechen? . . . 214
Der Bericht des Arbeitgebers . . . 215
Die Diskussion . . . 216
Das Ende der Versammlung . . . 218
Das Protokoll . . . 218
Das Hausrecht . . . 219

TEIL IV
VERHANDLUNGEN MIT DEM ARBEITGEBER . . . 221

Kapitel 13
Grundsatz: vertrauensvoll . . . 223
Die Zusammenarbeit mit dem Arbeitgeber . . . 224
Das erste Mal . . . 224
Auf Augenhöhe . . . 225
Der richtige Ansprechpartner . . . 225

Der unkundige Arbeitgeber . . . 226
Friede, Freude, Eierkuchen? . . . 227
Die Elemente der »vertrauensvollen Zusammenarbeit« . . . 228
Die Friedenspflicht . . . 228
Vertraulichkeit und Geheimhaltungspflicht . . . 229
Die Informationspflicht . . . 230
Viel beschworen: Das »Wohl des Betriebs« . . . 231
Das monatliche Gespräch . . . 232
Wir sind alle da 233
... aber nicht unvorbereitet . . . 234
Der Betriebsrat nimmt es in die Hand . . . 234
Besprechen, aber nicht entscheiden . . . 235
Wer schreibt, der bleibt . . . 236

Kapitel 14
Die Betriebsvereinbarung . . . 237
Was ist eine Betriebsvereinbarung? . . . 237
Muss es denn so förmlich sein? . . . 238
Zu welchen Themen? . . . 239
Freiwillige Betriebsvereinbarungen . . . 240
Keine Betriebsvereinbarung . . . 241
Schritt für Schritt zur Vereinbarung . . . 241
Erster Schritt: Was wollen wir eigentlich? . . . 241
Zweiter Schritt: Information und Sachverstand einholen . . . 242
Dritter Schritt: Es wird konkret . . . 242
Vierter Schritt: Die Verhandlung beginnt . . . 243
Fünfter Schritt: Der Entwurf des Arbeitgebers . . . 243
Sechster Schritt: Öffentlichkeitsarbeit . . . 244
Siebter Schritt: Die Betriebsvereinbarung wird formuliert . . . 244
Handschlag genügt nicht – die Bestandteile einer Betriebsvereinbarung . . . 244
Die Verhandlungspartner . . . 244
Gegenstand der Betriebsvereinbarung . . . 245
Geltungsbereich . . . 245
Die Regelung selbst . . . 245
Beginn und Ende der Geltungsdauer . . . 245
Die salvatorische Klausel . . . 246
Die Unterschrift . . . 246
Geht es auch digital? . . . 247
Ans Licht damit! . . . 247
Das Ende der Vereinbarung . . . 248
Und wer ist verantwortlich? . . . 248
Andere Vereinbarungen . . . 248
Was geht mich das an? . . . 249
Und wenn das alles nichts hilft? . . . 249

Kapitel 15
Mit harten Bandagen 251
Die Einigungsstelle 251
Der richtige Anlass 252
Also lautet der Beschluss … 252
Die drei Möglichkeiten des Arbeitgebers 253
Vorsitzender und Beisitzer 253
Die Aufgaben des Betriebsrats 254
Es kommt zum Spruch 255
Die einstweilige Verfügung 257
Her mit den Informationen, sonst … 257
Alles auf Anfang 259
Anspruch und Grund 260
Letzte Chance und ab die Post 261
Die Ordnungswidrigkeitsanzeige 261
Die Mühlen des Gesetzes 263
Das Strafverfahren 263
Wer nicht hören will … 264
Verfolgung auf Antrag 265
Lohnt sich das denn? 266
Aber das Betriebsklima … 266

Kapitel 16
Interessenausgleich und Sozialplan 267
Die Betriebsänderung 267
Zahlenspiele 269
Es wird ernst! 270
Der Interessenausgleich 271
Alternativen suchen 271
Die Bestandteile eines Interessenausgleichs 272
Die Sozialauswahl 273
Kein Interessenausgleich ohne Sozialplanverhandlung! 273
Der Sozialplan 274
Immer eine Maßanfertigung 274
Die rechtliche Stellung des Sozialplans 275
Anzeigepflicht bei Massenentlassungen 275
Die Abfindung 276

TEIL V
DIE WAHL 279

Kapitel 17
Der Wahlbaukasten 281
Betriebsratswahl im Schnelldurchgang 281
Noch hat der Betriebsrat das Wort 282
Gewissenhaft und mutig 283

Der Wahlvorstand übernimmt. 283
Die Aufgaben des Wahlvorstands 283
Der Wahltermin 285
Kannitverstan? 286
Die Wählerliste 287
Zahl der Betriebsratsmitglieder 289
Das Wahlausschreiben 291
Prüfung der Vorschlagslisten 294
Letzte Rettung: Die Korrektur des Wahlausschreibens 295

Kapitel 18
Wahlverfahren maßgeschneidert 297
Das Wichtigste: Die Kandidaten. 297
Zwei Wahlverfahren 298
Das vereinfachte Wahlverfahren 299
Die Liste wird aufgestellt 300
Die Stimmabgabe 302
Das normale Wahlverfahren 302
Die Wahlvorschlagslisten 303
Die Wahl der Wahl: Betriebe mit 101 bis 200 Beschäftigten 308
Das erste Mal 308
Termin: Jederzeit 309
Der Wahlvorstand 309
Die Wahl des Wahlvorstands 310
Zweistufiges Wahlverfahren 311
Bereit sein ist alles 312
Erste Hilfe für die Wahl 314

Kapitel 19
Wählen und zählen 315
Die Briefwahl 315
Die Wahlunterlagen 316
Jeder hat nur eine Stimme! 317
Der Stimmzettel 318
Der Wahltag 318
Zeit genug für alle 319
Das Wahllokal 320
Die Wahlurne 320
Wahlhelfer 320
Türen auf, jetzt geht es los 320
Die öffentliche Stimmenauszählung 322
Die Wahlniederschrift 325
Benachrichtigung der gewählten Betriebsratsmitglieder 325
Die Bekanntmachung der Wahlergebnisse 326
Die konstituierende Sitzung des Betriebsrats 326
Die ersten Aufgaben 327
Die Anfechtung der Wahl 328

TEIL VI
DER TOP-TEN-TEIL 331

Kapitel 20
Zehn Internetseiten für Betriebsräte 333
Bundesrecht 333
Bundesarbeitsgericht 333
Bundesministerium für Arbeit und Soziales 334
Bundesanstalt für Arbeitsschutz und Arbeitsmedizin 334
Deutsche Gesetzliche Unfallversicherung 334
Gesetzliche Krankenkassen 335
Technologieberatungsstellen 335
Deutscher Gewerkschaftsbund 336
Hans-Böckler-Stiftung 336
Institut der deutschen Wirtschaft Köln 336

Kapitel 21
Zehn gesetzliche Regelungsbereiche 337
Arbeitnehmerüberlassung/Leiharbeit 337
Arbeits- und Gesundheitsschutz 338
Arbeitsvertrag und Kündigung 338
Arbeitszeit und Urlaub 339
Behinderte 339
Entgelt 339
Jugend und Ausbildung 340
Mitbestimmung 340
Mütter und Eltern 342
Sozialversicherung 342

Kapitel 22
Zehn Tipps für Verhandlungen mit dem Arbeitgeber 343
Ziele klären 343
Informationen zusammentragen 344
Verbündete suchen 344
Eigenen Vorschlag entwickeln 345
Das richtige Verhandlungsteam zusammenstellen 345
Nicht das Heft aus der Hand nehmen lassen 345
Nicht ins Bockshorn jagen lassen 346
Keine Zusage ohne Beschluss 346
Wissen, wann die Verhandlung gescheitert ist 347
Selbstbewusstsein zeigen 347

Kapitel 23
Zehn Tipps für ein erfolgreiches Beratungsgespräch 349

Kapitel 24
Die zehn häufigsten Fragen, auf die Sie eine Antwort geben können sollten ... 351
Durfte mir der Arbeitgeber bei der Einstellung eigentlich so viele persönliche Fragen stellen? ... 351
Muss ich eigentlich Überstunden machen? ... 353
Warum bekomme ich kein Weihnachtsgeld? ... 353
Der Tarifvertrag ... 353
Betriebsvereinbarung ... 353
Einzelvertragliche Regelung ... 354
Betriebliche Übung ... 354
Gleichbehandlungsgrundsatz ... 354
Wann muss ich eigentlich meine Krankmeldung einreichen? ... 354
Ich habe ein schulpflichtiges Kind. Habe ich Anspruch darauf, in den Ferien Urlaub zu bekommen? ... 355
Ich möchte gern in Teilzeit arbeiten - geht das? ... 356
Der Chef hat vorhin gesagt: »Sie können gleich zusammenpacken!« Ist das jetzt eine Kündigung? ... 357
Ich habe seit einigen Wochen immer solche Rückenschmerzen - kann das an der Arbeit liegen? ... 357
Unser Abteilungsleiter sagt, wir haben zu viel Arbeit, um zur Betriebsversammlung zu gehen - darf er das? ... 358
Was macht ihr vom Betriebsrat eigentlich die ganze Zeit? ... 358

Glossar ... 359
Abbildungsverzeichnis ... 371
Stichwortverzeichnis ... 373

Einführung

Sie haben sich also dazu entschlossen, zum Betriebsrat zu kandidieren, oder wurden vielleicht gerade gewählt. Vor Ihnen liegen einige dicke Bücher, die Sie nur mit Vorsicht zu bewegen wagen, aus Furcht, es könnte ein Dutzend Paragrafen herausfallen. Da haben Sie sich ja was aufgehalst ...

Keine Angst! Das Amt des Betriebsrats ist zwar eine Herausforderung, aber eine, die durchaus zu bewältigen ist. Sie müssen ja nicht gleich am ersten Tag eine komplizierte Betriebsvereinbarung verhandeln. Gehen Sie einfach Schritt für Schritt auf Ihre Aufgaben zu und nehmen Sie sie fest in die Hand. Sie sind ja nicht allein! Sie haben Ihre Betriebsratskollegen, die Kollegen, die Sie gewählt haben, und Sie haben dieses Buch.

Über dieses Buch

Wenn Sie erwarten, dass Sie es als Betriebsrat viel mit Gesetzen und Paragrafen zu tun haben – haben Sie recht. Wenn Sie befürchten, dass die in erster Linie trocken, langweilig und schwer verständlich sind – haben Sie manchmal auch recht. Wenn Sie aber glauben, dass deswegen die ganze Geschichte also doch nichts für Sie ist – haben Sie nicht recht. Denn all diese Paragrafen lassen sich zu prächtigen, scharfen Waffen schmieden, mit deren Hilfe Sie im Betrieb allerhand bewirken können. Und das wird Ihnen mehr Freude machen als alles andere.

In diesem Buch wollen wir uns daher gar nicht lange mit der Interpretation von Gesetzestexten befassen, sondern uns darum kümmern, was man damit tun kann. Eine Menge! Wenn Sie sich einmal durch dieses Buch geschmökert haben, werden Sie sehen, dass Betriebsratsarbeit eine der befriedigendsten Aufgaben im ganzen Betrieb ist – sogar besser als selbst Chef sein:

- ✔ Sie müssen keine Mitarbeiter entlassen, sondern können dazu beitragen, dass Kollegen ihren Arbeitsplatz behalten.
- ✔ Sie müssen nicht die ganze Zeit an steigende Gewinne denken, sondern dürfen effizientere Arbeitssicherheitsmaßnahmen und angenehmere Arbeitszeiten mitgestalten.
- ✔ Sie müssen nicht herumbrüllen, sondern dürfen durch Argumente überzeugen.
- ✔ Sie müssen keine einsamen Entscheidungen treffen, sondern können alles im Team diskutieren und entscheiden.
- ✔ Sie haben Ihren Posten nicht durch Erbschaft, Hochdienen oder Seilschaften erhalten, sondern sind durch eine demokratische Wahl legitimiert.

Sie müssen auch weder Betriebswirtschaft noch Jura studiert und auch keine Kurse in Personalführung und Managementwissenschaften besucht haben. Es reicht, dass Ihnen bei Ungerechtigkeiten und ungerechtfertigten Zumutungen der Kamm schwillt und Sie das Bedürfnis haben, Ihren Unmut in konstruktives Handeln abzuleiten.

Für dieses Buch brauchen Sie keinerlei Vorwissen. Sie brauchen es auch nicht von der Einführung bis zum Schluss durchzulesen. Schauen Sie sich das Inhaltsverzeichnis an und überlegen Sie, was Sie zuerst wissen wollen: Welche Mitbestimmungsrechte Sie im Fall einer Kündigung haben? Ob Ihnen ein Betriebsratsbüro zusteht? Wie Sie überhaupt erst einmal einen Betriebsrat zustande bekommen? Fangen Sie an jeder beliebigen Stelle zu lesen an, Sie werden sich garantiert zurechtfinden.

Konventionen in diesem Buch

Gleich ein Geständnis: Wenn Sie dieses Buch lesen, werden Sie sehr oft auf männliche Formen stoßen. Es ist von *dem* Arbeitgeber die Rede, *dem* Betriebsratsvorsitzenden, *dem* Kollegen, *dem* Arbeitnehmer … Das gefällt mir selbst nicht besonders gut, denn ich weiß: Die Hälfte der Welt ist weiblich (ich gehöre selbst zu dieser Hälfte), und das sollte man (frau!) auch sehen. Aber: Das in jedem Satz zu berücksichtigen, ist soooo umständlich. Keine der möglichen Lösungen – abwechselnd die weibliche oder die männliche Form, das Binnen-I wie in KollegInnen oder immer beide Formen nebeneinander – fanden weder die Autorin der Vorauflagen noch ich akzeptabel. Alle Möglichkeiten wären verwirrend und schwer lesbar, also genau das Gegenteil dessen, was Sie von einem *… für Dummies*-Buch erwarten.

Es bleibt also bei der konventionellen Schreibweise, in der Hoffnung, dass irgendwann einmal, in nicht allzu ferner Zukunft, selbst beim Wort »Vorstandsvorsitzender« vor dem geistigen Auge der Leserinnen und Leser ganz selbstverständlich eine Frau erscheint.

Törichte Annahmen über den Leser

Warum könnten Sie sich für ein Buch mit dem Titel *Betriebsrat für Dummies* interessieren? Ich nehme einmal an, aus einem oder mehreren der folgenden Gründe:

- ✔ Sie werden gerade von Ihren Kollegen bekniet, doch bei den nächsten Betriebsratswahlen zu kandidieren: »Das kannst du doch!«
- ✔ Sie sind seit Kurzem im Betriebsrat und wissen nicht so recht, wo's langgeht.
- ✔ Sie sind seit Längerem im Betriebsrat und wurden zum Vorsitzenden gewählt – da kommen viele neue Aufgaben auf Sie zu.
- ✔ Sie sind schon lange im Betriebsrat, und trotzdem gibt es immer noch Bereiche, über die Sie sich schlauer machen wollen.

- ✔ Sie sind im Betriebsrat und stellen plötzlich fest, dass ein neuer Chef ganz andere Saiten aufzieht.
- ✔ Sie sind überhaupt nicht im Betriebsrat, sondern Arbeitgeber und wollen sich auch mal informieren, was Ihr Betriebsrat eigentlich so alles kann und darf.

Was Sie nicht lesen müssen

Habe ich schon erwähnt, dass Sie als Betriebsrat viel mit Paragrafen zu tun haben werden? Auch in diesem Buch sind eine ganze Menge solcher Gesetzestexte zitiert. Sie erkennen sie immer am speziellen Symbol vor den betreffenden Passagen (siehe zu den im Buch verwendeten Symbolen weiter hinten in dieser Einführung). Und: Sie müssen sie (erst einmal) nicht lesen. Alles, was Ihnen die Paragrafen in trockenen Worten und verschachtelten Sätzen zu sagen haben, erfahren Sie leicht verständlich auch im Text. Erst wenn es einmal ernst wird und Sie darangehen müssen, strenge Briefe zu schreiben, sollten Sie den Gesetzestext im Wortlaut heranziehen.

Wie dieses Buch aufgebaut ist

Dieses Buch ist in sechs Teile gegliedert, die unterschiedliche Aspekte der Betriebsratsarbeit behandeln.

Teil I: Was der Betriebsrat kann und darf

Hier erfahren Sie, was ein Betriebsrat überhaupt ist, wofür man ihn braucht und wie man ihn bekommt. Sie bekommen ein paar gute Gründe an die Hand, warum Sie (ja, Sie!) sich als Betriebsratskandidat aufstellen lassen sollten und was Sie davon eigentlich haben.

Danach führe ich Sie durch das Dickicht der verschiedenen betrieblichen Gremien, und schon sind wir beim Herzstück der Betriebsratsarbeit: den Mitbestimmungsrechten. Schließlich werden noch sehr ausführlich die Rechte und Pflichten des Betriebsrats vorgestellt, wir schreiten gemeinsam den (gar nicht so eng bemessenen) Gestaltungsspielraum ab und öffnen gleich die Tür zur ersten Sprechstunde.

Teil II: Die tägliche Arbeit

Hier wird erst einmal eingeräumt – das Betriebsratsbüro nämlich. Neben Arbeitsplatz und Ausstattung richten wir auch eine kleine, sicher stetig wachsende Betriebsratsbibliothek ein und beschäftigen uns mit den wichtigsten Sachverständigen.

Danach kann es gleich weitergehen mit der Betriebsratssitzung: Wer nimmt teil, wer nicht, kann der Betriebsrat sich auch »online« zu einer Sitzung treffen, was ist ein Beschluss und wie kommt er zustande? Und weil eine gute Öffentlichkeitsarbeit auch für den Betriebsrat unverzichtbar ist, gebe ich dazu auch ein paar Tipps.

Teil III: Die Betriebsversammlung

Showdown oder Erbsenzählerei? Hitzig oder sterbenslangweilig? Wie Sie Ihre Betriebsversammlung zu einer interessanten und lebhaften Veranstaltung machen können, erfahren Sie in diesem Teil.

Teil IV: Verhandlungen mit dem Arbeitgeber

Die natürlichen Partner im betrieblichen Alltag sind Betriebsrat und Arbeitgeber. Wie weit diese »Partnerschaft« gehen kann und wo sie ihre Grenzen hat, ist eine spannende Frage. In diesem Teil überzeuge ich Sie von der Notwendigkeit einer vertrauensvollen Zusammenarbeit mit dem Arbeitgeber, stehe Ihnen beim Abschluss einer Betriebsvereinbarung bei und stärke Ihnen den Rücken, wenn es ungemütlich wird: einstweilige Verfügung, Beschlussverfahren vor dem Arbeitsgericht, Sozialplan.

Teil V: Die Wahl

Weil so ein Betriebsrat ja nicht vom Himmel fällt, werden in diesem Teil die verschiedenen Wahlverfahren für alle Betriebsgrößen vorgestellt und erläutert: kleine, mittelgroße, große Betriebe, solche mit und solche ohne Betriebsrat. Warum so spät? Steht denn die Wahl nicht ganz am Anfang der Betriebsratsarbeit? Ja und nein: Die Arbeit des Betriebsrats hat mit der Wahl nur am Rande zu tun, organisiert wird sie von einem Wahlvorstand. Wer ist das denn? Auch das erfahren Sie in diesem Teil.

Teil VI: Der Top-Ten-Teil

Hier erwarten Sie gute Tipps im Zehnerpack: die zehn besten Websites für Betriebsräte, die zehn wichtigsten gesetzlichen Regelungsbereiche sowie Tipps für Verhandlungen mit dem Arbeitgeber und für Beratungsgespräche mit zornigen, verzweifelten oder ratlosen Kollegen.

Symbole, die in diesem Buch verwendet werden

Über das Buch verteilt finden Sie vier verschiedene Symbole, deren Bedeutung Sie hier erfahren:

Ein praktischer Tipp oder Kniff, der Ihnen die Arbeit oder eine Verhandlung erleichtert.

Das ist ein Gesetzestext. Sie brauchen ihn nur zu lesen, wenn Sie sich rückversichern oder ihn zitieren wollen.

Hier kommt eine zusätzliche Erläuterung, die etwaige Unklarheiten beseitigen könnte.

Vorsicht! Hier lauert eine Fallgrube, die Sie kennen sollten!

Wie es weitergeht

Nehmen Sie Ihr Herz in die Hand, springen Sie über Ihren Schatten, schlucken Sie ein paarmal – und los geht's. Vor Ihnen liegt eine hoch spannende Herausforderung, eine interessante Aufgabe, eine Arbeit, die Ihnen Befriedigung und Anerkennung verschafft, ein Lebensabschnitt, in dem Sie unendlich viel lernen werden. Dieses Buch will Ihnen dabei helfen. Sie brauchen es nur aufzuschlagen.

Teil I
Was der Betriebsrat kann und darf

IN DIESEM TEIL ...

Die folgenden Kapitel machen Sie mit der Institution »Betriebsrat« und seinen Aufgaben vertraut. Hier erfahren Sie, womit sich ein Betriebsrat eigentlich beschäftigt – und womit nicht – und dass er mehr Rechte hat, als mancher Arbeitgeber gern wahrhaben möchte. Ich stelle Ihnen sämtliche Gremien und Ausschüsse vor, mit denen Sie zu tun bekommen könnten, und lasse die Mitbestimmungsrechte vor Ihnen Parade gehen. Außerdem geht es in diesem Teil bereits ans Eingemachte: Was kann der Betriebsrat gegen eine Kündigung unternehmen?

IN DIESEM KAPITEL

Die Interessenvertretung der Arbeitnehmer im Betrieb

Der Betriebsrat kann mehr als jeder Einzelne

Alles streng nach Gesetz

Fünf gute Gründe, warum ausgerechnet Sie nicht kandidieren können – oder doch?

Kapitel 1
Betriebsrat – wozu eigentlich?

Betriebsräte werden entweder belächelt oder bewundert. Manchen schwebt bei dem Wort »Betriebsrat« das Bild eines stattlichen Kollegen mit tiefer Stimme vor, der dem Chef Paroli bietet. Andere denken an eine toughe Kollegin, die für alle Probleme ein offenes Ohr hat. Manche erinnern sich an Fernsehbilder von energischen Frauen oder Männern, die, Megafon in der Hand, vor einem Werkstor stehen und gegen die drohende Schließung eines Betriebs protestieren. Wieder andere sagen: »Wir brauchen keinen Betriebsrat, wir haben einen verständnisvollen Chef.« Oder: »Was ich zu regeln habe, verhandle ich selbst mit meinem Vorgesetzten, da soll mir ja keiner dreinreden.«

Für die meisten aber ist der Betriebsrat eine ganz alltägliche Einrichtung im Betrieb, so normal wie der Betriebsarzt, der Kantinenbetreiber oder – der Geschäftsführer. Für sie ist es eine Selbstverständlichkeit zu sagen: »Wenn sich da nicht etwas ändert, gehe ich zum Betriebsrat!« oder »Sag mal, du als Betriebsrat könntest dich doch mal darum kümmern, dass wir neue Stühle / eine bessere Urlaubsordnung / eine anständige Absauganlage bekommen«. Was der Betriebsrat alles kann, erfahren Sie in diesem Kapitel.

Die betriebliche Interessenvertretung

Der Betriebsrat ist die von allen Beschäftigten eines Betriebs gewählte Interessenvertretung der Arbeitnehmer. Es handelt sich dabei also nicht um eine einzelne Person, sondern um ein Gremium, ähnlich wie ein Parlament oder ein Stadtrat. Die Aufgabe eines Betriebsrats besteht darin, die Interessen der Belegschaft gegenüber dem Arbeitgeber zu vertreten. Grundlage dafür sind die gesetzlich geregelten betrieblichen Mitbestimmungsrechte, vor allem das Betriebsverfassungsgesetz (BetrVG).

Das klingt schon einmal recht förmlich und respektheischend. Das soll es auch! Denn damit wird gleichzeitig deutlich, was der Betriebsrat nicht ist:

- ✔ Der Betriebsrat ist kein Unter-Abteilungsleiter oder Ober-Arbeitnehmer. Er steht nicht zwischen Chef und Kollegen, sondern auf der Ebene der Kollegen.
- ✔ Der Betriebsrat ist kein Kummerkasten in Herzensnöten.
- ✔ Der Betriebsrat ist auch kein notorischer Quertreiber und Krawallmacher.

Ein Betriebsrat kann aus nur drei, aber auch aus über hundert Mitgliedern bestehen. Die Größe des Gremiums ist abhängig von der Größe des Betriebs. Je mehr Arbeitnehmer wahlberechtigt sind, desto mehr Betriebsratsmitglieder gibt es auch. Nur in Betrieben mit weniger als fünf Beschäftigten ist gar keine Interessenvertretung vorgesehen.

Der Betriebsrat ist die gewählte Vertretung der gesamten Belegschaft eines Betriebs. Ein Einzelner aus dieser Gruppe ist ein Betriebsratsmitglied.

Betriebsräte im eigentlichen Sinn gibt es nur in Betrieben des privaten Rechts. Öffentliche Betriebe, also Ämter, Behörden oder staatliche Institute, haben keinen Betriebsrat, sondern einen Personalrat. Dessen Rechte und Pflichten regeln das Bundespersonalvertretungsgesetz beziehungsweise die Personalvertretungsgesetze der Länder. Ein eingeschränktes Mitwirkungsrecht haben zum Beispiel die Beschäftigten von Religionsgemeinschaften und ihrer Einrichtungen, etwa die Erzieherinnen eines von der Caritas geführten Kindergartens oder die Pfleger eines von der evangelischen Kirche geführten Hospizes. Deren gewählte Interessenvertretung heißt Mitarbeitervertretung – kurz MAV genannt.

Rechte und Pflichten des Betriebsrats sowie seine Stellung im Betrieb sind im Betriebsverfassungsgesetz geregelt. Es umfasst über 130 einzelne Paragrafen. Keine Sorge, Sie brauchen nicht alle zu kennen.

Was kann der Betriebsrat, was ich nicht kann?

Vielleicht denken Sie, an Ihrer Arbeitsstelle lasse sich alles schiedlich-friedlich regeln. Der Chef ist vernünftig und verständnisvoll, mit dem kann man über alles reden, und bisher hat es noch keine großen Auseinandersetzungen gegeben. Es müssen nur alle an einem Strang ziehen, dann klappt es schon.

Aber so einen Strang kann man in verschiedene Richtungen ziehen. Wenn sich nämlich der stets verständnisvolle Herr Druckereibesitzer eines Tages ausrechnet, dass er mit einer neuen Vierfarb-Druckmaschine nicht nur schneller und präziser drucken kann, sondern auch drei Drucker weniger braucht, dann gibt es ganz schnell eben doch Konflikte, und es zeigt sich, dass die Ziele des Arbeitgebers und die der Beschäftigten unterschiedlich sind. Der eine möchte seine Kosten reduzieren, die anderen wollen ihren Arbeitsplatz behalten. Es offenbart sich plötzlich, dass es einen Interessenkonflikt zwischen Arbeitgebern und Beschäftigten gibt – oder um es ganz unverblümt auszudrücken: zwischen Kapital und Arbeit.

»Nun gut, wenn es zum Schlimmsten kommt, dann müssen wir eben einen Sozialplan abschließen, der fürs Erste die ärgsten Folgen abfedert« – wer darauf spekuliert, auf den wartet leider eine herbe Enttäuschung: Nur ein ordnungsgemäß gewählter Betriebsrat kann mit dem Arbeitgeber einen Sozialplan verhandeln und abschließen.

Aber es muss ja nicht gleich um den Verlust von Arbeitsplätzen gehen: Denken Sie nur an Debatten um Schichtpläne, Pausenzeiten, Beginn und Ende der Arbeitszeit, Raucherecken, Urlaubspläne. Oder gar an so umfassende Fragen wie Einführung von flexibler Arbeitszeit, Altersteilzeit, Betriebskindergarten … All das kann und darf auch der tüchtigste und couragierteste Arbeitnehmer nicht allein verhandeln. Nur durch die Mitbestimmungsrechte der betrieblichen Interessenvertretung stiehlt sich auch in einen privatwirtschaftlich geführten Betrieb ein Stück Demokratie.

Dort, wo es keinen Betriebsrat gibt, sind die Rechte aus dem Betriebsverfassungsgesetz nicht anwendbar.

Typisch deutsch

Die betriebliche Mitbestimmung, wie sie durch Betriebsräte repräsentiert wird, gibt den Arbeitnehmern die rechtliche Möglichkeit mitzureden, wenn es um betriebliche Belange geht. Sie sollen schon frühzeitig und möglichst in Übereinstimmung mit dem Arbeitgeber die Möglichkeit haben, Ungerechtigkeiten oder besondere Härten im Arbeitsalltag abzuwenden oder zu beseitigen. Dieses Konsensmodell ist spezifisch deutsch und (außer in Österreich) in anderen Ländern nicht bekannt – ja, es gibt in anderen Sprachen nicht einmal ein Wort für unseren deutschen Betriebsrat.

Je größer ein Unternehmen ist, desto wahrscheinlicher ist es, dass es einen Betriebsrat gibt. Von den Unternehmen mit weniger als 50 Beschäftigten haben nur rund neun Prozent der Beschäftigten einen Betriebsrat, in mittelständischen Unternehmen (ab 200 Beschäftigte) ist ein Betriebsrat schon fast die Norm: In vier von fünf existiert ein Betriebsrat. Ab 500 Beschäftigten steigt der Anteil der Betriebe mit Betriebsrat auf 90 Prozent. Eine gewisse Rolle spielt es auch, ob das Unternehmen direkt vom Inhaber geführt wird oder von einer Geschäftsführung, die aus mehreren Personen besteht. Familienunternehmen stehen Betriebsräten öfter reserviert gegenüber. Sie fürchten, in ihren Entscheidungen eingeschränkt zu werden und sich langwierig abstimmen zu müssen, anstatt einfach auf den Tisch hauen zu können. Meist kennen sich Inhaber selbst nicht so gut im Arbeitsrecht aus und wollen zusätzliche Kosten durch Anwälte und Beratung vermeiden.

Doch es hat sich gezeigt, dass sich selbst Arbeitgeber, die der Wahl eines Betriebsrats skeptisch bis ablehnend gegenüberstanden, nach einiger Zeit sehr gut mit der betrieblichen Interessenvertretung arrangieren können. Ja, sie empfinden es sogar als positiv, dass ein sozialer Ausgleich geschaffen wird, ohne dass der Chef mit jedem Beschäftigten einzeln verhandeln muss. Fast immer stellen sie fest, dass sich das Betriebsklima und die Zusammenarbeit mit den Beschäftigten verbessern.

Auf dem Boden des Gesetzes

Die Aufgaben, Rechte und Pflichten eines Betriebsrats regelt das **Betriebsverfassungsgesetz**. Fast alles, was Sie in diesem Buch erfahren, beruht auf den Paragrafen dieses Gesetzes. Da die Rechte und Pflichten des Betriebsrats aber nicht im luftleeren Raum existieren, regelt es ebenso die Zusammenarbeit zwischen Arbeitgebern und Arbeitnehmern im Betrieb.

Was ist mit Zusammenarbeit gemeint? Gewiss nicht, dass der eine sagt, wo es langgeht, und der andere sagt: »Okay, Chef, wird gemacht.« Es geht vielmehr um die Mitbestimmung der Arbeitnehmervertretung im Betrieb. Eine Reihe von Rechten stellt sicher, dass die Arbeit unter menschenwürdigen, gedeihlichen und gesundheitsverträglichen Bedingungen erledigt werden kann.

Wenn Sie sich als Betriebsratsmitglied mit anderen Betriebsräten, mit Gewerkschaftssekretären, Juristen, Beratern, aber auch mit Ihrem Arbeitgeber oder seinem Vertreter unterhalten oder in Fachzeitschriften schmökern, werden Sie feststellen, dass alle sich in Zweifelsfällen – aber nicht nur dann – auf das Betriebsverfassungsgesetz berufen. Das hört sich dann so an: »Dieses Seminar ist nach § 37 Absatz 6 anerkannt.« Oder: »Keine Sorge, in diesem Fall muss der Arbeitgeber die Unterlagen aushändigen – Paragraf 90!« Die wichtigsten Paragrafen werden Sie auch sehr schnell benennen und anwenden können.

Das Betriebsverfassungsgesetz wird Ihre wichtigste »Waffe« im betrieblichen Alltag werden. Auch wenn Sie mit Ihrem Arbeitgeber im Großen und Ganzen gut auskommen, trägt in einem Brief der Hinweis auf den entsprechenden Paragrafen doch oft zur Klärung bei, verhindert langwierige und überflüssige Diskussionen und zeigt dem Chef, dass Sie es ernst meinen.

Sehr schnell wird Ihnen auch die gängige Abkürzung von den Lippen gehen: BetrVG, sprich: »BetrVauGeh«.

Ein altes Gesetz

Das Betriebsverfassungsgesetz reicht in seinen Wurzeln zurück in das Jahr 1920, in der heutigen Form ist es 1972 in Kraft getreten. Mit diesem Gesetz wurden die bis dahin recht schwachen Mitbestimmungsrechte des Betriebsrats deutlich gestärkt. In den folgenden Jahrzehnten wurde es stetig weiterentwickelt und den neuesten gesellschaftlichen und technischen Entwicklungen angepasst – manchmal nur Details, manchmal recht gravierende Neuerungen. Die bedeutendste Reform des Betriebsverfassungsgesetzes wurde 2001 in Kraft gesetzt. Das nächste größere Paket an neueren Bestimmungen wurde 2021 durch das Betriebsrätemodernisierungsgesetz geschnürt. Regelungen zur Vergütung von Betriebsratsmitgliedern wurden im Juli 2024 angepasst. Weitere Reformen, zum Beispiel zur Durchführung digitaler Betriebsversammlungen und Wahlen stehen im Koalitionsvertrag der schwarz-roten Koalition. Es könnte also sein, dass sie zu dem Zeitpunkt, an dem Sie dieses Buch lesen, bereits umgesetzt wurden.

Welche Aufgaben hat der Betriebsrat denn nun eigentlich?

Die Aufgaben des Betriebsrats werden im Betriebsverfassungsgesetz genau aufgeführt, eine stattliche Liste. Sie zeigt, dass der Betriebsrat im Betrieb eine wichtige Rolle spielt. Sie regelt aber auch abschließend, wofür der Betriebsrat zuständig ist und wofür nicht. Für alles, was dort nicht aufgeführt ist, hat der Betriebsrat auch keine Zuständigkeit. Um diesen Aufgaben nachkommen zu können, sieht das Betriebsverfassungsgesetz aber auch vor, dass der Arbeitgeber den Betriebsrat sowohl rechtzeitig als auch vollständig zu informieren hat. Der Betriebsrat muss sich bei seiner Tätigkeit mit vielen Themen und Fragen auseinandersetzen, ob er sich aber tatsächlich mit allem, was an ihn herangetragen wird, worüber er informiert wird, befassen will und wird, das liegt in seiner Entscheidung, die sicherlich nicht immer ganz leichtfällt, aber dazu soll in den folgenden Kapiteln eine Hilfestellung gegeben werden.

§ 80 BetrVG: Allgemeine Aufgaben (Auszug)

(1) Der Betriebsrat hat folgende allgemeine Aufgaben:

1. darüber zu wachen, dass die zugunsten der Arbeitnehmer geltenden Gesetze, Verordnungen, Unfallverhütungsvorschriften, Tarifverträge und Betriebsvereinbarungen durchgeführt werden;
2. Maßnahmen, die dem Betrieb und der Belegschaft dienen, beim Arbeitgeber zu beantragen;

   2a. die Durchsetzung der tatsächlichen Gleichstellung von Frauen und Männern, insbesondere bei der Einstellung, Beschäftigung, Aus-, Fort- und Weiterbildung und dem beruflichen Aufstieg, zu fördern;

   2b. die Vereinbarkeit von Familie und Erwerbstätigkeit zu fördern;
3. Anregungen von Arbeitnehmern und der Jugend- und Auszubildendenvertretung entgegenzunehmen und, falls sie berechtigt erscheinen, durch Verhandlungen mit dem Arbeitgeber auf eine Erledigung hinzuwirken; er hat die betreffenden Arbeitnehmer über den Stand und das Ergebnis der Verhandlungen zu unterrichten;
4. die Eingliederung schwerbehinderter Menschen – einschließlich der Förderung des Abschlusses von Inklusionsvereinbarungen nach § 166 des Neunten Buches Sozialgesetzbuch – und sonstiger besonders schutzbedürftiger Personen zu fördern;
5. die Wahl einer Jugend- und Auszubildendenvertretung vorzubereiten und durchzuführen und mit dieser zur Förderung der Belange der in § 60 Abs. 1 genannten Arbeitnehmer eng zusammenzuarbeiten; er kann von der Jugend- und Auszubildendenvertretung Vorschläge und Stellungnahmen anfordern;
6. die Beschäftigung älterer Arbeitnehmer im Betrieb zu fördern;

7. die Integration ausländischer Arbeitnehmer im Betrieb und das Verständnis zwischen ihnen und den deutschen Arbeitnehmern zu fördern sowie Maßnahmen zur Bekämpfung von Rassismus und Fremdenfeindlichkeit im Betrieb zu beantragen;

8. die Beschäftigung im Betrieb zu fördern und zu sichern;

9. Maßnahmen des Arbeitsschutzes und des betrieblichen Umweltschutzes zu fördern.

(2) Zur Durchführung seiner Aufgaben nach diesem Gesetz ist der Betriebsrat rechtzeitig und umfassend vom Arbeitgeber zu unterrichten; die Unterrichtung erstreckt sich auch auf die Beschäftigung von Personen, die nicht in einem Arbeitsverhältnis zum Arbeitgeber stehen, und umfasst insbesondere den zeitlichen Umfang des Einsatzes, den Einsatzort und die Arbeitsaufgaben dieser Personen. Dem Betriebsrat sind auf Verlangen jederzeit die zur Durchführung seiner Aufgaben erforderlichen Unterlagen zur Verfügung zu stellen; in diesem Rahmen ist der Betriebsausschuss oder ein nach § 28 gebildeter Ausschuss berechtigt, in die Listen über die Bruttolöhne und -gehälter Einblick zu nehmen. Zu den erforderlichen Unterlagen gehören auch die Verträge, die der Beschäftigung der in Satz 1 genannten Personen zugrunde liegen. Soweit es zur ordnungsgemäßen Erfüllung der Aufgaben des Betriebsrats erforderlich ist, hat der Arbeitgeber ihm sachkundige Arbeitnehmer als Auskunftspersonen zur Verfügung zu stellen; er hat hierbei die Vorschläge des Betriebsrats zu berücksichtigen, soweit dem nicht betriebliche Notwendigkeiten entgegenstehen.

Eine lange Liste, aber erschrecken Sie nicht, in den folgenden Kapiteln sehen Sie, wie der Betriebsrat diese verschiedenen Aufgaben angehen und bewältigen kann. Schließlich hat der Betriebsrat nicht nur Aufgaben, sondern auch Rechte, damit er diese Aufgaben meistern kann. Vor allem entscheidet der Betriebsrat selbst, welche Aufgaben ihm vordringlich sind und welche er für weniger wichtig hält. Das muss er nicht zuletzt mit den Beschäftigten abstimmen und entscheiden.

Betriebliche Mitbestimmung – ein kurzer Überblick

- ✔ **Mitbestimmungsrechte:** In sozialen Angelegenheiten hat der Betriebsrat ein erzwingbares Mitbestimmungsrecht. Das bedeutet, dass der Arbeitgeber diese Angelegenheiten nicht nach seinem Gusto regeln kann, ohne mit dem Betriebsrat zu einer Übereinkunft gekommen zu sein. Welche Angelegenheiten das sind, regelt der § 87 BetrVG – der wichtigste Paragraf des Betriebsrats!
- ✔ **Mitwirkungsrechte:** Bei personellen Angelegenheiten wie Umgruppierung, Versetzung, Einstellung oder Kündigung muss der Arbeitgeber die Zustimmung des Betriebsrats einholen. Verweigert der Betriebsrat die Zustimmung, kann der Arbeitgeber seinen Willen mithilfe des Arbeitsgerichts durchsetzen.

- **Beratungsrechte:** Angelegenheiten, die Organisation oder Ablauf der Arbeit betreffen, muss der Arbeitgeber mit dem Betriebsrat beraten. Er muss ihm also nicht nur umfassende Informationen zur Verfügung stellen, sondern auch den Rat des Betriebsrats einholen.
- **Informationsrechte:** Damit der Betriebsrat seine Aufgaben qualifiziert erfüllen kann, muss er vom Arbeitgeber umfassend informiert werden, auch in solchen Bereichen, in denen er nicht mitbestimmungsberechtigt ist. Dazu gehören personelle Angelegenheiten – Einstellung, Versetzung, Umgruppierungen – sowie technische und organisatorische Veränderungen.

Ein erzwingbares Mitbestimmungsrecht – das stärkste Recht des Betriebsrats – gibt es nur in sozialen Angelegenheiten, nicht in wirtschaftlichen.

- **Betriebsvereinbarungen:** In Betriebsvereinbarungen regeln Arbeitgeber und Betriebsrat bestimmte Vorgehensweisen im Betrieb verbindlich. Dabei kann es um die Zugangsberechtigung zum firmeneigenen Parkplatz gehen, aber genauso gut auch um das Thema Teilzeitarbeit oder übertarifliche Zulagen.
- **Interessenausgleich und Sozialplan:** Wirklich existenziell sind die Handlungsmöglichkeiten eines Betriebsrats, wenn es zu wirtschaftlichen Krisen im Betrieb kommt und Betriebsteile oder der ganze Betrieb geschlossen werden. Dann kann der Betriebsrat mit dem Arbeitgeber einen Sozialplan verhandeln und abschließen. Im Sozialplan werden Abfindungsregelungen festgelegt.

Selbst ein Betriebsrat, der seine Aufgabe nur unvollkommen erfüllt, ist in Krisenzeiten besser als gar kein Betriebsrat. Immerhin ist er bereits installiert und kann von den Kollegen beeinflusst und gedrängt werden, tätig zu werden. Bei einer drohenden Betriebsschließung bricht in Betrieben ohne Betriebsrat oft eine verzweifelte Hektik aus, um vor Toresschluss schnell noch einen Betriebsrat zu wählen, der den Sozialplan verhandeln kann. Da aber ein Sozialplan ein diffiziles Vertragswerk ist, in dem viele Einzelheiten berücksichtigt werden müssen, ist es nicht hilfreich, wenn ein großer Teil der verbleibenden Zeit mit der Wahl und Installation eines Betriebsrats vertan werden muss.

- **Initiativrecht:** Vor allem die Aufgaben und Handlungsmöglichkeiten, die unter dem Begriff »Initiativrecht« zusammengefasst werden können, machen die Betriebsratsarbeit so interessant. Es bezeichnet das Recht des Betriebsrats, in sozialen, personellen und wirtschaftlichen Angelegenheiten dem Arbeitgeber Maßnahmen vorzuschlagen, die dem Wohle der Beschäftigten und des Betriebs dienen. Dazu gehören ausdrücklich Maßnahmen zur Förderung der Gleichstellung von Männern und Frauen und die Integration von ausländischen Arbeitnehmern. Es können aber auch ganz andere Projekte angegangen werden, von der Verlegung der Pausenzeiten bis zur Einrichtung einer Betriebssportgruppe. Der Arbeitgeber muss sich die Vorschläge anhören und mit dem Betriebsrat ernsthaft beraten.

Diese noch sehr kursorische Aufzählung zeigt, dass der Betriebsrat durchaus nicht so eine Art »besonders durchsetzungsfähiger Kollege« ist, sondern vielmehr vom Gesetzgeber mit ganz anderen und viel wirkungsvolleren Rechten ausgestattet ist als jeder andere Beschäftigte, auch wenn er noch so einen guten Draht zum Chef hat.

Wo der Betriebsrat nichts zu sagen hat

Der Betriebsrat regelt also, gemeinsam mit dem Arbeitgeber, das betriebliche Miteinander. Damit stößt er allerdings auch an seine Grenzen. Diese Grenzen geben Gesetze, Arbeitsschutzbestimmungen und Tarifverträge vor.

So können Arbeitsentgelte und sonstige Arbeitsbedingungen, die in Tarifverträgen geregelt sind, nicht zugleich Thema in einer Betriebsvereinbarung werden. Außer der Tarifvertrag erlaubt das ausdrücklich. Ein typischer Fall ist der Umfang der wöchentlichen Arbeitszeit, der durch den Tarifvertrag bestimmt wird. Wenn der Tarifvertrag für Vollzeitbeschäftigte eine 38-Stunden-Woche vorsieht, können Sie als Betriebsrat nicht eine geringere Anzahl von Wochenstunden in einer Betriebsvereinbarung vereinbaren. Enthält der Tarifvertrag aber eine sogenannte Öffnungsklausel für Betriebsvereinbarungen, ist das unter bestimmten Voraussetzungen möglich. Einige Tarifverträge erlauben den Abschluss einer Betriebsvereinbarung zum Beispiel zur betrieblichen Beschäftigungssicherung. Wenn die Arbeitszeit für einen bestimmten Zeitraum auf 35 Stunden abgesenkt wird, der Arbeitgeber im Gegenzug in diesem Zeitraum aber keine betriebsbedingten Kündigungen aussprechen darf, kann das eine »Win-win-Situation« für alle Beteiligten sein. Und Sie haben es möglich gemacht!

In Fällen, in denen es tarifvertragliche Regelungen zu Arbeitsentgelten oder sonstigen Arbeitsbedingungen gibt, können Betriebsräte von Arbeitgebern nicht unter Druck gesetzt werden, schlechtere Bedingungen auszuhandeln.

Ein Beispiel: Durch das Bundesurlaubsgesetz stehen jedem Arbeitnehmer pro Jahr mindestens 24 Werktage Urlaub zu. Falls es in dem betreffenden Bereich einen gültigen Tarifvertrag gibt, der 28 Tage festlegt, dürfen auch nicht weniger als diese 28 Tage vereinbart werden. Der Betriebsrat darf also nicht mit dem Arbeitgeber vereinbaren, »dass wir im nächsten Jahr, weil die Auftragslage so schlecht ist, nur 20 Tage nehmen«.

Hier sehen Sie, dass der Vorrang des Tarifvertrags auch Sinn macht, denn er dient dem Schutz der Arbeitnehmer. So kann der Betriebsrat nicht erpresst werden, einer schlechteren Lösung zuzustimmen.

Der Tarifvorbehalt hindert Sie daran, bei der Dauer des Urlaubs neue Regelungen zu schaffen? Dann werden Sie kreativ! Nennen Sie einen zusätzlichen freien Tag anders. Der Rheinländer hat es einfach: Er kann den arbeitsfreien Rosenmontag vereinbaren. Aber es gibt auch andere sinnvolle Gestaltungen. Wie wäre es zum Beispiel mit einem »Mental-Health-Tag«?

Ebenso enden die Befugnisse des Betriebsrats dort, wo der Arbeitsvertrag beginnt. Was der einzelne Kollege in seinem Arbeitsvertrag vereinbart, geht den Betriebsrat zunächst einmal nichts an.

Wir streiken – nicht!

Obwohl viele Betriebsratsmitglieder gewerkschaftlich organisiert sind, ist ein Betriebsrat kein gewerkschaftliches Organ, sondern agiert als Vertreter aller, also auch der gewerkschaftlich nicht organisierten Kollegen. Wie verhält sich ein Betriebsrat also, wenn die Gewerkschaft einen Streik ausruft und die Kollegen mit Transparenten vor den Werkstoren stehen? Als Gremium ist der Betriebsrat hier ganz klar zur Neutralität verpflichtet. Der Betriebsratsvorsitzende unterzeichnet keinen Streikaufruf, Flugblätter werden nicht auf Betriebsratsbriefpapier geschrieben und nicht auf dem betriebsratseigenen Kopierer vervielfältigt. Wer das tut, riskiert eine fristlose Kündigung!

Aber kein Betriebsratsmitglied muss seine Seele verkaufen. Denn als einfacher Arbeitnehmer kann jeder am Streik teilnehmen, Streikposten stehen, Flugblätter verfassen, ein Megafon halten. Nur: Es muss deutlich werden, dass er da nicht als Betriebsratsmitglied steht.

Etwas anderes wäre es, wenn der Betriebsrat eine Betriebsversammlung einberuft, um über einen Tarifkonflikt zu informieren, vor allem in Anwesenheit beziehungsweise unter Beteiligung des zuständigen Gewerkschaftsvertreters.

Kein Betriebsrat ohne Wahl

Ein Betriebsrat entsteht nicht von allein. Er wird auch nicht vom Chef eingestellt oder von der Gewerkschaft installiert. Der Betriebsrat entsteht ausschließlich durch Wahl. An der Betriebsratswahl nehmen alle wahlberechtigten Arbeitnehmer eines Betriebs teil. In Betrieben, in denen es schon einen Betriebsrat gibt, findet vor dem Ende der regulären vierjährigen Amtszeit des bisherigen Betriebsrats die Wahl eines neuen Vertretungsgremiums statt.

Gibt es in einem Unternehmen noch keinen Betriebsrat, müssen ein paar – mindestens drei – beherzte Kollegen die Sache in die Hand nehmen: Sie laden alle Arbeitnehmer zu einer Betriebsversammlung ein und lassen einen Wahlvorstand wählen, der sodann die Wahl organisiert. Alles, was es dazu zu wissen gibt, erfahren Sie in Teil V. Um einen guten, schlagkräftigen, einsatzbereiten und klugen Betriebsrat zu bekommen, müssen sich genügend Kandidaten zur Wahl stellen. Zum Beispiel Sie!

Die Betriebsratswahlen finden alle vier Jahre in der Zeit vom 1. März bis 31. Mai statt (BetrVG § 13). Die Wahlen finden also bundesweit in allen Unternehmen, die einen Betriebsrat haben, etwa zur selben Zeit statt. Das hat den Vorteil, dass das Thema am Kochen ist. In Zeitungen und Fachzeitschriften finden sich Meldungen dazu, die Gewerkschaften können Seminare dazu organisieren, keiner kann sich dem Thema leicht entziehen. Die nächsten regelmäßigen Wahlen finden im Jahr 2026 statt, dann wieder 2030. Wenn in einem Betrieb bisher noch kein Betriebsrat existiert hat, kann die Wahl natürlich jederzeit stattfinden.

Weshalb ausgerechnet ich?

Viele Betriebsratsmitglieder erinnern sich noch daran, wie sie für die Kandidatur zum Betriebsrat geworben wurden. Das war nicht selten ein hartes Stück Arbeit, ein langes Abwägen von Für und Wider, und es dauerte lange, bis das »Für« endlich überwog. Sicher finden Sie in den folgenden Beispielen ein paar Einwände, die Ihnen bekannt vorkommen. Die können Sie dann gleich ad acta legen.

»Betriebsrat? Das erlaubt unser Chef nie!«

Das braucht er auch nicht! Die Wahl eines Betriebsrats ist ein Recht der Arbeitnehmer, das der Arbeitgeber mitsamt seinem Direktionsrecht nicht außer Kraft setzen kann. Wenn eine Belegschaft beschließt, einen Betriebsrat zu wählen, dann tut sie das. Und setzt damit vielleicht beim Arbeitgeber einen Lernprozess über Demokratie im Betrieb in Gang.

»Das kann ich nicht«

Fast alle, die gefragt werden, ob sie nicht für den Betriebsrat kandidieren wollen, sagen als Erstes: »Aber davon habe ich doch überhaupt keine Ahnung! Ich weiß doch gar nicht, was ich da machen muss!« Und damit haben sie meistens vollkommen recht. »Betriebsrat« hat keiner gelernt, weder in der Schule noch in der Berufsausbildung noch im Studium. Dass es allen so geht, ist ja schon einmal tröstlich. Der bessere Trost ist: Man kann es lernen! Es gibt Seminare und Kurse, die einen fit machen, Bücher und Zeitschriften, in denen man nachlesen kann, was man nicht weiß, Gewerkschaftssekretäre sowie Kollegen in anderen Betrieben, die man fragen kann, und vor allem erfahrene Kollegen, denen man eine Weile zusehen kann, bis man selbst die ersten Schritte unternimmt, Vorschläge einbringt und Beschlüsse formuliert.

Aber die wichtigsten Voraussetzungen für eine gute und erfolgreiche Betriebsratsarbeit bringen Sie selbst mit: Engagement, Gerechtigkeitssinn, soziales Bewusstsein, Neugier, einen Schuss Zorn auf Zustände, die man verbessern müsste und könnte, die Lust, in einem Team zu arbeiten, etwas Neues auszuprobieren, und vor allem eine große Portion gesunden Menschenverstand.

»Dafür habe ich keine Zeit«

Damit haben Sie sicher recht – im Prinzip. Denn wenn Betriebsratsarbeit gut gemacht werden soll, braucht sie Zeit. Und kaum jemand hat in seinem Job so viel Leerlauf, dass sich das Engagement für die Kollegen noch mühelos unterbringen lässt. Wenn man als Betriebsratsmitglied seine Arbeit ernst nimmt, ist nicht zu erwarten, dass man zugleich seine tägliche Arbeit hundertprozentig weiterführen kann.

Daher ist gesetzlich vorgesehen, dass jedes Betriebsratsmitglied für die Zeit, die es mit Betriebsratsarbeit verbringt, von der Arbeit befreit ist. Selbstverständlich wird in der Zeit der Freistellung auch das Gehalt weitergezahlt. Auch wenn es zunächst so aussieht, als wäre die

Arbeit, die zwangsläufig liegen bleibt, niemals »wegzuorganisieren«, so stellt sich in den meisten Fällen dann heraus, dass es doch geht. In Betrieben ab 200 Beschäftigten kann sogar ein Betriebsratsmitglied von der Arbeit vollkommen freigestellt werden.

Trotz allem sollte Ihnen bewusst sein, dass die Betriebsratsarbeit Ihnen einiges abfordert – auch an Freizeit. Seminare dauern meistens mehrere Tage oder eine Woche, Zeit, die Sie nicht zu Hause verbringen, die Sie Ihrer Familie, Ihren Kindern, Ihren anderen Freizeitaktivitäten abknapsen müssen. Etwa ein Fünftel bis ein Viertel Ihrer Arbeitszeit werden Sie sich zukünftig Ihrer Funktion als Betriebsratsmitglied widmen. Und Sie werden sehen: Es macht Freude!

»Das traue ich mir nicht zu«

Es ist nicht zu leugnen: Schon für die Kandidatur braucht man eine gewisse Traute. Und bei der Vorstellung, einem ungehaltenen, arroganten, womöglich brüllenden Betriebsleiter gegenüberzustehen und seine Forderungen durchzuboxen, sinkt manchem das Herz in die Hose. Trotzdem: Wenn Sie der Meinung sind, dass Ihr Betrieb einen Betriebsrat braucht, dann nehmen Sie Ihr Herz in die Hand und versuchen Sie es. Sie sind ja nicht allein! Ihre Betriebsratskollegen stehen hinter und neben Ihnen. Einige haben wahrscheinlich schon mehr Erfahrung und gehen zumindest in der Anfangszeit voran.

Wahrscheinlich müssen Sie nicht gleich am ersten Tag eine schwierige Auseinandersetzung allein bestehen. Sie werden sehen, wie Ihr Selbstvertrauen von Woche zu Woche wächst, je mehr Sie lernen, je mehr Einblick Sie in die betrieblichen Interna bekommen, je öfter Sie an Gesprächen mit dem Arbeitgeber teilnehmen. Und Sie werden feststellen, dass allein die Tatsache, dass Sie in einem definierten rechtlichen Rahmen handeln, also das Gesetz hinter sich haben, Ihr Auftreten immer sicherer und selbstbewusster macht.

Als Betriebsrat stehen Sie dem Arbeitgeber nicht als »Untergebene« gegenüber, sondern verhandeln auf Augenhöhe. Auch wenn Ihr Chef das nicht wahrhaben will – oft genügt es schon, sich diesen Umstand bewusst zu machen.

»Wir brauchen keinen Betriebsrat«

Sind Sie ganz sicher, dass das keine Schutzbehauptung ist? Gibt es wirklich nichts, was Sie gern verändern würden, wenn Sie könnten? Und sind Sie sicher, dass die goldenen Zeiten niemals zu Ende gehen?

Stellen Sie sich vor, der Besitzer der Firma, in der Sie arbeiten, wird plötzlich krank und die Geschäftsführung geht in andere Hände über. Ob dann auch noch alles so prima in Ordnung ist? Was passiert, wenn es plötzlich Absatzschwierigkeiten gibt und der Arbeitgeber feststellt, dass er 50 Beschäftigten kündigen muss? Da hilft es Ihnen nichts, dass er das vielleicht blutenden Herzens tut – Sie brauchen einen anständigen Sozialplan, um die Kollegen – zu denen Sie vielleicht selbst gehören – einigermaßen finanziell abzusichern. Als Betriebsrat hätten Sie ja vielleicht die Möglichkeit, schon im Voraus zu reagieren, Informationen, die

Ihnen zustehen, auszuwerten, Alternativvorschläge zu entwickeln und das Schlimmste abzuwehren oder zumindest abzufedern.

Wenn man den Betriebsrat in »guten Zeiten« installiert, kann man sich in Krisenzeiten viel besser auf die Bewältigung der Probleme konzentrieren.

»Wenn ich kandidiere, kann ich mir meine nächste Beförderung abschminken«

Viele fürchten, dass das Engagement für ihre Kollegen sie bei der Geschäftsleitung ins Abseits führt. Um ganz ehrlich zu sein: Vollkommen von der Hand zu weisen ist das nicht. Meistens aber sind solche Bedenken grundlos. Die wenigsten Arbeitgeber verfolgen Betriebsräte tatsächlich mit solchem Zorn, dass sie ihnen noch jahrelang die Karriere verpfuschen wollen. Während der Zeit des Mandats und auch noch ein Jahr danach sind Sie auf alle Fälle vor Kündigung geschützt, der Arbeitgeber hat sogar die Pflicht, Sie in turnusmäßige Beförderungen oder Höhergruppierungen einzubeziehen. Bevor Sie also diese Befürchtung zum Hindernis für Ihre Kandidatur aufbauen, überlegen Sie sich genau:

- ✔ Stünde eine Beförderung überhaupt in absehbarer Zeit an oder ist sie nur eine theoretische Möglichkeit?
- ✔ Gibt es objektive Gründe, die Ihrer Beförderung im Weg stehen? Spekulieren Sie zum Beispiel auf die Position der Personalleitung oder der persönlichen Assistenz der Geschäftsleitung? So eine Stellung ließe sich mit dem Engagement als Betriebsratsmitglied tatsächlich schlecht vereinbaren.

Es gibt eine Menge Betriebsratsmitglieder, die nach dem Ende ihres Mandats auf interessante (und lukrative) Stellen befördert wurden. Denn sie haben Qualitäten gezeigt, die jeder Arbeitgeber, der seine fünf Sinne beisammenhat, schätzt: Courage, Flexibilität, die Bereitschaft, sich in ein neues Arbeitsgebiet einzuarbeiten, Vielseitigkeit, Belastbarkeit. Außerdem erwirbt man als Betriebsratsmitglied einen Überblick über alle Bereiche des Betriebs, die einem in einer neuen Position den Einstieg erleichtern.

»Aber was habe ich persönlich davon?«

Eine Menge! Zunächst einmal macht es einfach Freude und schafft Befriedigung, sich für eine Sache einzusetzen, die man für richtig und wichtig hält. Dazu gehört freilich, dass man die Arbeit aktiv mitgestaltet, sich auf die Betriebsratssitzungen gründlich vorbereitet, im Gremium mitdiskutiert, Vorschläge einbringt und entwickelt, seinen Standpunkt vertritt. Außerdem ist die Arbeit in der Regel interessant, sie verschafft ungeahnte Einblicke, wie die Firma tickt, viele Gelegenheiten, etwas zu lernen, was nichts unmittelbar mit dem eigenen Arbeitsumfeld zu tun hat.

Die Befürchtung, vom Arbeitgeber dafür scheel angesehen, gar benachteiligt zu werden, bewahrheitet sich oft nicht. Viele Arbeitgeber schätzen es sogar, wenn sie sehen, dass sie engagierte Mitarbeiter haben. Sie können sich in Verhandlungen sogar profilieren und haben es oft mit einer Hierarchieebene zu tun, zu der Sie sonst keinen Zugang hätten. Allerdings: Wenn Sie glauben, dass Sie durch besonders »zuvorkommendes« Verhalten Punkte sammeln können, irren Sie sich – Sie outen sich damit eher als Duckmäuser.

Übrigens wird das Ansehen der Betriebsräte immer besser. Oft wandeln sie sich von Interessenvertretern zu Co-Managern, die aktiv an betrieblichen Veränderungsprozessen mitwirken. Das verlangt ein hohes Maß an Koordinationsfähigkeit und Organisationstalent, aber auch Standvermögen, da die eigentliche Aufgabe, der ursprüngliche Antrieb, nämlich für die Interessen der Kollegen einzustehen, keinesfalls aus den Augen verloren werden darf. Aber wenn Betriebsräte Produktionsabläufe optimieren, um ein drohendes Insolvenzverfahren abzuwenden, ist das schon eine gewaltige Aufgabe, die über die normale Interessenvertretung hinausgeht und dennoch die Interessen der Kollegen im Zentrum hat.

»Und der Arbeitgeber?«

Auch der Arbeitgeber profitiert davon, wenn in seinem Unternehmen ein Betriebsrat existiert. Eine Untersuchung der Leibniz Universität Hannover zeigt, dass Beschäftigte in Betrieben, die einen Betriebsrat haben, ihr Beschäftigungsverhältnis seltener kündigen. Einen wichtigen Grund dafür sehen die Autoren der Studie in den Einflussmöglichkeiten des Betriebsrats auf die Verbesserung von Arbeitsbedingungen. Die Stabilität der Beschäftigungsverhältnisse wirkt sich für das Unternehmen positiv aus, denn es spart sich den Aufwand für Neueinstellung und Einarbeitung und hat zudem eher Anreize, »in betriebsspezifisches Humankapital zu investieren«, was sich positiv auf die betriebliche Produktivität auswirkt.

Auch in anderer Weise profitieren Arbeitgeber von der Existenz eines Betriebsrats. In schwierigen Situationen, bei tiefgreifenden Veränderungsprozessen im Betrieb, kann der Betriebsrat Konflikte entschärfen, indem er darauf achtet, dass auch die Perspektive der Arbeitnehmer berücksichtigt wird. Gerade die jüngere Generation von Unternehmensleitern ist auf der Suche nach einem Dialog mit ihren Beschäftigten. Manche betonen sogar, dass sie bestimmte schwierige Veränderungen in Krisenzeiten ohne Zusammenarbeit mit den Betriebsräten wohl nicht geschafft hätten.

Zwar geht die Initiative zur Gründung eines Betriebsrats in der Regel von den Beschäftigten aus – aber nicht immer! Es gibt auch Fälle, in denen das Gremium auf Vorschlag der Arbeitgeberseite entstanden ist und das nicht unbedingt zum Vorteil der Beschäftigten.

Ehre, wem Ehre gebührt

Das Amt des Betriebsratsmitglieds ist ein Ehrenamt. Nein, Sie bekommen keine goldene Amtskette umgelegt, auch werden Ihre Kollegen schwerlich vor Ihnen auf die Knie sinken, wenn sie Ihnen am Kaffeeautomaten begegnen. Sie sind ehrenamtlich tätig, weil Sie dafür keinerlei Vergütung erhalten. Sie bekommen zwar selbstverständlich weiterhin Ihr volles Gehalt und nehmen auch an allen tariflichen oder außertariflichen Gehaltserhöhungen teil, aber eine besondere Zuwendung für Ihr Engagement bekommen Sie nicht: keinen Urlaubstag mehr, keine bezahlten Urlaubsreisen, keine Extrazuschläge.

Das ist eine große Erleichterung für Ihre Arbeit, für Ihr Selbstverständnis und Ihre Unabhängigkeit. Denn das bedeutet, dass Ihr Arbeitgeber über diesen Weg keinen Einfluss auf Ihre Arbeit, Ihre Entscheidungen, Ihre Integrität nehmen kann. Er hat keine Möglichkeit, Sie mit zusätzlichen »Zuckerln« zu ködern oder Ihnen mit dem Entzug von Privilegien zu drohen. Sie bekommen nur das, was Ihnen als Arbeitnehmer zusteht – und was Sie notfalls einklagen können.

IN DIESEM KAPITEL

Je größer der Betrieb, desto größer der Betriebsrat

Es gibt auch einen Vorsitzenden

Andere Gremien der betrieblichen Mitbestimmung

Ohne Gewerkschaften geht es nicht

Kapitel 2
Betriebsrat und andere Gremien

Ist ja doch eine ganz sinnvolle Einrichtung, so ein Betriebsrat. Aber wie viele Kollegen machen da eigentlich mit? Gibt es so eine Art Chef des Betriebsrats, der sagt, wo es langgeht? Was macht ein Gesamtbetriebsrat und was ein Konzernbetriebsrat? In diesem Kapitel geht es um die vielen Formen der betrieblichen Mitbestimmung.

Die Größe des Betriebsrats

Wie viele Kollegen einen Betriebsrat bilden, hängt ganz von der Zahl der im Betrieb Beschäftigten ab – je mehr im Unternehmen arbeiten, desto größer der Betriebsrat. In Großunternehmen kann der Betriebsrat durchaus die Größe einer ganzen Abteilung annehmen. Der häufigere Fall allerdings sind kleine und mittlere Unternehmen bis etwa 500 Beschäftigte. Immerhin gibt es fast dreieinhalb Millionen solcher Unternehmen, 20 Millionen Menschen, also zwei Drittel aller Arbeitnehmerinnen und Arbeitnehmer, sind dort beschäftigt.

§ 9 BetrVG: Zahl der Betriebsratsmitglieder (Auszug)

Der Betriebsrat besteht in Betrieben mit in der Regel

fünf bis 20 wahlberechtigten Arbeitnehmern aus einer Person,

21 bis 50 wahlberechtigten Arbeitnehmern aus drei Mitgliedern,

51 wahlberechtigten Arbeitnehmern bis 100 Arbeitnehmern aus fünf Mitgliedern,

101 bis 200 Arbeitnehmern aus sieben Mitgliedern,

201 bis 400 Arbeitnehmern aus neun Mitgliedern,

401 bis 700 Arbeitnehmern aus elf Mitgliedern,

701 bis 1.000 Arbeitnehmern aus 13 Mitgliedern,

1.001 bis 1.500 Arbeitnehmern aus 15 Mitgliedern.

Außer dem Betriebsrat gibt es auch andere Formen der Mitarbeitervertretung, sogenannte »Runde Tische«, »Belegschaftssprecher« oder »betriebliche Vertrauensleute« (nicht zu verwechseln mit gewerkschaftlichen Vertrauensleuten; siehe weiter hinten). Da es sich dabei nicht um ordnungsgemäß gewählte Gremien handelt – häufig sind sie vom Arbeitgeber eingesetzt –, handeln sie nicht im Rahmen des Betriebsverfassungsgesetzes und haben keine verbrieften Mitbestimmungsrechte. Sie können Anregungen geben oder Protest einlegen, aber im Ernstfall sind sie auf den guten Willen des Chefs angewiesen. Und damit ist ja nichts gewonnen.

Wer wählt?

Wählen dürfen alle Arbeitnehmer eines Betriebs, Angestellte ebenso wie Arbeiter, Auszubildende, Teilzeitkräfte, ausländische Arbeitnehmer, Heimarbeiter, selbst Arbeitnehmer, die eigentlich bei einem anderen Arbeitgeber beschäftigt sind, also auch Leiharbeiter, sofern sie länger als drei Monate im Betrieb eingesetzt werden. Einzige Voraussetzung: Sie alle müssen am Wahltag das 16. Lebensjahr vollendet haben. Während 2021 das Alter für die Wahlberechtigten auf 16 Jahre herabgesetzt wurde, bleibt es für die Kandidaten, die sich zur Wahl stellen, bei der Altersgrenze des 18. Lebensjahres. Bei ihnen kommt als Bedingung noch hinzu, dass sie dem Betrieb seit mindestens sechs Monaten angehören.

Der Arbeitgeber – zum Beispiel die Geschäftsführerin einer GmbH - darf natürlich nicht mitwählen oder sich zur Kandidatur aufstellen lassen. Dasselbe gilt übrigens auch für alle leitenden Angestellten, also zum Beispiel eine Prokuristin. Alles, was es über Organisation und Durchführung der Wahl zu wissen gibt, erfahren Sie in Teil V.

Der Betriebsratsvorsitzende

Der Betriebsrat ist zwar ein demokratisch aufgebautes und kollegial geführtes Gremium, dennoch gibt es einen Vorsitzenden oder eine Vorsitzende. Der Vorsitzende wird in der konstituierenden Sitzung von den Betriebsratsmitgliedern durch Wahl bestimmt.

Der Vorsitzende ist keineswegs zwangsläufig derjenige Kollege, der die meisten Stimmen auf sich vereinigen konnte – sonst wäre eine Wahl ja gar nicht nötig. Vielmehr gibt jedes Betriebsratsmitglied dem Kollegen seine Stimme, den es für besonders geeignet hält. Dafür gibt es unterschiedliche Kriterien:

- ✔ Wer hat am meisten Erfahrung mit dem Amt?
- ✔ Wem wird zugetraut, sich vom Arbeitgeber nicht die Butter vom Brot nehmen zu lassen?
- ✔ Wer kann am besten formulieren und traut sich, vor einer größeren Zahl von Kollegen zu sprechen?

Weil aber auch ein Betriebsratsvorsitzender mal in Urlaub gehen will oder krank sein kann, wird in derselben Sitzung auch eine Stellvertreterin oder ein Stellvertreter gewählt. Der Stellvertreter nimmt die Aufgaben des Betriebsratsvorsitzenden nur wahr, wenn dieser wirklich verhindert ist, nicht wenn er nur mal einen Tag auf Geschäftsreise ist, es sei denn, eine Angelegenheit duldet partout keinen Aufschub.

Wenn der Betriebsratsvorsitzende zurücktritt, nimmt der Stellvertreter zunächst seine Aufgaben wahr. Aber er »beerbt« den bisherigen Vorsitzenden nicht, so wie der amerikanische Vizepräsident den Präsidenten. So schnell wie möglich wird die Funktion des Betriebsratsvorsitzenden durch eine Neuwahl neu festgelegt. Wird der Stellvertreter zum Betriebsratsvorsitzenden gewählt, muss auch für sein bisheriges Amt eine Neuwahl erfolgen.

Die Aufgaben des Vorsitzenden

Der oder die Vorsitzende hält den Betriebsrat sozusagen am Laufen, gibt ihm das Gesicht, vertritt die Politik des Betriebsrats gegenüber dem Arbeitgeber und den Kollegen. Seine Aufgaben sind im BetrVG an verschiedenen Stellen festgehalten (§§ 26, 27, 29, 34 und 42).

Zusammengefasst hat der Betriebsratsvorsitzende folgende Aufgaben:

- ✔ Er führt die Geschäfte des Betriebsrats, das heißt, er verfasst die Briefe, achtet auf die Einhaltung von Terminen, hält Kontakt zur Gewerkschaft, zu Behörden, Ämtern, Beratungsstellen, Anwälten und so weiter.
- ✔ Er vertritt die gefassten Beschlüsse gegenüber dem Arbeitgeber und der Belegschaft.
- ✔ Er nimmt Erklärungen entgegen, die der Arbeitgeber dem Betriebsrat gegenüber abgibt.
- ✔ Er lädt zur Betriebsratssitzung ein.
- ✔ Er legt die Tagesordnung der Betriebsratssitzung fest.
- ✔ Er leitet die Betriebsratssitzung.
- ✔ Er unterzeichnet das Protokoll der Betriebsratssitzung.
- ✔ Er leitet die Betriebsversammlungen.

Entgegennahme von Erklärungen

Will der Arbeitgeber dem Betriebsrat etwas mitteilen oder ein Schriftstück übergeben, so wendet er sich ausschließlich an den oder die Vorsitzende. Jedes andere Betriebsratsmitglied sollte die Annahme – zum Beispiel einer Kündigung – verweigern, es sei denn, der Vorsitzende ist definitiv verhindert. Das mag bürokratisch klingen, ist aber extrem wichtig und bedeutsam. Denn es gibt eine Reihe von Mitteilungen des Arbeitgebers, die eine Frist in Gang setzen – zum Beispiel für die Anhörung des Betriebsrats vor einer Kündigung. Um einer beabsichtigten fristgerechten Kündigung zu widersprechen, hat der Betriebsrat nur eine Woche Zeit, und um diese Frist einzuhalten, muss natürlich geklärt sein, wann sie überhaupt beginnt. Und sie beginnt eben mit dem Zeitpunkt der Übergabe der Mitteilung an den Betriebsratsvorsitzenden.

Von Gleich zu Gleich?

Der Vorsitzende hat eine Menge besonderer Aufgaben, und es liegt auf der Hand, dass er in den Augen der Geschäftsleitung, aber auch in den Augen der Kollegen eine besondere Stellung hat. Er scheint, von außen betrachtet, eine Art »Abteilungsleiter« des Betriebsratsgremiums zu sein. Das ist aber keineswegs der Fall. Nur das ganze Gremium trifft Entscheidungen, der Vorsitzende kann ohne einen Beschluss nicht eigenmächtig Tatsachen schaffen. Für einen machtbewussten Betriebsratsvorsitzenden mag das lästig sein, für einen Neuling ist es hilfreich. Arbeitgeber versuchen nämlich oft, mit dem Betriebsratsvorsitzenden persönlich Zugeständnisse auszuhandeln und gehen dabei sehr geschickt vor:

Die Augenhöhetour: Der Betriebsleiter sucht die Betriebsratsvorsitzende auf, um ihr mitzuteilen, dass er einen Praktikanten einstellen möchte. »Der Sohn von Herrn Dr. Täubner würde gut dafür passen, der könnte sofort anfangen. Was meinen Sie, Frau Kläuser, da können wir uns doch die interne Ausschreibung sparen. Sie wissen doch selbst, wie es ist – den wollen wir doch nicht ewig warten lassen.«

Die Überrumpelungstour: »Hier sind die ganzen Unterlagen für die neue Konstruktionssoftware. Werksseitig ist sie schon auf Datenschutz und alles Wichtige geprüft, Sie brauchen nur noch hier zu unterschreiben, dann kann sie ab nächster Woche eingesetzt werden.«

Bevor Frau Kläuser nun – überrumpelt und vielleicht ein wenig geschmeichelt – überhaupt etwas sagt, sollte ihr Betriebsrats-Über-Ich schon wie aus der Pistole geschossen antworten: »Das klingt ja vielleicht ganz plausibel, aber Sie wissen ja, dass auch ich mich nicht über Betriebsratsbeschlüsse hinwegsetzen kann.«

Die Stimme des Vorsitzenden wiegt nicht mehr als die eines anderen Betriebsratsmitglieds.

Alles Wissenswerte über die Wahl des oder der Betriebsratsvorsitzenden finden Sie in Kapitel 19.

§ 26 BetrVG: Vorsitzender

(1) Der Betriebsrat wählt aus seiner Mitte den Vorsitzenden und dessen Stellvertreter.

(2) Der Vorsitzende des Betriebsrats oder im Fall seiner Verhinderung sein Stellvertreter vertritt den Betriebsrat im Rahmen der von ihm gefassten Beschlüsse. Zur Entgegennahme von Erklärungen, die dem Betriebsrat gegenüber abzugeben sind, ist der Vorsitzende des Betriebsrats oder im Fall seiner Verhinderung sein Stellvertreter berechtigt.

Wenn der Arbeitgeber Ihnen eine Mitteilung überreicht hat, auf die innerhalb einer Frist zu reagieren ist, überprüfen Sie als Erstes das Datum des Schreibens und notieren Tag und eventuell Zeitpunkt des Eingangs. Ein Eingangsstempel kann dabei nützlich sein. Falls das Datum mehrere Tage vor dem Eingangsdatum liegt, verfassen Sie eine kurze Notiz an den Arbeitgeber: »Hiermit bestätigen wir den Erhalt Ihres Briefes mit Datum vom 14. Oktober 2025, der uns am 16. Oktober 2025, 16 Uhr, erreicht hat.« Damit schließen Sie schon einmal von vornherein aus, dass es wegen einer behaupteten Fristüberschreitung zu Konflikten auf Nebenschauplätzen kommt.

Der Betriebsausschuss

Je größer der Betrieb, desto mehr Aufgaben fallen an. Und je mehr Aufgaben anfallen, desto größer ist die Belastung, aber auch der Verantwortungsdruck für den Vorsitzenden. Der Gesetzgeber schreibt daher Betriebsratsgremien mit neun oder mehr Mitgliedern vor, dass sie einen Betriebsausschuss bilden. Der Betriebsausschuss ist eine Gruppe von Betriebsratsmitgliedern, die gemeinsam die Geschäfte des Betriebsrats führt.

Der Betriebsausschuss ist ein **gesetzlich vorgeschriebenes Organ des Betriebsrats**. Der Betriebsrat ist also nicht frei in der Entscheidung, einen Betriebsausschuss zu gründen oder lieber doch nicht, weil der Vorsitzende der Meinung ist, dass er »das schon alles schafft, wäre doch gelacht!«. Der Betriebsausschuss *ersetzt* den Vorsitzenden nicht, sondern ergänzt und unterstützt ihn.

Größe und Zusammensetzung

Aus wie vielen Mitgliedern der Betriebsausschuss zu bestehen hat, ist vom Gesetz zwingend vorgeschrieben:

§ 27 BetrVG: Betriebsausschuss (Auszug)

(1) Hat ein Betriebsrat neun oder mehr Mitglieder, so bildet er einen Betriebsausschuss. Der Betriebsausschuss besteht aus dem Vorsitzenden des Betriebsrats, dessen Stellvertreter und bei Betriebsräten mit

9 bis 15 Mitgliedern aus drei weiteren Ausschussmitgliedern,

17 bis 23 Mitgliedern aus fünf weiteren Ausschussmitgliedern,

25 bis 35 Mitgliedern aus sieben weiteren Ausschussmitgliedern,

37 oder mehr Mitgliedern aus neun weiteren Ausschussmitgliedern.

Der Betriebsausschuss ist eine sehr viel beweglichere Gruppe als das ganze Betriebsratsgremium. Natürlich darf es nicht dazu kommen, dass es nun Betriebsratsmitglieder erster und zweiter Klasse gibt. Der Betriebsausschuss ist kein »Betriebsrat im Betriebsrat«, sondern nur eine erweiterte Geschäftsführung. Er fasst keine eigenständigen Beschlüsse zum Abschluss von Betriebsvereinbarungen. Das ist und bleibt die Aufgabe des Betriebsrats.

Mitglieder im Betriebsausschuss sind auf jeden Fall der Vorsitzende und sein Stellvertreter. Alle anderen Mitglieder werden aus der Mitte des Betriebsrats in geheimer Wahl gewählt. Es ist sinnvoll, die Wahl zum Betriebsausschuss bereits in der ersten, der konstituierenden Sitzung eines neu gewählten Betriebsrats abzuhalten. Da die Bildung des Betriebsausschusses Pflicht ist, hat der Betriebsrat ohnehin nicht die Möglichkeit, »mal erst zu schauen, wie es so läuft«.

Die Aufgaben des Betriebsausschusses

»Geschäftsführung« – das ist ein weites Feld. In der Tat unterscheiden sich die Aufgaben des Betriebsausschusses zunächst nicht von denen des Betriebsratsvorsitzenden.

Da es den Betriebsausschuss aber nur in größeren Betrieben gibt, sind auch die Aufgaben etwas umfangreicher:

- ✔ Vorbereitung der Betriebsratssitzungen
- ✔ Vorbereitung von Beschlüssen, die in der Betriebsratssitzung gefasst werden sollen
- ✔ Besprechungen mit den Vertretern der zuständigen Gewerkschaften
- ✔ Vorbesprechungen mit dem Arbeitgeber

- ✔ Beschaffung von Unterlagen aller Art für die Betriebsratsarbeit
- ✔ Erstellung von Vorlagen für vorgeschlagene und abzuschließende Betriebsvereinbarungen
- ✔ Voruntersuchung von Beschwerden von Kollegen: Sind sie berechtigt? Muss oder kann sich der Betriebsrat damit befassen?

Der Betriebsrat kann beschließen, dass der Betriebsausschuss bestimmte Aufgaben selbstständig wahrnimmt. Das kann zum Beispiel die Wahrnehmung der Beteiligungsrechte des Betriebsrats bei Einstellungen, Versetzungen, Kündigungen oder bei sozialen Angelegenheiten sein.

Andere Ausschüsse des Betriebsrats

Je nach Art des Betriebs kann der Betriebsrat jederzeit auch andere Ausschüsse bilden und wieder auflösen. Voraussetzung: Der Betrieb muss mehr als 100 Beschäftigte haben.

- ✔ Ein **vorbereitender Ausschuss** ist immer dann empfehlenswert, wenn eine große, kniffelige Aufgabe ansteht, zum Beispiel eine Betriebsvereinbarung über betriebliche Altersversorgung – eine komplexe Materie, in die man sich ordentlich einarbeiten muss. Da ist es nicht sinnvoll, dass sich der gesamte Betriebsrat wochenlang nur damit befasst. Der Ausschuss liest sich ein, besorgt Informationen, bereitet das Thema übersichtlich auf und entwickelt vielleicht sogar schon eine Empfehlung. Erst dann wird alles dem Betriebsrat zur Diskussion und Beschlussfassung vorgelegt.
- ✔ Daneben gibt es auch **ständige Ausschüsse**, die sich kontinuierlich mit einem Thema befassen, zum Beispiel:
  - Der **Ausbildungsausschuss** kümmert sich darum, dass bei der Berufsausbildung alles rund läuft, und hält Kontakt zur Jugend- und Auszubildendenvertretung.
  - Der **Ausschuss für Gleichstellungsfragen** beobachtet die Personalpolitik des Unternehmens, weist auf Mängel in der Gleichbehandlung von Männern und Frauen hin und entwickelt Vorschläge dazu.
  - Der **Ausschuss für den betrieblichen Umweltschutz** bringt Vorschläge ein, wie im betrieblichen Alltag Grundsätze der Energieeinsparung und Ressourcenschonung umgesetzt werden können.
  - Der **Sozialausschuss** bearbeitet Themen wie betriebliche Altersversorgung, Kantine, Betriebskindergarten und Ähnliches.

Wir sind nicht allein – Gremien und Ausschüsse

Außer dem Betriebsrat gibt es in der betrieblichen Praxis noch eine Reihe weiterer Gremien und Ausschüsse, denen nicht nur Betriebsratsmitglieder angehören, sondern auch Vertreter der Geschäftsleitung und weitere betriebliche oder außerbetriebliche Funktionsträger.

Der Wirtschaftsausschuss

In Unternehmen mit mehr als 100 ständig beschäftigten Arbeitnehmern muss der Betriebsrat einen Wirtschaftsausschuss bilden (§ 106 Abs. 1 BetrVG). Das ist ein eigenes Gremium mit der Aufgabe, wirtschaftliche Angelegenheiten mit dem Unternehmer zu beraten und dann den Betriebsrat zu unterrichten. Dem Wirtschaftsausschuss gehören mindestens drei, höchstens sieben Mitglieder an. Dabei hängt die Größe des Ausschusses nicht von der Betriebsgröße ab – auch ein Betrieb mit 105 Beschäftigten kann durchaus einen starken Wirtschaftsausschuss haben.

Sinn und Zweck ist es, dass der Unternehmer den Wirtschaftsausschuss über alle wirtschaftlichen Angelegenheiten unterrichtet. Dabei hat er zu erläutern, wie sich geplante Maßnahmen auswirken, besonders auf die Personalplanung. Hat ein Unternehmer also vor, zum Beispiel die Fertigung seiner Produkte an einen anderen Standort zu verlagern, muss er dem Wirtschaftsausschuss auch erklären, was das für die Beschäftigten bedeutet: Umzug? Personalabbau? Kündigungen? Der Wirtschaftsausschuss muss nach jeder Sitzung mit dem Unternehmer dem Betriebsrat über die Sitzung berichten. Der Betriebsrat kann sich dann frühzeitig darauf einstellen, dass aus einer wirtschaftlichen Angelegenheit, in der er nur Informationsrechte hat, bald eine soziale wird, in der er Mitbestimmungsrechte besitzt.

Einrichtung, Aufgaben und Zusammensetzung des Wirtschaftsausschusses regeln die §§ 106 bis 110 Betriebsverfassungsgesetz.

Aber was genau gehört zu den »wirtschaftlichen Angelegenheiten«? Das Betriebsverfassungsgesetz (§ 106 Abs. 3) definiert den Begriff erfreulicherweise ziemlich detailliert:

1. die wirtschaftliche und finanzielle Lage des Unternehmens;
2. die Produktions- und Absatzlage;
3. das Produktions- und Investitionsprogramm;
4. Rationalisierungsvorhaben;

5. Fabrikations- und Arbeitsmethoden, vor allem die Einführung neuer Arbeitsmethoden;

   5a. Fragen des betrieblichen Umweltschutzes;

   5b. Fragen der unternehmerischen Sorgfaltspflichten in Lieferketten gemäß dem Lieferkettensorgfaltspflichtengesetz;

6. die Einschränkung oder Stilllegung von Betrieben oder von Betriebsteilen;
7. die Verlegung von Betrieben oder Betriebsteilen;
8. der Zusammenschluss oder die Spaltung von Unternehmen oder Betrieben;
9. die Änderung der Betriebsorganisation oder des Betriebszwecks;

   9a. die Übernahme des Unternehmens, wenn hiermit der Erwerb der Kontrolle verbunden ist, sowie

10. sonstige Vorgänge und Vorhaben, welche die Interessen der Arbeitnehmer des Unternehmens wesentlich berühren können.

Wirtschaftsexperten

Dem Wirtschaftsausschuss müssen übrigens durchaus nicht nur Betriebsratsmitglieder angehören. Kriterium für die Mitgliedschaft ist »die zur Erfüllung ihrer Aufgaben erforderliche fachliche und persönliche Eignung«. Nur *ein* Mitglied im Wirtschaftsausschuss muss wirklich auch Betriebsratsmitglied sein. Da viele Betriebsratsmitglieder sich in wirtschaftlichen Fragen nicht ganz firm fühlen und Scheu haben, sich mit den Zahlen auseinanderzusetzen, werden sie die Möglichkeit, andere Kollegen dafür zu gewinnen, gern ergreifen. Aber ist die Kollegin aus dem Controlling dafür wirklich besser geeignet? Kann der Betriebsrat darauf vertrauen, dass sie im Wirtschaftsausschuss die Interessen der Arbeitnehmer vertritt, obwohl ihr diese Perspektive sonst eher fremd ist? Da ist es meistens doch besser, wenn Sie Ihr Herz in die Hand nehmen und so viele Betriebsratskollegen wie möglich in den Ausschuss schicken.

Es ist durchaus von Vorteil, möglichst viele Kollegen in den Wirtschaftsausschuss zu berufen. Wenn jeder aus seiner Perspektive Wissen zusammenträgt und Fragen stellt, kommt am Ende auch ein vollständiges Bild heraus.

In sogenannten Tendenzbetrieben darf kein Wirtschaftsausschuss gebildet werden. Tendenzbetriebe sind alle Betriebe mit überwiegend politischer, karitativer, erzieherischer, wissenschaftlicher oder künstlerischer Ausrichtung, also Parteien, Verbände, nicht kommerziell betriebene Pflegeheime, Internate, Forschungsinstitute, Theater, Film- und TV-Produktionsgesellschaften. Außerdem gehören dazu alle publizistischen Unternehmen wie Zeitungs- und Buchverlage, Radio- und TV-Sender.

Der Arbeitsschutzausschuss

Im Arbeitsschutzausschuss arbeiten alle Betriebsangehörigen, die mit Fragen des Arbeits- und Gesundheitsschutzes im Betrieb zu tun haben:

- ✔ der Arbeitgeber oder ein von ihm Beauftragter (zum Beispiel der Produktionsleiter)
- ✔ die Fachkraft für Arbeitssicherheit
- ✔ der Betriebsarzt
- ✔ die betrieblichen Sicherheitsbeauftragten
- ✔ zwei Mitglieder des Betriebsrats

Dieser Ausschuss, den der Arbeitgeber in Betrieben mit mehr als 20 Beschäftigten bilden muss (§ 11 Arbeitssicherheitsgesetz), trifft sich mindestens einmal alle drei Monate, um über alle anstehenden Fragen des Arbeitsschutzes zu beraten. Dabei kann es ebenso um spiegelnde Fensterflächen gehen wie um neue Gehörschützer in der Produktion, um schlecht beleuchtete Treppenhäuser ebenso wie um eine Analyse eines Arbeitsunfalls. Der Betriebsrat kann in diesen Kreis wertvolle Informationen einbringen und ihn als Plattform für Forderungen nach Verbesserung der Arbeitsbedingungen nutzen.

Der Arbeitsschutzausschuss ist eines der wenigen betrieblichen Gremien, in denen Funktionsträger aus unterschiedlichen Betriebsteilen und Hierarchieebenen zusammentreffen und gleichberechtigt Entscheidungen treffen. Das vermindert innerbetriebliche Reibungspunkte, macht den Betriebsablauf störungsärmer und sensibilisiert auch Führungskräfte für die Themen Arbeitssicherheit und Gesundheitsschutz.

Who's who im Arbeitsschutz?

Sicherheitsbeauftragte sind vom Unternehmer bestimmte Mitarbeiter, die darauf achten, dass Unfälle und Gesundheitsgefahren vermieden werden. Sie gehen ganz normal ihrer Arbeit nach, sind Kollegen unter Kollegen, haben aber eine spezielle Ausbildung – Seminare, die die zuständige Berufsgenossenschaft durchführt –, die sie in die Lage versetzen, riskante Situationen zu erkennen und die Kollegen – nicht zuletzt durch eigenes Beispiel – zu sicherheitsgerechtem Verhalten zu ermuntern. Sie teilen dem Unternehmer festgestellte Sicherheitsmängel mit und helfen, sie zu beseitigen. Zur Funktion des Sicherheitsbeauftragten kann sich jeder bereit erklären. Die Anzahl an Sicherheitsbeauftragten, die ein Unternehmer benennen muss, richtet sich nach den Unfall- und Gesundheitsgefahren, der räumlichen, zeitlichen und fachlichen Nähe der zuständigen Sicherheitsbeauftragten zu den Beschäftigten sowie nach der Anzahl der Beschäftigten. (§ 22 SGB VII und die DGUV Vorschrift 1 »Grundsätze der Prävention«; DGUV steht für den Spitzenverband der deutschen gewerblichen Berufsgenossenschaften und der Unfallkassen.)

Die **Fachkraft für Arbeitssicherheit** ist ein ausgebildeter Sicherheitsingenieur. Er berät den Arbeitgeber in allen Fragen des Arbeitsschutzes und der Unfallverhütung im Betrieb, am besten bereits bei der Planung von Betriebsanlagen. Vor der Inbetriebnahme einer technischen Anlage muss er diese sicherheitstechnisch überprüfen und falls sie nicht dem erforderlichen Sicherheitsstandard entspricht, dem Arbeitgeber geeignete Lösungen vorschlagen. In kleineren Unternehmen muss die Fachkraft für Arbeitssicherheit nicht im Unternehmen angestellt sein, sondern kann ein externer Spezialist sein, von dem das Unternehmen eine je nach Betriebsgröße gestaffelte jährliche Einsatzzeit abruft. Die Einsatzzeiten hängen sowohl von der Betriebsgröße als auch von den bestehenden Gefährdungen ab.

Die Aufgaben des Arbeitsschutzausschusses

- ✔ Er berät Maßnahmen für besondere Personengruppen, zum Beispiel geringfügig Beschäftigte, Auszubildende, neue Mitarbeiter, Schwerbehinderte, ausländische Arbeitnehmer, für Kollegen also, bei denen die Unterweisung besonders sorgfältig erfolgen muss, weil sie mit bestimmten Aufgaben oder Anlagen selten zu tun haben, ganz neu im Betrieb sind, aufgrund ihrer geringen Erfahrung dazu neigen, Gefahren zu unterschätzen, bestimmte Funktionen nur eingeschränkt bedienen können oder Schwierigkeiten haben, die Anweisungen zu verstehen.
- ✔ Er erörtert Investitionen für den betrieblichen Arbeitsschutz, zum Beispiel Anschaffung von neuen und besseren Sicherheitsschuhen.
- ✔ Er wertet Arbeitsunfälle und arbeitsbedingte Erkrankungen aus und prüft, ob sie auf organisatorische oder technische Mängel zurückzuführen sind.
- ✔ Er erarbeitet Vorschläge für betriebliche Arbeitsschutzmaßnahmen und für Schwerpunktaktionen zu Themen wie innerbetrieblicher Transport, Ordnung und Sauberkeit, Hautschutz, Erste Hilfe, Lärm.
- ✔ Er führt regelmäßige Betriebsrundgänge durch.
- ✔ Er berät die Ergebnisse und die Umsetzung der Gefährdungsermittlung und -beurteilung.

Ein Arbeitsschutzausschuss wird erst in Betrieben mit mehr als 20 Beschäftigten vorgeschrieben. Bei der Feststellung der Zahl der Beschäftigten sind Teilzeitbeschäftigte mit bis zu 20 Stunden pro Woche mit 0,5 und bis zu 30 Stunden pro Woche mit 0,75 zu berücksichtigen.

Aufgaben auf Arbeitsgruppen übertragen

In den vergangenen Jahren wurden einzelnen Beschäftigten häufig Aufgaben übertragen, die ihnen eine gewisse Selbstständigkeit in der Entscheidung gaben, aber auch mit Eigeninitiative und Mitverantwortlichkeit verbunden sind. Diesem Trend kann der Betriebsrat, wenn er es für richtig und nützlich hält, folgen. Er kann mit dem Arbeitgeber die Bildung von Arbeitsgruppen vereinbaren und damit eigene Rechte des Betriebsrats auf einzelne Beschäftigte, die Mitglieder dieser Arbeitsgruppen sind, übertragen.

Das geht aber nur in zwei Schritten. Zunächst muss der Betriebsrat sich mit dem Arbeitgeber darüber einigen, ob solche Aufgaben tatsächlich Arbeitsgruppen übertragen werden sollen. Dazu muss zwischen Betriebsrat und Arbeitgeber eine Rahmenvereinbarung abgeschlossen werden, in der allgemeine Vereinbarungen, die für die Bildung von Arbeitsgruppen gelten sollen, geregelt werden. Das ist keine leichte Aufgabe. Schließlich sollen diese Arbeitsgruppen im Rahmen der ihnen zugeordneten Kompetenzen völlig eigenständig entscheiden und beschließen, ohne dass der Betriebsrat später noch die Möglichkeit hätte, auf die Beschlüsse der Arbeitsgruppen Einfluss nehmen zu können. In der Rahmenvereinbarung müssen also alle grundsätzlichen Regelungen enthalten sein, die für alle Arbeitsgruppen gelten sollen. Dazu gehören mindestens die Formen der Zusammenarbeit, dazu gehören aber auch genau umrissen die Kompetenzen, mit denen die Arbeitsgruppen ausgestattet sein sollen, und dazu gehören auf jeden Fall auch die Größe und die Bestimmungen, wie die Arbeitsgruppen personell zusammengesetzt sein sollen.

Nach dem Abschluss dieser Rahmenvereinbarung muss dann für jede Arbeitsgruppe eine Regelung abgeschlossen werden, in der unter anderem die zu bearbeitenden Inhalte, die konkrete personelle Zusammensetzung sowie die organisatorische und zeitliche Zusammenarbeit vereinbart werden.

§ 28a BetrVG: Übertragung von Aufgaben auf Arbeitsgruppen

(1) In Betrieben mit mehr als 100 Arbeitnehmern kann der Betriebsrat mit der Mehrheit der Stimmen seiner Mitglieder bestimmte Aufgaben auf Arbeitsgruppen übertragen; dies erfolgt nach Maßgabe einer mit dem Arbeitgeber abzuschließenden Rahmenvereinbarung. Die Aufgaben müssen im Zusammenhang mit den von der Arbeitsgruppe zu erledigenden Tätigkeiten stehen. Die Übertragung bedarf der Schriftform. Für den Widerruf der Übertragung gelten Satz 1 erster Halbsatz und Satz 3 entsprechend.

(2) Die Arbeitsgruppe kann im Rahmen der ihr übertragenen Aufgaben mit dem Arbeitgeber Vereinbarungen schließen; eine Vereinbarung bedarf der Mehrheit der Stimmen der Gruppenmitglieder. § 77 gilt entsprechend. Können sich Arbeitgeber und Arbeitsgruppe in einer Angelegenheit nicht einigen, nimmt der Betriebsrat das Beteiligungsrecht wahr.

Wird die Arbeit des Betriebsrats durch Arbeitsgruppen einfacher?

Kann sein, muss aber nicht. Vor allem stellt sich die Frage, wie der Betriebsrat den Überblick über die Arbeit und die Entscheidungen der Arbeitsgruppen behalten kann. Schließlich werden in den Arbeitsgruppen in seinem Namen Entscheidungen getroffen, ohne dass er hierauf Einfluss hätte. Mit der Einrichtung der Arbeitsgruppen tritt der Betriebsrat eigene Kompetenzen, Mitwirkungs- und Mitbestimmungsrechte – wenn auch eingeschränkt – ab. Nur wenn er über die Arbeit und die Ergebnisse der Arbeitsgruppen laufend und vor allem umfassend informiert wird, kann es ihm gelingen, die Entscheidungen und Vereinbarungen der Arbeitsgruppen zu begleiten und mit seinen eigenen Vorstellungen und Erwartungen zu verbinden. Die Bildung von Arbeitsgruppen kann für Sie also durchaus zu einer erheblichen Mehrbelastung führen und mit Konflikten mit den Kollegen, die in den Arbeitsgruppen mitarbeiten, verbunden sein – gerade, wenn der Betriebsrat nicht hinreichend informiert wird. Er mag zwar möglicherweise durch die Arbeitsgruppen arbeitsmäßig entlastet sein, aber aus der Pflicht ist er nicht entlassen, sich mit den in diesen Arbeitsgruppen diskutierten Problemen und getroffenen Entscheidungen auseinanderzusetzen. Die nächste Betriebsversammlung kommt, und dann kommen auch die Fragen der Kollegen. Der Betriebsrat wird also Zeit aufbringen müssen, um sich auf dem Laufenden zu halten.

Es ist ja die ganz besondere Aufgabe des Betriebsrats, auf Basis der Informationen des Arbeitgebers und unter Nutzung der bestehenden Rechte zielgerichtet für alle Beschäftigten zu verhandeln und zu einer für alle vertretbaren Regelung zu gelangen. Schließlich sollen für alle Beschäftigten Verbesserungen erreicht werden. Mit der Übertragung von Entscheidungen auf Arbeitsgruppen kann dieses Prinzip der gemeinsamen Interessenvertretung leicht ausgehebelt werden, und der Betriebsrat muss sich möglicherweise überdies auch noch für Entscheidungen rechtfertigen, die er selbst nicht herbeigeführt hat.

Im großen Stil – Gesamt- und Konzernbetriebsräte

Der Betriebsrat wächst mit seinen Aufgaben. Je größer ein Betrieb, desto größer der Betriebsrat, und wenn die Unternehmensstruktur immer komplizierter wird, muss auch der Betriebsrat die nötigen über- und untergeordneten Gremien bilden, um vom Arbeitgeber nicht untergebuttert zu werden.

Der Gesamtbetriebsrat

Große Unternehmen umfassen oft mehrere Betriebe. Eine Stahlbaufirma etwa unterhält vielleicht noch einen Instandhaltungsbetrieb, zu einem großen Bekleidungshaus gehört eine Textilimportfirma oder ein Verlag besitzt eine eigene Druckerei. Da es sich dabei jeweils um mehrere Betriebe handelt, wird auch in jedem einzelnen Betrieb ein Betriebsrat gewählt, der sich dann um die Angelegenheiten am Standort kümmert.

Es passiert leider nicht selten, dass eine Unternehmensleitung die Beschäftigten eines Betriebs gegen die eines anderen Betriebs ausspielt. Da veröffentlicht zum Beispiel die Firmenzeitung die Anzahl fehlerhafter Werkstücke, die im Zweigwerk Schwarzenbach anfallen, und deutet damit an, dass es sich bei den dortigen Mitarbeitern um eine Ansammlung von Nieten handelt. So wird der Ruf dieser Kollegen langsam ruiniert und die Unternehmensleitung muss keine Solidarisierungsversuche befürchten, wenn sie nach einem Jahr den Betrieb schließt und plötzlich 20 Arbeitsplätze weg sind.

Es ist daher sinnvoll, wünschenswert und vom Gesetz auch so vorgesehen, dass sich die Betriebsräte der einzelnen Betriebe eines Unternehmens regelmäßig austauschen und vom Arbeitgeber auch über die Angelegenheiten, die das ganze Unternehmen betreffen, Informationen einfordern. Zu diesem Zweck bilden sie einen **Gesamtbetriebsrat**, in den jeder dieser Betriebsräte ein oder zwei Mitglieder entsendet. Der Gesamtbetriebsrat regelt nur Angelegenheiten, die das gesamte Unternehmen betreffen. Das kann eine Menge Themen betreffen wie Standort, Haustarif oder Arbeitsschutz. Er kann mit der Unternehmensleitung auch Gesamtbetriebsvereinbarungen abschließen, in denen wichtige Fragen, die alle Arbeitnehmer des Unternehmens betreffen, geregelt werden.

Einmal im Jahr muss der Gesamtbetriebsrat eine Betriebsräteversammlung einberufen, in deren Verlauf sowohl der Vorsitzende des Gesamtbetriebsrats als auch der Arbeitgeber einen Bericht zu geben haben. Der Gesamtbetriebsrat berichtet über seine Tätigkeit des zurückliegenden Jahres. Der Arbeitgeber muss über das Personal- und Sozialwesen berichten, darüber, wie die Gleichstellung von Frauen und Männern und die Integration der ausländischen Arbeitnehmer vorangehen, über die wirtschaftliche Lage und Entwicklung des Unternehmens sowie über Fragen des Umweltschutzes.

Zum Gesamtbetriebsrat findet keine Wahl statt. Jeder einzelne Betriebsrat bestimmt eines oder zwei seiner Betriebsratsmitglieder, die Vertretung wahrzunehmen. Wird ein neuer Betriebsrat gewählt, bestimmt dieser wieder neue Gesamtbetriebsratsmitglieder. Es ist also ein sich ständig erneuerndes Gremium ohne befristete Amtszeit.

§ 47 BetrVG: Gesamtbetriebsrat: Voraussetzungen der Errichtung, Mitgliederzahl, Stimmengewicht (Auszug)

(1) Bestehen in einem Unternehmen mehrere Betriebsräte, so ist ein Gesamtbetriebsrat zu errichten.

(2) In den Gesamtbetriebsrat entsendet jeder Betriebsrat mit bis zu drei Mitgliedern eines seiner Mitglieder; jeder Betriebsrat mit mehr als drei Mitgliedern entsendet zwei seiner Mitglieder. Die Geschlechter sollen angemessen berücksichtigt werden.

§ 50 BetrVG: Zuständigkeit

(1) Der Gesamtbetriebsrat ist zuständig für die Behandlung von Angelegenheiten, die das Gesamtunternehmen oder mehrere Betriebe betreffen und nicht durch die einzelnen Betriebsräte innerhalb ihrer Betriebe geregelt werden können; seine Zuständigkeit erstreckt sich insoweit auch auf Betriebe ohne Betriebsrat. Er ist den einzelnen Betriebsräten nicht übergeordnet.

Hat der Gesamtbetriebsrat zu einem Thema eine Regelung geschaffen, so kann der Betriebsrat eines einzelnen Betriebs mit seinem Arbeitgeber zu diesem Thema keine eigene Regelung mehr verhandeln und abschließen.

Der Konzernbetriebsrat

Wenn mehrere Unternehmen einen Konzern bilden, wie das in Deutschland etwa bei Automobilfirmen der Fall ist, können die einzelnen Gesamtbetriebsräte einen Konzernbetriebsrat bilden, der dann konzernweite Angelegenheiten regelt – zum Beispiel eine für alle Beschäftigten geltende betriebliche Altersversorgung. Gibt es in einem Unternehmen nur einen Betrieb und damit auch nur einen Betriebsrat, entsendet der Betriebsrat Mitglieder in den Konzernbetriebsrat. In europaweit tätigen Unternehmen kann sogar ein europäischer Betriebsrat gebildet werden. Im Gegensatz zum Gesamtbetriebsrat ist die Bildung eines Konzernbetriebsrats nicht zwingend vorgeschrieben.

Arbeitnehmer im Aufsichtsrat – die Unternehmensmitbestimmung

In Kapitalgesellschaften, die mehr als 2.000 Arbeitnehmer beschäftigen, haben die Arbeitnehmer das Recht, Vertreter in den Aufsichtsrat zu entsenden. Der Aufsichtsrat ist paritätisch besetzt, er besteht also aus derselben Anzahl von Vertretern der Anteilseigner wie Arbeitnehmervertretern, dazu kommt noch ein Unparteiischer. Als Arbeitnehmervertreter gelten in diesem Fall nicht ausschließlich Betriebsratsmitglieder, sondern auch Arbeitnehmer ohne Funktion sowie Vertreter von Gewerkschaften. Diese Aufsichtsratsmitglieder werden von den Arbeitnehmern des Betriebs gewählt, ihre Amtszeit beträgt meistens vier Jahre. Die Aufsichtsratsmitglieder kontrollieren den Vorstand der Kapitalgesellschaft und ernennen und entlassen dessen Mitglieder.

Aufgaben und Wahl der Arbeitnehmervertreter im Aufsichtsrat regelt das Mitbestimmungsgesetz.

Sonderrechte für Sonderfälle

Zwei Gruppen von Beschäftigten im Betrieb haben besondere Arbeitsbedingungen und daher auch spezielle Interessen: die Jugendlichen und die Schwerbehinderten. Diese beiden Gruppen können eigene Vertretungsorgane bilden, innerhalb derer sie ihre spezifischen Probleme erörtern und dem Betriebsrat vorlegen.

Jugend- und Auszubildendenvertretung

Eine Jugend- und Auszubildendenvertretung (JAV) kann eingerichtet werden, wenn in einem Betrieb mindestens fünf Jugendliche unter 18 Jahren oder fünf Auszubildende beschäftigt sind. Bei Auszubildenden ist das Alter nicht mehr entscheidend. Der Betriebsrat initiiert alle zwei Jahre die Wahlen zur JAV, wahlberechtigt sind alle Jugendlichen und Auszubildenden. Wählbar – also Bewerber für das Amt als JAV-Mitglied – sind alle Arbeitnehmer des Betriebs, die jünger als 25 oder unabhängig vom Alter Auszubildende sind.

JAV und Betriebsrat arbeiten eng zusammen. Die Jugendlichen richten ihre Vorschläge, Forderungen und Anregungen nämlich nicht an den Arbeitgeber direkt, sondern an den Betriebsrat, der sie dann ebenfalls diskutiert und – wenn es ihm sinnvoll erscheint – mit dem Arbeitgeber verhandelt. Ein Mitglied der JAV kann bei jeder Betriebsratssitzung anwesend sein; wenn Fragen auf der Tagesordnung stehen, die die Angelegenheiten der Jugendlichen betreffen, nehmen alle Mitglieder der JAV an der Sitzung teil und sind auch stimmberechtigt.

Schwerbehindertenvertretung

Auch hier ist die magische Zahl die Fünf: Arbeiten mindestens fünf Schwerbehinderte in einem Betrieb, wählen diese einen Vertrauensmann beziehungsweise eine Vertrauensfrau sowie einen Stellvertreter, die vier Jahre im Amt bleiben. In dieser Zeit können sie einmal jährlich eine Versammlung aller Schwerbehinderten im Betrieb durchführen.

Zu den Aufgaben der Schwerbehindertenvertretung gehört:

- ✔ die Förderung ihrer Interessen
- ✔ die Eingliederung von Schwerbehinderten in den Betrieb
- ✔ Beratung und Hilfe
- ✔ die Überwachung der einschlägigen Regelungen und Schutzbestimmungen

Wie die Jugendvertretung hat auch die Schwerbehindertenvertretung das Recht, an allen Betriebsratssitzungen teilzunehmen und ihre Angelegenheiten auf die Tagesordnung setzen zu lassen. Anders als die JAV darf die Schwerbehindertenvertretung auch an den Besprechungen mit dem Arbeitgeber teilnehmen.

Sprecherausschuss

Leitende Angestellte dürfen an den Betriebsratswahlen weder aktiv noch passiv teilnehmen. Schließlich erfüllen sie unternehmerische Aufgaben, haben einen erheblichen eigenen Entscheidungsspielraum – sie stellen Mitarbeiter ein, genießen Prokura, schließen selbstständig Geschäfte ab – und müssen sich mit den Interessen des Unternehmens ganz anders identifizieren als ein »normaler« Arbeitnehmer.

Dennoch haben auch sie ein spezielles Vertretungsorgan: den Sprecherausschuss. Voraussetzung ist, dass mindestens zehn leitende Angestellte in einem Betrieb beschäftigt sind. Der Sprecherausschuss ist freilich nur ein abgespeckter Betriebsrat, der lediglich ein Informations- und Beratungsrecht, aber keinerlei Mitbestimmungsrecht besitzt. Will der Unternehmer zum Beispiel einem leitenden Angestellten kündigen, muss er dazu nicht den Betriebsrat, sondern den Sprecherausschuss hören.

Die Gewerkschaften

Der Betriebsrat ist keine Einrichtung einer Gewerkschaft, es ist auch nicht Vorschrift, dass alle Betriebsratsmitglieder zugleich Gewerkschaftsmitglieder sind. In vielen Betriebsräten gibt es sogar verschiedene »Fraktionen«. Das ist dort der Fall, wo bei der Wahl mehrere Listen aufgestellt wurden, zum Beispiel eine Liste der IG-Metall-Mitglieder und eine Liste unorganisierter Beschäftigter. Doch ohne Gewerkschaften geht es kaum in einem Betrieb. Die Stellung der Gewerkschaften wird in § 2 des Betriebsverfassungsgesetzes beschrieben.

§ 2 BetrVG: Stellung der Gewerkschaften (Auszug)

(1) Arbeitgeber und Betriebsrat arbeiten unter Beachtung der geltenden Tarifverträge vertrauensvoll und im Zusammenwirken mit den im Betrieb vertretenen Gewerkschaften und Arbeitgebervereinigungen zum Wohl der Arbeitnehmer und des Betriebs zusammen.

(2) Zur Wahrnehmung der in diesem Gesetz genannten Aufgaben und Befugnisse der im Betrieb vertretenen Gewerkschaften ist deren Beauftragten nach Unterrichtung des Arbeitgebers oder seines Vertreters Zugang zum Betrieb zu gewähren, soweit dem nicht unumgängliche Notwendigkeiten des Betriebsablaufs, zwingende Sicherheitsvorschriften oder der Schutz von Betriebsgeheimnissen entgegenstehen.

Bereits bei der Betriebsratswahl spielen die Gewerkschaften eine wichtige Rolle. Nicht nur, dass sie Seminare für die Durchführung der Wahl anbieten und sämtliche Wahlunterlagen bereitstellen, sie können auch in Betrieben, in denen es noch keinen Betriebsrat gibt, die Wahl initiieren und beratend und unterstützend begleiten – sehr wichtig überall dort, wo der Arbeitgeber die Wahl mit allen Mitteln zu verhindern versucht. In Teil V erfahren Sie mehr darüber.

Vertreter der Gewerkschaft haben darüber hinaus auch das Recht, an Betriebsratssitzungen teilzunehmen, vorausgesetzt, ein Viertel der Betriebsratsmitglieder beantragt dies. Zu diesem Zweck darf der Gewerkschaftssekretär das Betriebsgelände betreten. Der Arbeitgeber muss davon informiert werden, verwehren darf er es nicht. Selbst wenn es keinen Betriebsrat gibt, darf der Gewerkschaftsvertreter »zur Wahrnehmung seiner Aufgaben und Befugnisse«, also zum Beispiel für ein Beratungsgespräch, den Betrieb betreten, vorausgesetzt, mindestens ein Beschäftigter ist Gewerkschaftsmitglied.

Gewerkschaftliche Vertrauensleute

In großen Betrieben findet man häufig die Einrichtung der gewerkschaftlichen Vertrauensleute. Dabei handelt es sich um Gewerkschaftsmitglieder, die im Betrieb bestimmte gewerkschaftliche Aufgaben wahrnehmen. Sie wurden ebenfalls gewählt, allerdings nicht von allen Beschäftigten, sondern nur von den Gewerkschaftsmitgliedern innerhalb der Belegschaft. Sie informieren einerseits ihre Kollegen über die Ziele und die Arbeit ihrer Gewerkschaft und tragen andererseits Anregungen aus den Betrieben, zum Beispiel zur Tarifpolitik, in die Gewerkschaft hinein. Zwar haben sie keine Rechtsstellung wie der Betriebsrat, doch sind sie gegen Benachteiligungen durch den Arbeitgeber ebenfalls geschützt.

»Bei uns gibt es keine Gewerkschaftsmitglieder, das weiß ich zu verhindern«, sagt so mancher Arbeitgeber und versucht, dem Gewerkschaftsvertreter die Tür zu weisen. Das ist aber unzulässig, solange auch nur ein Beschäftigter Gewerkschaftsmitglied ist. Das kann die Gewerkschaft im Zweifelsfall nachweisen. Namen muss sie dabei aber nicht nennen, es genügt eine notariell beglaubigte Erklärung.

Die Gewerkschaften – Rat und Tat für Arbeitnehmer

Falls Sie Mitglied einer Gewerkschaft sind, haben Sie die Vorteile davon vielleicht schon erfahren, zum Beispiel wenn Sie in einer arbeitsrechtlichen Angelegenheit Rechtsschutz und Rechtsvertretung erhalten haben. Aber auch die meisten anderen Arbeitnehmer profitieren von den Verhandlungen und Kämpfen der Gewerkschaften: Sie bekommen monatlich ihr tariflich festgelegtes Gehalt, womöglich obenauf noch eine tarifliche Sonderleistung in Form von Weihnachts- oder Urlaubsgeld, und freuen sich über ihren Urlaubsanspruch, der meist weit höher liegt als der gesetzlich festgelegte Mindesturlaub.

All das haben die Arbeitgeber nicht freiwillig zugestanden, sondern sich in oft langwierigen und mühsamen Tarifrunden abhandeln lassen müssen. Wie durchsetzungsfähig eine Gewerkschaft ist, hängt logischerweise davon ab, wie viele Mitglieder sie hat. Schließlich macht es einen Unterschied, ob sie in Verhandlungen darauf hinweisen kann, dass die Kollegen in den Betrieben notfalls auch einmal den Hammer fallen lassen können – oder ob sie sich diesen Hinweis angesichts niedriger Mitgliedszahlen lieber spart.

Für Betriebsratsmitglieder spielt die Gewerkschaft noch eine besondere Rolle. Eine solche Fülle von Unterlagen, Informationen, kompetentem Rat und kostenfreier Unterstützung sowie weit gefächerter Seminarangebote, die die Arbeitnehmerperspektive berücksichtigen, bietet sonst keine andere Organisation.

IN DIESEM KAPITEL

Die Mitbestimmungsrechte im Überblick

Aktion und Reaktion

Die vielen Aspekte der »Ordnung«

Arbeit und Urlaub

Big Brother hört mit

Das Wichtigste: Gesund bleiben!

Es geht auch ums Geld

Gute Ideen machen sich bezahlt

Kapitel 3
Soziale Angelegenheiten – ohne Betriebsrat geht gar nichts

Am meisten Spaß macht die Betriebsratsarbeit, wenn man wirklich etwas bewegen kann. In allen Angelegenheiten, die die soziale Seite des Arbeitsverhältnisses betreffen, hat der Betriebsrat gute Karten. Gemeinsam mit einem kooperativen Arbeitgeber kann er eine Menge in Bewegung bringen und wirklich gute Arbeitsbedingungen schaffen. Und einem störrischen Chef kann er einige Lektionen in innerbetrieblicher Demokratie erteilen.

Das Herz der Betriebsratsarbeit: Die Mitbestimmungsrechte

Die Befugnisse eines Betriebsrats können tief in die Führung eines Betriebs eingreifen. Doch so weit, dass er damit dem Unternehmer das Heft aus der Hand nehmen könnte, wie einige befürchten – oder in polemischen Diskussionen behaupten –, geht es natürlich nicht.

Die Mitbestimmungsrechte des Betriebsrats sind nämlich durchaus nicht alle gleich mächtig, sondern fein abgestuft. Grob gesprochen könnte man sie so charakterisieren:

✔ In allem, was im weitesten Sinne die **Gestaltung der Arbeit aller Beschäftigten** betrifft, hat der Betriebsrat ein sehr starkes, ein »erzwingbares« Mitbestimmungsrecht. Das bedeutet: Der Arbeitgeber darf Maßnahmen, die der Mitbestimmung unterliegen, nur mit Zustimmung des Betriebsrats einführen. Falls er dieses Zustimmungsrecht missachtet, kann der Betriebsrat schwereres Geschütz auffahren: eine einstweilige Verfügung, die Anrufung einer Einigungsstelle oder ein Beschlussverfahren.

✔ In allen Angelegenheiten, in denen es um den Arbeitsplatz eines **einzelnen Kollegen** geht, sei es Einstellung, Versetzung oder Kündigung, hat der Betriebsrat schwächere Rechte. Der Arbeitgeber muss zwar seine Zustimmung einholen, kann sich unter gewissen Umständen aber auch darüber hinwegsetzen, indem er sie durch Gerichtsbeschluss ersetzen lässt.

✔ Sobald es an den Kern der **unternehmerischen Tätigkeit** geht, schwinden dem Betriebsrat die Kräfte. Was produziert wird, wie die Produktion organisiert ist, welche Materialien, Zutaten oder Rohstoffe verarbeitet werden, an welchem Standort das geschieht – bei all diesen Fragen hat der Betriebsrat nur noch das Recht, seinen Rat anzubieten. Doch den muss der Unternehmer auch einholen! Und er muss sich mit den Vorschlägen und Anregungen des Betriebsrats auch auseinandersetzen.

✔ Ob Mitbestimmung oder nur Beratung: Entscheidend für alle Beteiligungsformen ist, dass der Unternehmer seinen Betriebsrat auf dem Laufenden hält. **Informationsrechte** hat der Betriebsrat in sehr vielen Bereichen – wie könnte er sonst seine Arbeit ernsthaft erledigen?

All diese Rechte des Betriebsrats stehen im Gesetz – also zunächst auf Papier. Sie zum Leben zu erwecken und in jedem einzelnen Fall durchzusetzen, erfordert Geschick, Fantasie, Einfallsreichtum, Mut und einen langen Atem. Mithilfe dieser Rechte die Interessen der Kollegen wirksam zu vertreten – das ist Betriebsratsarbeit.

Die Mitbestimmungsrechte in sozialen Angelegenheiten

In allen sozialen Angelegenheiten hat der Gesetzgeber den Betriebsrat mit den stärksten Rechten ausgestattet. In diesen Fragen hat der Betriebsrat ein »erzwingbares« Mitbestimmungsrecht, das heißt, Arbeitgeber und Betriebsrat müssen gemeinsam zu einer Entscheidung kommen. Der Arbeitgeber darf nicht einfach beschließen, den Betriebsparkplatz nur für leitende Angestellte freizugeben oder die Pausen zu verlegen oder neue Zeiterfassungsgeräte einzuführen oder die Kantine am Nachmittag zu schließen. Immer muss er den Betriebsrat rechtzeitig über sein Vorhaben informieren, mit ihm zusammen die Angelegenheit beraten und sich schließlich mit ihm auf eine gemeinsame Lösung einigen. Ist dies nicht möglich, kann weder der Arbeitgeber noch der Betriebsrat handeln. In diesem Fall muss eine Einigungsstelle angerufen werden, deren Spruch dann verbindlich ist.

Die Einigungsstelle ist eine Schlichtungsstelle, die im Falle eines unlösbaren Konflikts zwischen Arbeitgeber und Betriebsrat gebildet wird. Ihre Aufgabe ist es, Streitigkeiten zwischen beiden Parteien notfalls durch einen Schiedsspruch beizulegen. Eine Einigungsstelle besteht aus einem unparteiischen Vorsitzenden, zum Beispiel einem Arbeitsrichter, und je der gleichen Anzahl von Beisitzern der beiden streitenden Parteien. Mehr über Einigungsstellen erfahren Sie in Teil IV.

Initiativrecht

Natürlich braucht der Betriebsrat nicht darauf zu warten, mit welchen Vorschlägen (oder Zumutungen) der Chef auf ihn zukommt. Er hat genauso die Möglichkeit, von sich aus Vorschläge zu entwickeln und vorzubringen. Auch mit diesen *muss* sich der Arbeitgeber befassen. Er kann dann nicht sagen: »Schön und gut, aber das interessiert mich einen feuchten Kehricht.« Er hat die Vorschläge so lange mit dem Betriebsrat zu erörtern, bis beide Parteien zu einer gemeinsamen Lösung gelangt sind.

Noch besser: Ordnet der Arbeitgeber eine Maßnahme an, die in den Zuständigkeitsbereich der Mitbestimmungsrechte des Betriebsrats fällt, ohne dessen Zustimmung einzuholen, so ist diese Anordnung unwirksam. Sie sehen also, die Mitbestimmungsrechte eröffnen dem Betriebsrat einen sehr großen Spielraum. Machen Sie sich auf, ihn zu erkunden.

§ 87 BetrVG: Mitbestimmungsrechte (Auszug)

(1) Der Betriebsrat hat, soweit eine gesetzliche oder tarifliche Regelung nicht besteht, in folgenden Angelegenheiten mitzubestimmen:

1. Fragen der Ordnung des Betriebs und des Verhaltens der Arbeitnehmer im Betrieb
2. Beginn und Ende der täglichen Arbeitszeit einschließlich der Pausen sowie Verteilung der Arbeitszeit auf die einzelnen Wochentage
3. vorübergehende Verkürzung oder Verlängerung der betriebsüblichen Arbeitszeit
4. Zeit, Ort und Art der Auszahlung der Arbeitsentgelte
5. Aufstellung allgemeiner Urlaubsregelungen und des Urlaubsplans sowie die Festsetzung der zeitlichen Lage des Urlaubs für einzelne Arbeitnehmer, wenn zwischen dem Arbeitgeber und den beteiligten Arbeitnehmern kein Einverständnis erzielt wird
6. Einführung und Anwendung von technischen Einrichtungen, die dazu bestimmt sind, das Verhalten oder die Leistung der Arbeitnehmer zu überwachen

7. Regelungen über die Verhütung von Arbeitsunfällen und Berufskrankheiten sowie über den Gesundheitsschutz im Rahmen der gesetzlichen Vorschriften oder der Unfallverhütungsvorschriften
8. Form, Ausgestaltung und Verwaltung von Sozialeinrichtungen, deren Wirkungsbereich auf den Betrieb, das Unternehmen oder den Konzern beschränkt ist
9. Zuweisung und Kündigung von Wohnräumen, die den Arbeitnehmern mit Rücksicht auf das Bestehen eines Arbeitsverhältnisses vermietet werden, sowie die allgemeine Festlegung der Nutzungsbedingungen
10. Fragen der betrieblichen Lohngestaltung, insbesondere die Aufstellung von Entlohnungsgrundsätzen und die Einführung und Anwendung von neuen Entlohnungsmethoden sowie deren Änderung
11. Festsetzung der Akkord- und Prämiensätze und vergleichbarer leistungsbezogener Entgelte, einschließlich der Geldfaktoren
12. Grundsätze über das betriebliche Vorschlagswesen
13. Grundsätze über die Durchführung von Gruppenarbeit. Gruppenarbeit im Sinne dieser Vorschrift liegt vor, wenn im Rahmen des betrieblichen Arbeitsablaufs eine Gruppe von Arbeitnehmern eine ihr übertragene Gesamtaufgabe im Wesentlichen eigenverantwortlich erledigt.
14. Ausgestaltung von mobiler Arbeit, die mittels Informations- und Kommunikationstechnik erbracht wird

Fragen der betrieblichen Ordnung

Die »betriebliche Ordnung« befasst sich natürlich nicht mit der Frage, ob im Lager die Kartons für die Schrauben und Nägel nach Farben sortiert sind oder die Mitarbeiter ihren Kaffee nur aus grünen Tassen trinken dürfen. Sie könnte sich allerdings mit der Frage befassen, ob am Abend alle Schreibtische leer geräumt sind, damit die Putzkolonne freie Fahrt hat …

Hintergrund dieser Regelung ist der Umstand, dass der Arbeitgeber einerseits in seinem Unternehmen ein bestimmtes Verhalten der Mitarbeiter wünscht und erwartet, andererseits die persönlichen Freiheiten der Einzelnen ein hohes und schützenswertes Gut sind. Die Gestaltung der Arbeitsbedingungen unterliegt also einerseits betrieblichen Notwendigkeiten, andererseits aber berührt sie auch die freie Entfaltung der Persönlichkeit. Zwischen diesen beiden Bedingungen den richtigen Weg zu finden, ist nicht immer ganz einfach.

Wenn Sie im Betriebsrat gemeinsam überlegen, ob es an der einen oder anderen Stelle »juckt«, haben Sie schon den ersten Schritt hin zu einem konkreten Verbesserungsvorschlag getan.

Wie vielfältig und umfangreich dieser Punkt ist, zeigen die folgenden Beispiele.

Rauchen im Betrieb

Rauchen im Betrieb ist ein heikles Thema, das immer wieder zu Konflikten führt, weil der eine Schmacht bis unter die Arme hat, während seine Kollegin wegen der Gefahren des Passivrauchens nicht vorzeitig ins Grab kommen möchte. Eine verbindliche Vereinbarung darüber, wie das Rauchen und Nichtrauchen im Betrieb gehandhabt wird, ist fast überall zwingend notwendig. Folgende Fragen sind dabei zuerst zu klären:

- ✔ Darf im Betrieb geraucht werden?
- ✔ Gibt es Raucherecken oder Raucherbalkone?
- ✔ Darf jemand, der ein Einzelbüro hat, darin rauchen?
- ✔ Oder ist das Rauchen im ganzen Betrieb kategorisch verboten?

Raucherschutz konkret

Angenommen, Sie arbeiten in einem Betrieb, in dem es keine zwingenden Erfordernisse gibt, ein allgemeines Rauchverbot auszusprechen – es werden keine Lebensmittel verarbeitet und es werden auch keine feuergefährlichen Stoffe verwendet. Ihr Arbeitgeber raucht selbst 20 Zigaretten pro Tag, er hat also wenig Neigung, sich um den Schutz der Nichtraucher zu kümmern. Auch im Betriebsrat gibt es zwei Raucher. Trotzdem sind sich alle einig, dass es nicht angeht, dass die nicht rauchenden Kollegen – die knappe Mehrheit der Belegschaft – überall von Rauchschwaden eingehüllt werden. Zudem gibt es ja die gesetzliche Vorgabe, dass auch am Arbeitsplatz der Schutz der Nichtraucher gewährleistet sein muss. Nach einer Reihe von vorbereitenden Gesprächen schließen Sie mit dem Arbeitgeber eine Betriebsvereinbarung ab, in der festgelegt wird:

1. In allen Geschäftsräumen, also in Büros, Werkstätten, Sitzungs- und Konferenzräumen, herrscht künftig Rauchverbot.
2. Nicht geraucht wird außerdem auf Gängen, in Toiletten und im Pausenraum.
3. Auf jeder Etage oder in jedem Betriebsbereich gibt es eine Raucherecke.
4. Der Arbeitgeber erstattet jedem Raucher die Kosten für ein Raucherentwöhnungsseminar.

Kommen und Gehen

Eigentlich klingt es ja ganz einfach: Morgens strömen alle durch das Eingangstor in die Firma, werkeln dort ihre acht Stunden, und wenn Feierabend ist, strömen sie alle wieder hinaus. Allein dieser eigentlich simple Vorgang kennt allerlei Sonderfälle, die alle geregelt werden können oder müssen. Vielleicht wird einiges bei Ihnen im Betrieb seit Jahrzehnten schon in einer bestimmten Form gehandhabt und es kommt Ihnen ganz natürlich vor, dass Sie am Werkstor abends erst einmal vom Sicherheitsdienst abgeklopft werden und die Taschen ausleeren müssen. Warten Sie nicht, bis Ihr Chef auch noch die regelmäßige Röntgenuntersuchung einführt. Schärfen Sie Ihr Bewusstsein und schauen Sie sich alle Routinen einmal genau an. Sie werden sehen: Da kann allerlei Zündstoff drinstecken.

- ✔ Gibt es eine Zugangskontrolle, zum Beispiel in Form von Chipkarten? Was ist auf diesen Chipkarten alles gespeichert? Oder muss man sich in eine Liste eintragen? Wird diese Liste nach irgendwelchen Kriterien ausgewertet?
- ✔ Hängt am Eingang ein Zeiterfassungsgerät? Wo genau hängt es?
- ✔ Wird beim Betreten oder Verlassen des Betriebs eine Taschenkontrolle durchgeführt? Eine Leibesvisitation? In welcher Form geschieht das?
- ✔ Dürfen die Beschäftigten während der Pause das Betriebsgelände verlassen? Müssen sie das – zum Beispiel durch Stempeln – dokumentieren?
- ✔ Gibt es firmeneigene Parkplätze? Ist deren Belegung geregelt? Oder gilt das Prinzip »Wer zuerst kommt, parkt zuerst«?
- ✔ Sind die Garderobenräume abschließbar? Hat jeder seinen eigenen Schrank oder Spind? Wohin mit den Wertsachen, die man während der Arbeit ablegen muss?

Die Arbeitszeit beginnt am Werkstor beziehungsweise am Firmeneingang. Die Beschäftigten dürfen nicht erst minutenlang zum Beispiel durch ein weitläufiges Werksgelände gehen müssen, bis ihre Anwesenheit dokumentiert wird. Auch der Wechsel von der Straßen- in die Arbeitskleidung (Blaumann, Kittel) ist »Rüstzeit«, gehört also zur Arbeitszeit.

Während der Arbeit

Nein, ob der Kollege Bertram die Akte »Zahlungsverzug der Firma Huddel & Brassel KG« heute oder morgen bearbeitet oder ob Frau Melchior am Freitag Bratwürste verkauft – das geht den Betriebsrat natürlich nichts an. Aber ob sie dabei eine rote Bluse tragen muss, darüber müssten Arbeitgeber und Betriebsrat durchaus verhandeln. Folgende Fragestellungen gehören außerdem zum Thema »Ordnung im Betrieb«:

- ✔ Darf am Arbeitsplatz das Radio laufen? Der Fernseher?
- ✔ Müssen die Mitarbeiter im Verkauf die ganze Zeit stehen oder dürfen sie sich auch zwischendurch hinsetzen?
- ✔ Gibt es ein generelles Alkoholverbot im Betrieb? Oder nur während der Arbeitszeit? Werden Alkoholkontrollen durchgeführt?
- ✔ Gibt es eine verbindliche Kleiderordnung, zum Beispiel weiße Hemden und Blusen, Krawattenzwang, Hosenverbot für Frauen? Beteiligt sich der Arbeitgeber an den Kosten?

- Dürfen Mitarbeiter ihren Kollegen regelmäßig Waren oder Zeitschriften verkaufen?
- Darf das Telefon auch privat genutzt werden?
- Wie sieht es mit Internet- und E-Mail-Zugang aus? Darf man private Mails über den Firmenserver schicken und empfangen? Wenn nicht, ist es erlaubt, das eigene E-Mail-Konto über das Internet aufzurufen? Darf man den firmeneigenen Internetzugang privat nutzen – zum Beispiel in den Pausen?

Die Frage, ob der betriebseigene Telefon- oder Internetanschluss auch privat genutzt werden darf, ist ein sehr häufiger Streitpunkt, der schon zu vielen Arbeitsgerichtsprozessen geführt hat. Viele Arbeitgeber, vor allem in kleineren Betrieben, möchten am liebsten gar keine Regelungen treffen und lassen die Mitarbeiter stillschweigend gewähren, solange es den Arbeitsablauf nicht stört und niemand stundenlange Ferngespräche nach Timbuktu führt. Sie müssen als Betriebsrat einschätzen, ob Sie Ihrerseits an dem Thema einfach nicht rühren wollen. Falls Sie feststellen, dass es in der Firma unterschiedlich großzügig gehandhabt wird (im Marketing wird es geduldet, in der Buchhaltung nicht), sollten Sie aber auf einer für alle gültigen Betriebsvereinbarung bestehen. Wie man eine Betriebsvereinbarung abschließt, erfahren Sie in Kapitel 14.

Mit diesen Beispielen ist der Punkt »Ordnung des Betriebs und Verhalten der Arbeitnehmer« durchaus noch nicht ausgeschöpft. Aber Sie haben jetzt sicherlich eine ziemlich genaue Vorstellung davon, was alles dazugehört: alle Fragen, die die Grenzlinie zwischen der Freiheit der individuellen Persönlichkeit und dem eingeschränkten Recht des abhängig Beschäftigten berühren, oder kürzer ausgedrückt, zwischen Mensch und Mitarbeiter.

Die tägliche Arbeitszeit

Ein immer wieder brisantes Thema sind alle Fragen zur Arbeitszeit. Fast jeder Arbeitgeber denkt, das sei doch nun wirklich sein ureigenes Feld, auf dem er bestimmen kann, wie er es für richtig und sinnvoll hält. Und da darf der Betriebsrat mitbestimmen? Vor seinem geistigen Auge versinkt das Unternehmen bereits im Chaos, wenn er sich vorstellt, dass seine Verkaufsassistentin erst um 10 Uhr auftaucht oder jeder in die Mittagspause geht, wenn ihm gerade der Magen knurrt.

Dabei kann der Betriebsrat auch hier viele nützliche und sinnvolle Anregungen in die Arbeitszeitgestaltung einbringen. Er hat ein offenes Ohr für die Probleme der Kollegen und weiß, wie schwierig es für die Kolleginnen mit kleinen Kindern ist, morgens pünktlich um 8 Uhr anzufangen, wenn der Kindergarten erst um 7:30 Uhr öffnet. Statt vieler kleiner Sonderregelungen wäre da doch die Einführung von Gleitzeit zu erwägen.

Folgenden Fragenkatalog könnten Sie sich vornehmen und kritisch durchleuchten:

- ✔ Wann beginnt und endet die tägliche Arbeitszeit?
- ✔ Sind Arbeitsbeginn und Arbeitsende zu festen Zeiten oder gibt es gleitende Arbeitszeit? Wie hoch darf das Arbeitszeitguthaben sein? Kann es verfallen?
- ✔ Wird ein Dienstleistungsabend eingeführt, an dem im Unternehmen länger als normal gearbeitet wird?
- ✔ Wann ist die Mittagspause angesetzt? Wie lange dauert sie?
- ✔ An welchen Wochentagen wird gearbeitet? Auch am Samstag?
- ✔ Können arbeitsfreie Tage (etwa Brückentage) eingearbeitet werden?
- ✔ Wird Schichtarbeit eingeführt oder abgebaut?
- ✔ Wie werden die Schichtpläne aufgestellt? Gibt es allgemeine Grundsätze für ihre Aufstellung?
- ✔ Gibt es Bereitschaftszeiten?

Die **Dauer** der täglichen und der wöchentlichen Arbeitszeit (Stichwort: 35-Stunden-Woche) regeln vorrangig der jeweilige Tarifvertrag und das Arbeitszeitgesetz. Diese Regelungen können weder vom Arbeitgeber noch vom Betriebsrat außer Kraft gesetzt werden. Die **Lage** der täglichen Arbeitszeit kann dagegen zwischen Arbeitgeber und Betriebsrat verhandelt werden. Manche Tarifverträge erlauben auch einen gewissen Spielraum, der Schwankungen der Wochenarbeitszeit ermöglicht.

§ 3 Arbeitszeitgesetz: Arbeitszeit der Arbeitnehmer (Auszug)

Die werktägliche Arbeitszeit der Arbeitnehmer darf acht Stunden nicht überschreiten. Sie kann auf bis zu zehn Stunden nur verlängert werden, wenn innerhalb von sechs Kalendermonaten oder innerhalb von 24 Wochen im Durchschnitt acht Stunden werktäglich nicht überschritten werden.

§ 4 Ruhepausen

Die Arbeit ist durch im Voraus feststehende Ruhepausen von mindestens 30 Minuten bei einer Arbeitszeit von mehr als sechs bis zu neun Stunden und 45 Minuten bei einer Arbeitszeit von mehr als neun Stunden insgesamt zu unterbrechen. Die Ruhepausen nach Satz 1 können in Zeitabschnitte von jeweils mindestens 15 Minuten aufgeteilt werden. Länger als sechs Stunden hintereinander dürfen Arbeitnehmer nicht ohne Ruhepause beschäftigt werden.

§ 5 Ruhezeit

(1) Die Arbeitnehmer müssen nach Beendigung der täglichen Arbeitszeit eine ununterbrochene Ruhezeit von mindestens elf Stunden haben.

Überstunden

Auch die Anordnung von Überstunden unterliegt dem Mitbestimmungsrecht des Betriebsrats. Für viele Betriebsräte ist dies ein besonders leidiges Thema. In der Theorie ist es ganz einfach: Der Arbeitgeber, eventuell vertreten durch einen Abteilungsleiter, sieht, dass der Monatsabschluss nicht bis zum festgesetzten Zeitpunkt fertig sein wird. Oder die Montage der bestellten Werkteile kann wegen einer Panne nicht zum vorgesehenen Termin ausgeführt werden. Ein paar Überstunden würden das Problem lösen. Also geht er zum Betriebsrat, legt ihm das Problem dar, teilt ihm mit, in welcher Abteilung welche Kollegen wie viele Überstunden machen sollen. Der Betriebsrat genehmigt die Überstunden, alles wird zum festgesetzten Termin fertig, die Zuschläge werden ausgezahlt, alle sind erleichtert.

Wenn es doch so wäre! In der Realität nämlich gehört das Thema Überstunden zu den zähesten und langwierigsten Aufgabenstellungen eines Betriebsrats. Die Gründe dafür sind vielfältig:

- ✔ Der Arbeitgeber missachtet das Mitbestimmungsrecht des Betriebsrats und ordnet ohne Rücksprache Überstunden an.
- ✔ Überstunden werden zwar nicht ausdrücklich angeordnet, aber dennoch von den Kollegen geleistet, weil es »erwartet« wird.
- ✔ Die Kollegen werden aufgefordert, Überstunden zu machen, obwohl der Betriebsrat dies ausdrücklich nicht genehmigt hat.

Meine Zeit ist mein Leben

Das Problem Überstunden ist niemals aus dem Handgelenk zu lösen. Halten Sie das Thema wach, erinnern Sie den Arbeitgeber immer wieder an Ihre Mitbestimmungsrechte, verweigern Sie die nachträgliche Genehmigung von Überstunden, gehen Sie nach regulärem Arbeitsschluss durch den Betrieb, um festzustellen, wo Mehrarbeit geleistet wird. Machen Sie die Häufigkeit und Menge der geleisteten Überstunden zum Thema einer Betriebsversammlung. Sie werden oft feststellen, dass die meisten Kollegen »ganz gern« Überstunden machen – nicht nur aus finanziellen Gründen. Je höher qualifiziert eine Tätigkeit ist und je selbstständiger der Einzelne seine Arbeit einteilen kann, desto größer ist die Versuchung, »abends noch 'ne Stunde dranzuhängen« oder »nur ein paar Unterlagen übers Wochenende mit nach Hause zu nehmen«. Vielleicht kennen Sie diese Haltung sogar von sich selbst?

Versuchen Sie schrittweise, Ihre Kollegen dafür zu sensibilisieren,

- ✔ wie viel Mehrarbeit sie tatsächlich pro Monat leisten und
- ✔ wie viel Zeit damit nicht mehr für anderes zur Verfügung steht – Liebe, Partnerschaft, Kinder, Sport, Kultur.

Grundsätzlich ist der Arbeitnehmer verpflichtet, Überstunden abzuleisten, wenn der Arbeitgeber dies anordnet. Wurde dabei das Mitbestimmungsrecht des Betriebsrats übergangen, ist der Arbeitnehmer allerdings nicht verpflichtet, der Anordnung zu folgen, es dürfen sich aus dieser Weigerung keine arbeitsrechtlichen Nachteile wie Abmahnung oder Kündigung ergeben.

Oft hilft es, im Geiste einen Schritt zurückzutreten und das Problem aus einem anderen Blickwinkel zu betrachten: Dabei kann sich herausstellen, dass durch die ständigen Überstunden eine mangelhafte Arbeitsorganisation oder eine zu kurze Personaldecke ausgeglichen werden soll. Ist das der Fall, kann man das Problem vielleicht von einer anderen Seite angehen.

Keinesfalls ist es hilfreich, sich damit abzufinden, dass die Überstunden eben »einfach anfallen«.

Kurzarbeit

Auch wenn die betriebsübliche Arbeitszeit in bestimmten Fällen verkürzt werden soll – was vor allem bei wirtschaftlichen Problemen des Unternehmens der Fall sein dürfte –, besteht ein volles Mitbestimmungsrecht. Das umfasst die Fragen,

- ✔ in welchem Umfang die Kurzarbeit eingeführt wird,
- ✔ wie die verbleibende Arbeitszeit auf die Woche verteilt wird,
- ✔ wann die reguläre Arbeitszeit wiederhergestellt wird.

Der Betriebsrat kann auch von sich aus Kurzarbeit vorschlagen. Das wird er natürlich nicht fahrlässig tun, sondern als ein Mittel, Entlassungen zu verhindern.

Wo und wann gibt es Geld?

Für viele ist das kaum mehr einen Gedanken wert: Das Gehalt kommt pünktlich am 25. aufs Konto, und dann kann es auch schon ausgegeben werden. Aber es gibt auch noch Arbeitsverhältnisse, bei denen der Lohn bar ausgezahlt wird. In diesem Fall muss vereinbart werden, wo und wann dies geschieht.

- ✔ **Wo:** Wenn die Arbeitnehmer nicht im Stammbetrieb arbeiten, sondern auf weit entfernten Baustellen, in Filialbetrieben oder an anderen Orten, muss zum Beispiel vereinbart werden, dass der Ort der Arbeit auch der Ort der Auszahlung ist. Schließlich ist es niemandem zuzumuten, extra weite Strecken zu fahren und Zeit aufzuwenden, um das verdiente Entgelt in Empfang nehmen zu können.

- **Wann:** Auch der genaue Zeitpunkt muss geregelt werden – wer will schon stundenlang in einem zugigen Rohbau sitzen, weil nicht geklärt ist, ob das Geld am Freitag um 14 Uhr oder um 17 Uhr ausgezahlt wird.

Ebenfalls der Mitbestimmung unterliegt übrigens der Zeitpunkt, zu dem eine eventuell tariflich zugesagte Sonderleistung wie Weihnachts- oder Urlaubsgeld ausgezahlt wird, sofern das nicht der Tarifvertrag bereits regelt.

Auf vielen Gehaltszetteln findet sich der Posten »Kontoführungskosten« mit einer kleinen Summe. Damit soll dem Arbeitnehmer der finanzielle und zeitliche Aufwand abgegolten werden, der dadurch entsteht, dass dieser ein Konto einrichten und sein Geld bei der Bank abholen muss. Meistens wurde dieser Betrag schon vor Jahrzehnten tarifvertraglich vereinbart, als die Unternehmen ihre Beschäftigten erstmals aufforderten, ein Gehaltskonto einzurichten – damals noch keine Selbstverständlichkeit.

Urlaubsgrundsätze

Endlich Urlaub! Herr Kunold geht schon im Mai, Frau Gutknecht im September, und Frau Haindl kann der Kinder wegen nur während der Schulferien gehen. Solange das reibungslos läuft, ist alles prima. Dort aber, wo die Urlaubsansprüche vieler Beschäftigter mit den Belangen des Betriebs koordiniert werden müssen, ist eine Vereinbarung zwischen Arbeitgeber und Betriebsrat gefragt. Dabei kann es zum Beispiel darum gehen,

- ob und wann eine Urlaubsliste ausgelegt wird, in die alle ihre Urlaubswünsche eintragen;
- bis wann diese vom Arbeitgeber genehmigt werden;
- dass gewährleistet ist, dass Beschäftigte mit Kindern während der Ferien in Urlaub fahren können, die anderen aber nicht auf November vertröstet werden.

Alle wollen im Juli nach Mallorca

Die Urlaubsliste liegt aus, alle Kollegen tragen sich ein, und schon stellt sich heraus, dass es wohl Probleme geben wird: Nicht weniger als fünf Kollegen derselben Abteilung wollen zur gleichen Zeit in Urlaub gehen – und jeder hat gute Gründe dafür. Bevor nun der Arbeitgeber großzügig den Rotstift ansetzt, muss er ebenfalls den Betriebsrat konsultieren.

Nach welchen Grundsätzen aber kann hier eine Entscheidung getroffen werden? Das ist für jeden Einzelfall zu bewerten, wobei sowohl die Erfordernisse des Betriebs – es muss auf jeden Fall jemand am Empfang sitzen – als auch die soziale Situation der betreffenden Kollegen (Haben sie Kinder? Ist der Ehepartner an bestimmte Urlaubszeiten gebunden?) in Betracht gezogen werden müssen. Das kann im Einzelfall schwierig sein, aber letztlich wird es schon gelingen.

Im Normalfall heißt Mitbestimmung ausüben Regelungen für mehrere Beschäftigte treffen. Im Fall der Festsetzung der zeitlichen Lage des Urlaubs für einzelne Arbeitnehmer kann eine fehlende Einigung zwischen Betriebsrat und Arbeitgeber in die Einigungsstelle führen, auch wenn nur ein Beschäftigter betroffen ist. Das heißt, Sie können als Betriebsrat sehr wirkungsvoll dazu beitragen, einzelnen Beschäftigten eine eigene Klage gegen den Arbeitgeber zu ersparen.

Lassen Sie sich nicht als Betriebsrat vom Arbeitgeber »vor den Karren« spannen und übernehmen Sie nicht die jährliche Urlaubsplanung für den Arbeitgeber. Sie sollen sinnvolle Regeln für das Verfahren zur Urlaubsbewilligung aufstellen, aber nicht den unliebsamen Job übernehmen, den Kollegen mitzuteilen, dass ihr beantragter Urlaub nicht bewilligt wird.

Urlaubssperre und Betriebsferien

In vielen Firmen gibt es, betriebsbedingt, Zeiten, in denen auf keinen Arbeitnehmer verzichtet werden kann, etwa zu saisonalen Hochzeiten wie Karneval, Weihnachten, Schlussverkauf. Anderswo müssen nur bestimmte Mitarbeiter parat stehen, zum Beispiel weil Jahresabschluss, Inventur oder Ähnliches eine Abteilung voll beansprucht. Bevor der Arbeitgeber daher eine allgemeine oder teilweise Urlaubssperre einführt, ist eine Vereinbarung mit dem Betriebsrat zwingend. Dasselbe gilt natürlich, wenn der ganze Betrieb im Sommer drei Wochen geschlossen wird und alle Arbeitnehmer ihren Urlaub in genau dieser Zeit nehmen müssen.

Was nicht der Mitbestimmung unterliegt: die *Anzahl* der Urlaubstage. Diese wird vom Tarifvertrag oder, wenn ein solcher nicht existiert, vom Bundesurlaubsgesetz vorgegeben. Auch der Zweck des Urlaubs, nämlich die Erholung, ist nicht verhandelbar. Ein Arbeitnehmer darf daher während seines Urlaubs keine der Erholung zuwiderlaufende Erwerbsarbeit leisten (§ 8 Bundesurlaubsgesetz).

Überwachung

»Einführung und Anwendung von technischen Einrichtungen, die dazu bestimmt sind, das Verhalten oder die Leistung der Arbeitnehmer zu überwachen« … – kein Wunder, dass sich da dem Betriebsrat die Nackenhaare aufstellen. Das Mitbestimmungsrecht in diesem Bereich musste mit der flächendeckenden Einführung von EDV-Systemen in fast allen Bereichen des Arbeitslebens eingeführt werden. Überall dort, wo durch die neuen Techniken eine – vom Arbeitnehmer meist unbemerkte – Kontrolle möglich wurde, wurde sie auch eingesetzt. Nicht in allen Unternehmen, aber doch in zahlreichen. Damit wurde tief in das Persönlichkeitsrecht des Einzelnen eingegriffen. Nicht hinnehmbar, entschied der Gesetzgeber, und nahm 1972 diesen Absatz in das Betriebsverfassungsgesetz auf.

Nehmen Sie erst einmal einen Stift in die Hand und streichen Sie im Gesetzestext die Worte »dazu bestimmt« durch. Ersetzen Sie sie durch das Wort »geeignet«. Denn das ist nach der Rechtsprechung völlig ausreichend, Ihr Mitbestimmungsrecht auszulösen.

Denken Sie daran: Das Gesetz ist Ihr Handwerkszeug. Sie würden auch nicht mit einem stumpfen Messer weiterschneiden, sondern es schärfen. Und das gilt auch für die Arbeit mit Gesetzen.

Die Palette der Einrichtungen, die zur Überwachung geeignet sind, ist sehr bunt. Dazu zählen Einwegspiegel, Kameras, Mikrofone, Zeiterfassungsgeräte, Fahrtenschreiber ebenso wie Personalabrechnungs- und Informationssysteme, Telefonanlagen, Textsysteme, Produktionsplanungs- und -steuerungssysteme, Betriebsdatenerfassungssysteme, computergestützte Produktionsanlagen und schließlich auch das Internet.

Nun ist es dem Arbeitgeber nicht generell zu verwehren, Überwachungseinrichtungen zu benutzen. Sie können der Zugangssicherung, der Arbeitssicherheit, der rationelleren Abwicklung von Produktions- oder Abrechnungsprozessen dienen. Genauso gut können sie aber auch unzulässige Eingriffe in das Persönlichkeitsrecht des einzelnen Beschäftigten sein, etwa wenn die elektronische Zugangskarte auch als Geldkarte für die Kantine gilt: Ist es wirklich auszuschließen, dass die Liste der Gegenstände, die darauf gebucht werden, nicht irgendwo gespeichert wird? Sieh da, Frau Wanninger hat am 23. Februar mittags zwei Piccolo geholt! Und das, obwohl Alkohol während der Arbeitszeit verboten ist! Na, wenn das keine Abmahnung wert ist! (Dass Frau Wanninger an diesem Tag länger arbeiten musste und für den abendlichen Besuch einer Freundin vorsorgte, fällt dabei unter den Tisch.)

Nicht ohne meinen Fachmann

Besonders im Bereich der Überwachungseinrichtungen ist es extrem wichtig, dass der Betriebsrat darauf dringt, *frühzeitig und umfassend* informiert zu werden. Ebenso wichtig: Lassen Sie sich nicht zu einer schnellen Zustimmung drängen. Das Thema ist sehr komplex, und es dauert seine Zeit, bis Sie sich eingearbeitet haben.

Doch bei allen Bemühungen: Meist kann der Betriebsrat dennoch nicht von sich aus erkennen, ob die Unterlagen, die ihm ausgehändigt werden, überhaupt vollständig sind. Daher: Ohne Sachverständigen geht es nicht! Scheuen Sie sich nicht, sich ausführlich beraten zu lassen, einen Sachverständigen ins Haus zu holen, ein Seminar zum Thema zu besuchen, Betriebsräte anderer Unternehmen nach ihren Erfahrungen zu befragen. Sie haben das Recht dazu – und der Arbeitgeber muss bezahlen. Seit 2021 ist im Gesetz ausdrücklich verankert, dass zum Thema Künstliche Intelligenz die Hinzuziehung von Sachverstand für den Betriebsrat erforderlich ist. Sie müssen dazu keine aufwendigen Begründungen mehr liefern. Mehr zum Thema Sachverständige finden Sie in Teil II.

§ 80 Abs. 3 BetrVG: Allgemeine Aufgaben (Auszug)

(3) Der Betriebsrat kann bei der Durchführung seiner Aufgaben nach näherer Vereinbarung mit dem Arbeitgeber Sachverständige hinzuziehen, soweit dies zur ordnungsgemäßen Erfüllung seiner Aufgaben erforderlich ist. Muss der Betriebsrat zur Durchführung seiner Aufgaben die Einführung oder Anwendung von Künstlicher Intelligenz beurteilen, gilt insoweit die Hinzuziehung eines Sachverständigen als erforderlich. Gleiches gilt, wenn sich Arbeitgeber und Betriebsrat auf einen ständigen Sachverständigen in Angelegenheiten nach Satz 2 einigen.

Nach ausführlicher Beratung schließen Arbeitgeber und Betriebsrat zu jeder neu einzuführenden, aber auch zu jeder bereits bestehenden technischen Einrichtung eine eigene Betriebsvereinbarung ab, in der genau aufgeführt wird, welche Daten gespeichert, verarbeitet und dokumentiert werden dürfen und von wem sie zu welchem Zweck eingesehen werden dürfen.

Achtung, Telefon hört mit

Keiner glaubt heutzutage mehr, dass man mit einem Telefon nur telefonieren kann. Gesprächslisten, Telefonkonferenzen, »Makeln«, Rückrufoptionen – all das und noch viel mehr ist heutzutage drin und in kleinen, handlichen Betriebsanweisungen anschaulich beschrieben. Aber manche Telefonanlagen können noch mehr: zum Beispiel zuhören und aufzeichnen, was im Raum gesprochen wird. Diese Funktion ist selbst in den ausführlichen Leistungsmerkmalen, die dem Betriebsrat zur Verfügung gestellt werden müssen, meist nicht beschrieben. In der Betriebsvereinbarung muss daher festgeschrieben werden, welche Daten zu welchem Zweck erhoben werden dürfen. Das alles gilt natürlich noch viel mehr für das Smartphone, das zur Verfügung gestellt wird.

Arbeits- und Gesundheitsschutz

Bei diesem Thema kann es den Kollegen buchstäblich an den Kragen gehen. Arbeitsunfälle, aber auch gesundheitliche Schädigungen gehören nach wie vor leider zum betrieblichen Alltag. Fast eine Million Arbeits- und Wegeunfälle ereignen sich pro Jahr, davon Stand 2024 mehr als 500 mit tödlichem Ausgang. Jährlich werden außerdem über 90.000 Anzeigen auf Verdacht auf eine Berufskrankheit gestellt und das ist nur die Spitze des Eisbergs. Selbst wenn Unfälle vielleicht nie ganz auszuschließen sind, so macht es doch einen bedeutenden, durch Zahlen belegbaren Unterschied, ob in einem Betrieb die Einhaltung von Arbeitsschutzvorschriften zur betrieblichen Kultur gehört oder ob ein Klima herrscht, in dem das Tragen von Schutzbrillen und Gehörschutz als »Warmduscherei« gilt.

Verantwortlich für den Arbeits- und Gesundheitsschutz ist allein der Arbeitgeber. Dennoch können und müssen vom Betriebsrat wichtige Impulse ausgehen. Bei regelmäßigen Begehungen und Gesprächen mit den Kollegen erfährt er meist als Erster, wo es klemmt oder zwickt, wo besondere Belastungen zum Beispiel durch ungünstige Zwangshaltung, schweres Heben, Strecken, Über-Kopf-Arbeit entstehen, wo sich gefährliche Verhaltensweisen eingeschlichen haben, unerkannte Gefahren lauern oder sich besonders viele Beinaheunfälle ereignen. Auch die mit dem Arbeitsplatz verbundenen psychischen Belastungen müssen berücksichtigt werden. Er hat daher das Recht, ja sogar die Pflicht, den Arbeitgeber aufzufordern, Maßnahmen zur Verbesserung von Arbeitssicherheit und Gesundheitsschutz zu ergreifen.

Arbeitsschutz – mir doch egal

Trotz aller Vorkehrungen: Manche Kollegen halten sich einfach nicht an die Sicherheitsvorschriften, tragen lieber die luftigen Sandalen anstelle der Sicherheitsschuhe, setzen ihren Helm nicht auf, finden Ohrenstöpsel albern, kurz, sie handeln nach dem Prinzip »Mir passiert schon nix!«.

Nun ist der Betriebsrat nicht befugt, einem solchen Kollegen einfach die Anweisung zu geben: »Rein mit den Ohrenstöpseln, sonst gibt es Ärger.« Denn weisungsbefugt ist nur der Arbeitgeber beziehungsweise sein Stellvertreter. Da kann es der Betriebsrat zunächst nur im Guten probieren, den Kollegen beiseitenehmen, ihm die Nägel zeigen, in die er treten könnte, oder ihm erläutern, wie unerfreulich es wäre, wenn er in zehn Jahren mit seinen Freunden zwar noch einen trinken, aber nicht mit ihnen plaudern kann, weil er nämlich kaum mehr etwas hört.

Wenn das nichts fruchtet, bleibt zunächst nur der Weg zum Vorgesetzten, der dann die Einhaltung der Schutzvorschriften anordnen muss. »Tja«, sagt der Vorgesetzte, »was soll ich machen? Ich trage die Dinger ja auch nicht, da tun mir die Ohren immer so weh, und außerdem versteht mich ja keiner, wenn ich ihm was sagen will.«

Dass das nur eine Schutzbehauptung ist, weiß der Betriebsrat wahrscheinlich. Um seiner Forderung Nachdruck zu verleihen, wiederholt er sie nun schriftlich und bittet gleichzeitig um eine ebenfalls schriftliche Stellungnahme. Zugleich bittet er die Fachkraft für Arbeitssicherheit und/oder den Betriebsarzt um Unterstützung. Außerdem spricht er das Problem bei der nächsten Sitzung des Arbeitssicherheitsausschusses an. Vielleicht hilft ja eine interessantere oder drastischere Form der Unterweisung weiter. Dort erfährt er, dass es inzwischen neuartige, »otoplastische« Ohrenstöpsel gibt, die sich der Form des Ohrs perfekt anpassen, nicht drücken und außerdem zwar Lärm filtern, menschliche Stimmen aber weiterhin hörbar belassen. Sie sind zwar etwas teurer, aber die Anschaffung würde sich für den Betrieb doch bezahlt machen.

Wenn sich alle Bemühungen als wirkungslos erweisen, wird der Betriebsrat die Berufsgenossenschaft, die Gewerbeaufsicht oder das Amt für Arbeitsschutz über die bestehenden Sicherheitsmängel unterrichten. Vor diesem Weg scheuen die meisten zurück, weil er den Geschmack der Denunziation in sich trägt. »Nestbeschmutzer«, würde Ihr Arbeitgeber Sie wohl nennen. Doch angesichts der enormen Schäden, die mangelnder Arbeitsschutz verursachen kann, sollte man diese Bedenken vom Tisch wischen. Das Recht dazu wird Beschäftigten ausdrücklich im Arbeitsschutzgesetz (§ 17 Abs. 2 ArbSchG) eingeräumt. Berufsgenossenschaft und Gewerbeaufsicht / Amt für Arbeitsschutz müssen den Hinweisen – auch anonymen – nachgehen.

Und wenn Sie sich nun vorstellen, dass die Folge schludriger Befolgung von Arbeitsschutzvorschriften nicht nur Schwerhörigkeit sein kann, sondern auch ein abgerissener Arm, ein zerquetschter Fuß, ein verätztes Gesicht oder der Tod eines Familienvaters – dann tragen Sie die Bezeichnung »Nestbeschmutzer« doch sicher gern als Ehrentitel.

Dabei ist es erforderlich, dass er sich in den Arbeitsbedingungen so weit auskennt, dass er Handlungsbedarf überhaupt erkennt. Er benötigt also alle erforderlichen Informationen. Dazu gehören auch besondere Auflagen oder Anordnungen zum Beispiel der zuständigen Berufsgenossenschaft. Außerdem ist es ratsam, dass er auf seinem Rundgang jemanden mitnimmt, der sich mit der Materie auskennt: den Sicherheitsbeauftragten, die Fachkraft für Arbeitssicherheit, den Betriebsarzt oder einen Sachverständigen.

Selbst eingreifen darf der Betriebsrat allerdings nicht. Er darf weder die Beseitigung der Mängel in eigener Regie veranlassen noch auf Kosten des Unternehmers neue Arbeitsmittel beschaffen. Aber er kann, nein er *muss* den Arbeitgeber nachdrücklich auffordern, die festgestellten Mängel zu beseitigen.

Die besonderen Pflichten des Betriebsrats im Arbeitsschutz

Der Betriebsrat muss darüber wachen, dass alle Vorschriften zum Schutz der Arbeitnehmer eingehalten werden, und zwar sowohl vom Arbeitgeber als auch von den Arbeitnehmern. Das ist nicht ganz einfach und dürfte viele Betriebsräte überfordern. Eine wichtige Hilfestellung bei dieser Aufgabe ist die Gefährdungsbeurteilung. Der Arbeitgeber muss für alle Arbeitsplätze die bestehenden Gefährdungen ermitteln, sie schriftlich dokumentieren, sie zur Grundlage für Maßnahmen zu ihrer Beseitigung beziehungsweise Vermeidung machen und alle Beteiligten, also die betroffenen Beschäftigten, den Betriebsarzt, die Fachkraft für Arbeitssicherheit und natürlich auch den Betriebsrat hierüber informieren (§ 5 ArbSchG).

Das bedeutet, die Arbeit muss so organisiert sein,

- ✔ dass sie den Vorgaben des Arbeitssicherheitsgesetzes und der Unfallverhütungsvorschriften sowie den einschlägigen Tarifverträgen und Betriebsvereinbarungen entspricht.
- ✔ dass die persönliche Schutzausrüstung in ausreichendem Umfang und vorschriftsmäßigem Zustand zur Verfügung steht.
- ✔ dass alle Arbeitsstätten, -mittel und -abläufe sicher gestaltet sind.
- ✔ dass Gefährdungsbeurteilungen und daraus abgeleitete Schutzmaßnahmen durchgeführt werden.
- ✔ dass die erforderlichen Betriebsanweisungen vorliegen.
- ✔ dass alle Unterweisungen für Maschinen und Abläufe rechtzeitig und regelmäßig durchgeführt werden und auch befolgt werden – und zwar sowohl von den Beschäftigten als auch von den Vorgesetzten.

Der Betriebsrat muss unterrichtet werden

- ✔ über wichtige Angelegenheiten des Arbeitsschutzes und der Unfallverhütung,
- ✔ über Vorschläge des Betriebsarztes oder der Fachkraft für Arbeitssicherheit über eine arbeitsmedizinische oder sicherheitstechnische Maßnahme,
- ✔ über Anträge bei der Berufsgenossenschaft, von einer Unfallverhütungsvorschrift abzuweichen,
- ✔ über alle Arbeitsunfälle und Anzeigen des Unternehmens bei Anhaltspunkten für eine Berufskrankheit,
- ✔ über alle Schutzmaßnahmen und Unfälle bei Tätigkeiten mit Gefahrstoffen.

Bei allen Untersuchungen, Besichtigungen und Besprechungen mit der Berufsgenossenschaft und anderen für den Arbeitsschutz zuständigen Stellen ist der Betriebsrat dabei, er bekommt ebenfalls die Niederschrift über den Vorgang ausgehändigt. Auch bei der Auswahl von Betriebsarzt, Fachkraft für Arbeitssicherheit, Sicherheitsbeauftragten spricht der Betriebsrat mit, ebenso bei der Auswahl persönlicher Schutzausrüstung wie Helm, Brille, Absturzsicherung, Sicherheitsschuhe. Er muss dabei zwar die Belange des Betriebs im Auge behalten, aber auch dafür sorgen, dass übergroße Sparsamkeit die Sicherheit der Kollegen nicht gefährdet. Vor allem aber hat der Betriebsrat ein Mitbestimmungsrecht bei der Organisation des Arbeitsschutzes (§ 87 Abs. 1 Nr. 7 BetrVG).

Der Betriebsrat muss jede Unfallanzeige, aber auch jede Anzeige auf Verdacht einer Berufskrankheit unterschreiben. Die Verantwortung für die Richtigkeit der in der Unfallanzeige aufgeführten Angaben bleibt beim Unternehmer. Durch die Unterschrift des Betriebsrats wird lediglich sichergestellt, dass dieser von anzeigepflichtigen Arbeitsunfällen und von jedem Verdacht auf eine Berufskrankheit Kenntnis erlangt. Der Betriebsrat bestätigt also mit seiner Unterschrift nur, dass er über den Unfall oder Verdacht auf eine Berufskrankheit informiert wurde, nicht dass damit etwa die Schilderung des Unfallhergangs zutreffend wäre oder das Vorliegen einer Berufskrankheit bestätigt würde.

Erkrankte Kollegen begleiten: Die Rolle des Betriebsrats im betrieblichen Eingliederungsmanagement

Das betriebliche Eingliederungsmanagement (BEM) soll Kollegen, die länger als sechs Wochen in den letzten zwölf Monaten (ob mit oder ohne Unterbrechungen) arbeitsunfähig erkrankt waren, die Rückkehr in den Arbeitsprozess erleichtern. Der Betriebsrat kann zum einen über eine entsprechende Betriebsvereinbarung das Verfahren des betrieblichen Eingliederungsmanagements mitgestalten. Im konkreten Einzelfall können Sie den Kollegen begleiten.

Sozialeinrichtungen

Hinter dem abstrakten und etwas sperrigen Begriff »Sozialeinrichtungen« verbergen sich so nützliche und brauchbare Einrichtungen wie

- ✔ die unternehmenseigene Pensionskasse,
- ✔ die Kantine oder das Betriebsrestaurant,
- ✔ der Kaffee- und Getränkeautomat,
- ✔ der betriebseigene Kindergarten,
- ✔ firmenbetriebene Sportanlagen,
- ✔ ein von der Firma betriebener Busverkehr, der die Beschäftigten von der Kreisstadt in das abgelegene Werk bringt.

Ob freilich eine der genannten Einrichtungen existiert, entscheidet der Unternehmer selbst. Der Betriebsrat kann weder einen Kindergarten noch eine Kantine erzwingen, auch die Schließung des Schwimmbads oder die Einstellung der Buslinie kann er nicht wirksam verhindern. Und er hat auch keinen Einfluss darauf, wie viel Geld der Unternehmer für die Einrichtung aufwendet – ob er einen simplen Kaffeeautomaten oder eine schicke Espresso-Cappuccino-Latte-macchiato-Maschine aufstellt, ist allein seine Entscheidung.

Doch wenn es eine der genannten Einrichtungen gibt, kann der Betriebsrat durch sein Mitbestimmungsrecht Einfluss darauf nehmen, *wie* sie ausgestaltet ist. Zum Beispiel:

- ✔ Zu welchen Zeiten ist die Kantine geöffnet?
- ✔ Wie können die Mitarbeiter Ansprüche auf die betriebliche Altersversorgung erwerben?
- ✔ Wie sieht die Hausordnung der Sportanlage aus?

Werkswohnungen

Ob ein Unternehmer für Monteure, Handwerker, Auszubildende oder einen beliebigen anderen Personenkreis Wohnungen zur Verfügung stellt, ist wiederum allein seine Sache. Wem er jeweils eine solche Wohnung zuweist, unterliegt hingegen dem Mitbestimmungsrecht. Der Arbeitgeber kann also nicht einen bestimmten Personenkreis bevorzugen oder benachteiligen, ohne dass der Betriebsrat dabei sein Veto einlegen kann.

Ein Mitbestimmungsrecht besteht auch

- ✔ bei der Kündigung des Wohnraums,
- ✔ bei der Höhe und Zusammensetzung der Miete und der Nebenkosten,
- ✔ bei der Frage, ob die Miete direkt vom Arbeitsentgelt einbehalten wird,
- ✔ bei der Gestaltung der Hausordnung.

Betriebliche Lohngestaltung

Im Punkt 10 des § 87 BetrVG hat sich eines der für den betrieblichen Alltag wichtigsten Mitbestimmungsrechte versteckt. Hier geht es um nichts weniger als ein Stück Gerechtigkeit im Unternehmen. Wer bekommt wie viel – diese Frage soll so weit wie möglich der Willkür des Arbeitgebers entzogen werden.

Die Höhe des Lohns beziehungsweise des Gehalts wird zwar für viele Arbeitnehmer im Tarifvertrag geregelt. Doch zum einen betrifft das bei Weitem nicht alle Arbeitnehmer. Ein Tarifvertrag gilt nämlich weder in nicht tarifgebundenen Unternehmen noch für die sogenannten AT-Arbeitnehmer, jene also, die aus irgendeinem Grund vom Tarifvertrag nicht berücksichtigt werden. Auch dort, wo übertarifliche Zulagen bezahlt werden, kann dies nicht ohne das Mitgestaltungsrecht des Betriebsrats geschehen.

»Lohngestaltung« im Sinne dieses Gesetzes betrifft sämtliche Geld- und Sachleistungen, die im Rahmen eines Arbeitsverhältnisses gezahlt werden, also sowohl Zeit- wie Akkordlöhne, Gehälter, Sonderzahlungen, Prämien, Zulagen, Provisionen, Gratifikationen, Gewinnbeteiligungen, Auslandszulagen, Erfolgsprämien, Ermäßigungen bei Fahrkarten oder Flugtickets, Zuschüsse oder Essensmarken.

Der Betriebsrat hat ein Mitbestimmungsrecht, wenn es darum geht, in einem Unternehmen die Grundsätze aufzustellen, nach denen entlohnt wird. Das betrifft zum Beispiel folgende Bereiche:

- ✔ die Aufstellung von Lohn- und Gehaltsgruppen
- ✔ die Frage, wie groß der Abstand zwischen den einzelnen Gruppen ist
- ✔ wofür Prämien gezahlt werden
- ✔ ob im Zeitlohn oder im Akkordlohn gearbeitet wird
- ✔ wofür Erschwerniszulagen gezahlt werden
- ✔ ab wann Nachtzuschläge gelten
- ✔ nach welchen Grundsätzen freiwillige Leistungen verteilt werden

Das Mitbestimmungsrecht erstreckt sich, anders als viele Arbeitgeber wahrhaben wollen, auch auf die Vergütung der außertariflichen Angestellten. AT-Angestellte sind nicht automatisch »leitende Angestellte«, sondern Beschäftigte, deren Tätigkeit höher zu bewerten ist als die Tätigkeit der obersten Tarifgruppe. Sie fallen also durchaus auch unter das Mitbestimmungsrecht des Betriebsrats. Auch hier hat der Betriebsrat darauf zu achten, dass es »gerecht« zugeht, dass zum Beispiel der Abstand zur obersten Tarifgruppe ausreichend bemessen ist oder dass die Wertigkeit der AT-Gehaltsgruppen ausgewogen ist.

Das Mitbestimmungsrecht des Betriebsrats bezieht sich *nicht* auf die Höhe der aufgewendeten Beträge, sondern auf die Grundsätze der Verteilung.

Festsetzung der Akkord- und Prämiensätze

Der Punkt 11 des § 87 BetrVG hängt eng mit dem vorhergegangenen Punkt zusammen und bezieht sich nur auf Bereiche, in denen eine wie auch immer geartete leistungsbezogene Vergütung gezahlt wird, wie etwa

- ✔ Akkordlohn,
- ✔ Prämienlohn,
- ✔ Provision.

Gemeinsam ist diesen Entlohnungsformen, dass auf einen gewissen Sockelbetrag eine Zusatzvergütung gesetzt wird, die unmittelbar von der Leistung des einzelnen Arbeitnehmers abhängig und von ihm also zu beeinflussen ist. Aufgabe des Betriebsrats ist es dabei, darauf zu achten, dass

- ✔ Leistung und Vergütung in einem angemessenen Verhältnis stehen und
- ✔ ein angemessenes Entgelt ohne gesundheitsschädliche Überforderung des Arbeitnehmers zu erzielen ist.

Betriebliches Vorschlagswesen

Frau Beringer ist dahintergekommen, dass die Druckerpatronen viel länger halten, wenn man sie zwischendurch herausnimmt und ein bisschen schüttelt. Herr Mandl hatte eine zündende Idee, wie Kundenbeschwerden schneller und effektiver bearbeitet werden können. Frau Wolff hat sich Gedanken über die Neuorganisation des Labors gemacht, und Herrn Schwinger ist bei der Beschichtung von Werkstücken der Gedanke gekommen, wie man das Verfahren wirkungsvoller gestalten könnte.

Solche Mitarbeiter wünscht sich doch jeder Arbeitgeber: Sie sind engagiert, denken mit, optimieren Arbeitsvorgänge, verbessern die Qualität von Produkten, helfen, Schäden zu verhindern, erhöhen die Arbeitssicherheit und tragen zur Einsparung von Kosten bei. Das hat Vorteile für den Unternehmer, aber auch für den Mitarbeiter: Die Arbeitszufriedenheit wächst, er hat mehr Spaß an der Arbeit, die er ein Stück weit selbst gestalten kann, er freut sich über Anerkennung.

Vor allem freut er sich dann, wenn sich der Betrieb diese Vorschläge auch etwas kosten lässt, wenn also ein funktionierendes betriebliches Vorschlagswesen existiert. Das bedeutet:

- ✔ Die Entwicklung von Verbesserungsvorschlägen wird gewünscht und gefördert, ja sogar gefordert.
- ✔ Die Vorschläge werden schnell begutachtet, bewertet und gegebenenfalls umgesetzt.
- ✔ Die Prämienregelung ist fair und transparent.

Auch hier haben wir wieder ein typisches Feld für die betriebliche Mitbestimmung. Zwar kann der Betriebsrat nicht dabei mitentscheiden, ob der Arbeitgeber Vorschläge aus der

Belegschaft vergüten möchte oder, falls ja, welches Budget er dafür ansetzt. Natürlich steht es dem Betriebsrat aber frei, beim Arbeitgeber *anzuregen*, ein betriebliches Vorschlagswesen einzuführen!

Mitbestimmungspflichtig sind jedoch:

- ✔ Die Grundsätze des betrieblichen Vorschlagswesens: Wer nimmt die Vorschläge entgegen, wer bewertet sie?
- ✔ Die Grundsätze der Teilnahme am betrieblichen Vorschlagswesen: Zum Beispiel dürfen solche Mitarbeiter, deren Aufgabe es ohnehin schon ist, Prozesse zu optimieren, nicht teilnehmen.
- ✔ Die Grundsätze der Prämienregelung: Zum Beispiel könnte ein bestimmter Prozentsatz der Einsparungssumme ausgeschüttet werden oder es werden gestufte Prämien eingeführt für Vorschläge, bei denen die Einsparung nicht messbar ist. Was geschieht mit guten Vorschlägen, die nicht umgesetzt werden?

Gruppenarbeit

Gruppenarbeit hat auf den ersten Blick für alle Beteiligten Vorteile: Die Arbeitnehmer können selbstverantwortlich arbeiten, die Hierarchien sind flach, die Kommunikation ist einfach und ungehindert, jeder kann sein Wissen und seine Kreativität einbringen – kurz: Die Arbeit gestaltet sich angenehm und menschenfreundlich. Andererseits: Immer wieder geschieht es, dass sich solche Gruppen hochschaukeln, sich selbst hohe Vorgaben setzen oder die Geschwindigkeit stetig steigern. Wenn dann einer krank wird oder aus anderen Gründen nicht mehr mitziehen kann, sehen die Kollegen plötzlich das Gruppenziel gefährdet, es kommt zu Problemen.

Das Mitbestimmungsrecht des Betriebsrats ist in diesem Punkt nicht einfach zu fassen: Die Einführung von Gruppenarbeit obliegt ganz klar auch hier wieder dem Arbeitgeber, doch kann und soll der Betriebsrat sein Mitbestimmungsrecht wahrnehmen, wenn es darum geht,

- ✔ wie die Gruppe zusammengesetzt ist,
- ✔ wie groß sie ist und
- ✔ wie leistungsgeminderte Arbeitnehmer, Kranke oder Behinderte integriert und gegebenenfalls vor Benachteiligung geschützt werden.

Ausgestaltung von mobiler Arbeit

Die Covid-19-Pandemie hatte zumindest einen Vorteil: Sie hat die Möglichkeit mobilen Arbeitens und Homeoffice in einem Maß angekurbelt, das über politische Diskussionen in vielen Jahren noch nicht erreicht worden wäre. Und Sie werden sich mit dem Thema als Betriebsrat auch befassen können, wenn der Arbeitgeber sich entscheidet, diese Form des Arbeitens zu praktizieren. Es geht dann um die inhaltliche Ausgestaltung der mobilen

Arbeit, zu der auch Arbeiten im Homeoffice gehört. Folgende Fragen können zum Beispiel eine Rolle spielen:

- ✔ der zeitliche Umfang mobiler Arbeit
- ✔ der Ort, von dem aus mobil gearbeitet werden kann
- ✔ die finanzielle Beteiligung des Arbeitgebers an den Kosten der mobilen Arbeit
- ✔ Beginn und Ende der täglichen Arbeitszeit bei mobiler Arbeit
- ✔ die Erreichbarkeit bei mobiler Arbeit
- ✔ Anwesenheitspflichten und Ausgestaltung eines Arbeitsplatzes im Betrieb
- ✔ Sicherheitsaspekte

Der Gesetzgeber hat mit diesem neuen Mitbestimmungsrecht auch noch eine Versicherungslücke geschlossen:

§ 8 Abs. 1 SGB VII: Arbeitsunfall (Auszug)

Wird die versicherte Tätigkeit im Haushalt der Versicherten oder an einem anderen Ort ausgeübt, besteht Versicherungsschutz in gleichem Umfang wie bei Ausübung der Tätigkeit auf der Unternehmensstätte.

Mitbestimmung bei der Qualifizierung von Mitarbeitern

Berufliche Bildung liegt eindeutig im Interesse der Unternehmer. Ohne qualifizierte Mitarbeiter, die mit dem Stand der Technik in ihrem jeweiligen Arbeitsgebiet vertraut sind, könnte er sich auf dem Markt kaum halten. Weiterbildung liegt ebenso im Interesse der Beschäftigten. Sie sichert den Arbeitsplatz oder verbessert die Chancen auf dem Arbeitsmarkt. Außerdem macht es die Arbeit interessanter, wenn man mehr weiß, es stärkt die Persönlichkeit und erweitert den allgemeinen Horizont.

Dennoch kann man vor allem in kleinen und mittleren Betrieben immer wieder feststellen, dass der Arbeitgeber sich die Fortbildung für alle Beteiligten spart und nur den Abteilungsleiter auf Seminare schickt. Der soll dann seiner Abteilung den Umgang mit einem neuen Kalkulationsprogramm nahebringen. Es kommt natürlich, wie es kommen muss: Eigentlich ist keine Zeit für die Einarbeitung, der Abteilungsleiter ist auch nicht gerade eine pädagogische Leuchte und außerdem beherrscht er das Programm selbst erst unvollständig. Es gibt Stress, es passieren Fehler, Schuldzuweisungen fliegen durch den Raum, die Sache ist unerfreulich, kontraproduktiv und teuer.

Der Gesetzgeber hat den Betriebsrat in der Frage der Förderung der Berufsbildung mit einem erzwingbaren Mitbestimmungsrecht ausgestattet. Es umfasst folgende Bereiche:

- ✔ die Ermittlung des Berufsbildungsbedarfs
- ✔ die Ermöglichung der Teilnahme aller Beschäftigten an Berufsbildungsmaßnahmen, also auch von älteren Arbeitnehmern, Teilzeitbeschäftigten und Beschäftigten mit Familie
- ✔ die gemeinsame Beratung über betriebliche Einrichtungen zur Berufsbildung wie Lehrwerkstätten, Traineeprogramme, Technikerausbildung
- ✔ die berufliche Weiterbildung nach Einführung neuer Technologien
- ✔ bestimmte Bereiche innerbetrieblicher Fortbildungsmaßnahmen: Wer führt die Schulung durch? Wer nimmt teil?

Die §§ 96, 97 und 98 Betriebsverfassungsgesetz behandeln die Fragen der Berufsbildung.

Ein erzwingbares Mitbestimmungsrecht besteht außerdem für folgende Bereiche:

- ✔ Personalfragebogen und Beurteilungsgrundsätze (§ 94)
- ✔ Richtlinien über die personelle Auswahl bei Einstellungen, Versetzungen, Umgruppierungen und Kündigungen (§ 95); in Betrieben mit mehr als 500 Beschäftigten kann der Betriebsrat die Auswahlrichtlinien initiativ verlangen.

IN DIESEM KAPITEL

Die Einstellung des Betriebsrats zur Einstellung

Vorsicht mit Fristen

Wie man mit Kündigungen umgeht

Information ist alles

Unter besonderem Schutz

Kapitel 4
Einstellung und Kündigung

Die Mitbestimmungsrechte des Betriebsrats bei den sogenannten »personellen Einzelmaßnahmen« – also alle Maßnahmen, die nicht die gesamte Belegschaft, sondern das Arbeitsverhältnis des Einzelnen betreffen – sind der zweite große Komplex der Betriebsratsarbeit. Sie sind nicht so wirksam wie die erzwingbaren Mitbestimmungsrechte, die in Kapitel 3 beschrieben werden. Zwar hat der Betriebsrat in allen personellen Fragen ein Widerspruchsrecht, doch kann der Arbeitgeber dies in vielen Fällen umgehen.

Das Unternehmen muss mindestens 20 Arbeitnehmer beschäftigen, damit der Betriebsrat seine Mitbestimmungsrechte bei personellen Maßnahmen wahrnehmen kann. Wenn Sie in einem Betrieb mit weniger als 20 Beschäftigten arbeiten, prüfen Sie unbedingt, ob es weitere Betriebe im Unternehmen gibt. Es kommt auf die Gesamtzahl der Beschäftigten im Unternehmen an!

Mitbestimmung bei Einstellungen

Herr Weinberger aus dem Konstruktionsbüro hat gekündigt, nun ist eine Stelle frei, die der Chef neu besetzen möchte. Er lässt also eine Stellenanzeige in die Zeitung setzen, schaut sich fünf Bewerber an, stellt einen ein, und die Sache ist entschieden. Halt, so schnell geht es nicht!

Plant der Arbeitgeber, eine frei gewordene Stelle mit einem Bewerber neu zu besetzen oder eine neue Stelle einzurichten, muss er den Betriebsrat darüber informieren und seine Zustimmung einholen. Da wird ihn der Betriebsrat vermutlich gleich stoppen, und zwar mit dem Hinweis »innerbetriebliche Ausschreibung«.

§ 99 BetrVG: Mitbestimmung bei personellen Einzelmaßnahmen (Auszug)

(1) In Unternehmen mit in der Regel mehr als zwanzig wahlberechtigten Arbeitnehmern hat der Arbeitgeber den Betriebsrat vor jeder Einstellung, Eingruppierung, Umgruppierung und Versetzung zu unterrichten, ihm die erforderlichen Bewerbungsunterlagen vorzulegen und Auskunft über die Person der Beteiligten zu geben; er hat dem Betriebsrat unter Vorlage der erforderlichen Unterlagen Auskunft über die Auswirkungen der geplanten Maßnahme zu geben und die Zustimmung des Betriebsrats zu der geplanten Maßnahme einzuholen. Bei Einstellungen und Versetzungen hat der Arbeitgeber insbesondere den in Aussicht genommenen Arbeitsplatz und die vorgesehene Eingruppierung mitzuteilen.

Die innerbetriebliche Ausschreibung

Der Betriebsrat kann zu jeder beliebigen Zeit – also nicht nur aus aktuellem Anlass – vom Arbeitgeber verlangen, dass alle zu besetzenden Arbeitsplätze innerhalb des Betriebs ausgeschrieben werden (§ 93 BetrVG). Machen Sie davon unbedingt Gebrauch. Es erweitert Ihre Handlungsmöglichkeiten als Betriebsrat bei Einstellungen. Und es dient der internen Transparenz, weil es den Kollegen die Möglichkeit gibt, sich auf eine freie Stelle zu bewerben. Denn vielleicht schlummern in ihnen Fähigkeiten oder Wünsche nach Veränderungen, von denen der Arbeitgeber nichts ahnt. Oder es gibt Kollegen, die als freie Mitarbeiter, Leiharbeitnehmer oder befristet Beschäftigte im Unternehmen arbeiten und denen damit die Chance auf ein festes Arbeitsverhältnis eröffnet wird.

Die Ausschreibung muss mindestens folgende Punkte umfassen:

- ✔ Bezeichnung der zu besetzenden Position
- ✔ Aufgabenbeschreibung
- ✔ Anforderung an die Qualifikation
- ✔ Zeitpunkt der Arbeitsaufnahme
- ✔ Eingruppierung

Es empfiehlt sich, zu diesem Thema eine Betriebsvereinbarung abzuschließen, in der auch festgelegt ist, wie und an welcher Stelle die Ausschreibung den Mitarbeitern zugänglich gemacht wird: Schwarzes Brett, Intranet, Betriebszeitung und so weiter.

Falls der Arbeitgeber die Stelle gleichzeitig in einer Zeitung annonciert, muss der Betriebsrat darauf achten, dass dort dieselben Anforderungen an die Stelle gestellt werden. Es wäre ja denkbar, dass der Arbeitgeber – aus welchen Gründen auch immer – die Latte für interne Bewerber höher hängt als für externe.

Die innerbetriebliche Ausschreibung hat den zusätzlichen Vorteil, dass der Betriebsrat bei dieser Gelegenheit Anforderung und Tätigkeitsbereich dieser Stelle prüfen kann. Das kann hilfreich sein, wenn es einmal Streitigkeiten über Stellenbeschreibungen und Eingruppierung gibt.

Eigene Vorschläge zur Beschäftigungssicherung

Der Betriebsrat hat aber auch das Recht, eigene Vorschläge zu entwickeln, wie die Arbeitsplätze gesichert werden und wie weitere Arbeitsplätze möglicherweise geschaffen werden könnten. Er kann diese Vorschläge dem Arbeitgeber vortragen, und der Arbeitgeber muss darüber mit dem Betriebsrat beraten. Bei mehr als 100 Beschäftigten im Betrieb muss der Arbeitgeber eine Ablehnung des Vorschlags des Betriebsrats schriftlich begründen. Sowohl der Arbeitgeber als auch der Betriebsrat kann für die Beratung der Vorschläge des Betriebsrats einen Vertreter der Bundesagentur für Arbeit hinzuziehen.

Wie entscheidet der Betriebsrat?

Die Ausschreibung ist ordnungsgemäß erfolgt, es hat sich eine Reihe von Bewerbern gemeldet, der Arbeitgeber hat sich sein Urteil gebildet, nun soll der Betriebsrat zu einer Entscheidung kommen. Das macht er natürlich nicht aus der hohlen Hand. Um zu einem fundierten Urteil zu kommen, braucht er umfassende Informationen und muss alle erforderlichen Unterlagen einsehen können.

Das braucht der Betriebsrat, um zu einer Entscheidung zu kommen:

- ✔ sämtliche auf eine Stellenausschreibung eingegangenen Bewerbungen mit allen persönlichen Angaben inklusive Zeugnissen und Lebenslauf
- ✔ die vorgesehene Eingruppierung des neuen Beschäftigten (Ist es bei der in der Ausschreibung genannten Gehaltsgruppe geblieben? Wenn nein, warum nicht?)
- ✔ den Zeitpunkt, zu dem das Beschäftigungsverhältnis beginnt
- ✔ die genaue Funktion, die der neue Kollege einnehmen soll
- ✔ die Information, ob Schichtarbeit vorgesehen ist

Außerdem muss der Arbeitgeber den Betriebsrat über eventuelle Auswirkungen der Neubesetzung unterrichten: Soll der Neue vielleicht den Arbeitsbereich eines anderen Beschäftigten ganz oder teilweise übernehmen?

Es gibt Arbeitgeber, die dem Betriebsrat einen Riesenstapel Bewerbungen auf den Tisch knallen und sagen: »Suchen Sie mal die passenden aus!« Erklären Sie ihm, dass es so nicht geht: Die Auswahl ist Unternehmeraufgabe. Ohnehin können Sie sicher sein, dass er sich diese Aufgabe bei den wirklich interessanten Stellen nicht nehmen lässt.

Prüfung der Unterlagen

Hat der Betriebsrat alle Unterlagen beisammen, prüft er, ob er der Einstellung zustimmen kann. Wie geht diese Prüfung vonstatten? Kann die Vorsitzende zum Beispiel sagen: »Dieser Herr Schuster hat so dicke Wurstfinger, den möchte ich nicht in der Registratur sehen«?

Selbstverständlich nicht. Die Kriterien, nach denen die Zustimmung erteilt oder verweigert werden kann, sind in § 99 Abs. 2 BetrVG exakt festgelegt:

- ✔ **Verstößt die Neueinstellung gegen ein Gesetz, eine Verordnung, einen Tarifvertrag oder eine ähnliche Regelung?** Soll zum Beispiel ein 17-jähriger Mann als Barkeeper eingestellt werden? Das wäre ein Verstoß gegen das Jugendschutzgesetz.
- ✔ **Oder wird dadurch eine bereits bestehende innerbetriebliche Richtlinie verletzt?** Haben etwa Arbeitgeber und Betriebsrat gemeinsam festgelegt, dass in einer bestimmten Abteilung keine Angelernten, sondern nur Facharbeiter eingesetzt werden – und der Neue hat nicht die entsprechende Qualifikation? Oder war man übereingekommen, dass Neubesetzungen in einer bestimmten Abteilung nur aus internen Bewerbern vorgenommen werden, um zum Beispiel Kündigungen zu vermeiden?
- ✔ **Besteht der Verdacht, dass als Folge der Neueinstellung ein anderer Mitarbeiter gekündigt werden soll oder sonstige Nachteile erleidet?** Bringt vielleicht die neu einzustellende Person eine Qualifikation als Pressesprecherin mit, obwohl es bereits eine Pressesprecherin gibt, die aber seit einiger Zeit immer wieder Meinungsverschiedenheiten mit ihrem Abteilungsleiter hat? Soll die Neueinstellung unbefristet erfolgen, dann prüfen Sie bitte, ob es einen gleich geeigneten befristet Beschäftigten in Ihrem Betrieb gibt.
- ✔ **Ist eine innerbetriebliche Ausschreibung erfolgt?** Falls der Betriebsrat mit dem Arbeitgeber übereingekommen ist, dass alle Stellenneubesetzungen innerbetrieblich ausgeschrieben werden, muss geprüft werden, ob die Ausschreibung vollständig war, inklusive Eingruppierung.
- ✔ **Besteht die Gefahr, dass der vom Arbeitgeber in Betracht gezogene Bewerber den Betriebsfrieden stört?** Das könnte zum Beispiel der Fall sein, wenn der Bewerber ein bekannter Neonazi ist und im Betrieb mehrere Kollegen ausländischer Nationalität beschäftigt sind. In diesem Fall steht zu befürchten, dass es zu anhaltenden, störenden und kontraproduktiven Konflikten kommt, und der Betriebsrat tut gut daran, der Einstellung nicht zuzustimmen.

Das dauert seine Zeit

Da hat der Betriebsrat ja eine Menge zu tun – und das dauert auch seine Zeit. Gern kommt der Arbeitgeber oder der Personalverantwortliche am 27. April mit einem Stapel Bewerbungsmappen und legt sie dem Betriebsrat mit den Worten auf den Tisch: »Der Neue soll gleich zum nächsten Ersten anfangen, wenn ich Ihre Zustimmung also bitte bis heute Nachmittag haben könnte …«

Dass das so nicht gehen kann, liegt auf der Hand. Schließlich muss das Gremium zusammengerufen werden, die Unterlagen müssen sorgfältig geprüft werden, womöglich muss auch bei den Kollegen in der betreffenden Abteilung noch einmal nachgefragt werden – all das bedarf der Sorgfalt und Überlegung. Andererseits wäre es mehr als unkollegial, den Betreffenden, der ja ebenfalls disponieren muss, ewig auf die Folter zu spannen. Das Gesetz nennt die zulässige Frist: Eine Woche kann sich der Betriebsrat mit seiner Entscheidungsfindung Zeit nehmen. Spätestens mit Ablauf dieser Frist sollte vom Betriebsrat ein Schreiben kommen: »Der Einstellung von Herrn Blacher auf die Stelle als Konstrukteur stimmen wir gerne zu.« Sollte der Arbeitgeber bis zum Ende der Frist vom Betriebsrat nichts gehört haben, gilt die Zustimmung ebenfalls als erteilt.

Hat der Betriebsrat die Zustimmung gegeben, kann der Arbeitsvertrag unterzeichnet werden – und der Betriebsrat hält sich geflissentlich heraus. Er hat keinen Anspruch darauf, den abzuschließenden Arbeitsvertrag einzusehen, zu prüfen oder gar abändern zu lassen. Ein Arbeitsvertrag ist nämlich eine privatrechtliche Angelegenheit, keine betriebliche. Freilich kann die Person, um deren Einstellung es geht, den Betriebsrat vor der Unterzeichnung bitten, sich den Vertrag anzusehen. (Allerdings geschieht dies selten, denn ein Bewerber auf eine Stelle wird sich wahrscheinlich scheuen, seinen zukünftigen Vorgesetzten nach dem Weg zum Betriebsratsbüro zu fragen.)

Die Frist beginnt jedoch erst, wenn der Betriebsrat alle erforderlichen Unterlagen vollständig erhalten hat. Die Masche »Ich unterrichte Sie hiermit förmlich, dass wir auf die Stelle in der Fertigung jemanden einstellen, die Unterlagen bekommen Sie morgen« ist zwar nett, zieht aber nicht.

Versetzung, Umgruppierung, Umsetzung

Was für die Einstellung gilt, gilt ebenso für Versetzungen, Ein- oder Umgruppierungen. Hier muss sich der Betriebsrat zusätzlich fragen: Könnte ein Kollege durch eine geplante Versetzung Nachteile erleiden?

Das könnte der Fall sein, wenn er durch die Versetzung ungünstigere Arbeitszeiten hat, eine schlechter qualifizierte Tätigkeit ausüben muss, Gefahrstoffen oder Lärm ausgesetzt ist oder in eine niedrigere Gehaltsgruppe eingestuft wird. Letzteres wäre auch dann ein Nachteil, wenn das tatsächliche Gehalt dieselbe Höhe behält. Durch eine schlechtere Eingruppierung könnten sich zum Beispiel die Chancen auf dem Arbeitsmarkt verschlechtern. Außerdem ist es denkbar, dass der Arbeitgeber bei einer künftigen Tariferhöhung beschließt, dass er übertarifliche Zulagen anrechnet, also nur den Tariflohn erhöht. Wer mehr verdient, muss sich dann den Übertarif anrechnen lassen.

Der Katalog von Zustimmungsverweigerungsgründen in § 99 Abs. 2 BetrVG gibt Ihnen die Richtung vor, auf welche Gründe Sie sich berufen können. Füllen Sie diese mit dem betrieblichen Leben! Es reicht nicht aus, den Text des Gesetzes zur Begründung abzuschreiben. Sagen Sie zum Beispiel, welche Mitarbeiter welchen Nachteil erleiden.

Zustimmung nicht erteilt!

Und wenn der Betriebsrat nach reiflicher Prüfung und Berücksichtigung der vorgegebenen Kriterien seine Zustimmung verweigert? Der Normalfall: Der Arbeitgeber kann beim Arbeitsgericht einen Antrag stellen, dass das Gericht die Zustimmung des Betriebsrats ersetzt.

Das wird es aber nur tun, wenn es die Begründung des Betriebsrats nicht für stichhaltig hält. In besonderen Konstellationen kann der Arbeitgeber die betreffende Person dennoch schon einmal einstellen. Hier stößt das Mitbestimmungsrecht des Betriebsrats nämlich an seine Grenze.

§ 100 BetrVG erlaubt dem Arbeitgeber, eine personelle Maßnahme (also Einstellung, Umsetzung oder Versetzung) durchzuführen, auch wenn der Betriebsrat die Zustimmung verweigert. Der Arbeitgeber hat in diesem Fall die Möglichkeit, zum Arbeitsgericht zu gehen und unter Angabe von Gründen (wie »Ich brauche diese Frau sofort, nur sie kann die Umstellung auf die neue Software leiten«) zu beantragen, die Zustimmung des Betriebsrats zu ersetzen.

Dazu ist erforderlich, dass sachliche Gründe diese Hast erforderlich machen. Ein sachlicher Grund könnte zum Beispiel ein plötzlicher großer Eilauftrag sein. In diesem Fall muss der Arbeitgeber natürlich ebenfalls den Betriebsrat von der geplanten Einstellung informieren, kann aber die Einstellung schon einmal vornehmen. Allerdings ist er verpflichtet, dem neu Einzustellenden die Situation darzulegen. Einen Musterbrief mit Zustimmungsverweigerung sehen Sie in Abbildung 4.1.

Nun kann es ja sein, dass die »sachlichen Gründe« nach Ansicht des Betriebsrats nicht wirklich so »dringend« waren, wie der Arbeitgeber behauptet. In diesem Fall muss der Betriebsrat dem Arbeitgeber sofort mitteilen, dass er die Ansicht bestreitet. Der Arbeitgeber hat nun drei Tage Zeit, die fehlende Zustimmung vom Arbeitsgericht ersetzen lassen, sonst ist die Einstellung unwirksam.

Der Arbeitgeber geht mit dem Kopf durch die Wand – und Sie zum Gericht!

Wenn der Arbeitgeber sich partout nicht an die vom Gesetz vorgesehenen Regelungen hält, Mitarbeiter trotz verweigerter Zustimmung des Betriebsrats einstellt und auch keinen Eilantrag beim Gericht in besonderen Konstellationen stellt, können Sie sich zu Recht aufregen, vor Wut explodieren – oder einen kühlen Kopf bewahren und Ihre Möglichkeiten nutzen.

§ 101 BetrVG: Zwangsgeld

Führt der Arbeitgeber eine personelle Maßnahme im Sinne des § 99 Abs. 1 Satz 1 ohne Zustimmung des Betriebsrats durch oder hält er eine vorläufige personelle Maßnahme entgegen § 100 Abs. 2 Satz 3 oder Abs. 3 aufrecht, so kann der Betriebsrat beim Arbeitsgericht beantragen, dem Arbeitgeber aufzugeben, die personelle Maßnahme aufzuheben. Hebt der Arbeitgeber entgegen einer rechtskräftigen gerichtlichen Entscheidung die personelle Maßnahme nicht auf, so ist auf Antrag des Betriebsrats vom Arbeitsgericht zu erkennen, dass der Arbeitgeber zur Aufhebung der Maßnahme durch Zwangsgeld anzuhalten sei. Das Höchstmaß des Zwangsgeldes beträgt für jeden Tag der Zuwiderhandlung 250 Euro.

METALLBAU BLEIMANN GMBH & CO, KG

\- Der Betriebsrat -

An die Geschäftsleitung

Betrifft: Beabsichtigte Einstellung von Herrn Reiboldt

Sehr geehrter Herr Bleimann,

zu der von Ihnen geplanten Einstellung von Herrn Reiboldt verweigert der Betriebsrat seine Zustimmung.
Rechtliche Grundlage dafür ist § 99 Abs. 2, Nr. 3 und 5 BetrVG.

Begründung:
Herr Reiboldt soll als Einkäufer für den Bereich Fahrzeugwesen eingestellt werden. Es hat für diese Stelle keine innerbetriebliche Ausschreibung gegeben, obwohl dies in einer Betriebsvereinbarung vom 20. 04.2026 ausdrücklich geregelt wurde. Allein dieser Umstand rechtfertigt die Verweigerung der Zustimmung.

Außerdem ist die Stelle als Einkäuferin bereits vor mehr als sechs Monaten Frau Steiger zugesagt worden. Frau Steiger arbeitet seit dieser Zeit bereits als Vertretung für den bisherigen Einkäufer, Herrn Zoller, der zum Ende des Monats in den Ruhestand geht. Frau Steigers Arbeitsvertrag ist bis Ende des Jahres befristet. Es besteht daher die Besorgnis, dass infolge der Einstellung von Herrn Reiboldt Frau Steigers Vertrag nicht verlängert wird, wodurch sie eindeutig einen der in § 99 Abs. 3 BetrVG beschriebenen Nachteil erleiden würde.

Mit freundlichen Grüßen

Klaus Esser
Betriebsratsvorsitzender

Abbildung 4.1: Musterbrief mit Zustimmungsverweigerung

Mitbestimmung bei Kündigung

Will der Arbeitgeber einem Arbeitnehmer kündigen, muss er zuvor den Betriebsrat hören. Dies ist eine der ehernen Regeln der Betriebsratsarbeit. Hier gibt es keine Ausnahme. Es ist unerheblich, ob es sich um eine fristgerechte oder um eine fristlose Kündigung handelt, um eine betriebsbedingte oder um eine verhaltensbedingte Kündigung.

Eine Kündigung ohne Anhörung des Betriebsrats ist unwirksam

Der Arbeitgeber muss den Betriebsrat also davon unterrichten, dass er beabsichtigt, die Mitarbeiterin Möller zu entlassen. Die Information muss folgende Angaben enthalten:

- ✔ die Personalien des betreffenden Mitarbeiters
- ✔ den oder die Kündigungsgründe
- ✔ die Art der Kündigung (betriebsbedingt oder verhaltensbedingt, fristlos oder fristgerecht)
- ✔ die Kündigungsfrist laut Arbeits- oder Tarifvertrag
- ✔ den Kündigungstermin

Hat der Betriebsrat die Information des Arbeitgebers erhalten, muss er dazu einen Beschluss fassen und diesen innerhalb einer Woche dem Arbeitgeber schriftlich mitteilen. Allerdings können Betriebsrat und Arbeitgeber eine Fristverlängerung vereinbaren. Einseitig kann keine der beiden Parteien die Frist verlängern oder verkürzen. Hilfreich ist übrigens eine generelle Vereinbarung, dass die Information des Arbeitgebers stets schriftlich erfolgt – das vermeidet Missverständnisse.

Bei einer fristlosen Kündigung beträgt die Frist zur Stellungnahme des Betriebsrats nur drei Tage!

Beschlussfassung des Betriebsrats

Um eine fundierte Entscheidung zu treffen, ist es ratsam, den Betroffenen zu der Sache zu hören, vor allem wenn eine verhaltensbedingte Kündigung zur Debatte steht, wenn also der Arbeitgeber dem Arbeitnehmer betriebsschädliches Verhalten vorwirft. Ist der Betriebsrat schließlich zu einem Beschluss gekommen, hat er verschiedene Möglichkeiten.

Der Betriebsrat äußert gegen die Kündigung Bedenken

Es wird sehr häufig vorkommen, dass der Betriebsrat gegen eine Kündigung Bedenken hat. Diese können unterschiedlicher Art sein: Die Kündigung kann eine besondere Härte sein, weil der betroffene Arbeitnehmer eine Familie zu ernähren hat oder in einem für die Arbeitssuche ungünstigen Alter ist. Der Betriebsrat kann aber auch darauf hinweisen, dass der Arbeitnehmer eine für die Firma wichtige Qualifikation oder jahrelange Erfahrung besitzt, die dem Unternehmen verloren geht, oder dass viele Kunden speziell wegen dieser Kollegin ins Geschäft kommen. Hier kann der Betriebsrat aus dem Vollen schöpfen.

Der Arbeitgeber muss diese Bedenken zur Kenntnis nehmen und erwägen. Selbst wenn sie nicht zu einer Rücknahme des Kündigungsvorhabens führen, können die Bedenken des Betriebsrats in einem eventuell nachfolgenden Kündigungsschutzprozess die Position des Arbeitnehmers stärken.

Der Betriebsrat legt gegen die Kündigung Widerspruch ein

Ein sehr viel wirksameres Mittel hat der Betriebsrat mit der Möglichkeit in der Hand, gegen eine Kündigung Widerspruch einzulegen. Dabei ist er allerdings an die fünf im Gesetz (§ 102 Abs. 3 BetrVG) genannten Begründungen gebunden. Er muss also in der Begründung des Widerspruchs einen oder mehrere dieser fünf Gründe nennen:

1. Soll in einer Abteilung oder einem Betriebsteil betriebsbedingt Personal reduziert werden, ist der Arbeitgeber verpflichtet, eine Sozialauswahl vorzunehmen. Das heißt, ältere Arbeitnehmer mit einer langen Zugehörigkeit zum Unternehmen genießen einen höheren Schutz als jüngere, solche mit unterhaltspflichtigen Kindern haben Vorrang vor solchen ohne Kinder. Hat der Arbeitgeber die Sozialauswahl nicht ordnungsgemäß durchgeführt, ist das für den Betriebsrat ein ordnungsgemäßer Widerspruchsgrund.

2. Falls der Arbeitgeber und der Betriebsrat sich zuvor auf Auswahlrichtlinien geeinigt haben, muss der Arbeitnehmer bei der Kündigung diese zugrunde legen (siehe § 95 BetrVG).

3. Wenn es die Möglichkeit gibt, dass der Arbeitnehmer an einer anderen Stelle im Betrieb weiterbeschäftigt werden kann, hat dies Vorrang vor einer Kündigung.

4. Der Arbeitgeber muss auch prüfen, ob der Arbeitnehmer durch eine entsprechende Fortbildung, zum Beispiel einen EDV-Kurs, an derselben oder einer anderen Stelle weiterbeschäftigt bleiben kann. Dabei muss der Aufwand natürlich vertretbar sein: Wenn die Firma ins internationale Geschäft einsteigt, wird die Telefonistin mit rudimentären Englischkenntnissen sicher auf absehbare Zeit nicht in der Lage sein, mit den Niederlassungen in Paris, Barcelona, Rio und Tokio zu parlieren. Aber der Umstieg von der Schreibmaschine zum PC ist mithilfe einer Fortbildung zu meistern.

5. Ebenso muss geprüft werden, ob der Arbeitnehmer seine Stelle vielleicht doch behalten kann, wenn sie als Teil- beziehungsweise Vollzeitstelle ausgebaut wird, die Stundenzahl erhöht oder – notfalls – das Gehalt reduziert wird.

Nun reicht es aber nicht, in dem Widerspruchsschreiben einfach den entsprechenden Paragrafen zu zitieren. Vielmehr muss der Betriebsrat sich die Mühe machen, den Widerspruch konkret, also auf den betroffenen Arbeitnehmer hin, zu formulieren. Einen Beispielbrief sehen Sie in Abbildung 4.2.

Buchinger Druck
GmbH& Co, KG

Der Betriebsrat

An die Geschäftsleitung

Betrifft: Beabsichtigte fristgerechte Kündigung von Frau Bögner

Sehr geehrte Damen und Herren,

der Betriebsrat hat in seiner Sitzung vom 24. 11. beschlossen, gegen die von Ihnen beabsichtigte fristgerechte Kündigung von Frau Ilse Bögner Widerspruch nach § 102 Abs. 3, Nr. 3, 4 und 5 BetrVG einzulegen.

Begründung:

1. Der Arbeitsplatz von Frau Bögner wird im Zuge des Umbaus der Versandabteilung keineswegs, wie von Ihnen vorgetragen, vollständig entfallen. Allerdings sind gewisse neue Anforderungen entstanden. Es wäre daher als erstes zu prüfen, ob Frau Bögner nicht dennoch durch eine Qualifizierungsmaßnahme, konkret: durch Einarbeitung in das benutzte EDV-System, weiterbeschäftigt werden könnte (s. dazu § 102 Abs. 3, Nr. 4 BetrVG).
2. Auch wenn das nicht der Fall sein sollte, wäre die Kündigung von Frau Bögner unnötig, denn sie könnte auch auf einem anderen Arbeitsplatz weiterbeschäftigt werden. In Kürze wird durch den Weggang von Herrn Brammer eine Stelle im Postversand frei, die ohne weiteres durch Frau Bögner eingenommen werden könnte. Dieser Arbeitsplatz ist genau wie der von Frau Bögner in Tarifgruppe II eingruppiert (s. dazu § 102 Abs. 3, Nr. 3 BetrVG).
3. Auch in der Versandabteilung werden weiterhin bestimmte Arbeiten der Art, wie sie von Frau Bögner bisher verrichtet wurden, anfallen, wenn auch vielleicht nicht in demselben Umfang wie bisher. Es könnte daher als weitere Alternative überlegt werden, den Arbeitsplatz von Frau Bögner umzuwandeln und ihr eine Teilzeitstelle anzubieten (s. dazu § 102 Abs. 3, Nr. 5 BetrVG).

Daher fordern wir Sie auf, Frau Bögner weiterzubeschäftigen.

Sollten Sie dennoch eine Kündigung aussprechen, wird der Betriebsrat Frau Bögner auf ihren Weiterbeschäftigungsanspruch hinweisen und sie bei der Wahrnehmung ihrer Rechte mit allen Kräften unterstützen.

Mit freundlichen Grüßen

Carola Niehus
Betriebsratsvorsitzende

Abbildung 4.2: Widerspruchsschreiben des Betriebsrats

Der Betriebsrat äußert sich gar nicht

Nun gibt es ja durchaus Fälle, in denen auch der engagierteste Betriebsrat nichts gegen die Kündigung eines bestimmten Kollegen einwenden kann oder will. Trotzdem: Einen Brief, in dem steht: »Sehr geehrter Chef, der Kündigung von Herrn Hinterhuber stimmen wir zu«, so einen Brief zu schreiben widerstrebt allen Betriebsratsmitgliedern. Ein Arbeitsplatz ist ein hohes Gut, und es ist nicht die Aufgabe eines Betriebsrats, dessen Verlust mitzuverantworten. Das muss er auch nicht! In einem solchen Fall äußert sich der Betriebsrat nicht. Hat der Arbeitgeber nach der vorgegebenen Frist von einer Woche nichts gehört, kann er dieses Schweigen nach Belieben als Zustimmung interpretieren und die Kündigung aussprechen.

Hat ein Beschäftigter eine Kündigung erhalten, ohne dass der Betriebsrat dazu gehört wurde, ist die Kündigung zwar unwirksam. Aber diesen Tatbestand muss der Betroffene – nicht der Betriebsrat! – vom Arbeitsgericht feststellen lassen. Zu diesem Zweck muss er innerhalb von drei Wochen Klage einreichen.

§ 102 BetrVG: Mitbestimmung bei Kündigungen (Auszug)

(1) Der Betriebsrat ist vor jeder Kündigung zu hören. Der Arbeitgeber hat ihm die Gründe für die Kündigung mitzuteilen. Eine ohne Anhörung des Betriebsrats ausgesprochene Kündigung ist unwirksam.

(2) Hat der Betriebsrat gegen eine ordentliche Kündigung Bedenken, so hat er diese unter Angabe der Gründe dem Arbeitgeber spätestens innerhalb einer Woche schriftlich mitzuteilen. Äußert er sich innerhalb dieser Frist nicht, gilt seine Zustimmung zur Kündigung als erteilt. Hat der Betriebsrat gegen eine außerordentliche Kündigung Bedenken, so hat er diese unter Angabe der Gründe dem Arbeitgeber unverzüglich, spätestens jedoch innerhalb von drei Tagen, schriftlich mitzuteilen. Der Betriebsrat soll, soweit dies erforderlich erscheint, vor seiner Stellungnahme den betroffenen Arbeitnehmer hören. § 99 Abs. 1 Satz 3 gilt entsprechend.

(3) Der Betriebsrat kann innerhalb der Frist des Absatzes 2 Satz 1 der ordentlichen Kündigung widersprechen, wenn

1. der Arbeitgeber bei der Auswahl des zu kündigenden Arbeitnehmers soziale Gesichtspunkte nicht oder nicht ausreichend berücksichtigt hat,
2. die Kündigung gegen eine Richtlinie nach § 95 verstößt,
3. der zu kündigende Arbeitnehmer an einem anderen Arbeitsplatz im selben Betrieb oder in einem anderen Betrieb des Unternehmens weiterbeschäftigt werden kann,
4. die Weiterbeschäftigung des Arbeitnehmers nach zumutbaren Umschulungs- oder Fortbildungsmaßnahmen möglich ist oder
5. eine Weiterbeschäftigung des Arbeitnehmers unter geänderten Vertragsbedingungen möglich ist und der Arbeitnehmer sein Einverständnis hiermit erklärt hat.

(4) Kündigt der Arbeitgeber, obwohl der Betriebsrat nach Absatz 3 der Kündigung widersprochen hat, so hat er dem Arbeitnehmer mit der Kündigung eine Abschrift der Stellungnahme des Betriebsrats zuzuleiten.

(5) Hat der Betriebsrat einer ordentlichen Kündigung frist- und ordnungsgemäß widersprochen und hat der Arbeitnehmer nach dem Kündigungsschutzgesetz Klage auf Feststellung erhoben, dass das Arbeitsverhältnis durch die Kündigung nicht aufgelöst ist, so muss der Arbeitgeber auf Verlangen des Arbeitnehmers diesen nach Ablauf der Kündigungsfrist bis zum rechtskräftigen Abschluss des Rechtsstreits bei unveränderten Arbeitsbedingungen weiterbeschäftigen. Auf Antrag des Arbeitgebers kann das Gericht ihn durch einstweilige Verfügung von der Verpflichtung zur Weiterbeschäftigung nach Satz 1 entbinden, wenn

1. die Klage des Arbeitnehmers keine hinreichende Aussicht auf Erfolg bietet oder mutwillig erscheint oder
2. die Weiterbeschäftigung des Arbeitnehmers zu einer unzumutbaren wirtschaftlichen Belastung des Arbeitgebers führen würde oder
3. der Widerspruch des Betriebsrats offensichtlich unbegründet war.

Verschiedene Formen der Kündigung

Für die Auflösung eines Arbeitsverhältnisses kann es viele Begründungen geben, doch letztlich lassen sie sich alle unter einen der drei im Kündigungsschutzgesetz genannten Gründe einsortieren:

✔ **Verhaltensbedingte Kündigung**

Verhaltensbedingt nennt man die Kündigung eines Mitarbeiters, der gegen seine arbeitsvertraglichen Pflichten verstoßen hat, zum Beispiel bei

- Verstoß gegen innerbetriebliche Regeln wie Rauchverbot, Alkoholverbot,
- eigenmächtiger Selbstbeurlaubung oder Verlängerung des Urlaubs,
- wiederholtem unentschuldigtem Fernbleiben vom Arbeitsplatz,
- wiederholtem vorsätzlichem Verletzen von Arbeitsschutzvorschriften,
- Störung des Betriebsfriedens,
- Mobbing oder
- Trunkenheit am Arbeitsplatz.

Einer verhaltensbedingten Kündigung muss in der Regel eine Abmahnung vorausgehen, in der das für den Arbeitgeber unakzeptable Verhalten erläutert und das gewünschte Verhalten eingefordert wird sowie mitgeteilt wird, welche Folgen – Kündigung, Versetzung – es haben wird, sollte der Mitarbeiter sein Verhalten nicht ändern. In sehr schweren Fällen wie etwa Unterschlagung, Diebstahl oder Betrug wird in der Regel eine außerordentliche Kündigung ausgesprochen.

✔ **Personenbedingte Kündigung**

Eine personenbedingte Kündigung wird ausgesprochen, wenn die Kündigungsgründe in der Person des Arbeitnehmers liegen, weil er zum Beispiel

- eine lang anhaltende oder häufig auftretende Krankheit hat, die dazu führt, dass der Arbeitnehmer immer wieder arbeitsunfähig ist und dies für den Arbeitgeber zu einer unzumutbaren wirtschaftlichen Belastung führt (entgegen landläufiger Meinung ist Krankheit durchaus ein Kündigungsgrund!),
- aufgrund seiner Ausbildung oder seiner Fähigkeiten bestimmte Aufgaben nicht erledigen kann,
- für längere Zeit in Haft ist,
- keine Arbeits- oder Aufenthaltserlaubnis hat oder
- im Ausland länger als zwei Monate Wehrdienst ableisten muss.

✔ **Betriebsbedingte Kündigung**

Eine betriebsbedingte Kündigung kann ihre Gründe in betrieblichen wie auch in außerbetrieblichen Umständen haben, wie zum Beispiel bei

- Einstellung oder Einschränkung der Produktion,
- Rationalisierungsmaßnahmen,
- Schließung einer Betriebsteils oder eines ganzen Unternehmens,
- Verlagerung der Produktion ins Ausland,
- Auftragsmangel oder
- Umsatzrückgang.

Der Widerspruch des Betriebsrats verhindert die Kündigung zunächst nicht

Trotz des Widerspruchs und erst recht trotz der formal schwächeren Bedenken des Betriebsrats kann der Arbeitgeber dem betroffenen Arbeitnehmer kündigen. Wie geht es weiter? Der Arbeitnehmer erhält die Kündigung und zugleich mit dieser eine Abschrift der Stellungnahme des Betriebsrats. (Normalerweise wird er die Stellungnahme bereits haben, weil der Betriebsrat mit ihm natürlich in ständigem Kontakt war.) Wenn er die Kündigung akzeptiert, endet das Arbeitsverhältnis mit dem Ende der Kündigungsfrist. Der Widerspruch des Betriebsrats ist gegenstandslos.

Wenn er die Kündigung nicht akzeptiert, muss er innerhalb von drei Wochen beim Arbeitsgericht Klage einreichen. Diese Klage umfasst immer einen Feststellungsantrag, dass das Arbeitsverhältnis nicht aufgelöst ist. Außerdem kann zugleich damit ein Weiterbeschäftigungsantrag gestellt werden. Der Kollege arbeitet also weiter, die Mühlen des

Gerichts mahlen inzwischen vor sich hin und irgendwann kommt es im Kündigungsschutzprozess zu einem Urteil. Gewinnt er die Klage, besteht das Arbeitsverhältnis weiter, verliert er die Klage, endet das Arbeitsverhältnis.

Der Arbeitnehmer kann allerdings auch Klage erheben, aber auf den Weiterbeschäftigungsantrag vorerst verzichten. Auch in diesem Fall kommt es nach einiger Zeit zu einem Urteil. Der Kollege arbeitet aber nur bis zum Ablauf der Kündigungsfrist vorerst weiter. Wenn der Arbeitnehmer seinen Kündigungsschutzprozess gewinnt, kann er die Weiterbeschäftigung verlangen (muss es aber nicht!) und hat außerdem Anspruch auf das in der Zwischenzeit angefallene Entgelt.

Welchen Wert hat der Widerspruch des Betriebsrats?

Kommt es zu einem Kündigungsschutzprozess, spielt die Stellungnahme des Betriebsrats eine nicht unbedeutende Rolle. Der Arbeitsrichter zieht bei personen- oder verhaltensbedingter Kündigung die Bedenken des Betriebsrats heran, bei betriebsbedingter Kündigung ist der (berechtigte) Widerspruch des Betriebsrats sogar wichtige Voraussetzung für eine erfolgreiche Klage bezogen auf den Weiterbeschäftigungsantrag.

Beratungs- und Informationsrechte

Zwar bezieht sich das wirkliche Mitbestimmungsrecht des Betriebsrats nur auf soziale Angelegenheiten, eine Beteiligung des Betriebsrats sieht das Gesetz aber auch auf anderen Feldern des unternehmerischen Handelns vor. Schließlich sind wirtschaftliche Entscheidungen des Unternehmers oft nur der Beginn für weitreichende soziale Folgen für die Arbeitnehmer.

Worüber muss der Arbeitgeber informieren?

Der Arbeitgeber muss den Betriebsrat daher auch über solche Angelegenheiten unterrichten, die nicht dem unmittelbaren Mitbestimmungsrecht unterliegen. Dazu gehören zum Beispiel folgende Angelegenheiten:

- ✔ bevorstehende Betriebsänderungen wie Einschränkung, Stilllegung, Verlegung, Zusammenschließung oder Spaltung von Betrieben oder Betriebsteilen, Änderungen des Betriebszwecks, Einführung neuer Arbeits- oder Produktionsmethoden,
- ✔ Planung von Neu-, Um- und Erweiterungsbauten, technischen Anlagen, Arbeitsverfahren, Arbeitsabläufen und Arbeitsplätzen,
- ✔ das Gehaltsgefüge und
- ✔ die Personalplanung.

Keineswegs hat der Arbeitgeber seiner Informationspflicht Genüge getan, wenn er dem Betriebsrat eine Kopie einer Presseerklärung zukommen lässt, in der er der Öffentlichkeit eine beschlossene, bevorstehende oder gar bereits in die Wege geleitete Verlegung, Schließung oder Teilschließung seines Betriebs mitteilt. Das Gesetz (§ 90 Abs. 1 und 2 BetrVG) verpflichtet den Arbeitgeber vielmehr ausdrücklich, den Betriebsrat so rechtzeitig zu unterrichten, dass dessen Vorschläge und Bedenken bei der Planung berücksichtigt werden können.

Zu diesem Zweck muss der Betriebsrat sämtliche erforderlichen Unterlagen erhalten, die auch dem Arbeitgeber zur Verfügung stehen. Dabei hat der Arbeitgeber mit dem Betriebsrat auch die Auswirkungen auf die Arbeitnehmer zu beraten (§ 90 Abs. 2 BetrVG). Der Arbeitgeber hat also den Betriebsrat von sich aus darüber zu informieren, welche Belastungen für die Beschäftigten zu erwarten sind. Der Betriebsrat kann hier seine eigenen Erfahrungen einbringen.

Wenn die Information nur spärlich fließt

Sicher ist kein Betriebsrat so naiv zu glauben, dass ihn der Arbeitgeber freudig über alles informiert, was mit dem Betrieb zu tun hat, und ihn tatsächlich rechtzeitig in seine Pläne einweiht, begierig darauf, dem Rat des Betriebsrats zu lauschen. Der Betriebsrat hat daher das ausdrückliche Recht, sich seine Informationen auch auf andere Weise zu beschaffen. Wichtige Informanten sind folgende:

- ✔ die Kollegen, die ja sofort merken, wenn sich irgendetwas verändert – wenn Kunden nur mehr schleppend beliefert, Zulieferaufträge gekündigt, Produktionsabläufe verändert werden
- ✔ Ausschüsse wie Wirtschaftsausschuss oder Arbeitsschutzausschuss
- ✔ Betriebsräte anderer Unternehmen, die gewisse Umstrukturierungen bereits hinter sich haben, Anzeichen deuten und praktische Tipps geben können
- ✔ die Gewerkschaft, die einen Überblick über Entwicklungen innerhalb der Branche hat und Seminare zu allen einschlägigen Themen anbietet
- ✔ Berufsgenossenschaften und andere Institutionen
- ✔ Sachverständige, die der Betriebsrat zu einem bestimmten betriebsbezogenen Thema heranziehen kann

Einblick in die Gehaltslisten

Dem Betriebsrat ist zu Ohren gekommen, dass Frau Behringer weniger Gehalt bekommt als Herr Schütz, obwohl beide in derselben Abteilung mit den gleichen Aufgaben betraut sind. Auch an anderen Stellen des Betriebs scheint es mit dem Prinzip »Gleicher Lohn für gleiche Arbeit« nicht zum Besten zu stehen – womöglich wird nicht einmal der Tarifvertrag eingehalten? Um das genau zu überprüfen, hat der Betriebsrat ein wirksames Mittel in der Hand: das Recht auf Einblick in die Gehaltslisten.

Der Betriebsrat fordert den Arbeitgeber also auf, ihm die Gehaltslisten zur Verfügung zu stellen. Der ziert sich natürlich. »Datenschutz« führt er ins Feld, spricht von Vertraulichkeit, von seinem Recht, besonders leistungsfähigen Mitarbeitern mehr zahlen zu dürfen als anderen, ohne »dass der Betriebsrat da seine Nase hineinsteckt«, und sicher wollen die Mitarbeiter das doch auch nicht, und überhaupt bringt das nur Unruhe in den Laden.

Erfreulicherweise kann der Betriebsrat da ganz entspannt reagieren. Das Zauberwort lautet »§ 80 Absatz 2 Betriebsverfassungsgesetz«. Hier ist das Recht des Betriebsrats auf Einblick in die Lohn- und Gehaltslisten ausdrücklich genannt. Sperrt sich der Arbeitgeber nachhaltig, wird der Betriebsrat also mit Erfolg gegen den Arbeitgeber vor das Arbeitsgericht ziehen können. Folgendes ist dabei zu beachten:

- ✔ In größeren Betriebsratsgremien, in denen ein Betriebsausschuss existiert, darf nur dieser Einblick nehmen. Das ist wegen der Vertraulichkeit dieser Informationen durchaus nachzuvollziehen.
- ✔ Obwohl im Gesetz nur vom »Betriebsausschuss« die Rede ist, der nur in größeren Betriebsratsgremien gebildet wird, darf auch einem kleinen Betriebsrat das Einblicksrecht nicht verweigert werden.
- ✔ Das Einblicksrecht bezieht sich nur auf die Bruttoentgeltlisten. Ein Einblick in die Nettolisten würde dem Betriebsrat eventuell persönliche Umstände von Arbeitnehmern enthüllen, die nichts mit seiner Aufgabe zu tun haben. Lohnpfändung oder Freibeträge für außereheliche Kinder gehen auch den Betriebsrat nichts an.
- ✔ Der Betriebsrat darf keine Rücksicht darauf nehmen, dass eventuell einzelne Beschäftigte nicht wollen, dass er Einblick in ihre Gehälter nimmt. Er muss sich ein Bild vom gesamten Gehaltsgefüge verschaffen können.
- ✔ Die Gehälter der leitenden Angestellten sind für den Betriebsrat tabu. Es muss sich dabei allerdings um »echte« leitende Angestellte handeln, also Prokuristen oder Personen mit weitreichenden Befugnissen.

Der Arbeitgeber ist nicht verpflichtet, dem Betriebsrat die Listen auszuhändigen. Er muss sie ihm lediglich vorlegen und darf sie anschließend wieder an sich nehmen. Allerdings muss er dem Betriebsrat erlauben, sich Notizen zu machen, auch darf er keinen »Aufpasser« danebenstellen. Der Betriebsrat hat das Recht, sich ungehindert, unbeaufsichtigt und ungedrängt seiner Aufgabe zu widmen.

§ 80 Abs. 2 BetrVG: Allgemeine Aufgaben (Auszug)

(2) Zur Durchführung seiner Aufgaben nach diesem Gesetz ist der Betriebsrat rechtzeitig und umfassend vom Arbeitgeber zu unterrichten; die Unterrichtung erstreckt sich auch auf die Beschäftigung von Personen, die nicht in einem Arbeitsverhältnis zum Arbeitgeber stehen. Dem Betriebsrat sind auf Verlangen jederzeit die zur Durchführung seiner Aufgaben erforderlichen Unterlagen zur Verfügung zu stellen; in diesem Rahmen ist der Betriebsausschuss oder ein nach § 28 gebildeter Ausschuss berechtigt, in die Listen über die Bruttolöhne und -gehälter Einblick zu nehmen.

Arbeitgeber, seid nett zu Betriebsräten

Zu den Rechten des Betriebsrats gehört schließlich auch, dass er seine Arbeit unbehindert und ohne Angst vor Sanktionen des Arbeitgebers verrichten kann. Da das keine Selbstverständlichkeit ist, ist auch das in einem Gesetz geregelt.

Beruhigend zu wissen ist, dass es fast unmöglich ist, ein Betriebsratsmitglied zu kündigen. Die Unkündbarkeit wirkt sogar noch ein Jahr nach Beendigung der Amtszeit nach. Und in einem Jahr fließt viel Wasser den Rhein, den Main oder die Elbe hinunter. Aber auch danach braucht ein besonders rachsüchtiger Arbeitgeber einen sehr guten Grund, um eine verhaltens- oder personenbedingte Kündigung auszusprechen – »Weil mich der damals so geärgert hat« gehört nicht dazu. Ebenso darf der Arbeitgeber die Beendigung des Mandats nicht dazu nutzen, dem Mitarbeiter eine schlechter qualifizierte und schlechter bezahlte Arbeit zuzuweisen – womöglich mit der Begründung: »Die Frau Wohlgemut hat ja in den vergangenen Jahren die ganze Entwicklung auf dem Sektor der chemischen Analysen verpasst.« Das mag ja sein – dann hat aber der Arbeitgeber die Aufgabe, Frau Wohlgemut durch Schulungen oder Seminare wieder auf den Stand zu bringen.

Der spezielle Kündigungsschutz für Mitglieder des Betriebsrats gilt nicht nur über die Amtszeit hinaus, er fängt auch schon vorher an, nämlich zu dem Zeitpunkt, an dem sich jemand als Kandidat für die Betriebsratswahl zur Verfügung steht. So soll verhindert werden, dass ein Arbeitgeber einem engagierten Mitarbeiter schon »den Schneid abkauft«, bevor der überhaupt im Amt ist. Auch Kandidaten, die kein Wahlergebnis erreichen konnten, das sie in den Betriebsrat brachte, sind noch sechs Monate nach der Wahl vor Kündigung geschützt, dasselbe gilt für Mitglieder des Wahlvorstands, der die Betriebsratswahl organisiert, vorbereitet und durchführt. Selbst Beschäftigte, die Vorbereitungshandlungen zur Gründung eines Betriebsrats vornehmen (zum Beispiel Gespräche mit den Kollegen, um die Unterstützung für eine Betriebsratswahl zu ermitteln, Kontaktaufnahme zu einer Gewerkschaft, um sich Informationen zur Betriebsratswahl zu beschaffen), sind drei Monate lang vor Kündigungen geschützt. Zusätzliche Voraussetzung ist dabei allerdings, dass sie ihre Absicht, einen Betriebsrat zu gründen, notariell beglaubigen lassen.

§ 78 BetrVG: Schutzbestimmungen (Auszug)

Die Mitglieder des Betriebsrats, des Gesamtbetriebsrats, des Konzernbetriebsrats … dürfen in der Ausübung ihrer Tätigkeit nicht gestört oder behindert werden. Sie dürfen wegen ihrer Tätigkeit nicht benachteiligt oder begünstigt werden; dies gilt auch für ihre berufliche Entwicklung.

IN DIESEM KAPITEL

Überwachen, gestalten, schützen, fördern

Für jeden gibt es eine Aufgabe

Das Wichtigste: im Gespräch bleiben

Betriebsratsarbeit braucht ihre Zeit

Kapitel 5
Betriebsratsarbeit konkret

Bisher klang alles noch etwas abstrakt. Rechte und Pflichten des Betriebsrats, alles gut und schön, aber jetzt ist Montagmorgen, und Sie möchten eigentlich am liebsten loslegen. Aber wie? Und womit? In diesem Kapitel kommen ein paar praktische Aspekte der Betriebsratsarbeit zur Sprache.

Zunächst einmal ist es nützlich, das große Paket »Betriebsratsarbeit« aufzuschnüren und in handliche Päckchen zu zerlegen. Wenn also nicht bereits ganz konkrete Probleme an der Tür kratzen und unverzügliches Handeln erfordern, werden Sie zunächst einmal eine Art »Kassensturz« machen müssen: Was steht eigentlich an? Wo drückt wem im Betrieb der Schuh? Welche Probleme warten schon lange auf eine Lösung? Lassen sich hergebrachte Arbeitsweisen oder Regelungen zum Wohle der Kollegen noch verbessern?

Die Aufgaben des Betriebsrats

Wie immer hilft beim ersten Schritt ein Blick ins Betriebsverfassungsgesetz. Dort sind die Pflichten des Betriebsrats ausdrücklich genannt und ausgeführt.

§ 80 BetrVG: Allgemeine Aufgaben (Auszug)

(1) Der Betriebsrat hat folgende allgemeine Aufgaben:

1. darüber zu wachen, dass die zugunsten der Arbeitnehmer geltenden Gesetze, Verordnungen, Unfallverhütungsvorschriften, Tarifverträge und Betriebsvereinbarungen eingehalten werden;
2. Maßnahmen, die dem Betrieb und der Belegschaft dienen, beim Arbeitgeber zu beantragen;

2a. die Durchsetzung der tatsächlichen Gleichstellung von Frauen und Männern, insbesondere bei der Einstellung, Beschäftigung, Aus-, Fort- und Weiterbildung und dem beruflichen Aufstieg, zu fördern;

2b. die Vereinbarkeit von Familie und Erwerbstätigkeit zu fördern;

3. Anregungen von Arbeitnehmern und der Jugend- und Auszubildendenvertretung entgegenzunehmen und, falls sie berechtigt erscheinen, durch Verhandlungen mit dem Arbeitgeber auf eine Erledigung hinzuwirken; er hat die betreffenden Arbeitnehmer über den Stand und das Ergebnis der Verhandlungen zu unterrichten;

4. die Eingliederung schwerbehinderter Menschen einschließlich der Förderung des Abschlusses von Inklusionsvereinbarungen nach § 166 des Neunten Sozialgesetzbuch und sonstiger besonders schutzbedürftiger Personen zu fördern;

5. die Wahl einer Jugend- und Auszubildendenvertretung vorzubereiten und durchzuführen und mit dieser zur Förderung der Belange der in § 60 Abs. 1 genannten Arbeitnehmer eng zusammenzuarbeiten; er kann von der Jugend- und Auszubildendenvertretung Vorschläge und Stellungnahmen anfordern;

6. die Beschäftigung älterer Arbeitnehmer im Betrieb zu fördern;

7. die Integration ausländischer Arbeitnehmer im Betrieb und das Verständnis zwischen ihnen und den deutschen Arbeitnehmern zu fördern sowie Maßnahmen zur Bekämpfung von Rassismus und Fremdenfeindlichkeit im Betrieb zu beantragen;

8. die Beschäftigung im Betrieb zu fördern und zu sichern;

9. Maßnahmen des Arbeitsschutzes und des betrieblichen Umweltschutzes zu fördern.

Sie sehen, das sind ganz unterschiedliche Aufgaben. Man könnte sie so zusammenfassen:

- ✔ Überwachungsaufgaben
- ✔ Gestaltungsaufgaben
- ✔ Schutzaufgaben
- ✔ Förderungsaufgaben

Ziffer 1: Überwachung

Ausdrücklich gibt der Gesetzgeber dem Betriebsrat das Recht – nein sogar die Pflicht –, darauf zu achten, dass alle einschlägigen Regelungen – also Gesetze, Verordnungen, Unfallverhütungsvorschriften, Tarifverträge und Betriebsvereinbarungen – eingehalten werden.

Das bedeutet aber nicht, dass der Betriebsrat als eine Art Wachtmeister oder gar Spitzel durch den Betrieb laufen soll. Er soll vielmehr seine »Arbeitnehmerbrille« aufsetzen und prüfen, ob die gesamte Arbeitsumgebung nicht nur der höchstmöglichen Produktivität, sondern auch dem Wohl der Arbeitnehmer dient. Freilich: Eigenmächtig irgendwelche Maßnahmen anordnen oder gar durchführen darf er dabei nicht. Wenn der Betriebsrat feststellt, dass irgendwo etwas faul ist, muss er das zuallererst dem Arbeitgeber mitteilen und darauf drängen, dass dieser Abhilfe schafft. Erst wenn der sich hartnäckig weigert, kann der Betriebsrat andere Wege beschreiten: eine Behörde einschalten oder gar die Öffentlichkeit informieren.

Ziffern 2 und 3: Gestaltung

Aber der Betriebsrat muss nicht nur auf vorgefundene Zustände reagieren. Er hat auch ein Gestaltungsrecht. Die Absätze 2 und 3 öffnen die Tür für eine Menge guter Ideen – man muss sie nur entwickeln. Und auch die anderen Arbeitnehmer werden ins Boot geholt: Ihre Anregungen sind ausdrücklich erwünscht. Zugleich liegt darin auch eine Mahnung an den Betriebsrat, die Kollegen – auch die jungen! – ernst zu nehmen und auch ihnen Anregungen und Vorschläge abzuverlangen.

Ziffern 4, 6 und 7: Schutz

Als besonders schutzbedürftige Personen nennt das Betriebsverfassungsgesetz realistischerweise schwerbehinderte Menschen, ältere Arbeitnehmer und ausländische Arbeitnehmer. Also solche Arbeitnehmer, die nicht nur auf dem Arbeitsmarkt, sondern vielleicht auch im Betrieb einen schweren Stand haben, weil sie bestimmte Arbeiten nicht, nicht mehr oder nicht so schnell ausführen können, weil sie Anweisungen eventuell nicht richtig verstehen oder andere Lebens- und Arbeitsgewohnheiten haben.

Stellen Sie fest, dass so jemand von Vorgesetzten oder Kollegen gehänselt, gequält oder gemobbt wird, ist es Ihre Aufgabe als Betriebsrat, sich schützend vor den Betroffenen zu stellen. Es ist Ihre Pflicht, darauf zu achten, dass alle Beschäftigten gleich behandelt werden, ungeachtet, ob sie befristet oder in Teilzeit beschäftigt sind, schwarz oder weiß, Mann oder Frau, schwul oder lesbisch, Deutsche, Türken oder Tunesier, Katholiken, Muslime oder Atheisten sind, welcher politischen Richtung sie angehören und ob sie Gewerkschaftsmitglied sind oder nicht.

Ziffern 2a und b, 5, 8 und 9: Förderung

Schließlich gehört es zu den Aufgaben des Betriebsrats, die Gleichstellung von Frauen und Männern sowie Vereinbarkeit von Familie und Erwerbstätigkeit zu fördern. Das ist eine ziemlich gewaltige gesellschaftliche Aufgabe, wozu der Betriebsrat sicherlich nur ein Scherflein beitragen kann.

Auf betrieblicher Ebene heißt das: Bei allen Überlegungen zu Teilzeitarbeit, flexiblen Arbeitszeiten, schrittweiser Wiederanfang nach Mutterschafts- und Elternzeit muss der Betriebsrat die Belange der Frauen und junger Familien besonders in den Blick nehmen. Jugendliche

Arbeitnehmer und Auszubildende sollen dahingehend gefördert werden, dass sie ihre Rechte weitgehend selbst in die Hand nehmen und eine eigene Vertretung bilden. Auch die Ziffern 8 und 9 geben dem Betriebsrat einen dicken Brocken vor. Ziffer 8, die Beschäftigungsförderung, gibt dem Betriebsrat ganz deutlich das Mandat, darauf zu dringen, dass Arbeitsplätze erhalten, Auszubildende übernommen oder neue Arbeitsplätze geschaffen werden. Arbeits- und Umweltschutz schließlich öffnen ein weiteres Feld der betrieblichen Mitsprache, von dem sich der Betriebsrat nicht vertreiben lassen sollte.

Die im Gesetz niedergelegten Pflichten muss der Betriebsrat erfüllen. Er darf zum Beispiel nicht auf die Überwachung der Einhaltung der Arbeitsschutzbestimmungen verzichten, weil ihm dies bequemer, konfliktfreier oder aus anderen Gründen opportun erscheint.

Jetzt geht's los

Im nächsten Schritt kommt es darauf an, die konkreten Aufgaben für das eigene Arbeitsumfeld zu finden. Dazu stellen Sie am besten einen Fragenkatalog auf. Dieser Fragenkatalog könnte zum Beispiel so aussehen:

- ✔ Wird der Arbeitsschutz richtig eingehalten? In welchen Abteilungen spielt das eine besondere Rolle? Was könnte man verbessern?
- ✔ Gibt es im Betrieb Urlaubsgrundsätze? Sind diese festgelegt oder haben sie sich »im Lauf der Zeit so ergeben«? Sind sie so gestaltet, dass alle gleichermaßen mit den Vor- und Nachteilen leben können?
- ✔ Beschäftigt der Betrieb Auszubildende? Werden diese ordnungsgemäß ausgebildet? Wer betreut sie? Wissen sie über ihre Rechte Bescheid?
- ✔ Gibt es eine Jugend- und Auszubildendenvertretung? Wie kann der Betriebsrat ihre Arbeit unterstützen?
- ✔ Werden in einer Abteilung besonders viele Überstunden angesetzt? Was ist der Grund dafür?
- ✔ Gibt es Pausenräume? Sind diese ordnungsgemäß ausgestattet?
- ✔ Wie sieht es mit dem Nichtraucherschutz aus? Sind Raucherbereiche ausgewiesen?
- ✔ Ist die Arbeitszeitordnung sinnvoll? Könnte da etwas verbessert werden?
- ✔ Wie sieht es mit der Personal-/Organisationsentwicklung des Betriebs aus?
- ✔ Werden neu zu besetzende Stellen innerbetrieblich ausgeschrieben? Sind die Ausschreibungen geschlechtsneutral beziehungsweise diskriminierungsfrei formuliert?

- ✔ Beschäftigt der Betrieb eine ausreichende Anzahl von Schwerbehinderten (fünf Prozent der Arbeitsplätze bei Betrieben mit mehr als 20 Beschäftigten)? Sind deren Arbeitsplätze behindertengerecht ausgestattet?
- ✔ Wird der Betriebsrat vom Arbeitgeber in allen Angelegenheiten ordnungsgemäß, also umfassend, rechtzeitig und schriftlich unterrichtet?
- ✔ Ist das Kantinenessen in Ordnung? Abwechslungsreich? Schmackhaft? Der Art der Arbeit angemessen? Oder werden Bürohengste mit Gänsebraten gemästet?

Sie werden sehen: Je genauer Sie sich umschauen, desto präziser werden Ihre Fragen. Natürlich ist es nicht sinnvoll, sich gleich auf alle Probleme im Betrieb zu stürzen. Suchen Sie fürs Erste eines heraus,

- ✔ das nicht zu unübersichtlich ist,
- ✔ das besonders auf den Nägeln brennt oder
- ✔ das mit großer Wahrscheinlichkeit Erfolg verspricht.

Nehmen Sie sich zu Beginn einer Amtsperiode genügend Zeit, alle Bereiche des Betriebs, in dem Sie arbeiten, zu durchleuchten und herauszufinden, ob es Handlungsbedarf gibt. Am besten setzen Sie eine mindestens ganztägige Klausursitzung an, während der Sie nicht gestört werden. Eine solche Sitzung, in der ohne Zeitdruck alle Bereiche des betrieblichen Zusammenwirkens beleuchtet werden, sollten Sie mindestens einmal pro Jahr einplanen. Das gibt Gelegenheit, aus dem täglichen Trott herauszukommen und die eigene Arbeit, den Betrieb und die anliegenden Probleme mit Distanz und Augenmaß zu beurteilen.

Was nicht zur Betriebsratsarbeit gehört

Keinesfalls ist es Aufgabe des Betriebsrats, Betriebsausflüge oder Firmenfeiern zu organisieren, Geld für Geburtstage einzusammeln, Blumen zu besorgen oder dem Arbeitgeber womöglich die unangenehme Pflicht abzunehmen, einen Kollegen »schonend« auf eine Abmahnung oder eine Kündigung vorzubereiten. Überhaupt braucht der Betriebsrat sich vom Chef für keinerlei Aufgabe einspannen zu lassen (womöglich mit dem schmeichlerischen Argument: »Ach, Frau Möller, Sie kennen Ihre Kollegen doch am besten!«). Vergessen Sie nicht: Der Betriebsrat ist in seiner Arbeit vollkommen autonom und nur dem Betriebsverfassungsgesetz verpflichtet.

Wie Sie ein Projekt auf die Beine stellen

Im Rahmen einer turnusmäßigen Begehung oder Befragung erfährt der Betriebsrat, dass in den Großraumbüros der Konstruktionsabteilung der Krankenstand überdurchschnittlich hoch ist. Die Kollegen klagen über Kopf- und Magenschmerzen, über Stress und Burn-out-Symptome. Keiner kann konzentriert arbeiten, weil dauernd der Faden abreißt: Telefone klingeln, Drucker springen an, Gespräche, Besucher, Nachfragen stören ungemein. Der Betriebsrat beschließt, in dieser Sache etwas zu unternehmen.

In einem ersten Schritt gilt es, sich erst einmal zu informieren. Internet, Zeitschriftenartikel oder ein Anruf bei der Gewerkschaft führen zum Beispiel zur Bundesanstalt für Arbeitsschutz und Arbeitsmedizin (BAuA), die zu sehr vielen Themen des Arbeits- und Gesundheitsschutzes ausführliche Informationen bereithält, unter anderem auch zu »Großraumbüro«, »Lärmbelastung«, »Stress« und »betriebliche Gefährdungsermittlung und Gefährdungsbeurteilung«.

Zusätzlich macht sich der Betriebsrat auf die Suche nach einem Experten. Da bietet sich etwa die Fachkraft für Arbeitssicherheit an, die ohnehin in regelmäßigen Abständen in den Betrieb kommt. In einem Beratungsgespräch informiert sie den Betriebsrat über einschlägige Regelungen:

- ✔ Arbeitsstättenverordnung, Anhang 6, Maßnahmen zur Gestaltung von Bildschirmarbeitsplätzen
- ✔ VDI-Richtlinie 2058 (Beurteilung von Lärm am Arbeitsplatz unter Berücksichtigung unterschiedlicher Tätigkeiten)
- ✔ DIN EN ISO 11690-1 (Richtlinien für die Gestaltung lärmarmer maschinenbestückter Arbeitsstätten)

Es stellt sich heraus, dass bisher versäumt wurde, für die Konstruktionsabteilung eine Gefährdungsanalyse zu erstellen. In dieser müssen neben den handfesten mechanischen und physischen auch psychische Gefährdungsfaktoren, beispielsweise Stress, berücksichtigt werden.

Nun um einiges schlauer, beschließt der Betriebsrat, den Arbeitgeber an seine Pflicht zu erinnern und ihn aufzufordern, die Gefährdungsanalyse zügig zu erstellen und, wie vorgeschrieben, sie regelmäßig zu aktualisieren. Auf deren Grundlage kann der Betriebsrat nun verschiedene Maßnahmen entwickeln und vorschlagen, zum Beispiel:

- ✔ Es wird überlegt, ob die Arbeit so organisiert werden kann, dass Störungen von außen vermindert oder verhindert werden können, zum Beispiel durch telefonfreie Zeiten.
- ✔ Die Raumakustik kann mit schallabsorbierenden Materialien verändert werden, sodass Schritte nicht mehr hallen und Stimmen gedämpft werden.
- ✔ Beim Neukauf von Büromaschinen werden lärmreduzierte Modelle bevorzugt.
- ✔ Wenn machbar, werden die Großraumbüros aufgelöst und durch kleinere Arbeitsräume ersetzt.
- ✔ Soweit möglich, werden die Möglichkeiten geschaffen, Arbeiten im Homeoffice zu erledigen.

Höchstwahrscheinlich wird sich der Arbeitgeber nicht mit fliegenden Fahnen auf die Vorschläge des Betriebsrats stürzen und sie in die Tat umsetzen. Da bedarf es noch einer gehörigen Portion Überzeugungskraft. Vielleicht zeigt sich der Arbeitgeber einsichtig, begreift, dass Stress und hoher Krankenstand seinem Unternehmen schaden, ein gesundes Klima aber nützt. Vielleicht aber kommt es ihm nur darauf an, mit minimalem finanziellem Aufwand so viel wie möglich aus den Beschäftigten herauszuholen, in der Überlegung: »Die sollen sich mal nicht so anstellen! Wenn einer geht, finde ich leicht Ersatz.«

Da ist es für Sie als Betriebsrat wichtig, nicht allein dazustehen. Verhandeln Sie nicht nur hinter geschlossenen Türen. Beziehen Sie die Kollegen in Ihre Überlegungen und Auseinandersetzungen ein:

- ✔ Bei einer Begehung des Bereichs fragen Sie alle Kollegen nach ihren Erfahrungen und Wünschen zum Thema Lärmschutz im Großraumbüro.
- ✔ In einer Betriebsversammlung stellen Sie das Thema vor, beschreiben die Lärmbelastung, lassen die betroffenen Kollegen zu Wort kommen, stellen die Situation den einschlägigen Richtlinien gegenüber und kündigen an, dieses Problem zum Thema Ihrer Arbeit in den nächsten Wochen zu machen. Laden Sie dazu einen Experten der Berufsgenossenschaft, der Bundesanstalt für Arbeitsschutz und Arbeitsmedizin oder der staatlichen Arbeitsschutzbehörde ein.
- ✔ Fordern Sie auf der Betriebsversammlung eine Stellungnahme des Arbeitgebers in dieser Sache.

Zwischen dem ersten Beschluss (»Da muss etwas geschehen«) und dem Ergebnis (»Endlich ist es nicht mehr so laut!«) liegen mit Sicherheit mehrere Monate, in denen informiert, beraten, diskutiert, verhandelt werden muss. Je hartleibiger der Arbeitgeber, desto intensiver muss der Betriebsrat überlegen, mit welchen gesetzlichen Instrumenten er eine gesundheitsfördernde Arbeitsumgebung erzwingen kann. Wichtig ist, dass der Betriebsrat einen langen Atem und eine solide Hartnäckigkeit besitzt und das Thema »am Laufen« hält.

Wer macht was im Betriebsrat?

In einem guten, arbeitsfähigen, schlagkräftigen Gremium hat jedes Mitglied seine besondere Aufgabe. Das gilt auch dann, wenn der Vorsitzende (oder ein anderes Betriebsratsmitglied) von der Arbeit freigestellt ist. Es geht nicht an, dass alles an dieser Person hängt.

- ✔ Die Person wäre damit sicherlich überfordert und müsste einige Bereiche vernachlässigen.
- ✔ Die anderen Mitglieder, die keine feste Aufgabe haben und nur auf Zuruf etwas erledigen, verlören auf die Dauer das Interesse, das Wissen und damit auch den »Biss«.
- ✔ In einem Betriebsratsgremium sollen ja verschiedene Kenntnisse und Talente, Sicht- und Arbeitsweisen zusammenspielen.
- ✔ Es wurden ja – idealerweise – alle Mitglieder wegen ihrer besonderen Eignung gewählt.

Aufgaben gerecht verteilen

Neben den inhaltlichen oder projektbezogenen Aufgaben, zu denen Recherchieren, Briefe und E-Mails schreiben, Gespräche führen und Vereinbarungen entwerfen und aushandeln gehört, gibt es viele praktische Aufgaben, die regelmäßig erledigt werden müssen. Sinnvoll ist es daher, möglichst früh festzulegen, wer welche Aufgabe übernimmt. Damit ersparen Sie sich lange, fruchtlose und womöglich konfliktbeladene Diskussionen während der Betriebsratssitzungen (»Ich muss hier wohl immer den Hausmeister spielen!« – »Es kann ja wohl nicht sein, dass ich die Einzige bin, die einen Brief aufsetzen kann!«).

Legen Sie also gemeinschaftlich und kollegial fest:

- ✔ Wer betreut das Infobrett, die Homepage des Betriebsrats im Intranet?
- ✔ Wer entwirft, gestaltet und druckt das Plakat für die Betriebsversammlung?
- ✔ Wer hängt es auf?
- ✔ Wer verteilt Infobroschüren?
- ✔ Wer durchforstet regelmäßig die Bildungs- und Seminarangebote?
- ✔ Wer überprüft in bestimmten Zeitabständen, ob alle Nachschlagewerke auf dem aktuellen Stand sind, und bestellt bei Bedarf die neuesten Ausgaben?

Der richtige Ansprechpartner für jeden

Als Betriebsrat wurden Sie von den Kollegen gewählt – verlieren Sie nicht den Kontakt zu ihnen! Wie sollten Sie sonst erfahren, was es Neues gibt, wo der Schuh drückt? Und wie sollten die Kollegen erfahren, was der Betriebsrat an neuen Projekten auf dem Tisch hat? Sicher, in der Abteilung, auf dem Flur, in der Kantine trifft man sich immer wieder. Doch Hand aufs Herz: Auch ein Betriebsratsmitglied möchte mal über die Fußballergebnisse vom letzten Wochenende, den anstehenden Urlaub oder den Ärger mit der pubertierenden Tochter plaudern und nicht ständig über betriebliche Angelegenheiten reden. Das Gespräch mit den Kollegen darf daher nicht zufällig und willkürlich geschehen, sondern muss geplant und vorbereitet sein.

In vielen Betriebsratsgremien hat es sich daher bewährt, dass für jede Abteilung, jeden Bereich mindestens ein Betriebsratsmitglied zuständig ist, das regelmäßig durch die Abteilungen, Betriebsteile, Hallen, Werkstätten oder Filialen geht und nach Problemen, Neuigkeiten, Veränderungen fragt. Dabei ist es nicht zwingend notwendig, dass derjenige, der als Betriebsratsmitglied für den Bereich zuständig ist, auch dort arbeitet. Andererseits ist es eher unpraktisch, wenn die Sachbearbeiterin aus dem Versand für das Hochregallager zuständig ist und nicht weiß, was der Gabelstapler stapelt. Wie Sie das für den Betrieb, in dem Sie arbeiten, lösen, müssen Sie vorher also gut durchdenken.

Jeder Beschäftigte im Betrieb sollte wissen, welches Betriebsratsmitglied für ihn zuständig ist. Das heißt aber nicht, dass nicht jederzeit auch ein anderes Betriebsratsmitglied angesprochen werden kann, etwa wenn es eilt, der zuständige Kollege nicht greifbar ist oder es womöglich »atmosphärische Störungen« gibt.

Das Beratungsgespräch

Zu den wichtigsten und verantwortungsvollsten Aufgaben des Betriebsrats gehört die Beratung der Kollegen. Dabei geht es natürlich in erster Linie um die große Bandbreite betrieblicher Probleme wie Mobbing, Arbeitsüberlastung, ungünstige Arbeitszeiten, Probleme mit Vorgesetzten oder Kollegen, Mängel in der Arbeitssicherheit, Fragen zu Rückkehrgesprächen nach längerer Krankheit, zur Eingruppierung, zur Gehaltsstruktur, zu Kündigungszeiten, Mutterschutz, Elternzeit, Überstundenbezahlung und vieles mehr. Da soll Herr Köhler, der eigentlich Sachbearbeiter ist, plötzlich im Versand aushelfen, Herr Breuer hat festgestellt, dass die neue Lieferung Lacke, die er verarbeiten muss, sonderbar riecht und ihm Kopfschmerzen verursacht, Frau Macke ist der Meinung, dass sie nicht richtig eingruppiert ist, Frau Hellensen wird von ihren Kollegen mit anzüglichen Bemerkungen gequält, Herr Öztürk muss sich beleidigende Äußerungen gefallen lassen, die seinen Akzent, seinen Bart und seine Essgewohnheiten betreffen.

Als Betriebsrat nehmen Sie die Beschwerde zunächst einmal entgegen. Wenn es eine einfache Frage ist (»Wie hoch ist eigentlich die tarifliche Zusatzleistung?«), werden Sie sie natürlich beantworten, eventuell nachdem Sie sich noch einmal im Tarifvertrag, im Gesetz oder in der einschlägigen Betriebsvereinbarung kundig gemacht haben.

Wenn es um eine konkrete Beschwerde gegen einen Vorgesetzten oder gegen einen genau bestimmbaren Missstand im Betrieb geht, ist der Arbeitgeber der direkte Ansprechpartner.

Er *muss* die Beschwerde annehmen, prüfen, ob sie berechtigt ist, und dann Abhilfe schaffen. Als Betriebsrat verfolgen Sie die Bemühungen des Arbeitgebers mit kritischem Blick so lange, bis die Sache befriedigend zum Abschluss gebracht ist. Es ist *nicht* Ihre Aufgabe, den Missstand selbst zu beseitigen, weder durch direkte Maßnahmen noch durch Gespräche mit den zuständigen Abteilungsleitern. Das würde Ihre Kompetenzen überschreiten – und vermutlich auch gar nichts nützen.

Oft ist das Problem aber komplexer und lässt sich nicht auf Anhieb lösen. Es erfordert

- ✔ eine genaue Prüfung, zum Beispiel der Eingruppierungsgrundsätze, der Handhabung von Rückkehrgesprächen in den einzelnen Abteilungen, der Wirksamkeit von Arbeitsschutzmaßnahmen,
- ✔ ein eingehendes Gespräch mit dem Arbeitgeber oder
- ✔ eine nähere Beschäftigung des Betriebsrats mit komplexen Themen wie Mobbing, Vereinbarkeit von Beruf und Familie oder Verhalten bei Suchtkrankheiten.

Seien Sie für Ihre Kollegen da. Wenn jemand Rat oder Hilfe braucht oder eine Frage hat, gehen Sie sofort darauf ein. Wenn Sie gerade schwer beschäftigt sind, versuchen Sie zumindest herauszubekommen, wie dringlich das Anliegen ist – vielleicht hat es ja Zeit bis zur nächsten Sprechstunde oder bis zu einem zu vereinbarenden Termin. Notfalls rufen Sie ein anderes Betriebsratsmitglied herbei und legen die Sache in dessen Hände. Wenn es aber um etwas Schwerwiegendes wie etwa eine Kündigung geht, *müssen* Sie unverzüglich tätig werden.

Dumm gelaufen!

Selbstverständlich werden Sie bei der Erteilung von Ratschlägen immer sorgfältig vorgehen und nichts behaupten, was Sie nicht belegen können. Eine Rechtsberatung im eigentlichen Sinne können und dürfen Sie ohnehin nicht geben. Dennoch kann es vorkommen, dass Sie eine falsche Auskunft geben. Da möchte zum Beispiel ein Kollege von sich aus kündigen, weil er einen neuen Arbeitsplatz hat. In seinem Arbeitsvertrag sind als Kündigungsfrist drei Monate zum Quartalsende festgelegt, es ist jetzt aber Ende Mai und die neue Stelle ist zum 1. Juli frei. Er führt ins Feld, dass die gesetzlich festgelegte Kündigungsfrist nur vier Wochen zum Monatsende beträgt, was ihm viel besser in die Planung passt, und Sie bestätigen ihn – fälschlich! – in seiner Annahme. Der Arbeitgeber aber besteht auf der im Arbeitsvertrag festgelegten Kündigungsfrist – und ist damit im Recht.

Aber was sind die Folgen für Sie? Nun, Sie werden noch einmal im Gesetz (BGB) nachlesen und feststellen, dass eine günstigere einzelvertragliche Regelung immer Vorrang vor einer schlechteren gesetzlichen Mindestregelung hat. Obwohl sich diese Regelung für den Kollegen in diesem Einzelfall nicht als »günstiger« herausgestellt hat, so ist doch zu bedenken, dass eine längere Kündigungszeit eine Schutzregel ist für den – viel häufigeren – Fall, dass die Kündigung vom Arbeitgeber ausgeht. Sie werden sich außerdem bei dem betreffenden Kollegen für die falsche Auskunft entschuldigen müssen. Haftbar machen für die falsche Information aber kann Sie weder der Arbeitgeber noch der betroffene Arbeitnehmer.

Die Sprechstunde

Eine regelmäßige Sprechstunde ist ein deutliches Signal an die gesamte Belegschaft, dass der Betriebsrat für Fragen und Probleme, Vorschläge und Anregungen der Kollegen offen ist. Ob der Betriebsrat eine regelmäßige Sprechstunde abhalten will, wie häufig, wann und wo er dies tut, ist allein seine Entscheidung. Der Arbeitgeber braucht nicht um Erlaubnis gefragt zu werden, allerdings müssen sich beide Seiten über Zeit und Ort verständigen.

Selbstverständlich liegt die Sprechstunde während der Arbeitszeit. In Betrieben, in denen in Schichten gearbeitet wird, ist es sogar sinnvoll, mehrere Sprechstunden zu unterschiedlichen Zeiten abzuhalten. Der Arbeitgeber kann also nicht verlangen, dass sich die Kollegen in der Mittagspause oder nach Feierabend beim Betriebsrat melden. Auch hier gilt wieder: Betriebsratsarbeit ist Arbeit. Aber ebenso: Die betrieblichen Belange müssen berücksichtigt werden.

Dasselbe gilt auch für die Arbeitnehmer, die eine Sprechstunde des Betriebsrats aufsuchen wollen. Dazu müssen sie sich zwar bei ihrem Vorgesetzten abmelden, was aus arbeitsorganisatorischen Gründen ja einzusehen ist. Sie brauchen aber weder um Erlaubnis zu fragen, noch müssen sie ihr Vorhaben begründen. Es genügt, wenn sie ihrem Vorgesetzten mitteilen: »Ich bin jetzt mal beim Betriebsrat.« Freilich sind auch sie verpflichtet, betriebliche Belange zu berücksichtigen. Man sollte sich also nicht gerade dann zur Sprechstunde abmelden, wenn alle Hände gebraucht werden, um eine Großlieferung in kürzester Zeit abzuladen – außer die Sache duldet keinen Aufschub. Verweigern darf der Vorgesetzte den Besuch der Sprechstunde nicht. Tut er es dennoch, hat der Arbeitnehmer das Recht, die Sprechstunde auch gegen den Willen des Vorgesetzten aufzusuchen. Auch den Hinweis »Dazu ist doch wohl in der Frühstückspause genug Zeit« kann der Arbeitnehmer getrost unbeachtet lassen. Und selbstverständlich muss während des Besuchs der Sprechstunde das Arbeitsentgelt weitergezahlt werden!

Auch im Betrieb beschäftigte Leiharbeitnehmer sind berechtigt, die Sprechstunden des Betriebsrats aufzusuchen.

Wann der beste Zeitpunkt für die Betriebsratssprechstunde ist, bedarf einiger Überlegung und einer Analyse des betrieblichen Rhythmus. Ziehen Sie folgende Punkte in Ihre Überlegungen mit ein:

- ✔ Montagmorgen oder Freitagnachmittag sind eher ungünstig, da die meisten mit den Gedanken noch oder schon im Wochenende sind, die Wochenplanung im Kopf haben oder das Wichtigste noch abarbeiten müssen. Manche nutzen gerade diese Tage, um im Homeoffice zu arbeiten.
- ✔ Unregelmäßige Termine sind vollkommen ungeeignet.
- ✔ Angaben wie »alle zwei Wochen am Dienstag« haben zur Folge, dass keiner weiß, wann der Rhythmus beginnt.
- ✔ Wenn die Termine zu weit auseinander liegen (»jeder erste Mittwoch im Monat«), werden sie nicht als regelmäßig wahrgenommen.
- ✔ Am günstigsten ist auch in kleinen Betrieben eine regelmäßige wöchentlich oder maximal 14-tägig stattfindende Sprechstunde.

Ist da wer?

Versprechen Sie sich trotz guter Vorbereitung nicht zu viel von den Sprechstunden. Es wird selten vorkommen, dass sich Schlangen von Kollegen vor der Tür bilden, die Fragen, Anregungen, Beschwerden, Lob und Tadel loswerden wollen.

Nehmen Sie das nicht persönlich, sondern vergegenwärtigen Sie sich die Gründe dafür:

- ✔ Selbst regelmäßige, gut durchdachte Termine der Sprechstunden sind den Kollegen selten präsent, auch wenn die Termine am Schwarzen Brett stehen.
- ✔ Probleme werden oft als so drängend empfunden, dass sie nicht warten können. Dann wird der Betriebsrat sofort angerufen oder bei seinem Rundgang am Rockzipfel gepackt, und los geht's.
- ✔ Andere Fragen wieder haben Zeit. Wenn jemand Auskunft über seinen Gehaltszettel haben will und am Dienstagnachmittag, dem Sprechstundentermin, keine Zeit hat oder gerade nicht daran denkt, verschiebt er die Frage eben auf die nächste Woche, und wieder auf die nächste Woche. Irgendwann einmal trifft er ein Betriebsratsmitglied auf dem Flur und packt es – siehe oben.
- ✔ Da die Termine der Sprechstunden während der Arbeitszeit liegen, haben viele Scheu, sich mit der Begründung »Ich muss mal zum Betriebsrat« vom Arbeitsplatz abzumelden.

Bevor Sie die Sprechstunden resigniert abschaffen, versuchen Sie ein paar Tricks:

- ✔ Lassen Sie während der Zeit der Sprechstunde die Tür zum Betriebsratsbüro offen stehen, solange noch niemand da ist.
- ✔ Beschließen Sie, dass nicht immer dasselbe Betriebsratsmitglied, zum Beispiel der Vorsitzende, die Sprechstunde abhält, sondern im Rotationsverfahren alle Betriebsratsmitglieder.
- ✔ Veranstalten Sie »Aktionstage« zu bestimmten Themen, zu denen Sie womöglich einen internen oder einen externen Sachverständigen einladen. Etwa: »Verstehen Sie Ihren Gehaltszettel? Alle Posten verständlich erklärt – nächsten Dienstag«. Andere mögliche Themen: individuelle Beratung zur Altersvorsorge, Bildungsurlaub, Arbeitszeit.

§ 39 BetrVG: Sprechstunden

(1) Der Betriebsrat kann während der Arbeitszeit Sprechstunden einrichten. Zeit und Ort sind mit dem Arbeitgeber zu vereinbaren. Kommt eine Einigung nicht zustande, so entscheidet die Einigungsstelle. Der Spruch der Einigungsstelle ersetzt die Einigung zwischen Arbeitgeber und Betriebsrat.

(2) Führt die Jugend- und Auszubildendenvertretung keine eigenen Sprechstunden durch, so kann an den Sprechstunden des Betriebsrats ein Mitglied der Jugend- und Auszubildendenvertretung zur Beratung der in § 60 Abs. 1 genannten Arbeitnehmer teilnehmen.

(3) Versäumnis von Arbeitszeit, die zum Besuch der Sprechstunden oder durch sonstige Inanspruchnahme des Betriebsrats erforderlich ist, berechtigt den Arbeitgeber nicht zur Minderung des Arbeitsentgelts des Arbeitnehmers.

Pst, vertraulich

Es ist sicher eine Selbstverständlichkeit, dass das, was dem Betriebsrat an privaten Umständen der Kollegen zu Ohren kommt, absolut vertraulich behandelt werden muss. In der Betriebsratssitzung werden diese Angelegenheiten zwar besprochen und darüber beraten, wie sich der Betriebsrat dazu verhält, doch anderen Kollegen gegenüber wird Stillschweigen bewahrt. Also: keine wichtigtuerischen Mitteilungen »unter vier Augen«, keine mysteriösen Andeutungen in der Kantine, kein bedeutungsvolles Räuspern beim Pläuschchen auf dem Flur.

Es gibt zwei besondere Konstellationen, zum einen bei der Begleitung eines Kollegen in einem Personalgespräch, zum anderen bei der Begleitung zur Einsichtnahme in die Personalakte, in denen Sie als einzelnes Betriebsratsmitglied auch gegenüber Ihrem Gremium eine Schweigeverpflichtung besitzen. Wenn Sie dennoch das Bedürfnis sehen, die Sache im Gremium zu besprechen, lassen Sie sich von dem Kollegen von der Schweigepflicht entbinden. Dazu würde zum Beispiel eine E-Mail ausreichen, in der er erklärt, dass er damit einverstanden ist, dass Sie über das Personalgespräch im Betriebsrat berichten.

Das Gebot der Vertraulichkeit bezieht sich nicht nur auf den Betrieb, sondern auch auf den privaten Familien- oder Freundeskreis. Natürlich können Sie belastende Probleme oder kniffelige Fragen durchaus mit Ihrem Partner beraten oder besprechen. Aber Sie sollten dabei keine Namen nennen und den Fall möglichst allgemein darstellen. An öffentlichen Orten – in der Kneipe, in der Straßenbahn, im Taxi, in der Sauna – sprechen Sie ohnehin lieber über die Fußballergebnisse des Wochenendes oder die neuesten Ankündigungen aus dem Bundesarbeitsministerium.

Es wird nicht ausbleiben, dass Ihnen Kollegen auch private Angelegenheiten anvertrauen. Die Arbeitszeiten werden vielleicht deswegen als so ungünstig empfunden, weil das Kind jetzt eine andere Schule besucht und später aus dem Haus muss oder früher nach Hause kommt, der Streit mit der Kollegin Bernrieder hat womöglich seine Wurzel in einem abgewiesenen Flirtversuch und vieles mehr. Auch wenn Lebensberatung definitiv nicht zu Ihren Aufgaben gehört, werden Sie doch feststellen, dass sich für Ihre Kollegen – wie für Sie auch – Privatleben und Beruf nicht so ohne Weiteres trennen lassen. Versuchen Sie dennoch, Ihre Beratung immer wieder auf die betriebliche Ebene zurückzuführen. Je sachlicher Sie das Gespräch gestalten, desto wohler wird sich die Rat suchende Person im Nachhinein fühlen. Stellen Sie im Zweifelsfall klar, dass es nicht die Aufgabe eines Betriebsrats ist, sich immer wieder dieselben Liebesnöte oder Wohnungsprobleme anzuhören. Zehn Tipps für ein gelungenes Beratungsgespräch finden Sie im Top-Ten-Teil.

Vom Umgang mit Gerüchten

Auch wenn sich der Betriebsrat streng an das Vertraulichkeitsgebot hält – irgendetwas sickert immer durch. Im Kopierer bleibt eine Excel-Tabelle mit dem angepeilten Personalschlüssel liegen, einem Kollegen fällt auf, dass auffallend viele Krawattenträger mit schwarzen Aktentaschen dem Büro des Chefs zustreben – kurz und gut, als Betriebsrat werden Sie immer wieder von Kollegen angesprochen, die »etwas läuten gehört haben«.

Es ist nicht Ihre Aufgabe als Betriebsrat, zu Gerüchten Stellung zu nehmen. Was der Unternehmer plant und welche Auswirkungen das auf die Struktur der Abteilungen und die Arbeitsbedingungen oder gar die Arbeitsplätze hat, soll er den Beschäftigten selbst mitteilen. Sie können ihm die Aufgabe auch »erleichtern«, indem Sie eine Betriebsversammlung zu dem Thema veranstalten.

Andere Gerüchte aber, nach dem Muster »Stimmt es, dass Herr Weber aus der Fachstelle II b gehen muss, weil er Spesen unterschlagen hat?«, kommentieren Sie am besten gar nicht. »Dazu kann ich nichts sagen«, »Das fragen Sie ihn am besten selbst« oder, falls es sich erwiesenermaßen um ein bösartiges Gerede handelt, »Mit solchen Gerüchten will ich nichts zu tun haben« – Antworten nach diesem Muster sind anzuraten. Falls ein Kollege partout nicht lockerlässt und immer wieder nachbohrt, fragen Sie ihn doch einfach, ob es ihm gefallen würde, wenn Sie mit seinen persönlichen Daten und Umständen so leichtfertig umgehen würden.

So viel Zeit muss sein – für die Betriebsratsarbeit

Wenn man als Betriebsratsmitglied seine Arbeit ernst nimmt, ist nicht zu erwarten, dass man zugleich seine tägliche Arbeit hundertprozentig weiterführen kann. Betriebsratsarbeit braucht ihre Zeit, wenn sie gut gemacht werden soll. Sicher gibt es Zeiten, in denen man ohne Weiteres eine kurze Betriebsratssitzung einschieben kann, ohne dass viel liegen bleibt. Wenn es allerdings im Betrieb irgendwo brennt, wenn ein neues Arbeitsverfahren eingeführt wird oder eine komplizierte Betriebsvereinbarung abzuschließen ist, wenn man eine Fortbildung besucht oder kniffelige Briefe zu verfassen sind – dann bleibt die andere Arbeit liegen.

Darauf nimmt das Betriebsverfassungsgesetz Rücksicht. Es legt nämlich fest, dass Betriebsratsmitglieder von der Arbeit zu befreien sind, um ihre Aufgaben und Pflichten als Betriebsrat zu erfüllen. Diese Arbeitsbefreiung gilt sowohl für die halbe Stunde, die man im Beratungsgespräch mit einer Kollegin verbringt, als auch für die Woche, die man an einem Seminar teilnimmt; selbstverständlich auch für die Zeit der Betriebsratssitzung, wie lang auch immer sie dauert, für die Dauer der Betriebsratssprechstunden, Betriebs- oder Abteilungsversammlungen, für Gespräche mit Sachverständigen, Rechtsanwälten, mit dem Arbeitsamt, dem Gewerbeaufsichtsamt, der Berufsgenossenschaft; schließlich auch für das Lesen von Fachzeitschriften und einschlägiger Literatur, für die Vor- und Nachbereitung von Sitzungen oder Besprechungen.

Freilich: Die Arbeitsbefreiung muss auch erforderlich sein. Gibt es zum Beispiel ein freigestelltes Betriebsratsmitglied, so ist es nicht mehr als recht und billig, wenn dieses bestimmte Aufgaben immer erledigt. Außerdem muss ja nicht jede Betriebsratsaufgabe gerade dann erledigt werden, wenn der Arbeitsdruck am größten ist und etwa ein Auftrag dringend heute erledigt werden muss. Wenn man sich dann zurückzieht, um die letzten Nummern der Fachzeitschrift zu studieren, wird man auch den Kollegen gegenüber in Erklärungszwang kommen. Wenn jedoch eine Kollegin zu Ihnen kommt mit einem dringenden Problem oder mit einer Beschwerde, dann geht die »Amtspflicht« selbstverständlich vor.

Natürlich muss der Vorgesetzte auch planen können. Er hat deshalb ein Anrecht darauf, rechtzeitig verständigt zu werden, wenn Sie sich wegen Betriebsratsarbeiten von Ihrem Arbeitsplatz entfernen beziehungsweise nicht zur Verfügung stehen. Dabei nennen Sie ihm die voraussichtliche Dauer der Arbeitsunterbrechung, den Ort, an dem Sie sich aufhalten, sowie den Anlass: »Betriebsratsarbeit«, ohne nähere Erläuterung. Wohlgemerkt: Es handelt sich um eine Information des Vorgesetzten, nicht um eine Bitte um Zustimmung. Wenn Sie an Ihren Arbeitsplatz zurückkehren, sagen Sie ebenfalls Bescheid. Das kann telefonisch, per Mail oder persönlich geschehen, eine bestimmte Form ist nicht vorgeschrieben.

Selbstverständlich wird in der Zeit der Freistellung auch das Gehalt weitergezahlt. Bekommen Sie kein festes Gehalt, sondern einen Stück- oder Akkordlohn oder eine provisionsgebundene Zahlung, so muss mit dem Arbeitgeber vereinbart werden, wie die Zeit der Freistellung bemessen wird. Keinesfalls dürfen einem Betriebsratsmitglied finanzielle Einbußen entstehen. Das freigestellte Mitglied des Betriebsrats muss sich während seiner vertraglichen Arbeitszeit im Betrieb aufhalten und seiner Betriebsratstätigkeit nachgehen. Sein bisher geltendes Arbeitszeitmodell gilt weiter.

Und die Arbeit?

Natürlich bleibt in dieser Zeit die Arbeit liegen. Akten werden nicht bearbeitet, Fahrzeugteile nicht lackiert, Schuhkartons nicht eingeräumt, Konstruktionszeichnungen nicht weitergeführt, Kunden nicht besucht. Was nicht liegen bleiben kann, muss von einem Kollegen, einer Aushilfe oder womöglich dem Abteilungsleiter selbst erledigt werden.

Es ist aber nicht Ihre Aufgabe, die Arbeit selbst auf – widerwillig oder begierig zuschnappende – Kollegen zu verteilen. Das ist und bleibt Sache des Chefs und fällt unter sein Direktionsrecht. Natürlich spricht nichts dagegen, wenn Sie selbst Vorschläge machen, wie die anfallende Arbeit am besten verteilt werden kann. Es kann erforderlich sein, dass die Arbeit eines Betriebsratsmitglieds umorganisiert werden muss, dass zum Beispiel bestimmte Schichten nicht mehr gemacht werden können, dass Außendienstler die Innendienstzeiten ausbauen müssen oder jemand von einem Außenposten in den Hauptsitz versetzt werden muss.

Keinesfalls aber dürfen Sie es akzeptieren, dass nun den anderen Kollegen Ihrer Abteilung plötzlich Ihre Arbeit zusätzlich aufgebürdet wird. Gehen Sie davon aus, dass Ihr Arbeitgeber nicht gedankenlos handelt, wenn er liegen gebliebene Arbeit auf Kollegen verteilt – wer weiß, ob er das nicht auch als kleines, fieses Mittel zur Stimmungsmache gegen den Betriebsrat als solchen einsetzt. Dringen Sie auf eine Lösung, die für alle akzeptabel ist – zum Beispiel auf die Einrichtung einer zusätzlichen Teilzeitstelle.

Trotz allem muss Ihnen klar sein, dass Ihnen die Betriebsratsarbeit einiges abfordert – auch an Freizeit. Seminare dauern meistens mehrere Tage oder eine Woche; Zeit, die Sie nicht zu Hause verbringen, die Sie Ihrer Familie, Ihren Kindern, Ihren anderen Freizeitaktivitäten abknapsen müssen. Etwa ein Viertel Ihrer Arbeitszeit werden Sie sich zukünftig Ihrer Funktion als Betriebsratsmitglied widmen.

§ 37 Abs. 2 BetrVG: Ehrenamtliche Tätigkeit, Arbeitsversäumnis

Mitglieder des Betriebsrats sind von ihrer beruflichen Tätigkeit ohne Minderung des Arbeitsentgelts zu befreien, wenn und soweit es nach Umfang und Art des Betriebs zur ordnungsgemäßen Durchführung ihrer Aufgaben erforderlich ist.

Betriebsratsarbeit ist Arbeit

Zur Betriebsratsarbeit gehört eine Menge einzelner Tätigkeiten. Da kann es schon passieren, dass ein Arbeitgeber oder ein Abteilungsleiter Ihnen den »guten Rat« gibt, das eine oder andere abends oder am Wochenende zu erledigen. Ein Protokoll ist doch schnell in der Mittagspause getippt, die Fachzeitschriften können Sie abends auf dem Sofa durchblättern, und warum gehen Sie mit dem Kollegen, der Sie mit seinen Problemen von der Arbeit abhält, nicht einfach mal auf ein Bier?

Das kommt selbstverständlich nicht infrage. Betriebsratsarbeit wird grundsätzlich während der Arbeitszeit erledigt. Schließlich handelt es sich dabei ja nicht um Ihr Privatvergnügen, sondern um ein im Rahmen gesetzlicher Vorgaben auszuführendes Wahlamt. Um es ordnungsgemäß zu führen, ist der richtige Rahmen zu beachten, und dieser Rahmen ist der Betrieb.

Trotzdem kann es vorkommen, dass Betriebsratsarbeit außerhalb der Arbeitszeit erledigt werden muss. Angenommen, Sie arbeiten in Teilzeit, nur Montag, Dienstag, Mittwoch. Das Grundlagenseminar, das Sie besuchen, um Ihre Funktion als Betriebsratsmitglied qualifiziert wahrnehmen zu können, ist aber auf fünf Tage angesetzt. Oder Sie arbeiten immer vormittags, die Betriebsversammlung ist aber von 14 bis 16 Uhr geplant. In diesem Fall wird die Zeit, die sie über Ihre persönliche Arbeitszeit hinaus mit Betriebsratsaufgaben beschäftigt sind, in Freizeit abgegolten (§ 37 Abs. 3 BetrVG) – natürlich bezahlt. Und auch nicht irgendwann, sondern »vor Ablauf eines Monats«.

Betriebsratsarbeit hat Vorrang vor anderer Arbeit. Der Arbeitgeber hat in diesem Fall kein Weisungsrecht, er kann Ihnen nicht vorschreiben, wann, ob und wie lange Sie die Arbeit in Anspruch nimmt. Als nützlich hat es sich erwiesen, alle Zeiten, die mit Betriebsratsarbeit verbracht werden, in einem Kalender oder einem Tagebuch zu notieren. Im Konfliktfall lässt sich dann genau belegen, dass man nicht einfach »blaugemacht« hat.

Freistellung

In einem großen Unternehmen, das logischerweise auch einen großen Betriebsrat hat, ist es notwendig, dass sich mindestens ein Betriebsratsmitglied in Vollzeit um die Belange der Kollegen kümmert. Normalerweise gibt es bei mehr als 200 Mitarbeitern ja auch eine solche Menge von Fragen, Problemen, Regelungen, dass weder die normale Arbeit noch die Betriebsratsarbeit ordentlich getan werden kann. Die Freistellung von Betriebsratsmitgliedern ist gesetzlich geregelt:

§ 38 BetrVG: Freistellungen (Auszug)

(1) Von ihrer beruflichen Tätigkeit sind mindestens freizustellen in Betrieben mit in der Regel

200 bis 500 Arbeitnehmern ein Betriebsratsmitglied,

501 bis 900 Arbeitnehmern zwei Betriebsratsmitglieder,

901 bis 1.500 Arbeitnehmern drei Betriebsratsmitglieder …

Übrigens wird nicht automatisch der oder die Vorsitzende freigestellt. Welches Betriebsratsmitglied sich zukünftig hauptamtlich der Betriebsratsarbeit widmet, wird durch geheime Wahl entschieden. Selbstverständlich muss jedes Betriebsratsmitglied, das auf der Wahlliste für die Freistellung steht, auch sein Einverständnis dazu gegeben haben. Dazu »verdonnern« kann man jemanden nicht. Die berufliche Tätigkeit für mindestens vier Jahre einfach auf Eis zu legen, ist ein schwerer Entschluss, der reiflich erwogen werden will. Sollte sich keiner bereit erklären, seine berufliche Tätigkeit für eine volle Freistellung zurückzustellen, kann auch die Möglichkeit von Teilfreistellungen diskutiert werden. So könnten sich statt einer vollen Freistellung auch zwei Betriebsratsmitglieder für die Dauer der Amtsperiode jeweils zu 50 Prozent von ihrer beruflichen Tätigkeit freistellen lassen.

§ 38 Abs. 1 BetrVG: Freistellungen (Auszug)

Freistellungen können auch in Form von Teilfreistellungen erfolgen. Diese dürfen zusammengenommen nicht den Umfang der Freistellungen nach den Sätzen 1 und 2 überschreiten.

Der Arbeitgeber kann gegen die Freistellung als solche keinen Widerspruch einlegen, der Betriebsrat muss sich jedoch vor der Wahl mit ihm beraten. Dies hat in einer ordnungsgemäß einberufenen Betriebsratssitzung zu geschehen, in der der Arbeitgeber dem gesamten Betriebsrat darlegen kann, ob er eventuell Bedenken gegen die Wahl eines bestimmten Mitarbeiters hegt – weil dieser vielleicht der einzige ist, der die EDV-Anlage warten kann. Ob der Betriebsrat bei der darauffolgenden Aufstellung der Wahlliste diese Bedenken berücksichtigt, ist letztlich seine Sache. Doch im Lichte der vom Gesetz ausdrücklich geforderten vertrauensvollen Zusammenarbeit sollten die Bedenken des Arbeitgebers nicht schnöde vom Tisch gewischt, sondern ernsthaft erörtert werden. Der Arbeitgeber kann – wenn er mit der letztendlich getroffenen Wahl des Betriebsrats zu den freizustellenden Mitgliedern nicht einverstanden ist – innerhalb von zwei Wochen nach Kenntnis vom Wahlergebnis die Einigungsstelle anrufen.

Die im Gesetz festgelegten Zahlen sind ausdrücklich als »Mindestzahlen« ausgewiesen. Insbesondere bei großen Betrieben mit vielfältigen und komplizierten Problemen hat der Betriebsrat die Möglichkeit, mehr als die genannte Zahl von freigestellten Betriebsratsmitgliedern zu fordern. Er muss die Erforderlichkeit zusätzlicher Freistellungen konkret darlegen.

Teil II
Die tägliche Arbeit

IN DIESEM TEIL ...

Die Betriebsratsarbeit lässt sich nicht aus der hohlen Hand erledigen. Sie benötigen dazu nicht nur Engagement, Mut und Fantasie, sondern eine ganze Menge mehr: ein gut ausgestattetes Büro, Bücher und Fachzeitschriften, die Möglichkeit, Seminare und Fortbildungsveranstaltungen zu besuchen und sich externen Sachverstand ins Haus zu holen – alles Dinge, die jemandem in verantwortlicher Position eben zustehen. Ihr Arbeitgeber wird das – eventuell mit ein bisschen Nachhilfe von Ihrer Seite – gewiss einsehen. Was Sie brauchen und wie Sie es bekommen, zeigt dieser Teil.

So ausgerüstet, geht es dann an die Arbeit: Die Betriebsratssitzung als wichtigstes Gremium der Betriebsratsarbeit muss sorgfältig vorbereitet, effizient durchgeführt und gut nachbereitet werden. Die Bedeutung der dort gefassten Beschlüsse kann gar nicht hoch genug eingeschätzt werden: Wie werden sie vorbereitet? Was sind die rechtlichen Konsequenzen? Wie werden sie dokumentiert? Und weil Klappern zum Handwerk gehört, erfahren Sie hier auch einiges über eine gute Öffentlichkeitsarbeit.

IN DIESEM KAPITEL

Klein, aber mein – ein Raum findet sich fast überall

Weder Designermöbel noch Gerümpel

Die Rechnung geht an den Chef

Kapitel 6
Das Betriebsratsbüro

Ist erst einmal geklärt, was der Betriebsrat tut und wie er das tut, muss auch die Frage erlaubt sein, wo er das tut. Denn ebenso wie jeder andere im Betrieb braucht der Betriebsrat einen Platz, an dem er seine Aufgaben erledigen kann. Und weil die Tätigkeit des Betriebsrats ebenso Arbeit ist wie alle anderen Tätigkeiten im Betrieb, muss sein Raum die gleichen Anforderungen erfüllen wie andere Arbeitsplätze im Betrieb.

Lage und Größe

Um seine Arbeit ordnungsgemäß erledigen zu können, braucht der Betriebsrat einen Ort, an den er sich zurückziehen kann, an dem er Kollegen oder Besucher empfangen kann, an dem gearbeitet und getagt und an dem Materialien aufbewahrt werden können. Er braucht ein eigenes Büro. Um abschätzen zu können, wie der Raum beschaffen sein muss, tragen Sie am besten einmal zusammen, was Sie dort alles erledigen müssen:

- ✔ Betriebsratssitzungen abhalten – in Präsenz oder online
- ✔ Briefe verfassen
- ✔ Protokolle schreiben
- ✔ Kollegen beraten
- ✔ Fachzeitschriften lesen
- ✔ in Gesetzestexten nachschlagen
- ✔ mit Gewerkschaften, Ämtern, Institutionen, Kollegen telefonieren

- im Internet recherchieren
- Post und andere Unterlagen so ablegen, dass sie wieder aufgefunden werden
- Betriebsversammlungen vorbereiten
- Informationsmaterial für die Kollegen verfassen und gestalten

Das sind ziemlich viele Aufgaben, für die es jeweils eine ganz unterschiedliche Ausstattung braucht. Außerdem spielt die Größe des Gremiums eine Rolle. Ein großer Betriebsrat mit einem oder mehreren freigestellten Mitgliedern wird sich nach anderen Möglichkeiten umsehen müssen als der Betriebsrat eines kleinen oder mittleren Unternehmens.

Im Folgenden wird der Bedarf eines Gremiums von fünf bis neun Personen zugrunde gelegt, also für Betriebsräte in Betrieben mit 50 bis 400 Beschäftigten. Abweichungen nach oben und unten werden im Anschluss daran betrachtet.

Die Suche nach dem besten Ort

Die erste Anforderung an das Betriebsratsbüro ist: Es muss im Betrieb sein. Das ist doch eine Selbstverständlichkeit? Nicht immer. Mancher Arbeitgeber versucht tatsächlich, den Betriebsrat auf die nächste Eckkneipe oder das Wohnzimmer des Betriebsratsvorsitzenden zu verweisen. Auf solche »Vorschläge« brauchen Sie gar nicht einzugehen.

»Im Betrieb« bedeutet auch: Es sollte möglichst im Zentrum des Geschehens liegen, also nicht in einem abgelegenen Gebäudeteil oder einem Container hinter den Lagerhallen. Der Betriebsrat soll präsent sein, auch im Bewusstsein der Kollegen – und des Arbeitgebers. Aber auf der Chefetage oder neben der Personalabteilung soll das Betriebsratsbüro natürlich auch nicht liegen. Nicht nur, weil es allen Kollegen möglich sein muss, das Betriebsratsbüro zu betreten, ohne dass sie unterwegs dem Chef in die Arme laufen (»Na, Herr Berghauser, auf dem Weg zum Betriebsrat? Gibt es irgendwo Schwierigkeiten? Sie wissen ja, Sie können jederzeit zu mir kommen.«). Wer das Betriebsratsbüro betritt oder verlässt, geht den Arbeitgeber einfach nichts an.

Platz für alle

Wie groß muss das Büro sein? Dazu gibt es keine allgemeingültigen Angaben. In einschlägigen Gerichtsurteilen liest man höchstens: »Es muss ausreichend groß sein.« Nun werden im Betrieb nicht so viele freie Räume zur beliebigen Nutzung zur Verfügung stehen. Gehen Sie von der Größe eines normalen Büros für etwa vier Personen aus und schauen Sie, ob Sie damit auskommen. Je nach den betrieblichen Umständen müssen Sie vielleicht mit einem Kompromiss leben. Wenn im ganzen Haus einfach kein ausreichend großer Raum aufzutreiben ist, kann sich der Betriebsrat mit einem kleinen, abschließbaren Büro für die Erledigung von Schreibarbeiten und die Ablage von Unterlagen und Literatur zufriedengeben, nutzt aber für seine Betriebsratssitzungen einen Konferenzraum des Betriebs.

Welchen Raum Sie sich letztlich für die Arbeit »erobern« können: Er muss auf jeden Fall den Anforderungen an eine Arbeitsstätte entsprechen. Das bedeutet:

- ✔ Er muss beheizbar, belüftbar und beleuchtbar sein und ausreichend Tageslicht erhalten.
- ✔ Er muss eine ausreichende Grundfläche und ausreichend Luftraum aufweisen.
- ✔ Er darf nicht in einer lauten Produktionshalle liegen, in der womöglich sogar bestimmte Schutzmaßnahmen (Ohrenstöpsel, Sicherheitsschuhe) eingehalten werden müssen.

Nicht akzeptabel ist der umfunktionierte Aktenlagerraum, der Abstellraum unter der Treppe oder ein Glaskasten neben der Schleifmaschine.

Sind im Betrieb partout keine geeigneten Räume aufzutreiben, muss der Arbeitgeber sie betriebsnah anmieten. Das sollte aber eine absolute Notlösung sein. Sind mehrere Räume geeignet, hat der Betriebsrat kein Auswahlrecht. Er kann lediglich einen Vorschlag machen.

Schlüsselstellung

Das Betriebsratsbüro braucht nicht nur eine Tür, sondern auch ein Türschloss. Und einen Schlüssel. Dieser Schlüssel darf abends nicht stecken gelassen oder an das zentral zugängliche Schlüsselbrett gehängt werden. Der Schlüssel wird vom Betriebsrat in Eigenregie verwaltet. Wer den Schlüssel wo aufbewahrt, klären die Betriebsratsmitglieder unter sich. Niemand, und schon gar nicht der Arbeitgeber, darf die Räume des Betriebsrats daher ohne dessen Willen öffnen oder betreten. Im Betriebsratsbüro hat nicht der Arbeitgeber, sondern der Betriebsrat das Hausrecht.

Freilich muss gewährleistet sein, dass in einem Notfall, zum Beispiel einem Brand, der Zugang möglich ist. Das kann zum Beispiel dadurch geschehen, dass ein Ersatzschlüssel in einem verschlossenen Briefumschlag an geeigneter Stelle hinterlegt wird. (Sie sollten gelegentlich kontrollieren, ob der Umschlag immer noch verschlossen ist.)

Nichts hören, nichts sehen

Das Betriebsratsbüro sollte nicht nur verschließbar sein, sondern auch optisch und akustisch abgeschirmt. Die Wände dürfen keine Schlitze oder Öffnungen aufweisen, durch die andere absichtlich oder unwillkürlich Vorgänge im Betriebsratsbüro mitverfolgen können. Selbst in den heute so beliebten Verwaltungsgebäuden mit gläsernen Wänden und Türen ist es möglich, einen Raum so umzugestalten, dass nicht jeder zufällig Vorbeikommende, ob er will oder nicht, sieht, was sich im Betriebsratsbüro gerade tut. Das geht nicht? Die Gebäudeverwaltung sträubt sich? Doch, das geht. Ihr Chef hat mit Sicherheit auch ein Büro, in das nicht jeder hineinschauen kann.

Dass zum Betriebsratsbüro nur der Betriebsrat Zugang hat, heißt auch, dass das Büro keinen anderen Zwecken dient. Hier steht also nicht die Liege für die schwangeren Kolleginnen, hier werden auch nicht die Besen und Lappen für den Putzdienst aufbewahrt oder die Kartons mit den Blankobriefbogen. An dieses Prinzip sollte sich auch der Betriebsrat halten und sein Betriebsratsbüro nicht als Verkaufsstelle für Kaschmirschals oder verbilligte Zirkuskarten missbrauchen.

Kaschmirschals? Zirkuskarten? Was hat das denn mit Betriebsratsarbeit zu tun? Nun, es gibt Firmen, die ihre Produkte im Direktvertrieb auf den Markt bringen. Sie wenden sich unter anderem an Betriebsräte und schlagen ihnen vor, die Waren im Betrieb zu verkaufen. Je nach abgenommener Stückzahl bekommen die Betriebsräte dann einen Rabatt, eine Gutschrift oder ein Teil umsonst. Sie sollten sich, wenn Sie so ein Angebot bekommen, gut überlegen, ob diese Handelsgeschäfte zu Ihrem Bild als Betriebsrat passen. Einerseits könnte das zwar eine Möglichkeit sein, mit noch mehr Kollegen Kontakt zu pflegen, andererseits bekommen Sie so schnell ein Hausierer-Image, das schlecht zu Ihren eigentlichen Aufgaben passt. »Für so etwas haben die Zeit?«, werden die Kollegen staunen. »Dafür haben wir sie ja eigentlich nicht gewählt.«

Tisch und Stuhl und mehr

Nun haben Sie ein ausreichend großes, abschließbares Büro, aber es ist noch ganz leer. Stellen Sie sich einfach mal alle in die Mitte und überlegen Sie:

- ✔ Was brauchen wir alles?
- ✔ Was passt rein?

Dann legen Sie eine Liste an:

- ✔ ein oder zwei Schreibtische
- ✔ ergonomische Bürostühle mit Armlehnen
- ✔ genügend Schreibtischlampen
- ✔ einen Rollcontainer für Büromaterial
- ✔ einen großen abschließbaren Aktenschrank
- ✔ ein Bücherregal
- ✔ einen Besprechungstisch, an dem der ganze Betriebsrat sowie mindestens zwei Besucher Platz haben
- ✔ die erforderliche Anzahl an Stühlen

Nun müssen Sie abwägen,

- ✔ was Sie für die Erledigung Ihrer Aufgaben wirklich brauchen,
- ✔ welcher Ausstattungsstandard unverzichtbar ist,
- ✔ was im Betrieb üblich ist.

Wahrscheinlich können Sie nicht aus dem Vollen schöpfen und sich das schickste Büro im ganzen Unternehmen einrichten. Raum und Ausstattung müssen der Größe des Gremiums angemessen sein, die Kosten sollten einen betriebsüblichen Rahmen nicht übersteigen. Bei den Kosten der Ausstattung müssen neben den Interessen des Betriebsrats auch die des Betriebs berücksichtigt werden.

Falls der Arbeitgeber Sie aber auf die ausrangierten schäbigen Büromöbel aus dem Lager verweist, machen Sie ihm klar, dass das Betriebsratsbüro nicht schlechter ausgestattet sein soll als die anderen Büros im Betrieb. Geben Sie sich nicht mit altem Gerümpel zufrieden. Auch das Betriebsratsbüro spiegelt das Image des Unternehmens wider.

Nicht nur Papier und Bleistift

Schließlich muss noch alles andere organisiert werden, was für eine normale Büroarbeit wichtig ist. Das meiste davon wird der Betriebsrat einfach von der Materialbeschaffung holen können.

Ihre Einkaufsliste:

- ✔ Schreibpapier
- ✔ Briefpapier mit dem Briefkopf des Unternehmens, wenn möglich mit dem Zusatz »Der Betriebsrat«
- ✔ Stifte
- ✔ Büroklammern
- ✔ Hefter
- ✔ Firmenstempel
- ✔ Briefumschläge
- ✔ Briefmarken
- ✔ Aktenordner
- ✔ Klarsichthüllen
- ✔ Tischrechner

Während diese Dinge zum Standard gehören, wird sich ein sparsamer Arbeitgeber bei kostspieligeren Geräten womöglich sträuben. Da ist dann Ihre Überzeugungskraft ebenso gefordert wie Ihre Fähigkeit, flexible Lösungen zu finden. Grundsätzlich gilt aber, dass der Betriebsrat Anspruch auf eine dem »betrieblichen Standard« entsprechende Ausstattung mit Kommunikationsmitteln hat.

Aktenvernichter

Da der Betriebsrat sehr häufig mit sensiblen persönlichen Daten umgeht, ist die Anschaffung eines Reißwolfs wohl keine Frage. Es gibt relativ günstige Geräte, die in etwa die Größe eines Papierkorbs haben und für einen kleinen oder mittleren Betriebsrat vollkommen ausreichen.

Kopiergerät

Bei einem kleineren Betriebsrat lohnt sich die Anschaffung eines eigenen Kopiergeräts meistens nicht, wenn ein firmeneigener Kopierer problemlos mitbenutzt werden kann. Problemlos heißt: Das Gerät ist vom Betriebsratsbüro aus schnell zu erreichen und der Zugang ist ungehindert. Es geht nicht an, dass ein Betriebsratsmitglied sich zuerst einen Steckschlüssel oder eine Erlaubnis holen muss, wenn es eine Kopie anfertigen muss. Keinesfalls muss sich der Betriebsrat damit einverstanden erklären, dass er jedes Mal zum nächsten Copyshop wandern muss, um etwas zu vervielfältigen. Für kleine Betriebsräte kann eines der Kombigeräte, in denen Drucker, Fax, Kopierer und Scanner integriert sind, eine nützliche Hilfe sein.

Weisen Sie Ihren Arbeitgeber darauf hin, dass es vor allem in seinem Interesse ist, wenn er dafür sorgt, dass Sie Ihre Arbeit reibungslos und rationell erledigen können. Je weniger Sie sich mit solchen zeitraubenden Dingen befassen müssen, desto schneller sind Sie wieder an Ihrem Arbeitsplatz.

Telefon und Smartphone

Dass es ohne Telefon nicht geht, dürfte ohne Begründung einleuchten. Anfragen, Nachfragen, Informationsaustausch, Kontakt mit Behörden, Terminabsprachen gehören zum Alltag. Aber auch die interne Kommunikation braucht das Telefon: Kollegen, die »mal eben eine kurze Frage haben«, einen Termin absprechen wollen, eine Information weitergeben wollen – alle tippen natürlich die Nummer des Betriebsratsbüros ein.

Nun können moderne Telefonanlagen heutzutage ja eine Menge. Sie vergessen nichts, merken sich Dauer und Zielnummer eines jeden Gesprächs, schließen sich zu Konferenzschaltungen zusammen – als Geheimnisträger taugen sie also gar nichts. Der Betriebsrat muss daher darauf dringen, dass sein Telefon diese wunderbaren Fähigkeiten »verlernt«:

- ✔ Das Betriebsratstelefon muss abhörsicher sein.
- ✔ Die Kostenerfassung darf nur pauschal, also ohne Einzelverbindungsnachweis, erfolgen.

In einem großen Betrieb oder in einem, dessen Betriebsstätten – zum Beispiel Baustellen, Fertigungsbereiche, Verkaufsstellen – weit voneinander entfernt liegen, braucht der Betriebsrat zusätzlich ein Mobiltelefon. Für wie viele Betriebsratsmitglieder ein Smartphone angeschafft werden muss, entscheidet der Einzelfall.

Internet und E-Mail

Der Zugang zum World Wide Web gehört heute zum Standard. Im Internet lassen sich Arbeitsgerichtsentscheidungen, Gesetzestexte, aktuelle Informationen von Gewerkschaften, Bundesministerien oder Bundesämtern, Adressen, Datenbanken zu Betriebsvereinbarungen und tausend nützliche Dinge finden. Das Beste ist: Sie finden auch Informationen, die Sie gar nicht gesucht haben, die Ihren Überlegungen aber einen ganz neuen Dreh geben können.

Dasselbe gilt für den E-Mail-Anschluss. Die elektronische Post ist schnell, man kann damit Dokumente beliebiger Größe verschicken oder empfangen, der Adressatenkreis ist ohne den geringsten Mehraufwand beliebig erweiterbar und die Mails können abgerufen werden, wann immer es am besten passt. Kein Telefon stört, keine Adresse muss notiert werden.

Freilich müssen Sie ein paar Sicherheitsregeln beachten:

- ✔ Archivieren Sie Ihre E-Mails nach Sachgruppen geordnet auf der Festplatte.
- ✔ Löschen Sie E-Mails nach Möglichkeit vom Server.
- ✔ Verschicken Sie keine persönlichen Daten über E-Mail – Sie wissen nicht, wer darauf im Betrieb oder beim Adressaten Zugriff nehmen kann.
- ✔ Bevor Sie eine E-Mail verschicken, prüfen Sie noch einmal genau die Adressatenliste: Steht vielleicht unbeabsichtigt der Chef drauf? Das kann leicht passieren, wenn man eine Nachricht weiterleiten will, aber aus Versehen auf »Antworten« klickt.

Lassen Sie sich vom Webmaster eine funktionsbezogene Mailadresse geben, wie zum Beispiel `betriebsrat@Firmaxy.de`. Das ist für Kollegen, die selten mit dem Betriebsrat Kontakt haben, einprägsamer als zum Beispiel der Name des Vorsitzenden (»Mensch, wie heißt der noch mal?«). Außerdem müssen Sie die Möglichkeit haben, eigene Verteilerlisten einzusetzen.

In der aktuellen Rechtsprechung ist der Internetzugang für den Betriebsrat nicht unumstritten. Es gibt Arbeitsgerichtsurteile, die besagen, der Betriebsrat dürfe keinen höheren technischen Ausstattungsstandard verlangen als im Betrieb üblich. Im Klartext: Wenn es im ganzen Betrieb keinen Internetzugang gibt, braucht auch der Betriebsrat nicht im WWW zu surfen.

Personal Computer

Der PC hat gegenüber einer Schreibmaschine eine Menge Vorteile: Man kann mit ihm nicht nur schreiben, sondern auch

- rechnen,
- Schichtpläne und andere Tabellen erstellen,
- Plakate und Rundschreiben gestalten,
- häufig wiederkehrende Routineschreiben wie Einladungen oder Protokolle rationalisieren,
- Schriftstücke archivieren und
- die verschiedenen Probleme simulieren und nachstellen, die sich an den EDV-Arbeitsplätzen im Betrieb ergeben.

Welche Software Sie für Ihren Computer brauchen, hängt ein bisschen davon ab, wie fit Sie damit schon sind. Während manche gekonnt zwischen diversen Programmen hin und her jonglieren und ihre Briefe mit den tollsten Grafiken aufpeppen, verzweifeln andere bereits an der Aufgabe, einen Brief so zu gestalten, dass die Adresse auch wirklich links oben steht.

Das wichtigste – und für die allermeisten Aufgaben auch einzig nötige – Programm ist ein Office-Programm, das es von allen gängigen Anbietern gibt. Normalerweise ist der Betriebsratscomputer mit derselben Software ausgestattet wie die Computer, die im restlichen Unternehmen benutzt werden. Dieses Programm enthält alle Anwendungen, die Sie normalerweise brauchen: Textverarbeitung, Tabellenkalkulation, einfache Gestaltung.

Sie wollen die neuen Möglichkeiten zu virtuellen Betriebsratssitzungen nutzen? Dann muss der Arbeitgeber Ihnen auch die erforderliche technische Ausrüstung dafür zur Verfügung stellen. Kamera, Kopfhörer oder integriertes Mikrofon sind kein technischer Schnickschnack, sondern erforderliches Equipment. Was bei virtuellen Betriebsratssitzungen zu beachten ist, lesen Sie in Kapitel 8.

Wenn Sie noch wenig Erfahrung mit den verschiedenen Computerprogrammen haben, machen Sie auf jeden Fall eine Schulung mit. Das kann eine firmeninterne Schulung sein, eine von der Firma bezahlte externe bei einem beliebigen Anbieter oder – am besten – eine spezielle Betriebsratsschulung, wie sie unter anderem von den Gewerkschaften angeboten wird. Dort erhalten Sie nämlich ganz nebenbei auch jede Menge Tipps zur Betriebsratsarbeit.

Drucker

Ein PC ohne Drucker ergibt wenig Sinn. Wählen Sie nach Möglichkeit einen Drucker mit integriertem Kopierer und Scanner aus, das erspart Ihnen Diskussionen um den »Gerätepark« im Betriebsratsbüro.

Sensibel – Datenschutz des Betriebsrats

Sie bekommen viel zu sehen von Ihren Kollegen: Bewerbungsunterlagen, Lohn- und Gehalt, soziale Daten wie Familienstand, Anzahl der Kinder, Daten über die Arbeitsunfähigkeitszeiten und, und, und. Sie ahnen schon, worauf das hinausläuft. Richtig: Wie werden diese Daten geschützt und wer trägt die Verantwortung?

§ 79a BetrVG: Datenschutz (Auszug)

Bei der Verarbeitung personenbezogener Daten hat der Betriebsrat die Vorschriften über den Datenschutz einzuhalten. Soweit der Betriebsrat zur Erfüllung der in seiner Zuständigkeit liegenden Aufgaben personenbezogene Daten verarbeitet, ist der Arbeitgeber der für die Verarbeitung Verantwortliche im Sinne der datenschutzrechtlichen Vorschriften. Arbeitgeber und Betriebsrat unterstützen sich gegenseitig bei der Einhaltung der datenschutzrechtlichen Vorschriften. Die oder der Datenschutzbeauftragte ist gegenüber dem Arbeitgeber zur Verschwiegenheit verpflichtet über Informationen, die Rückschlüsse auf den Meinungsbildungsprozess des Betriebsrats zulassen.

Damit wäre geklärt, dass der Arbeitgeber und nicht Sie Verantwortlicher im Sinne des Datenschutzrechts sind. Auf Dauer werden Sie aber ein Konzept zum Datenschutz innerhalb des Betriebsrats aufbauen müssen.

Nach der gesetzlichen Regelung wäre erster – innerbetrieblicher – sachverständiger Ansprechpartner für den Aufbau eines Datenschutzkonzepts der Datenschutzbeauftragte. Bleiben dann noch Fragen offen, können Sie in Absprache mit dem Arbeitgeber externe Datenschutzexperten hinzuziehen. Nutzen Sie auch an dieser Stelle die Schulungsangebote für Betriebsräte.

Großer Betriebsrat – große Räume

Ein Betriebsratsgremium mit mehr als neun Mitgliedern, das auch ein oder mehrere freigestellte Mitglieder hat, braucht nicht nur mehr Schreibtische und mehr Büroklammern. Es benötigt auf jeden Fall ein richtiges Sitzungszimmer, einen weiteren Raum, der als Büro dient, eine Sitzecke, in der vertrauliche Gespräche mit Kollegen geführt werden.

Da bei einem großen Gremium auch sehr viel Schreib- und Verwaltungsarbeit anfällt, kann eine Schreibkraft erforderlich sein, die nicht selbst Mitglied des Betriebsrats ist.

Die Schreibkraft hat folgende Aufgaben:

- ✔ Briefe, Memos, Protokolle schreiben
- ✔ Telefonate annehmen und ausführen

- ✔ Termine verwalten
- ✔ Informationen beschaffen
- ✔ nach Maßgabe des Betriebsrats Themen auf- und vorbereiten
- ✔ Unterlagen zusammenstellen

Wie kommt der Betriebsrat an seine Schreibkraft? Sicher wird das nicht die Chefsekretärin nebenbei erledigen. Andererseits kann der Betriebsrat auch nicht eine Annonce in die Zeitung setzen und dann selbstständig einen Bewerber einstellen. Die Schreibkraft soll zwar für den Betriebsrat arbeiten, doch den Anstellungsvertrag schließt sie mit dem Arbeitgeber, der daher auch das Recht zur Auswahl hat. Da aber zwischen der Bürokraft und dem Betriebsrat ein Vertrauensverhältnis herrschen muss, hat der Betriebsrat ein Mitspracherecht.

Ist die Bürokraft eingestellt, hat nur der Betriebsrat ihr gegenüber die Weisungsbefugnis. Dem Arbeitgeber gegenüber ist sie zur Verschwiegenheit verpflichtet.

Auch der kleine Betriebsrat braucht einen Arbeitsplatz

Wenn das Betriebsratsgremium aus drei oder gar nur einer Person besteht, wird es dem Arbeitgeber wohl nicht einleuchten, dass er dafür ein eigenes Büro einrichtet. Meist wird es in einem so kleinen Betrieb auch beim besten Willen keinen Platz dafür geben. Dennoch braucht der Betriebsrat auch dort einen Ort, an dem er seine Arbeit erledigt. Unverzichtbar sind:

- ✔ ein eigener abschließbarer Schreibtisch mit Stuhl
- ✔ ein großer abschließbarer Aktenschrank
- ✔ Zugang zu Telefon, E-Mail, Internet, Scanner
- ✔ die Möglichkeit, sich als Gremium oder mit Kollegen an einen ungestörten Ort zurückziehen zu können

Ein betriebsratseigener Laptop zum Schreiben und Dokumentieren löst eine Menge Platz- und Organisationsprobleme.

Wer soll das bezahlen …?

Diese Frage lässt sich ganz einfach beantworten: natürlich der Arbeitgeber. Denn der Betriebsrat hat keine eigenen Mittel. Für alles, was der Betriebsrat braucht, um seine Arbeit zu erledigen, seien es Sachmittel, Honorare, Seminargebühren, Fahrt- und

Übernachtungskosten, Mieten oder Telefongebühren, muss der Arbeitgeber aufkommen. Die Debatten darüber könnten Bände füllen. Denn das Betriebsverfassungsgesetz sagt zwar klar und deutlich: Die Kosten trägt der Arbeitgeber. Es sagt aber ebenfalls: »Der Arbeitgeber hat die Mittel im erforderlichen Rahmen zur Verfügung zu stellen.« Das Wort »erforderlich« lässt allerdings ein wahres Universum an Interpretationsmöglichkeiten zu.

Aber es hilft nichts: Als Betriebsrat können Sie nicht einmal einen Kugelschreiber kaufen, ohne dies beim Chef zu beantragen. Sie sind, um es juristisch auszudrücken, weder rechts- noch vermögensfähig und dürfen nicht rechtsgeschäftlich tätig werden. Etwas auf eigene Kosten anzuschaffen und vom Arbeitgeber die Erstattung der Kosten zu verlangen, kann der Betriebsrat nicht, wenn es nicht vorher so vereinbart wurde.

Sie müssen sich also mit Ihrem Arbeitgeber nicht nur darüber einigen, was angeschafft wird und welcher Kostenrahmen zur Verfügung steht, sondern auch, wie die Beschaffung im Einzelnen vor sich geht:

- ✔ Der Arbeitgeber lässt von seiner Beschaffungsstelle die erforderlichen und vom Betriebsrat ausgewählten Sachmittel auf seine Rechnung kaufen oder
- ✔ er stellt dem Betriebsrat eine Vollmacht aus, damit dieser Sachmittel auf Rechnung der Firma kaufen kann. Diese Vollmacht kann nur für eine einmalige Anschaffung ausgestellt sein oder zeitlich unbegrenzt gelten. Einen Musterbrief für die Kostenübernahme der Ausstattung finden Sie in Abbildung 6.1.

§ 40 BetrVG: Kosten und Sachaufwand des Betriebsrats

(1) Die durch die Tätigkeit des Betriebsrats entstehenden Kosten trägt der Arbeitgeber.

(2) Für die Sitzungen, die Sprechstunden und die laufende Geschäftsführung hat der Arbeitgeber in erforderlichem Umfang Räume, sachliche Mittel, Informations- und Kommunikationstechnik sowie Büropersonal zur Verfügung zu stellen.

§ 41 BetrVG: Umlageverbot

Die Erhebung und Leistung von Beiträgen der Arbeitnehmer für Zwecke des Betriebsrats ist unzulässig.

Ihre Kollegen können das Elend nicht mehr mit ansehen und veranstalten eine Sammlung, damit Sie sich wenigstens ein paar Ordner kaufen können? Das ist leider – oder glücklicherweise – unzulässig!

OrgConsult Medientechnik

- Der Betriebsrat -

An die Geschäftsleitung

Betrifft: Ausstattung des Betriebsratsbüros mit PC

Sehr geehrte Frau Müller

Unser Betriebsratsbüro ist in seiner derzeitigen Ausstattung zwar als Sitzungsraum geeignet, bietet jedoch keine Möglichkeit, die für die Geschäftsführung des Betriebsrats notwendigen Arbeiten zu erledigen. Der Betriebsrat hat daher auf seiner Sitzung vom 23. Mai die Anschaffung folgender Arbeitsmittel erörtert und beschlossen, folgende Arbeitsmittel anzufordern:

1. Einen internetfähigen Personal Computer mit Programmen für Textverarbeitung und einfachen Gestaltungsmöglichkeiten.
2. Einen Drucker mit Fax- und Kopier- sowie Scannerfunktion (z.B. PRINTER 1000)
3. Einen Arbeitstisch mit abschließbarem Schubladenelement
4. Einen Schreibtischstuhl

Begründung:

Die Betriebsratsarbeit erfordert einen immer höheren Schreibaufwand: Briefe, Protokolle, Notizen, Entwürfe können mit EDV nicht nur schneller verfasst, sondern auch leichter korrigiert, verändert, versandt oder archiviert werden. Der Zeitaufwand für das Erstellen von Einladungen zu Betriebsversammlungen oder andere Informationsmaterialien für die Belegschaft verringert sich mit dem Einsatz eines Textverarbeitungsprogramms enorm. Diese Ausstattung entspricht im übrigen der, wie sie sonst im Unternehmen besteht.

Der Internetzugang ist für die Recherche zu betriebsratsspezifischen Informationen unverzichtbar. Der Schriftverkehr per E-Mail verringert nicht nur den Zeitaufwand, sondern auch Kosten (Papier, Porto).

Wir denken, dass der bereits in der Firma im Einsatz befindliche Typ für unsere Zwecke gut geeignet ist.

Bitte prüfen Sie unseren Vorschlag. Bei unserem nächsten Monatsgespräch am kommenden Dienstag könnten wir das Thema noch einmal gemeinsam besprechen.

Mit freundlichen Grüßen

Kerstin Baumeister

Betriebsratsvorsitzende

Abbildung 6.1: Musterbrief für die Kostenübernahme der Betriebsratsausstattung

Wie der Betriebsrat seine Ansprüche durchsetzt

Es gibt Arbeitgeber, die dem Betriebsrat nicht das Schwarze unter dem Nagel gönnen und der Meinung sind, der alte Tisch aus dem Versand und ein paar wackelige Stühle tun es auch. Soll der Betriebsrat seine Ansprüche doch einklagen.

Obwohl das Betriebsverfassungsgesetz den Umfang der Ansprüche des Betriebsrats auf Sachmittel mit dem Wort »erforderlich« nur ungefähr umschreibt, ist doch unstrittig, was dazugehört. Von den oben genannten Ausstattungsgegenständen wurden in der Rechtsprechung bisher alle als »erforderlich« anerkannt. Dazu gehört grundsätzlich auch der Anspruch auf einen eigenen Raum ab einer Betriebsratsstärke von fünf Personen. Einschränkungen werden noch bei Smartphones gemacht. Ein Smartphone kann dann erforderlich sein, wenn der Betriebsrat wegen weit auseinander liegender Betriebsstätten viel unterwegs sein muss. Der Internetzugang wird mittlerweile als erforderlich angesehen.

Stoßen Sie mit dem Verweis auf die ständige Rechtsprechung beim Arbeitgeber dennoch auf taube Ohren, muss der Betriebsrat ein Beschlussverfahren vor dem Arbeitsgericht einleiten. Das Arbeitsgericht prüft dann, ob das in Rede stehende Sachmittel im konkreten Fall erforderlich ist. Dabei überprüft es,

- ✔ ob der Beschluss des Betriebsrats ordnungsgemäß gefasst wurde (siehe dazu Kapitel 8),
- ✔ ob der Betriebsrat seinen Beurteilungsspielraum ausgeübt hat, ob er also sorgfältig geprüft hat, ob der von ihm begehrte Gegenstand sich mit den Interessen des Betriebs vereinbaren lässt und ob es womöglich eine weniger aufwendige Alternative gäbe.

Kann der Betriebsrat seine Wahl nachvollziehbar begründen und das durch ein Protokoll auch belegen, wird er höchstwahrscheinlich auch recht bekommen. Der Arbeitgeber muss dann nicht nur die Kosten des Sachmittels tragen, sondern auch die des Rechtsanwalts, der den Betriebsrat vertritt.

IN DIESEM KAPITEL

Der Trend zum Zweitbuch

Das Gesetz und sein Kommentar

Fortfahren zur Fortbildung

Der Spezialist kommt auch ins Haus

Kapitel 7
Wie man sich schlaumacht

Das Betriebsratsbüro ist eingerichtet – jetzt geht es darum, die Köpfe einzurichten. Da, wie sich gezeigt hat, der Aktionsradius des Betriebsrats hauptsächlich vom Betriebsverfassungsgesetz, aber auch von anderen Gesetzen definiert wird, müssen natürlich die entsprechenden Texte beschafft werden. Sie werden sehen, schon nach einem halben Jahr haben Sie eine richtige kleine Bibliothek zusammen, die sich stetig vermehrt.

Fachliteratur und Gesetzestexte

Bei den meisten Titeln der Fachliteratur genügt es, wenn für das ganze Gremium jeweils ein Exemplar zur Verfügung steht. Dann kann sich bei Bedarf jeder mal eine Stunde oder zwei ins Betriebsratsbüro setzen und die wichtigsten Informationen zum Beispiel zum Mutterschutz heraussuchen. Die wichtigsten Bücher aber, nämlich die Gesetzestexte, die man im Notfall schnell parat haben muss, sollten für jedes Betriebsratsmitglied extra angeschafft werden. Schließlich muss im Zweifelsfall jeder eine Information unverzüglich nachschlagen können, ohne erst langwierig den Schlüssel zum Betriebsratsbüro zu holen und dann feststellen zu müssen, dass gerade das Betriebsverfassungsgesetz jetzt von einem anderen Kollegen mitgenommen wurde.

Sie haben Zugang zum Internet – schön! Lassen Sie sich von so einem Hinweis nicht beeindrucken. Die Tatsache, dass Sie dort die Gesetzestexte abrufen können, ersetzt nicht die gedruckte Fassung. Die können Sie mit Anmerkungen, Kennzeichnungen für Sie wichtiger Gesetze und vielem mehr bearbeiten.

Die Grundausstattung

Die Grundausstattung für Betriebsratsmitglieder beziehungsweise für den Betriebsrat selbst sollte so aussehen:

Für jedes Betriebsratsmitglied:

- ✔ **Betriebsverfassungsgesetz, Basiskommentar mit Wahlordnung:** Damit haben Sie alle Paragrafen plus eine kurze Erläuterung schnell zur Hand.
- ✔ **Arbeits- und Sozialordnung:** eine Sammlung der wichtigsten Gesetzestexte, die in der Betriebsratsarbeit eine Rolle spielen können, zum Beispiel Arbeitsstättenverordnung, Bundesurlaubsgesetz, Kündigungsschutzgesetz, Mutterschutzgesetz und viele mehr

Für das ganze Gremium:

- ✔ **Betriebsverfassungsgesetz, Kommentar:** ein ausführliches Kommentarwerk, in dem man Rat in allen Zweifelsfällen findet. Einem fünfköpfigen Betriebsrat sollten mindestens zwei Exemplare zur Verfügung stehen.
- ✔ **Betriebsverfassungsgesetz Formularbuch:** ein Buch mit Formularvorlagen, Checklisten, Musterschreiben, Musterbeschlüssen, Vorlagen für Betriebsvereinbarungen, inklusive Kommentaren und Hinweisen
- ✔ **Der einschlägige Manteltarifvertrag und der Gehaltstarifvertrag:** Die Tarifverträge sind in der Regel bei der zuständigen Gewerkschaft erhältlich. Falls es einen Kommentar dazu gibt, sollte auch dieser beschafft werden.
- ✔ **Die einschlägigen Unfallverhütungs- beziehungsweise Arbeitsschutzvorschriften:** Diese sind je nach Branche oder Betriebsart auszuwählen. Ihre Berufsgenossenschaft kann Ihnen die wichtigsten Vorschriften nennen.
- ✔ **Mindestens ein Handbuch für die Betriebsratspraxis:** Es gibt eine Fülle von Literatur, die den Zugang zum Betriebsverfassungsgesetz erleichtert oder bestimmte Aspekte der Betriebsratspraxis erläutert: Wie leitet man eine Versammlung? Wie führt man die Verhandlung mit dem Arbeitgeber taktisch geschickt? Wie macht man gute Öffentlichkeitsarbeit, gestaltet Aushänge, hält eine spannende Rede auf der Betriebsversammlung und vieles mehr. Eines dieser Bücher halten Sie ja bereits in der Hand: *Betriebsrat für Dummies.*

Kommentare und Handbücher

Zusätzlich zu dieser Grundausstattung brauchen Sie Literatur, die sich auf besondere Probleme konzentriert. Überlegen Sie immer wieder einmal, welche Themen bei Ihnen regelmäßig aufkommen, und besorgen Sie dann den einschlägigen Kommentar oder einen entsprechenden Ratgeber:

- ✔ Rechte der Schwerbehindertenvertretung
- ✔ Mutterschutzgesetz

- ✔ Kommentar zum Kündigungsschutzgesetz
- ✔ Gefahrstoffrecht
- ✔ Teilzeit- und Befristungsgesetz
- ✔ Kommentar zum Arbeitnehmerüberlassungsgesetz
- ✔ Kommentar zum Arbeitszeitgesetz
- ✔ Kommentar zum Arbeitsschutzgesetz
- ✔ Kommentar zur Arbeitsstättenverordnung
- ✔ Kommentar zum Arbeitssicherheitsgesetz
- ✔ Betriebssicherheitsverordnung

Gibt es besondere Probleme im Betrieb, sollte sich der Betriebsrat auch dazu erst einmal Rat holen:

- ✔ Suchtprobleme
- ✔ Bildschirmarbeit
- ✔ Einführung von Schichtarbeit
- ✔ Verhandlungen über Interessenausgleich und Sozialplan

Kurzer Kommentar zum Kommentar

Gesetzestexte sind keine leichte Kost. Selten versteht man einen Satz auf Anhieb, und wer nicht darin ausgebildet ist, juristisch zu denken, versteht oft wenig oder – schlimmer – das Falsche. Außerdem sind Gesetze oft nicht so eindeutig, wie man es sich wünscht. Der Ausdruck »in erforderlichem Rahmen« aus § 40 BetrVG, in dem es um die Ausstattung des Betriebsratsbüros geht, ist ein gutes Beispiel dafür. Für wichtige Gesetze – und das Betriebsverfassungsgesetz ist ein sehr wichtiges! – werden daher von Juristen Kommentare verfasst, in denen jeder Satz des Gesetzes um und um gedreht und bis in sämtliche Winkel beleuchtet wird. In diese Kommentare fließen auch aktuelle Arbeitsgerichtsurteile ein, sodass man meist gut abschätzen kann, ob man mit einem gerichtlichen Verfahren gut beraten ist oder lieber die Finger davonlässt.

Zum Betriebsverfassungsgesetz gibt es verschiedene Kommentare. Sie unterscheiden sich vor allem in der Perspektive, aus der die Verfasser das Gesetz betrachten. Es gibt betont arbeitgeberfreundliche Kommentare, in denen der Fokus darauf liegt, wie der Unternehmer die betriebliche Interessenvertretung ausbremsen kann. Ebenso gibt es Kommentare, die hauptsächlich die Sichtweise der Arbeitnehmer einnehmen. Von beiden Seiten als hilfreich und relativ neutral angesehen wird »Der Fitting«, der *Handkommentar zum Betriebsverfassungsgesetz* von Fitting/Trebinger/Linsenmaier/Schelz/Schmidt aus dem Vahlen Verlag. Dieser sollte daher neben einem Kommentar aus Sichtweise der Arbeitnehmer – zum Beispiel von Däubler/Klebe/Wedde – Ihre erste Wahl sein. »Den Fitting« können Sie auch problemlos zu Gesprächen mit dem Arbeitgeber mitnehmen, ohne hören zu müssen: »Na, auf so eine Auslegung des Paragrafen lasse ich mich niemals ein.«

Wie man einen Kommentar benutzt

»So ein dickes Buch«, denken Sie vielleicht. »Wie soll man sich denn darin zurechtfinden?« Nun, auf keinen Fall, indem man es von vorn bis hinten liest.

In einem Gesetzeskommentar werden sämtliche Paragrafen des Betriebsverfassungsgesetzes (oder eines anderen Gesetzes) mit all ihren Konsequenzen, Zweifelsfällen und Handlungsmöglichkeiten zur Verwendung in der Praxis ausführlich und anhand von Beispielen erläutert. Bei jedem einzelnen Paragrafen steht,

- ✔ welches Ziel der Gesetzgeber damit erreichen wollte,
- ✔ mit welchen anderen Paragrafen desselben oder eines anderen Gesetzes oder einer anderen Regelung er zusammenhängt,
- ✔ wie mit so unscharfen Formulierungen wie »in der Regel« oder »nach Ermessen« umzugehen ist,
- ✔ welche Gerichtsentscheidungen auf Grundlage dieses Gesetzes gefällt wurden.

Wenn Sie sich mit dem Kommentar einmal vertraut gemacht haben, wird der dürre Gesetzestext bald lebendig.

Da die Erläuterungen zu den einzelnen Paragrafen fast immer sehr umfangreich sind und viele Seiten einnehmen, wird jeder Aspekt durch eine fortlaufende Randnummer markiert. Auf diese Randnummern beziehen sich Rechtsanwälte oder Sachverständige in formalen Schreiben.

Sie möchten wissen, ob Sie für die kommende Betriebsversammlung einen Dolmetscher engagieren können, weil im Betrieb seit einiger Zeit so viele irische Kollegen beschäftigt sind? Ganz sicher haben Sie weder Zeit noch Lust, die Kommentare zu allen Paragrafen durchzulesen, die eventuell infrage kommen könnten. Kein Problem: Im umfangreichen Stichwortverzeichnis werden Sie fündig. Da ist unter »Dolmetscher« tatsächlich eine Fundstelle aufgeführt: »Betriebsversammlung 42, 22«. Sie suchen also den § 42 (am Kopf jeder Seite ist angeführt, welcher Paragraf gerade behandelt wird) und die Randnummer 22 – und schon sind Sie schlauer.

Aber zugegeben, manchmal muss man schon seinen ganzen Einfallsreichtum bemühen, um auf das richtige Stichwort zu kommen, aber mit ein wenig Übung gelingt das bald.

Lesen Sie die einschlägigen Kommentare nicht allein, sondern zusammen mit anderen Kollegen. Wenn Sie sich gemeinsam Satz für Satz aneignen und gegenseitig erläutern, gewöhnen Sie sich schneller an das sperrige Juristendeutsch.

Fachzeitschriften

Fachzeitschriften gibt es für jeden Bereich – also auch für die Arbeit des Betriebsrats.

- ✔ Ein absolutes Muss und von Arbeitsgerichten als erforderlich angesehen ist die Zeitschrift *Arbeitsrecht im Betrieb* (AiB). Jedes Betriebsratsgremium sollte sie abonnieren, jedes Betriebsratsmitglied sollte sie lesen. Darin werden gut verständlich alle erdenklichen praktischen Probleme der Betriebsratsarbeit behandelt. 95 Prozent davon werden Sie nicht betreffen – lesen Sie die Artikel trotzdem. Machen Sie sich nichts daraus, wenn Sie anfangs nur Bahnhof verstehen. Das ist normal. Machen Sie trotzdem weiter. Lesen Sie über Probleme an Scannerkassen, auch wenn Sie Schlosser sind, und über rechtliche Konflikte in der Kartonagenherstellung, wenn Sie in der Finanzbuchhaltung arbeiten. Nach einiger Zeit entwickeln Sie ganz von selbst einen Blick dafür, welcher Art die Konflikte im betrieblichen Alltag sein können. Sie werden für Probleme an Ihrem Arbeitsplatz sensibel, die Sie vorher vielleicht nicht wahrgenommen hätten.
- ✔ *Computer und Arbeit:* Diese Zeitschrift ist nicht so spezialisiert, wie der Name glauben lässt. Auch hier werden viele Fälle aus der Praxis geschildert, außerdem gibt es eine Menge Tipps für die praktische Betriebsratsarbeit. Lassen Sie sich vom Namen nicht ins Bockshorn jagen: Die Zeitschrift wendet sich ausdrücklich an Leser, die gar kein Vorwissen im Bereich EDV haben.
- ✔ *sicher ist sicher:* Diese Zeitschrift erscheint in Zusammenarbeit mit Institutionen wie der Bundesarbeitsgemeinschaft für Sicherheit und Gesundheit (BASI), dem Länderausschuss für Arbeitsschutz und Sicherheitstechnik (LASI) und der Bundesanstalt für Arbeitsschutz und Arbeitsmedizin (BAuA). Mit ihr ist man immer über die aktuellen Regelungen und Diskussionen im Arbeits- und Gesundheitsschutz informiert.
- ✔ *Gute Arbeit:* Diese Zeitschrift befasst sich mit allen Aspekten des Arbeits- und Gesundheitsschutzes.

»Zwar weiß ich viel, doch will ich alles wissen« – Seminare und Fortbildungsveranstaltungen

Sicherlich ist eines bisher deutlich geworden: Die Arbeit im Betriebsrat ist spannend, vielseitig, herausfordernd und auch nicht immer einfach. So viele Wissensgebiete eröffnen sich plötzlich, in denen Sie sich auskennen sollen, um eine sachgerechte Beurteilung abzugeben, einen praktikablen Lösungsweg zu finden, eine Forderung zu entwickeln und durchzusetzen, kurz: die Interessen der Kollegen zu erkennen und wirkungsvoll zu vertreten. Eine regelmäßige Schulung ist daher eine unbedingte Notwendigkeit, ja eine Pflicht. Das gilt für Betriebsratsneulinge wie für alte Hasen: Aktuelle Entwicklungen in Gesetzgebung, Rechtsprechung und Technologie, neue Denkansätze in gesellschaftlichen Fragen erfordern immer wieder eine Erweiterung des eigenen Wissens, eine Überprüfung von hergebrachten Gewissheiten.

Übrigens: Ihr Arbeitgeber macht es nicht anders! Schätzen Sie doch einmal den zeitlichen und finanziellen Aufwand, den er für Managementseminare, Tagungen und Konferenzen betreibt ... Und wenn der Chef immer schlauer wird, muss es der Betriebsrat ja wohl auch werden. Das nennt man intellektuelle Waffengleichheit.

Einem Betriebsrat, der sich nicht um die regelmäßige Fortbildung kümmert, kann man mit Fug und Recht eine grobe Pflichtverletzung vorwerfen.

Das Grundlagenseminar

Kein Buch, und sei es noch so dick, kann so gut und verständlich in die Betriebsratsarbeit einführen wie ein Grundlagenseminar. Es ist daher gar keine Frage, dass jedes Betriebsratsmitglied zu Beginn seiner ersten Amtszeit Seminare besuchen muss, die in die Grundlagen der Betriebsratsarbeit einführen. Weder durch Bücherstudium noch durch Learning by Doing lässt sich das gemeinschaftliche Lernen und Diskutieren, wie es in einem Seminar geschieht, ersetzen. Grundlagenseminare werden von den Gewerkschaften, von Verbänden, privaten Veranstaltern und sogar von den Kirchen angeboten.

Fünf unwiderstehliche Gründe für den Seminarbesuch

1. Im Seminar bekommt man das erforderliche Wissen von echten Profis vermittelt. Sie kennen die einschlägigen Gesetze aus dem Effeff, haben meist praktische Erfahrung mit der Betriebsratsarbeit, kennen alle möglichen Strategien, Taktiken und Tricks und wissen außerdem, wie man all das auch noch spannend und interessant vermittelt.
2. Auf einer Fortbildungsveranstaltung ist genügend Zeit, sich das Wissen systematisch anzueignen und nicht von Fall zu Fall, wie in der betrieblichen Praxis meist nötig.
3. Sie können sich über einen langen Zeitraum (meist eine Woche) ungestört in das Thema vertiefen und müssen nicht nach zwei Stunden wieder in den Arbeitsalltag zurück.
4. Sie knüpfen viele nützliche, wertvolle und einfach auch nette Kontakte. Nach ein paar Seminarbesuchen kennen Sie Betriebsratsmitglieder in der ganzen Republik und können sich bei Fragen und Problemen austauschen.
5. Schließlich lernen Sie jede Menge Kollegen kennen, die ähnliche – oder auch ganz anders gelagerte – Probleme haben. Das hilft enorm dabei, die eigene Situation realistisch zu sehen (»Sooo schlimm ist es bei uns ja gar nicht« oder »Was, es gibt auch Vorgesetzte, mit denen man ganz normal diskutieren kann?!«).

Lassen Sie sich im Seminar nicht allzu sehr beeindrucken von den forschen Kollegen, die ständig damit prahlen, »wie sie es dem Chef gezeigt haben«. Seien Sie sicher: Die kochen auch nur mit Wasser.

ChatGPT, Copilot und Co

Bücher, Fachzeitschriften, Seminarbesuche – brauchen Sie nicht, Sie fragen einfach ChatGPT? Vorsicht! ChatGPT und andere KI-Tools eignen sich gut für eine erste Informationssammlung, Zusammenfassungen oder als Formulierungshilfe für Texte. Aber die Fehlerrate in den Antworten ist hoch und für den fragenden Laien nicht immer erkennbar. Bei juristischen Fragestellungen wird ChatGPT eine sorgfältige Recherche in der Fachliteratur, das in Seminaren gewonnene Basiswissen oder die Beratung bei Gewerkschaften und Rechtsanwälten nicht ersetzen können.

Und es gibt auch Risiken, die bei der Nutzung von ChatGPT unbedingt von Betriebsräten berücksichtigt werden müssen. In kostenlosen Versionen bezahlen die Nutzer mit ihren Eingaben für das Training des Modells, was ein hohes Risiko für den Datenschutz und die Informationssicherheit darstellen kann. Daher sollten Sie bei der Nutzung von KI-Tools die Stolpersteine im Blick haben.

- ✔ Geben Sie keine vertraulichen, personenbezogenen oder betriebsinternen Daten in das Programm ein.
- ✔ Nehmen Sie nicht alles, was ChatGPT als Antwort liefert, für bare Münze. Überprüfen Sie immer kritisch, was das Programm Ihnen vorschlägt.
- ✔ Übernehmen Sie die Textvorschläge nicht eins zu eins – schreiben Sie sie um und machen Sie sie zu Ihren eigenen.
- ✔ Durch ChatGPT wird die menschliche Interaktion nicht überflüssig. Insbesondere der Meinungsbildungsprozess im Gremium lässt sich durch KI-Tools nicht ersetzen.
- ✔ Machen Sie sich nicht abhängig von ChatGPT – erhalten Sie sich Ihre Recherchefähigkeiten und Ihren gesunden Menschenverstand.

Das Recht auf Freistellung

Für den Besuch einer Fortbildungsveranstaltung muss der Arbeitgeber das Betriebsratsmitglied von der Arbeit freistellen. Diese Freistellung wird in zwei Absätzen des Betriebsverfassungsgesetzes geregelt: § 37 Abs. 6 und § 37 Abs. 7. Sie unterscheiden sich in einigen wesentlichen Punkten, die für Ihre Betriebsratspraxis von Bedeutung sein werden:

Fortbildung nach § 37 Abs. 6 BetrVG

§ 37 Abs. 6 BetrVG gibt dem Betriebsrat die Möglichkeit, erforderliche Schulungsveranstaltungen zu besuchen. Erforderliche Schulungen sind solche, die einen konkreten betrieblichen Bezug haben. Das sind zum einen alle Seminare, die in die Betriebsratsarbeit einführen, aber auch solche, die sich auf besondere betriebliche Gegebenheiten beziehen:

- ✔ Ihr Arbeitgeber plant ein neues EDV-System, mit dem nicht nur die Produktion besser überwacht werden kann, sondern auch die Leistung der einzelnen Mitarbeiter.
- ✔ Sie haben den Verdacht, dass in einigen Abteilungen Kollegen gemobbt werden.
- ✔ Sie möchten Ihrem Arbeitgeber eine neue Arbeitszeitregelung vorschlagen und wissen nicht so recht, worauf zu achten ist.

In all diesen und ähnlichen Fällen ist ein Seminar erforderlich. Das bedeutet:

- ✔ Der Arbeitgeber muss nicht nur für die Kosten der Freistellung des betreffenden Betriebsratsmitglieds aufkommen, also das Gehalt weiterzahlen, sondern auch die Seminar-, Verpflegungs-, Unterkunfts- und Fahrtkosten tragen.
- ✔ Außerdem unterliegt das einzelne Betriebsratsmitglied keiner Beschränkung dahingehend, wie oft es innerhalb seiner Amtszeit eine solche erforderliche Weiterbildung besucht.

Eine »erforderliche« Schulung muss sich auf den konkreten betrieblichen Alltag beziehen. Der Arbeitgeber ist nicht verpflichtet, Sie für ein Seminar »Konzernbetriebsrat« freizustellen, wenn Sie in einem unabhängigen Mittelstandsbetrieb arbeiten.

Fortbildung nach § 37 Abs. 7 BetrVG

Fortbildungsveranstaltungen nach § 37 Abs. 7 BetrVG sind solche, die für die Betriebsratsarbeit als »geeignet« gelten. Das sind all jene, bei denen sich kein direkter betrieblicher Bezug herstellen lässt. Ob sie für die Betriebsratsarbeit als geeignet anerkannt sind, entscheidet die oberste Arbeitsbehörde des Landes. In der Seminarausschreibung wird darauf hingewiesen. Ein Recht auf Freistellung für solche Seminare besteht pro Amtszeit und Betriebsratsmitglied für drei Wochen, Betriebsratsneulinge dürfen noch eine Woche dranhängen. Für den Besuch von Bildungsveranstaltungen nach § 37 Abs. 7 BetrVG muss der Arbeitgeber Sie von der Arbeit freistellen und das Gehalt weiterzahlen. Seminargebühren, Fahrt, Unterkunft und Verpflegung allerdings gehen auf Ihre eigene Rechnung. Gewerkschaften bieten ihren Mitgliedern vielfach Seminare an, bei denen gar keine oder nur geringe eigene Kosten anfallen.

Die regelmäßige Fortbildung sollte als Pflicht für alle Betriebsratsmitglieder in die Geschäftsordnung des Betriebsrats aufgenommen werden. Neue Betriebsratsmitglieder sollen verpflichtet werden, im ersten Jahr ihrer Tätigkeit mindestens ein Grundlagenseminar zu besuchen.

§ 37 BetrVG: Ehrenamtliche Tätigkeit, Arbeitsversäumnis (Auszug)

(2) Mitglieder des Betriebsrats sind von ihrer beruflichen Tätigkeit ohne Minderung des Arbeitsentgelts zu befreien, wenn und soweit es nach Umfang und Art des Betriebs zur ordnungsgemäßen Durchführung ihrer Aufgaben erforderlich ist.

(3) Zum Ausgleich für Betriebsratstätigkeit, die aus betriebsbedingten Gründen außerhalb der Arbeitszeit durchzuführen ist, hat das Betriebsratsmitglied Anspruch auf entsprechende Arbeitsbefreiung unter Fortzahlung des Arbeitsentgelts.

Die Anmeldung zum Seminar

Zwar beschließt der Betriebsrat vollkommen autonom, wen er wann auf welches Seminar schickt, doch die Anmeldung dazu setzt die Zustimmung des Arbeitgebers voraus – der muss schließlich zusagen, die Kosten zu übernehmen. Obwohl in den Ausschreibungen in der Regel vermerkt ist, ob die entsprechende Veranstaltung nach § 37 Abs. 6 oder § 37 Abs. 7 genehmigt ist, muss der Betriebsrat doch dem Arbeitgeber erläutern, warum er der Meinung ist, dass es auch für seinen besonderen Betrieb erforderlich ist. Nur bei Grundlagenseminaren erübrigt sich die ausführliche Begründung. Alle einschlägigen Arbeitsgerichtsurteile haben befunden, dass es außer Frage steht, dass ein Betriebsratsmitglied die Grundzüge des Betriebsverfassungsgesetzes vermittelt bekommen muss.

Und wenn der Arbeitgeber das alles anders sieht? Wenn er der Meinung ist, dass für das vom Betriebsrat ausgewählte Seminar der gewählte Zeitpunkt gar nicht infrage kommt? Dann reicht es durchaus nicht, wenn er einfach das Schreiben des Betriebsrats zerreißt und sagt: »Nix da! Zu dem Zeitpunkt werden Sie hier gebraucht. Sie bleiben schön hier bei der Arbeit!« Vielmehr muss er die Einigungsstelle anrufen und den (seiner Meinung nach unberechtigten) Anspruch des Betriebsrats dort klären lassen (zur Einigungsstelle erfahren Sie mehr in Kapitel 15).

Falls er sich stur stellt, weil er das Seminar als unnötig, zu teuer oder aus anderen Gründen ablehnt, muss der Betriebsrat doch tätig werden. Schließlich braucht der Seminarveranstalter ja Gewissheit, dass die Kosten übernommen werden. In diesem Fall muss er beim Arbeitsgericht die Frage klären lassen, ob die Seminarteilnahme erforderlich ist oder die Kosten angemessen sind. Bei manchen Arbeitsgerichten können Sie eine einstweilige Verfügung erwirken lassen. Das geht in der Regel innerhalb von wenigen Tagen. Voraussetzung ist, dass der Betriebsrat einen ordentlichen Beschluss gefasst und das Begehren nachvollziehbar begründet hat. Andere Arbeitsgerichte entscheiden die Frage in einem normalen – zeitlich aufwendigeren – Verfahren. Dann planen Sie langfristiger Ihren Seminarbesuch.

§ 37 Abs. 6 Satz 3 bis 6 BetrVG

Der Betriebsrat hat bei der Festlegung der zeitlichen Lage der Teilnahme an Schulungs- und Bildungsveranstaltungen die betrieblichen Notwendigkeiten zu berücksichtigen. Er hat dem Arbeitgeber die Teilnahme und die zeitliche Lage der Schulungs- und Bildungsveranstaltungen rechtzeitig bekannt zu geben. Hält der Arbeitgeber die betrieblichen Notwendigkeiten für nicht ausreichend berücksichtigt, so kann er die Einigungsstelle anrufen. Der Spruch der Einigungsstelle ersetzt die Einigung zwischen Arbeitgeber und Betriebsrat.

Checkliste Fortbildung

✔ Der Betriebsrat stellt einen Schulungsbedarf fest.

✔ Er sucht bei den einschlägigen Seminarveranstaltern nach einer Veranstaltung zum Thema.

✔ Er überlegt, welches Betriebsratsmitglied das Seminar besuchen soll und berücksichtigt dabei auch die betrieblichen Notwendigkeiten.

✔ Er fasst einen ordentlichen Beschluss, aus dem hervorgeht, wer, wann und wo welches Seminar besuchen soll.

✔ Er nimmt eine vorläufige Reservierung beim Seminaranbieter vor.

✔ Er schreibt an den Arbeitgeber einen Brief mit folgenden Angaben: Datum des Betriebsratsbeschlusses, Bezeichnung, Ort und Termin des Seminars und des Schulungsträgers, Namen der Betriebsratsmitglieder, die die Fortbildung besuchen sollen, Kosten, Begründung, warum die Kenntnisse, die vermittelt werden, erforderlich sind. Als Anlage eine Kopie der Seminarausschreibung. (Einen Musterbrief zeigt Abbildung 7.1.)

✔ Der Arbeitgeber stimmt zu.

✔ Der Betriebsrat meldet die Kollegen zum Seminar an.

✔ Die Kollegen kommen erleuchtet wieder zurück.

Rechtsanwälte und Sachverständige

Immer wieder kommen auf den Betriebsrat komplexe Aufgaben zu, die er nicht selbst lösen kann und für die es auch kein passendes Seminar gibt, weil sie zu sehr auf die Gegebenheiten des Betriebs zugeschnitten sind; zum Beispiel:

✔ Einführung von EDV oder computergestützten Produktionsmethoden

✔ betriebliche Altersversorgung

✔ Einführung einer neuen Telefonanlage

Mertens und Partner
Industrietechnik

Der Betriebsrat

An die Geschäftsleitung

Betrifft: Teilnahme an einer Schulungsveranstaltung nach § 37 Abs. 6 BetrVG

Sehr geehrte Frau Mertens,

Der Betriebsrat hat in seiner Sitzung vom 23.04. beschlossen, Frau Silvia Weinmann und Herrn Uwe Marzahn auf das Seminar

„Betriebsverfassung: Soziale Angelegenheiten“

zu entsenden. Die Schulungsveranstaltung wird durchgeführt von der Bildungsagentur Clever&Smart und findet statt vom 15.–19.Juni in Nichtweitweg.

Da es sich hierbei um eine Schulungsveranstaltung handelt, die für die Betriebsratsarbeit erforderliche Kenntnisse vermittelt, ist gemäß § 40 Abs.1 BetrVG der Arbeitgeber verpflichtet, das Arbeitsentgelt während der Seminarzeit fortzuzahlen und die anfallenden Kosten zu erstatten.

Die Ausschreibung des Seminars mit Angaben zu den Kostenarten, der Höhe der anfallenden Kosten und der Themenplan liegen diesem Schreiben bei.

Der Betriebsrat hat eine unverbindliche Reservierung beim Seminarveranstalter vorgenommen. Wir bitten Sie, die von uns ausgefüllte Seminaranmeldung bis zum 15.05. unterschrieben an den Betriebsrat zurückzugeben, damit wir die verbindliche Anmeldung beim Veranstalter vornehmen können.

Mit freundlichen Grüßen

Bert Münchinger
Betriebsratsvorsitzender

Abbildung 7.1: Musterbrief für eine Fortbildung

- ✔ Einführung von Vertrauensarbeitszeit
- ✔ Erläuterung von wirtschaftlichen Unterlagen, Bilanzen, Jahresabschluss
- ✔ Interessenausgleich und Sozialplan

In diesem Fall tut der Betriebsrat genau das, was der Arbeitgeber auch tut: Er holt sich einen externen Berater, einen Sachverständigen ins Haus.

Voraussetzung für die Hinzuziehung eines Sachverständigen ist, dass der Betriebsrat sich die ihm fehlenden Kenntnisse nicht auf andere Weise rechtzeitig beschaffen oder aneignen kann. Das ist bei so komplexen Gegenständen eigentlich immer der Fall. Schließlich sind die Betriebsratsmitglieder in den seltensten Fällen Juristen, Betriebswirte, Informatiker oder Ingenieure. Ihnen fehlen also nicht nur einzelne Informationen, sondern eine fachliche Ausbildung.

Was für eine Art von Sachverstand gebraucht wird, hängt natürlich vom jeweiligen Thema ab. Das kann ein Jurist, ein Ingenieur, ein Arbeitsmediziner oder ein Arbeitswissenschaftler sein. Um an die richtige Adresse zu kommen, müssen Sie sich ein wenig umhören. Gute Hinweise erhalten Sie

- ✔ bei Ihrer Gewerkschaft,
- ✔ bei Betriebsratskollegen anderer Betriebe,
- ✔ bei Ihrem Rechtsanwalt,
- ✔ bei der zuständigen Berufsgenossenschaft oder
- ✔ in Kapitel 20 dieses Buches.

Wenn Sie einen Sachverständigen gefunden haben, der für Ihr Thema passend erscheint und der auch bereit ist, für Sie zu arbeiten, fassen Sie als Gremium einen entsprechenden Beschluss und teilen ihn dem Arbeitgeber mit. Wenn Sie bereits einen Kostenvoranschlag angefordert haben, umso besser.

Nun sagt der Arbeitgeber vielleicht: »Da brauchen Sie doch nicht einen teuren Spezialisten ins Haus zu holen. Fragen Sie doch einfach den Herrn Dr. Keller hier im Haus, der hat das neue System ja für uns konzipiert.« Darauf muss sich der Betriebsrat einlassen.

Also geht er erst einmal zum betrieblichen Systemanalytiker und lässt sich das Projekt in allen Einzelheiten von ihm erläutern. Doch kann es durchaus sein, dass dem Betriebsrat die Informationen, die der »interne Sachverständige« gegeben hat, nicht ausreichen oder – und das ist der wahrscheinlichste Fall – auf eventuelle Nachteile für die Arbeitnehmer nicht im gewünschten Maße eingehen. Er weist daher den Arbeitgeber darauf hin, dass nach wie vor Informationsbedarf besteht und er daher einen Sachverständigen braucht, der ihn berät, wie er den Sachverhalt aus Arbeitnehmersicht beurteilen kann.

Die »nähere Vereinbarung«

Wenn der Arbeitgeber zustimmt, schließt der Betriebsrat eine schriftliche »nähere Vereinbarung« mit ihm. Darin sind niedergelegt:

- ✔ das Thema, zu dessen Klärung der Sachverständige hinzugezogen werden soll,
- ✔ die voraussichtlichen Kosten und
- ✔ die Person des Sachverständigen.

Den Auftrag an den Sachverständigen erteilt wieder nicht der Betriebsrat, sondern der Arbeitgeber. In der Regel wird zuvor ein bestimmter Umfang (Stunden, Honorar) vereinbart. Jetzt kann die Beratung beginnen.

Wenn der Arbeitgeber der Hinzuziehung eines Sachverständigen nicht zustimmt, kann der Betriebsrat eine arbeitsgerichtliche Entscheidung herbeiführen und die erforderliche Vereinbarung mit dem Arbeitgeber im Beschlussverfahren durch das Arbeitsgericht ersetzen lassen.

§ 80 BetrVG: Allgemeine Aufgaben (Auszug)

(3) Der Betriebsrat kann bei der Durchführung seiner Aufgaben nach näherer Vereinbarung mit dem Arbeitgeber Sachverständige hinzuziehen, soweit dies zur ordnungsgemäßen Erfüllung seiner Aufgaben erforderlich ist. Muss der Betriebsrat zur Durchführung seiner Aufgaben die Einführung oder Anwendung von Künstlicher Intelligenz beurteilen, gilt insoweit die Hinzuziehung eines Sachverständigen als erforderlich. Gleiches gilt, wenn sich Arbeitgeber und Betriebsrat auf einen ständigen Sachverständigen in Angelegenheiten nach Satz 2 einigen.

Erforderlichkeit ohne Diskussionen

Es gibt zwei Fallgestaltungen, in denen Sie die Erforderlichkeit der Hinzuziehung von Sachverständigen nicht ausführlich begründen müssen: Das ist zum einen die Situation, dass Sie als Betriebsrat Themen bearbeiten müssen, die die Einführung oder Anwendung von Künstlicher Intelligenz betreffen. Zum anderen wird bei einer Betriebsänderung, also zum Beispiel im Fall von Personalabbau oder Verlegung des Betriebs, dem Betriebsrat die Hinzuziehung von Beratern ermöglicht. Voraussetzung ist, dass es sich um ein Unternehmen mit mehr als 300 Beschäftigten handelt.

§ 111 BetrVG: Betriebsänderungen (Auszug)

In Unternehmen mit in der Regel mehr als zwanzig wahlberechtigten Arbeitnehmern hat der Unternehmer den Betriebsrat über geplante Betriebsänderungen, die wesentliche Nachteile für die Belegschaft oder erhebliche Teile der Belegschaft zur Folge haben können, rechtzeitig und umfassend zu unterrichten und die geplanten Betriebsänderungen mit dem Betriebsrat zu beraten. Der Betriebsrat kann in Unternehmen mit mehr als 300 Arbeitnehmern zu seiner Unterstützung einen Berater hinzuziehen.

Lassen Sie sich nicht von der Zahl »mehr als 300« beeindrucken, wenn Sie in einem Betrieb mit weniger Beschäftigten arbeiten. Es kommt auf die Zahl der im Unternehmen Beschäftigten an – also werden auch die Arbeitnehmer aus anderen Betrieben hinzugerechnet. Es kommt auch nicht darauf an, dass mehr als 300 Beschäftigte von der Betriebsänderung betroffen sind. Es müssen nur mehr als 300 Arbeitnehmer in dem Unternehmen vorhanden sein.

Wenn es im Unternehmen weniger als 300 Beschäftigte gibt, entfällt nicht Ihr Anspruch auf Hinzuziehung von sachverständigen Beratern. Sie müssen ihn nur konkreter begründen.

Der Rechtsanwalt

Ein Sonderfall eines Sachverständigen ist der Rechtsanwalt. Kommt es zu einer Rechtsstreitigkeit zwischen Arbeitgeber und Betriebsrat, muss der Betriebsrat natürlich einen eigenen Rechtsbeistand hinzuziehen – der Firmenanwalt steht ja schon auf der Seite des Unternehmers. Welchen Anwalt der Betriebsrat hinzuzieht, steht vollkommen in seinem Ermessen. Freilich ist er auch hier verpflichtet, auf die betrieblichen Belange des Arbeitgebers Rücksicht zu nehmen. Er kann also nicht ohne Not einen Anwalt verpflichten, der 300 Kilometer entfernt arbeitet, wenn es am Ort ebenfalls gute Anwälte gibt.

Suchen Sie sich zur Prozessvertretung unbedingt einen Fachanwalt für Arbeitsrecht. Fragen Sie außerdem vorher nach, ob die Kanzlei mehr Arbeitgeber oder mehr beziehungsweise ausschließlich Arbeitnehmer vertritt.

IN DIESEM KAPITEL

Regelmäßigkeit ist von Vorteil

Unverzichtbar: Einladung plus Tagesordnung

Wer teilnimmt – und wer nicht

Die Aufgabe des Vorsitzenden

Beschlüsse und ihre Folgen

Das Protokoll

Kapitel 8
Die Betriebsratssitzung

Die Betriebsratssitzung ist in gewisser Weise das Gehirn des Betriebsrats. Hier werden alle wichtigen Themen besprochen, diskutiert, erwogen, von allen Seiten beleuchtet, debattiert und schließlich beschlossen. Erst aus dem Beschluss folgt die Handlung: Briefe werden geschrieben, Versammlungen einberufen, Forderungen aufgestellt, Argumentationsketten geknüpft. Nur was den Weg durch die Betriebsratssitzung gefunden hat, ist auch wirklich im Besitz des Gremiums. Da kein einzelnes Betriebsratsmitglied einfach auf eigene Faust lospreschen kann, ist der Betriebsrat nur durch den gemeinsamen Beschluss handlungsfähig. Und der wird ausschließlich auf der Betriebsratssitzung gefasst.

Die Grundpfeiler der Betriebsratssitzung sind:

- ✔ Regelmäßigkeit
- ✔ Verbindlichkeit
- ✔ gute Vorbereitung

Das heißt nicht, dass es auf den Sitzungen immer bierernst und staubtrocken zugehen muss. Aber ernst nehmen müssen Sie die Sitzungen schon. Auf der Betriebsratssitzung bereiten Sie Ihr gesamtes Handeln als Betriebsrat vor, und wenn die Vorbereitung mangelhaft oder schludrig ist, wird auch bei Ihren Aktionen nicht viel herauskommen.

Die Wahl des richtigen Zeitpunkts

Die Betriebsratssitzung findet nicht am Wochenende, nicht am Feierabend und auch nicht während der Mittagspause statt, sondern – wie alle anderen Betriebsratsaktivitäten auch – selbstverständlich während der Arbeitszeit. Möglichst sollte der Termin auch nicht zu nah am allgemeinen Arbeitsende liegen, da sonst unnötiger Zeitdruck entsteht und die Gedanken sich bereits auf die Abendaktivitäten richten. Am besten ist ein Termin am Morgen beziehungsweise am Vormittag, dann sind alle noch frisch und können die Tagesordnungspunkte in der nötigen Ausführlichkeit diskutieren. Welche Tageszeit die günstigste ist – günstig in der Perspektive der Betriebsratsarbeit! –, wird sich sicher relativ schnell erweisen. Klar ist jedenfalls: Den Zeitpunkt der Betriebsratssitzung legt der Betriebsrat fest und nicht der Arbeitgeber.

Haben nicht alle Betriebsratsmitglieder dieselbe Arbeitszeit, weil zum Beispiel im Schichtbetrieb gearbeitet wird, so wird ein Termin gesucht, der für alle wenigstens einigermaßen einzuhalten ist. Betriebsratsmitglieder, die eigentlich frei haben, machen für diesen Zeitraum Freizeitausgleich geltend.

§ 37 BetrVG: Ehrenamtliche Tätigkeit, Arbeitsversäumnis (Auszug)

(3) Zum Ausgleich für Betriebsratstätigkeit, die aus betriebsbedingten Gründen außerhalb der Arbeitszeit durchzuführen ist, hat das Betriebsratsmitglied Anspruch auf entsprechende Arbeitsbefreiung unter Fortzahlung des Arbeitsentgelts. Betriebsbedingte Gründe liegen auch vor, wenn die Betriebsratstätigkeit wegen der unterschiedlichen Arbeitszeiten der Betriebsratsmitglieder nicht innerhalb der persönlichen Arbeitszeit erfolgen kann. Die Arbeitsbefreiung ist vor Ablauf eines Monats zu gewähren; ist dies aus betriebsbedingten Gründen nicht möglich, so ist die aufgewendete Zeit wie Mehrarbeit zu vergüten.

Der Ort des Geschehens

Der beste Ort für eine Betriebsratssitzung ist das Betriebsratsbüro. Da sind alle Unterlagen zur Hand, man kann sich ein Flipchart hinstellen, und vor allem ist man ungestört. Aber nicht jeder Betriebsrat hat ein eigenes Büro (mehr zum Betriebsratsbüro erfahren Sie in Kapitel 7). In diesem Fall muss der Arbeitgeber dafür sorgen, dass der Betriebsrat einen Raum bekommt, in dem er zumindest für die Dauer der Sitzung ungestört ist. Alle anderen Möglichkeiten sind Pfusch: Die Betriebsratssitzung findet weder in der Kantine noch im Pausenraum noch neben der laufenden Fräsmaschine noch im Büro der Chefsekretärin statt. Alle diese Orte sind ungeeignet. Entweder kann jeden Moment jemand hereinkommen (»Ich wollte nur schnell die grüne Akte holen«, »Habt ihr meine Thermosflasche gesehen«, »Entschuldigung, Herr Müller, aber ich brauche Sie ganz dringend mal!«), oder es laufen Kollegen vorbei und bekommen unwillkürlich mit, dass der Betriebsrat gerade die Kündigung von Frau Baumann erörtert – das war's dann mit der Vertraulichkeit. Selbst wenn mal eine Stunde lang niemand kommt, werden Sie auf die Dauer nervös und unkonzentriert und bemühen sich auch bei wichtigen Angelegenheiten, diese schnell über die Bühne zu bekommen.

Nicht einmal das Einzelbüro eines Betriebsratsmitglieds ist mehr als eine Notlösung, denn hier klingelt das Telefon, E-Mails gehen ein, die Arbeit liegt da und schaut Sie böse an. All diese Störfaktoren müssen unbedingt ausgeschlossen werden. Sie brauchen also eine vernünftige Sitzungsstätte. Wenn Sie kein eigenes Betriebsratsbüro haben, suchen Sie einen anderen geeigneten Ort. Das kann durchaus ein sonst anderweitig genutzter Besprechungsraum sein. Es muss nur sichergestellt sein, dass niemand »aus Versehen« zuhören kann.

Virtuelle Betriebsratssitzung – wenn der Betriebsrat es will

Erst war es nur eine pandemiebedingte befristete Notlösung – jetzt ist die Möglichkeit, die Betriebsratssitzung per Video- und Telefonkonferenz durchzuführen, dauerhaft im Gesetz geregelt. Aber: Der Vorrang von Präsenzsitzungen gilt weiterhin und muss gesichert werden.

Der Betriebsrat muss die Voraussetzungen für die Teilnahme an einer Betriebsratssitzung mittels Video- und Telefonkonferenz in seiner Geschäftsordnung regeln. Sie müssen in der Einladung zur Betriebsratssitzung darauf hinweisen, dass die Durchführung der Sitzung mittels Video- und Telefonkonferenz geplant ist. Widerspricht mindestens ein Viertel der Betriebsratsmitglieder dieser Durchführung innerhalb einer von Ihnen zu setzenden Frist, muss die Sitzung als Präsenzsitzung durchgeführt werden.

- ✔ Ohne Geschäftsordnung keine Video- und Telefonkonferenz
- ✔ Widerspruchsrecht der Betriebsratsmitglieder
- ✔ Ausschluss der Öffentlichkeit

Wer virtuell an der Sitzung teilnimmt, braucht eine gesicherte (verschlüsselte) Verbindung und muss versichern, dass sich nur teilnahmeberechtigte Personen im Raum befinden. Ihr einjähriger Sohn, der nicht zur Tagesmutter kann und von Ihnen parallel zur Arbeit im Homeoffice betreut wird, wird dabei nicht das Problem darstellen. Ihrer zehnjährigen Tochter sollten Sie tatsächlich klarmachen, dass das Wohnzimmer tabu ist, während Sie dort an der virtuellen Betriebsratssitzung teilnehmen.

Manche Arbeitgeber werden nun wittern, dass virtuelle Betriebsratssitzungen den bisherigen Kostenfaktor »Reisekosten der Betriebsratsmitglieder« doch erheblich reduzieren könnten. Aber: Kosten sind kein Argument! Lassen Sie sich nie vom Arbeitgeber einreden, dass eine virtuelle Teilnahme an einer Betriebsratssitzung weniger kostet und deshalb die persönliche Teilnahme vor Ort nicht erforderlich sei.

§ 30 BetrVG: Betriebsratssitzungen (Auszug)

(3) Erfolgt die Betriebsratssitzung mit der zusätzlichen Möglichkeit der Teilnahme mittels Video- und Telefonkonferenz, gilt auch eine Teilnahme vor Ort als erforderlich.

Wie virtuell hätten Sie es gern?

Wenn Sie entschieden haben, dass Sie die Möglichkeiten der Video- und Telefonkonferenz für die Betriebsratssitzung nutzen wollen, müssen Sie dafür Regeln in der Geschäftsordnung aufstellen. Die Geschäftsordnung muss erkennen lassen, dass Präsenzsitzungen Vorrang haben. Sie sollten Fälle benennen, bei denen der Betriebsrat eine Teilnahme an der Sitzung mittels Video- und Telefonkonferenz als zulässig ansieht. Diese könnten folgenden Inhalt haben:

- ✔ Sie können die Durchführung auf Fälle beschränken, in denen der Gesundheitsschutz der Betriebsratsmitglieder andernfalls gefährdet wäre.
- ✔ Sie können sie auf Fälle begrenzen, in denen der Betriebsrat sehr schnell Entscheidungen treffen muss – zum Beispiel bei einer Anhörung zu einer außerordentlichen Kündigung.
- ✔ Sie können die Anzahl der Betriebsratssitzungen, die virtuell durchgeführt werden können, begrenzen.

Regelmäßig und ohne Zeitdruck

Wie oft die Betriebsratssitzung stattfindet, hängt wieder einmal davon ab, wie groß der Betrieb ist und wie viele Probleme es gibt. Manchmal ist alles ruhig, der Chef ist in Urlaub, jeder kann ungestört arbeiten. Es kann aber auch Zeiten geben, in denen sich das Gremium fast täglich treffen muss, um zum Beispiel einen Sozialplan vorzubereiten. In großen Betrieben findet die Betriebsratssitzung einmal wöchentlich ganztägig statt, in kleineren meist vierzehntägig. Seltener als alle zwei Wochen sollten Sie sich nicht treffen. Das verhindert die Kontinuität der Arbeit, ermuntert den Vorsitzenden zu Alleingängen und kann dazu führen, dass nur noch auf Zuruf gearbeitet wird, also nur dann, wenn etwas von außen, vom Arbeitgeber oder von Kollegen, an den Betriebsrat herangetragen wird. Am besten ist ein regelmäßiger Termin. Wenn sich herausstellt, dass es nicht viel zu beraten gibt, kann man die Sitzung ja nach einer Viertelstunde wieder beenden.

Setzen Sie sich nicht unter Druck, indem Sie die Sitzung auf eine Stunde begrenzen und im Anschluss etwas Wichtiges vorhaben. Aber trödeln Sie auch nicht herum. Hier ist der Betriebsratsvorsitzende gefragt. Er muss unnötige Diskussionen, die sich im Kreis drehen und hundertmal Gesagtes wiederholen, mit einer griffigen Zusammenfassung beenden, vertagen oder durch eine Abstimmung zum Abschluss bringen. Andererseits darf er aber auch nicht wichtige Argumente unter den Tisch kehren, den Meinungsbildungsprozess abwürgen oder zurückhaltende Mitglieder des Betriebsrats unbeachtet lassen.

Für die Dauer der Betriebsratssitzung sind die Betriebsratsmitglieder von der Arbeit freigestellt. Daher muss die Geschäftsleitung rechtzeitig über den Termin der Betriebsratssitzung informiert werden. Um Erlaubnis muss der Betriebsrat nicht bitten, er teilt es lediglich mit. Betriebsratsmitglieder müssen sich lediglich am Arbeitsplatz für die Teilnahme an der Sitzung – idealerweise beim Vorgesetzten – abmelden. Falls am Arbeitsplatz eines Betriebsratsmitglieds für eine Vertretung gesorgt werden muss, so ist dies einzig und allein Aufgabe der Geschäfts- oder Abteilungsleitung. Für die Teilnahme an der Betriebsratssitzung gilt für die Betriebsratsmitglieder, dass ihre Verpflichtungen aus dem Betriebsverfassungsgesetz Vorrang vor ihren Verpflichtungen aus ihrem Arbeitsvertrag haben. Das betrifft beispielsweise Betriebsratsmitglieder, die in Schichtarbeit beschäftigt sind und nur in ihrer arbeitsfreien Zeit an Betriebsratssitzungen teilnehmen können. Dann steht diesen Betriebsratsmitgliedern vor Beginn der Betriebsratssitzung eine Erholungszeit von elf Stunden zu, wie sie das Arbeitszeitgesetz vorschreibt.

Die Einladung zur Sitzung

Zur guten Vorbereitung gehört die Einladung. Aus ihr geht hervor, wann und wo die Sitzung stattfindet sowie die Tagesordnungspunkte, die zu besprechen sind. Ersteres ist wichtig, damit sich die Betriebsratsmitglieder darauf einstellen, ihre Terminplanung entsprechend einrichten sowie ihren Vorgesetzten davon informieren können.

Auch wenn, was empfehlenswert ist, die Betriebsratssitzung einen regelmäßigen Termin hat (zum Beispiel jeden Dienstag um 10 Uhr oder jeden zweiten und vierten Mittwoch des Monats), ist die Einladung zwingend notwendig:

- ✔ als Erinnerung, denn auch feste Termine können im Tagesgeschehen manchmal untergehen, und
- ✔ um die Tagesordnung mitzuteilen.

Die Einladung wird durch den Vorsitzenden oder dessen Stellvertreter ausgesprochen. Sie muss rechtzeitig erfolgen, das bedeutet – wenn möglich – mindestens zwei Tage vor dem Termin, und sie muss die Tagesordnung enthalten. Damit bekommen alle Betriebsratsmitglieder die Gelegenheit, sich mit den Themen der Tagesordnung genauer zu beschäftigen, Wichtiges noch einmal nachzulesen, womöglich auch Argumente zu sammeln, die gegen die bisher im Betriebsrat diskutierte Meinung stehen. Das spart nicht nur Zeit und Diskussionen, sondern zeigt auch Respekt vor den Betriebsratsmitgliedern, die auf diese Weise informiert und gleichberechtigt beraten können und sich nicht die Informationen vom notorisch gut informierten Vorsitzenden abholen müssen.

Wichtige Punkte dürfen nicht ad hoc auf die Tagesordnung gehoben werden – es sei denn, in der Sitzung des beschlussfähigen Betriebsrats stimmen alle anwesenden Mitglieder dafür.

Wenn die Betriebsratssitzung (teilweise) virtuell durchgeführt werden soll, muss der Betriebsratsvorsitzende das in der Einladung mitteilen. Außerdem muss er darauf hinweisen, dass dagegen innerhalb einer von ihm zu benennenden Frist widersprochen werden kann.

Am besten wird die Einladung schriftlich herumgeschickt. Das ist zwar nicht gesetzlich vorgeschrieben, aber aus nachvollziehbaren Gründen viel praktikabler. Wenn wegen eines akut auftauchenden Problems allerdings eine Betriebsratssitzung kurzfristig anberaumt werden muss, ist es nicht gesetzeswidrig, wenn die Einladung zum Beispiel telefonisch ausgesprochen wird. Aber auch in dem Fall gilt: die Tagesordnung muss mitgeteilt werden!

Einberufung durch andere

Wenn sich der Vorsitzende aber nun auf die faule Haut legt und denkt: »Betriebsratssitzung? Nicht schon wieder! Die nächsten vier Wochen habe ich jedenfalls keine Zeit.« Darauf werden sich seine Kollegen hoffentlich nicht einlassen. Müssen sie auch nicht! Wenn ein Viertel der Betriebsratsmitglieder dies verlangt, muss eine Betriebsratssitzung einberufen werden. Und auf die Tagesordnung werden die Themen gesetzt, die diese Mitglieder verlangen. Auch der Arbeitgeber kann die Einberufung einer Betriebsratssitzung fordern, etwa dann, wenn er ein bestimmtes Problem besprochen haben möchte. In diesem Fall nimmt er an der Betriebsratssitzung teil, aber nur zur Besprechung derjenigen Punkte, die auf sein Verlangen hin auf die Tagesordnung gesetzt wurden. Sind die Punkte abgearbeitet, muss er den Raum wieder verlassen. Auch falls zu den »Arbeitgeber-Themen« eine Abstimmung nötig ist, wird diese ohne seine Anwesenheit durchgeführt.

Der Arbeitgeber muss übrigens nicht selbst zu den anberaumten Sitzungen kommen, sondern kann einen Vertreter der Geschäftsleitung dazu beauftragen. Das ist sinnvoll, wenn es zum Beispiel um eine technische Frage geht, die der Betriebsleiter kompetenter behandeln kann als der mehr kaufmännisch orientierte Geschäftsführer selbst. Falls es ihm nötig erscheint, darf der Arbeitgeber auch einen Vertreter seines Arbeitgeberverbandes mitbringen.

Kollegen ohne Betriebsratsfunktion haben kein Recht, die Einberufung einer Betriebsratssitzung zu verlangen. Das gilt auch für die Gewerkschaft, die für den Betrieb zuständig ist, ebenso für die Mitglieder der Schwerbehindertenvertretung oder ähnliche Funktionsträger. Diese Regelung soll die Unabhängigkeit des Betriebsrats sichern. Aber natürlich wird wohl kein Betriebsrat, der seine fünf Sinne beisammenhat, den Ruf der Belegschaft nach der Behandlung des Themas »Überstunden« ungehört verhallen lassen.

Die Betriebsratssitzung ist keine Überraschungsparty – die Tagesordnung

Die Tagesordnung erstellt derjenige, der auch die Einladung ausspricht: der Betriebsratsvorsitzende. Bei ihm laufen die Fäden zusammen, er hat den besten Überblick über die Geschehnisse im Betrieb, und falls der Arbeitgeber den Betriebsrat von einem Sachverhalt unterrichtet, landet dieser Brief als Erstes beim Vorsitzenden.

Ständige Punkte

Die einzelnen Tagesordnungspunkte ergeben sich aus den aktuellen Gegebenheiten im Betrieb. Dennoch gibt es einige Punkte, die auf der Tagesordnung sozusagen ein ständiges Wohnrecht haben:

- ✔ Begrüßung
- ✔ Feststellung der Beschlussfähigkeit
- ✔ Feststellung der Tagesordnung
- ✔ Protokoll der letzten Sitzung

Es kann sinnvoll sein, weitere regelmäßige Punkte zu installieren, zum Beispiel:

- ✔ **Personelle Belange:** Darunter fallen nicht nur Kündigungen oder Abmahnungen, sondern auch Fragen wie zum Beispiel Mobbing. Jedenfalls hilft ein solcher ständiger Punkt auf der Tagesordnung, achtsam zu sein und zu beobachten, was in der Belegschaft vor sich geht. Aber Vorsicht: Keinesfalls ist dies ein Vorwand für Klatsch und Tratsch!
- ✔ **Qualifizierung:** Unter diesem Punkt kann der Vorsitzende nicht nur den Fortbildungsbedarf bei den einzelnen Mitgliedern abfragen, sondern auch Hinweise auf interessante Seminare, Bücher, Zeitschriftenartikel sammeln.
- ✔ **Arbeitsschutz:** Je nach Art des Unternehmens, in dem Sie beschäftigt sind, kann das ein ständiger Diskussionspunkt sein.

Das Wichtigste zuerst

Bedenken Sie bei der Erstellung der Tagesordnung: Die Betriebsratssitzung ist kein Showprogramm, bei dem die Knaller am Ende kommen. Ordnen Sie die Tagesordnungspunkte danach, wie wichtig, wie dringlich und wie umfangreich sie sind.

- ✔ Beginnen Sie mit dem Thema, das am meisten Diskussions- oder Beratungsbedarf hat.
- ✔ Überlegen Sie, welche Unterlagen dazu benötigt werden und der Einladung beigefügt werden müssen (zum Beispiel ein Informationsschreiben der Geschäftsleitung, eine Musterbetriebsvereinbarung, ein Artikel aus einer Fachzeitschrift).
- ✔ Bereiten Sie den Wortlaut von Beschlüssen vor, die gefasst werden müssen.
- ✔ Überlegen Sie sich schon im Voraus, welche Konflikte es geben könnte.
- ✔ Setzen Sie nicht zu viele Punkte auf die Tagesordnung.

Verschiedenes zu »Verschiedenes«

Der beliebteste Punkt einer jeden Tagesordnung ist der letzte, der Punkt »Verschiedenes«. Denn da lässt sich alles unterbringen, was anderswo keinen Platz hat und – wichtig! – keine Beschlussfassung benötigt. Das kann zum Beispiel die Information sein, dass Frau Berger aus der Registratur nächste Woche ihr 25-jähriges Jubiläum hat und den Betriebsrat ausdrücklich zu ihrer kleinen Feier eingeladen hat, oder die Mitteilung, dass demnächst die Kantine renoviert wird.

Gestalten Sie die Tagesordnung so konkret wie möglich. Nicht: »Fragen des Arbeitsschutzes«, sondern: »Defekte Absauganlagen in Halle 4«.

Wie eine gültige Einladung mit Tagesordnung aussehen könnte, sehen Sie in Abbildung 8.1.

Themen der Betriebsratssitzung

Die Betriebsratssitzung beschäftigt sich mit allem, »was anliegt«. Aber sie darf dabei nicht zu einem ständigen Reagieren auf Missstände im Betrieb oder auf Zumutungen der Geschäftsleitung verkommen. Ein guter Betriebsrat zeigt immer auch Initiative. Daher sollte regelmäßig über neue Projekte gesprochen werden, die der Betriebsrat anpacken könnte. Das könnte zum Beispiel ein Vorschlag sein, wie die Qualifizierung der Beschäftigten sinnvoller, gerechter oder störungsfreier ins Werk gesetzt werden könnte, oder aber der Vorsatz, sich einmal alle Betriebsvereinbarungen vorzunehmen und zu überprüfen, welche überarbeitet, neu abgeschlossen, ergänzt oder aktualisiert werden müssen. So können Sie alle »Sachbereiche«, die im Betrieb eine Rolle spielen, in dem jeweils angemessenen Turnus beleuchten und auf Handlungsbedarf hin prüfen.

Allen Betriebsratsmitgliedern muss klar sein, welche Aufgabe sie haben und wie sie zu bewältigen ist. Ansagen wie »Kurt, du könntest dich doch mal um das betriebliche Vorschlagswesen kümmern« sind wenig hilfreich. Entweder bekommt Kurt einen konkreten Arbeitsauftrag: »Schau nach, wie das im Betriebsverfassungsgesetz geregelt ist, und frag beim Betriebsrat der Schulze-Werke nach, ob die eine gute Lösung haben.« Oder Sie organisieren in einer Betriebsratssitzung ein Brainstorming, wie man das Problem angehen könnte, und entwickeln daraus dann gemeinsam konkrete Arbeitsaufgaben. Dann bekommt Kurt einen Termin gesetzt, zum Beispiel in vier Wochen, bis dahin sollte er Beispiele gesammelt haben.

Ist der Vorsitzende ganz frei in der Gestaltung der Tagesordnung? Im Prinzip ja. Allerdings dürfen auch andere Punkte auf die Tagesordnung bringen, zum Beispiel der Arbeitgeber, die Schwerbehindertenvertretung, die Jugend- und Auszubildendenvertretung sowie andere Betriebsratsmitglieder, sofern sie mindestens ein Viertel des Betriebsrats repräsentieren. Bei einem Gremium von 13 Betriebsratsmitgliedern wären das mindestens vier (denn 3,25 Personen werden sich schlecht finden lassen).

Einladung zur Betriebsratssitzung

An die Betriebsratsmitglieder (hier Namen aufzählen),
Ersatzmitglieder (sofern ordentliche Mitglieder an der Teilnahme verhindert sind),
JAV (Kerstin Bigge)

Liebe Kolleginnen und Kollegen,

Die nächste **Betriebsratssitzung** findet statt
am Dienstag, 30. Juni, 10.00 Uhr, im Betriebsratsbüro.

Tagesordnung:

1. Begrüßung
2. Bericht vom Monatsgespräch mit der Geschäftsleitung
3. Geplanter Umbau und Umstrukturierung der Versandstelle
4. Bericht von der Betriebsbegehung mit der Fachkraft für Arbeitssicherheit
5. Entwurf der Betriebsvereinbarung «Zugangskontrolle» - Stand? Weitere Vorschläge?
6. Klagen der Kollegen aus der Montagehalle wegen gesundheitlicher Beschwerden
7. Befristete Einstellung einer Vertretung für Frau Lissing (Elternzeit)
8. Verschiedenes

Ich bitte jeden, der verhindert ist, um sofortige Benachrichtigung.

Mit freundlichen Grüßen

Bettina Schwarz
Betriebsratsvorsitzende

Abbildung 8.1: Eine Tagesordnung kann so aussehen.

Eine unvollständige Einladung kann rechtliche Konsequenzen haben: Beschlüsse können angefochten werden und ungültig sein. Falls es also doch einmal passiert, dass mit der Einladung keine Tagesordnung mitgeschickt wird oder die Tagesordnung sich überraschend ändert oder ergänzt wird, kann ein wirksamer Beschluss nur gefasst werden, wenn

✔ alle Betriebsratsmitglieder, einschließlich eventuell erforderlicher Ersatzmitglieder rechtzeitig geladen wurden,

✔ der Betriebsrat beschlussfähig (im Sinne § 33 Abs. 2 BetrVG) ist, also mindestens die Mehrheit der Betriebsratsmitglieder an der Beschlussfassung teilnimmt, und

✔ die anwesenden Betriebsratsmitglieder einstimmig beschlossen haben, über den Regelungsgegenstand des später gefassten Beschlusses zu beraten und abzustimmen.

Kein Prosit auf den Betriebsrat

Machen Sie aus der Betriebsratssitzung kein gesellschaftliches Ereignis. Gegen eine Tasse Kaffee oder ein Glas Mineralwasser während der Sitzung ist nichts einzuwenden, aber verkneifen Sie sich das Stück Kuchen, den weihnachtlichen Plätzchenteller und auf jeden Fall die Flasche Sekt, Bier oder Schnaps. Wenn die Kollegen das Gefühl haben, dass die Betriebsratssitzung so eine Art gemütliches Kaffeekränzchen oder gar Gelegenheit zu einem feuchtfröhlichen Umtrunk ist, werden sie Ihre Arbeit nicht unterstützen und Ihnen nur begrenzt Vertrauen schenken. Zur Betriebsratsarbeit gehört Selbstvertrauen, dem Arbeitgeber, aber auch den eigenen Kollegen gegenüber.

Wer wird eingeladen?

Wer nimmt an der Betriebsratssitzung teil? Grob gesprochen: alle, die eingeladen sind. Das sind in erster Linie natürlich die Betriebsratsmitglieder. Sie sind sogar zur Teilnahme verpflichtet – wie sollten sie sonst ihre Aufgaben wahrnehmen?

Außerdem können bei Bedarf eingeladen werden:

✔ ein Mitglied der Jugend- und Auszubildendenvertretung (JAV), vor allem wenn Angelegenheiten beraten werden, die ihren Bereich betreffen

✔ ein Mitglied der Schwerbehindertenvertretung

✔ der Arbeitgeber

- ✔ ein Vertreter der für den Betrieb zuständigen Gewerkschaft
- ✔ sachverständige Kollegen, die zu einem bestimmten Problemkreis Informationen geben können oder von einem Problem (Überstundenlast, Umstrukturierung, Schließung einer Abteilung) betroffen sind. Allerdings nehmen sie nur zu diesem Tagesordnungspunkt an der Sitzung teil.
- ✔ externe Berater oder Sachverständige, zum Beispiel ein Seminaranbieter zum Thema »betriebliche Weiterbildung« oder die technische Aufsichtsperson einer Berufsgenossenschaft zum Thema »Arbeitsschutz« oder Kollegen von einer anderen Firma zum Thema »Vertrauensarbeitszeit«

Für alle anderen gilt »Zutritt verboten«: Die Betriebsratssitzung ist nicht öffentlich.

Wen der Betriebsrat zu seinen Sitzungen einlädt, liegt vollkommen in seiner Entscheidung. Der Arbeitgeber hat da nicht mitzureden. Er muss jedoch vorher informiert werden, wenn der Eingeladene ein Honorar oder eine Fahrtkostenerstattung verlangt. Das leuchtet ein, da der Arbeitgeber ja auch zur Kasse gebeten wird.

Der Gewerkschaftsvertreter

Ob ein Vertreter der zuständigen Gewerkschaft einer, mehreren oder turnusmäßig sogar allen Betriebsratssitzungen beiwohnt, kann innerhalb des Betriebsratsgremiums durchaus strittig sein. Angenommen, in einem Betriebsrat von 15 Personen sind sechs gewerkschaftlich organisiert, die anderen einschließlich des Vorsitzenden haben damit nichts am Hut. »Bleibt uns weg mit eurer Gewerkschaft«, sagen sie regelmäßig, und bestimmt würde es dem Vorsitzenden nicht einfallen, den örtlichen Gewerkschaftssekretär zu kontaktieren und zu einer Betriebsratssitzung einzuladen. Nun steht aber ein wichtiges Problem auf der Agenda, und da möchten die organisierten Kollegen doch gern, dass die Sicht der Gewerkschaft zumindest gehört wird.

Um in dieser Situation die Position der Minderheit zu stärken, sieht das Gesetz vor, dass ein Gewerkschaftsvertreter eingeladen werden muss, wenn ein Viertel der Betriebsratsmitglieder dies beantragt. Voraussetzung: Es muss sich dabei um eine Gewerkschaft handeln, die für den Betrieb zuständig ist – in eine Druckerei also kann man keinen Vertreter der IG Metall laden, in eine Schlosserei keinen von der Gewerkschaft der Lokomotivführer GDL.

Zu dem vorgeschriebenen Viertel des Gremiums – in diesem Fall wären das mindestens vier Personen – müssen auch nicht nur Gewerkschaftsmitglieder gehören. Es reicht, wenn eine Person Mitglied ist. Der Antrag benötigt keine besondere Form, er kann mündlich oder schriftlich gestellt werden. Aber er verpflichtet den Betriebsratsvorsitzenden, umgehend eine vollständige Einladung zu dem im Antrag geforderten Sitzungstermin herauszuschicken. Der Antrag kann nur eine Sitzung, mehrere oder auch alle zukünftigen Sitzungen umfassen.

Anders als etwa der Arbeitgeber darf der Vertreter der Gewerkschaft bei Abstimmungen zugegen sein – selbst mit abstimmen darf er natürlich nicht. Seine Rolle ist die eines

Beraters, der aus dem Fundus seiner Erfahrungen, seines Wissens in rechtlichen, betrieblichen oder strategischen Fragen schöpft und das Betriebsratsgremium informiert, berät, über seine Rechte aufklärt und Handlungsempfehlungen gibt. Selbstverständlich hat er die gleichen Geheimhaltungspflichten wie Betriebsratsmitglieder, es ist also nicht zu befürchten, dass er ein paar Tage später in der Schlosserei Kleinschmitt erzählt, dass die Gießerei Hübel Zahlungsschwierigkeiten hat.

Mancher Arbeitgeber bekommt Pickel, wenn er nur daran denkt, dass sich in seinen heiligen Hallen ein Vertreter der Gewerkschaft aufhalten könnte. Da hilft dann leider nur eine gute Hautcreme, denn verweigern kann er dem Gewerkschaftsbeauftragten den Zutritt nicht: Im Betriebsratszimmer beziehungsweise dem Sitzungsraum hat der Betriebsrat das Hausrecht.

§ 31 BetrVG: Teilnahme der Gewerkschaften

Auf Antrag von einem Viertel der Mitglieder des Betriebsrats kann ein Beauftragter einer im Betriebsrat vertretenen Gewerkschaft an den Sitzungen beratend teilnehmen. In diesem Fall sind der Zeitpunkt der Sitzung und die Tagesordnung der Gewerkschaft rechtzeitig mitzuteilen.

»Ich kann leider nicht«

Sollte ein Betriebsratsmitglied verhindert sein, an der Sitzung teilzunehmen, muss es das dem Vorsitzenden unverzüglich mitteilen. Unverzüglich heißt: Sofort nach dem Erhalt der Einladung beziehungsweise sofort, nachdem der Grund für die Nichtteilnahme eingetreten ist. Aber: Mit Verhinderungsgründen muss sparsam umgegangen werden. Wer mit Grippe im Bett liegt, zum Urlaub auf Teneriffa weilt, sich gerade auf einem Seminar schlaumacht, eine mehrtägige Geschäftsreise unternimmt oder aus anderen Gründen nicht im Betrieb weilt, kann natürlich nicht kommen. Keine Verhinderungsgründe sind: »Der Abteilungsleiter meckert, wenn ich mich schon wieder abmelde«, »Gerade heute, wo sich auch noch Frau Weipert krankgemeldet hat« und ähnliche Argumente. Gibt es tatsächlich einen triftigen Kollisionsfall zwischen beruflicher Tätigkeit und Betriebsratsamt, entscheidet jedes Betriebsratsmitglied in eigener Verantwortung, welcher Pflicht es den Vorrang einräumt. Muss der Betriebsratsvorsitzende ein »Ermittlungsverfahren« einleiten, ob tatsächlich ein Verhinderungsfall vorliegt? Nein, sparen Sie sich den kriminalistischen Spürsinn für den Krimiabend am Sonntag auf. Wenn es sich nicht förmlich aufdrängt, dass der Verhinderungsgrund vorgeschoben ist, laden Sie für das verhinderte Mitglied ein Ersatzmitglied.

Betriebsratsarbeit ist Arbeit. Sie ist genauso wichtig wie Abschlussberichte, Auftragsfertigstellung oder die Inventur. Natürlich kann im Notfall die Betriebsratssitzung auch einmal verschoben werden. Das sollte aber nicht zur Regel werden. Erstens kosten Terminverschiebungen immer eine Menge Zeit und Organisation, zweitens wird ein Termin, den man nach Belieben verschieben kann, unwillkürlich nicht mehr ernst genug genommen.

Ist ein Betriebsratsmitglied verhindert, wird an seiner Stelle ein Ersatzmitglied eingeladen. Genauer gesagt: Es wird das Ersatzmitglied eingeladen, das als Nächstes auf der Wahlliste stand. Gibt es mehrere Wahllisten, zum Beispiel eine von der IG Metall und eine von einer unabhängigen Wählergruppe, so wird die Liste herangezogen, auf der das verhinderte Betriebsratsmitglied kandidiert hatte.

Vorsitz führt der Vorsitzende

Die Betriebsratssitzung ist kein Kaffeeklatsch, zu dem jeder kommt, wann es ihm passt, und Geschichten erzählt, wie er eben gerade zu Wort kommt. Sie hat eine rechtliche Relevanz und eine festgelegte Ordnung.

Deshalb braucht sie eine Leitung, und diese Leitung hat der Betriebsratsvorsitzende inne:

- ✔ Er eröffnet die Sitzung,
- ✔ ruft die Tagesordnungspunkte der Reihe nach auf und erläutert sie,
- ✔ leitet die Diskussion,
- ✔ erteilt das Wort,
- ✔ fasst zusammen,
- ✔ bereitet die Beschlüsse vor,
- ✔ leitet die Abstimmung,
- ✔ stellt das Ergebnis fest,
- ✔ schließt die Sitzung und
- ✔ unterschreibt später das Protokoll.

Das ist alles Formalkram? Mag sein, dass es so klingt. Aber es hat seinen Sinn. Denn das Gremium ist nur arbeitsfähig, wenn bestimmte Spielregeln eingehalten werden. Da das Gremium aus vielen Einzelpersonen besteht, aber dennoch nur in eine Richtung schwimmen kann, muss klar sein, was die Richtung ist. Die kristallisiert sich in der Diskussion heraus, wird durch gemeinsame Beratung überprüft und durch den Beschluss festgelegt. Es läuft also anders als sonst im Betrieb: Da gibt der Chef die Richtung vor, und alle anderen schwimmen hinterher.

Nun wird es aber Zeit, die Sitzung zu eröffnen: Jede Betriebsratssitzung beginnt mit einer Begrüßung. Das ist nicht nur die pure Höflichkeit. Damit wird offiziell der Beginn der Sitzung festgestellt. Zu diesem Zeitpunkt sollten alle Teilnehmer anwesend sein, Nichtmitglieder haben den Raum verlassen. Auch die anwesenden Gäste werden begrüßt beziehungsweise, wenn sie erst für einen späteren Tagesordnungspunkt geladen sind, schon einmal angekündigt. Falls nötig, wird dann geklärt, wer das Protokoll schreibt.

Die anwesenden Teilnehmer tragen sich in einer Anwesenheitsliste ein, die dem Protokoll beigefügt wird. Bei einer Teilnahme mittels Video- und Telefonkonferenz gibt es keine handschriftlich unterzeichnete Anwesenheitsliste. Daher muss die Teilnahme gegenüber dem Betriebsratsvorsitzenden in Textform bestätigt werden. Das kann in Form einer kurzen E-Mail erfolgen. Möglich ist aber auch die Verwendung von Messenger-Diensten, die eine lokale Speicherung der eingegangenen Nachrichten auf dem Empfangsgerät zulassen. Diese Mitteilung wird dann ausgedruckt und dem Protokoll beigefügt.

Nach der Begrüßung wird die Tagesordnung noch einmal verlesen. Jetzt ist der letzte Zeitpunkt, zu dem sie geändert werden kann. Vielleicht hat sich in der Zwischenzeit ja etwas Wichtiges ereignet. Falls es sich um eine Angelegenheit handelt, zu der ein Beschluss gefasst werden muss, müssen alle Betriebsratsmitglieder der Änderung zustimmen – alle! Schließlich wird das Protokoll der vorangegangenen Sitzung aufgerufen. Ist alles richtig wiedergegeben? Gibt es Ergänzungen? Berichtigungen?

Kommt es sehr oft vor, dass das Protokoll nachträglich noch geändert werden muss, müssen Sie überlegen, woran das liegt. Ist der Protokollführer unaufmerksam? Gibt es Querulanten im Betriebsrat, Wichtigtuer, die das Klima stören wollen? Wie kann man das ändern?

Und nun geht es an die Arbeit. Ein Tagesordnungspunkt nach dem anderen wird aufgerufen. Der Vorsitzende oder ein Mitglied, das mit der Vorbereitung betraut war, gibt eine kurze Einführung dazu, jeder, der etwas dazu zu sagen hat, hält einen Beitrag. Aufgabe des Vorsitzenden ist es, die Diskussion aufmerksam zu verfolgen, selbst dazu beizutragen, zurückhaltende Mitglieder zu ermuntern, sich ebenfalls zu äußern, darauf zu achten, dass die Reihenfolge der Wortmeldungen eingehalten wird, die Wogen zu glätten, falls es einmal persönlich werden sollte, und die Diskussion zu beenden, wenn sie keine neuen Argumente mehr hergibt.

Meist ist dann schon klar, wie es weitergeht: Entweder müssen noch weitere Informationen eingeholt werden, dann wird das Thema vertagt und auf die nächste Tagesordnung gesetzt. Oder alles ist geklärt und erfordert einen Beschluss.

Antragstellung und Beschluss

Da der Betriebsrat ein demokratisches Gremium ist, genügt es nicht, wenn der Vorsitzende die Diskussion einfach zusammenfasst und daraus ableitet: »So wird's gemacht!« Es könnte ja sein, dass er Bedenken oder Gegenmeinungen – unabsichtlich oder geflissentlich – nicht berücksichtigt hat. Oder ein Mitglied hat Einwände, ist aber noch nicht dazu gekommen, sie zu formulieren. Daher wird das, was beschlossen werden soll, als Antrag formuliert, noch einmal von allen Seiten geprüft und danach förmlich abgestimmt. Umständlich? Vielleicht. Aber auch demokratisch.

Antragstellung

Erst durch die Abstimmung ergibt sich ein Bild davon, was der Betriebsrat wirklich will. Damit auch wirklich keine Unklarheit darüber aufkommt, worüber genau abgestimmt wird, wird der Antrag, also der Wortlaut des zu fassenden Beschlusses, sorgfältig formuliert, am besten niedergeschrieben. (Hier kommt das erwähnte Flipchart ins Spiel!)

Ist der Antrag formuliert, fragt der Vorsitzende, ob alle mit dieser Formulierung einverstanden sind. Gibt es einen treffenderen Vorschlag? Oder einen weiter gehenden Antrag? Das ist nicht der Fall, also kommen wir zur Abstimmung. Oder es wird eben so lange weiterberaten, bis die Formulierung stimmt.

Was kann beschlossen werden?

Ein Betriebsratsbeschluss darf sich natürlich nur mit Angelegenheiten befassen, die durch das Betriebsverfassungsgesetz gedeckt sind. Der Betriebsrat kann also weder beschließen, dass die Ampel auf der Straße vor der Firma abgeschafft werden soll, noch, dass der Chef nur noch grüne Socken tragen darf, noch, dass statt Schrauben künftig Eistüten produziert werden. Ebenso dürfen Beschlüsse nicht gegen geltende Gesetze, Vorschriften oder Tarifverträge verstoßen. Sie können also weder über die Verkürzung der Mutterschutzfrist für Frau Ritter noch über die Ausweitung der Wochenarbeitszeit über die im Tarifvertrag festgelegte Stundenzahl abstimmen – jedenfalls wäre ein solcher Beschluss ungültig, null und nichtig.

Die Abstimmung

Sobald die Formulierung des Antrags steht, wird die Abstimmung vorgenommen. Der Vorsitzende liest den Antrag ein letztes Mal laut vor und stellt die klassischen Fragen:

- ✔ Wer ist für diesen Antrag?
- ✔ Wer ist gegen diesen Antrag?
- ✔ Wer enthält sich?

Inzwischen haben sich hoffentlich alle endgültig ihre Meinung gebildet und heben nach bestem Wissen und Gewissen die Hand. Die offene Abstimmung ist im Betriebsrat die Regel. Das entspricht dem offenen Umgang miteinander, in dem Beschlüsse nicht allein durch Abstimmung, sondern in erster Linie durch eine vorherige kollegiale, freimütige, möglicherweise kontroverse, aber auf eine gemeinsame Lösung abzielende Diskussion gemeinsam erarbeitet, vielleicht auch erstritten werden. Die Beschlussfassung durch Abstimmung ist dann sozusagen der Abschluss der Diskussion. Nur wenn die Mehrheit der anwesenden Mitglieder eine geheime Abstimmung beschließt (zum Beispiel in einer Personalangelegenheit), wird diese durchgeführt – ohne Wenn und Aber.

Geheime Abstimmungen und Wahlen (beispielsweise der weiteren Mitglieder für den Betriebsausschuss) sind ein »No-Go« bei der Durchführung von virtuellen Betriebsratssitzungen. Per Video oder Telefon lässt sich nichts in geheimer Abstimmung durchführen. In diesen Fällen muss eine Betriebsratssitzung ausschließlich in Präsenz stattfinden.

Nehmen Sie das bitte nicht auf die leichte Schulter. Der Beschluss eines Betriebsrats ist rechtsverbindlich. Ist er nicht ordnungsgemäß zustande gekommen und protokolliert, kann er später gerichtlich angefochten werden – eine üble Sache, denn das passiert meist in einer Situation, in der man ohnehin genug Konflikte am Hals hat.

Der Antrag im Antrag

Manchmal kommt es vor, dass zu einem Thema zwei verschiedene Anträge vorliegen. Die Kollegin Hannelore Gruber stellt den Antrag, in der Kantine zwischen 12 und 14 Uhr den Zutritt für Bürohunde zu verbieten, zu fordern. Der Kollege Wolfgang Bürger stellt einen weiter gehenden Antrag: generelles Verbot, in der Kantine Hunde mitzuführen. Nun wird zuerst der weiter gehende Antrag zur Abstimmung gestellt. Der Sitzungsleiter fragt also: »Wer ist dafür, dass wir uns für ein generelles Verbot von Bürohunden in der Kantine starkmachen?« Heben nun bereits mehr als die Hälfte der Kollegen die Hand, erübrigt es sich, nach einem zeitlich eingeschränkten Verbot, Hunde in der Kantine mitzuführen, zu fragen.

Fazit: Immer erst den weitestgehenden Antrag abstimmen lassen, sonst kommt es zu Verwirrungen.

Auszählung der Stimmen

Zu einer ordnungsgemäßen Beschlussfassung gehört auch, dass der Betriebsrat überhaupt beschlussfähig ist. Das bedeutet, dass mindestens die Hälfte der Mitglieder an der Abstimmung teilnehmen muss. Sind zu viele verhindert, werden alle oder zumindest einige durch Ersatzmitglieder vertreten. Bei Abstimmungen zu wichtigen Anträgen, über die womöglich schon seit Wochen diskutiert wurde, sollte man das aber vermeiden. Es ist nicht besonders sinnvoll, wenn Kollegen über einen Sachverhalt abstimmen, die nicht mit der Materie vertraut sind.

Beschlüsse werden mit einfacher Mehrheit gefasst. Das heißt, es müssen mehr als die Hälfte der teilnehmenden Mitglieder für »Ja« stimmen. Ist das nicht der Fall, stimmen zum Beispiel fünf für »Ja«, vier für »Nein« und einer enthält sich der Stimme, ist die Mehrheit nicht erreicht, der Antrag ist abgelehnt.

Bei einem Gremium von sieben ordentlichen Mitgliedern können die Abstimmungsergebnisse wie in Tabelle 8.1 gezeigt aussehen.

Anwesend	Beschlussfähig	Ja-Stimmen	Nein-Stimmen	Enthaltungen	Beschluss
7	Ja	5	2	0	gefasst
7	Ja	4	1	2	gefasst
7	Ja	3	2	2	abgelehnt (weniger als die Mehrheit hat mit Ja gestimmt)
3	Nein	–	–	–	–

Tabelle 8.1: Mögliche Abstimmungsverhältnisse

Ohne mich!

Es gibt Situationen, in denen ein Betriebsratsmitglied aus bestimmten Gründen nicht an einer Abstimmung teilnehmen möchte. Das kann der Fall sein, wenn es um Angelegenheiten geht, die diese Person persönlich oder ein im Betrieb arbeitendes Familienmitglied betreffen. In diesem Fall hat sie die Möglichkeit, an der Abstimmung nicht teilzunehmen. Dann ist sie zwar de facto anwesend, wird aber bei der Feststellung der Beschlussfähigkeit und auch bei der Zählung der abgegebenen Stimmen einfach nicht mitgezählt. Sie kann natürlich in dieser Zeit auch den Raum verlassen, muss dies aber nicht.

Wird über ein Betriebsratsmitglied verhandelt (zum Beispiel dessen Kündigung), so darf diese Person an der Beratung nicht teilnehmen. Zu diesem Thema wird an ihrer Stelle ein Ersatzmitglied geladen, das an Beratung und Abstimmung teilnimmt.

Nicht ohne mich!

Bei den meisten Beschlüssen reicht es aus, wenn die Mehrheit der anwesenden Betriebsratsmitglieder für den entsprechenden Antrag stimmt. In bestimmten Fällen genügt das nicht. Eine »absolute« Mehrheit, nämlich die Mehrheit der Stimmen aller gewählten Betriebsratsmitglieder ist erforderlich,

- ✔ wenn sich der Betriebsrat eine Geschäftsordnung gibt (§ 36 BetrVG),
- ✔ wenn der Betriebsrat zurücktritt (§ 13 Abs. 2 Nr. 3 BetrVG),
- ✔ wenn der Betriebsrat gewisse Aufgaben einem Ausschuss zur selbstständigen Erledigung überträgt (§ 27 Abs. 2 BetrVG) und
- ✔ bei der nachträglichen Änderung der Tagesordnung der Betriebsratssitzung; hierbei müssen aber erstens sämtliche Betriebsratsmitglieder rechtzeitig geladen sowie zweitens der Betriebsrat beschlussfähig sein und drittens der Beschluss einstimmig gefasst werden.

Rechtlich gesehen

Da ein Beschluss eine gravierende rechtliche Konsequenz haben kann, müssen Sie unbedingt darauf achten, dass alle notwendigen Bedingungen eingehalten sind:

- ✔ Verstößt der Beschluss gegen ein Gesetz, eine Verordnung, eine Unfallverhütungsvorschrift, einen Tarifvertrag?
- ✔ Wurden alle Betriebsratsmitglieder rechtzeitig zur Sitzung eingeladen? Wenn nicht alle teilnehmen können, wurde stattdessen die nötige Anzahl von Ersatzmitgliedern eingeladen? Wurden die richtigen Ersatzmitglieder eingeladen?
- ✔ Ist der Betriebsrat beschlussfähig? Ist mindestens die Hälfte der Mitglieder anwesend und nimmt an der Beschlussfassung teil?
- ✔ Hat der Beschluss eine Angelegenheit zum Gegenstand, die in die Zuständigkeit der Jugend- und Auszubildendenvertretung (JAV) fällt? Wurde die JAV eingeladen? War sie anwesend?
- ✔ Lag eine Tagesordnung vor? Enthielt sie die Angelegenheit, über die der Beschluss gefasst wurde?

Das kommt Ihnen alles pingelig vor? Sie wollen lieber ordentlich loslegen und Ihre kostbare Zeit nicht mit Erbsenzählerei verbringen? Dann stellen Sie sich bitte einmal Folgendes vor: Sie haben bei der Betriebsratssitzung beschlossen, dass der Betriebsrat der Kündigung von Herrn Blässmann widerspricht. Der Arbeitgeber hat – wie auch immer – herausgefunden, dass nur fünf von elf Betriebsratsmitgliedern anwesend waren und dass aus der Tagesordnung außerdem nicht hervorging, dass dieser Punkt zur Abstimmung stand. Bingo! Ihr Beschluss ist ungültig, der Widerspruch gilt als nicht eingelegt, und Herr Blässmann hat das Nachsehen. Das kann bei Ihnen nicht vorkommen? Würden Sie darauf Ihren Arbeitsplatz verwetten?

Der Beschluss ist gefasst

Endlich ist der Beschluss gefasst, eine deutliche Mehrheit war dafür, zwei Kollegen haben sich enthalten. Dieses Ergebnis wird nun im Protokoll festgehalten. Und jetzt? Jetzt können Sie endlich loslegen: Briefe verfassen, Sachverständige kontaktieren, in Verhandlungen mit dem Arbeitgeber eintreten, kurz: den Beschluss umsetzen.

Mit dem Beschluss gibt sich das Betriebsratsgremium Handlungsziel und Richtung. Daher sind Beschlüsse ernst zu nehmende Dokumente und die der Beschlussfassung vorangehende Abstimmung eine wichtige Sache, die gut vorbereitet werden will.

»Nur was man schwarz auf weiß besitzt ...« – das Protokoll

Eine Betriebsratssitzung, die nicht ordnungsgemäß protokolliert ist, hat – rechtlich gesehen – nicht stattgefunden. Stellen Sie sich nur einmal die Diskussionen vor, wenn es kein Protokoll gäbe. »Aber du hast doch letztes Mal ausdrücklich gesagt, die Frage nach den neuen Lüftungsanlagen stellen wir erst einmal zurück.« – »Aber nein, da wollten wir den Chef fragen, bis wann die endlich installiert werden.« – »Unsinn, wir haben gesagt, dass wir heute dazu den Meister aus der Fertigung befragen wollen.« So geht es natürlich nicht. Was besprochen wurde, vor allem aber, was beschlossen wurde, ist schriftlich festzuhalten, sodass jedes Mitglied jederzeit nachvollziehen kann, auf welchem Stand die Betriebsratspolitik ist.

Ja, und wer macht das Protokoll? Das ist jedes Mal eine leidige Frage. Es gibt Betriebsratsgremien, in denen es selbstverständlich ist, dass es die einzige Frau macht (das ist die, die auch immer den Kaffee zur Sitzung mitbringt). Es gibt Gremien, in denen es jedes Mal zu Beginn eine zehnminütige Diskussion darüber gibt, wer diesmal dran ist (»Ich war doch erst vorletztes Mal dran!« – »Ich kann diese Woche unmöglich, es ist so viel zu tun.« – »Ach, ihr wisst doch, ich bin nicht gut in so was.«).

Um diese lästigen Debatten zu vermeiden, ist es angebracht, das Problem in einer der_allerersten Sitzungen verbindlich zu klären. Zum Beispiel, indem sich tatsächlich ein Mitglied bereit erklärt, das Amt des Schriftführers verantwortlich zu übernehmen. Oder indem man festlegt: Das Protokoll wird reihum geführt, jedes Mitglied ist ein halbes Jahr dafür zuständig.

Ein rotierendes System, durch das der Protokollführer *bei jeder Sitzung* wechselt, bewährt sich meist nicht. Zu oft ist dann doch jemand verhindert oder abwesend und die Diskussion beginnt von Neuem.

Was steht drin?

Wenn man es geschickt anfängt, ist so ein Protokoll gar nicht so viel Arbeit. Es ist keineswegs notwendig, die ganze Zeit alle Diskussionsbeiträge mitzustenografieren. Es genügt oft, pro Tagesordnungspunkt das Ergebnis festzuhalten. Zum Beispiel: »Zum Thema Zugangskontrolle zu den Mitarbeiter-Parkplätzen holt der Kollege Wasner Erfahrungen bei den Firmen X, Y und Z ein.« In diesem Satz kann eine halbstündige Diskussion kurz und bündig enthalten sein. Manchmal muss man freilich etwas ausführlicher werden: »Für die Zugangskontrolle spricht, dass dann keine Betriebsfremden mehr ins Haus kommen, dagegen, dass nun auch alle Verspätungen dokumentiert werden.«

Anders ist es bei Beschlüssen: Die müssen im Wortlaut niedergeschrieben werden, ebenso die Abstimmungsergebnisse.

Was ein Protokoll enthalten muss:

- ✔ Datum der Sitzung, eventuell auch Uhrzeit von Beginn und Ende (das ist nicht rechtlich vorgeschrieben, kann aber von Nutzen sein)
- ✔ eine Anwesenheitsliste, in die sich jedes Mitglied eigenhändig eingetragen hat
- ✔ die Tagesordnung
- ✔ das jeweilige Ergebnis der Beratung jedes einzelnen Tagesordnungspunkts
- ✔ bei Beschlüssen: der volle Wortlaut des Antrags, über den abzustimmen war, sowie das Abstimmungsergebnis, und zwar sowohl der angenommenen als auch der abgelehnten Anträge
- ✔ das Datum der Erstellung des Protokolls und der Name des Protokollführers
- ✔ die Unterschrift des Vorsitzenden sowie eines weiteren Betriebsratsmitglieds

§ 34 BetrVG: Sitzungsniederschrift

(1) Über jede Verhandlung des Betriebsrats ist eine Niederschrift aufzunehmen, die mindestens den Wortlaut der Beschlüsse und die Stimmenmehrheit, mit der sie gefasst sind, enthält. Die Niederschrift ist von dem Vorsitzenden und einem weiteren Mitglied zu unterzeichnen. Der Niederschrift ist eine Anwesenheitsliste beizufügen, in die sich jeder Teilnehmer eigenhändig einzutragen hat. Nimmt ein Betriebsratsmitglied mittels Video- und Telefonkonferenz an der Sitzung teil, so hat es seine Teilnahme gegenüber dem Vorsitzenden in Textform zu bestätigen. Die Bestätigung ist der Niederschrift beizufügen.

(2) Hat der Arbeitgeber oder ein Beauftragter einer Gewerkschaft an der Sitzung teilgenommen, so ist ihm der entsprechende Teil der Niederschrift abschriftlich auszuhändigen. Einwendungen gegen die Niederschrift sind unverzüglich schriftlich zu erheben; sie sind der Niederschrift beizufügen.

(3) Die Mitglieder des Betriebsrats haben das Recht, die Unterlagen des Betriebsrats und seiner Ausschüsse jederzeit einzusehen.

Das Protokoll wird, sobald es unterschrieben ist, jedem Betriebsratsmitglied ausgehändigt. Es empfiehlt sich, es sorgfältig durchzulesen, Fehler oder Ungenauigkeiten anzumerken und dazu eine kurze Notiz zu verfassen – das kann ohne Weiteres auch handschriftlich geschehen (»Der übertarifliche Zuschlag für die Kollegen in der Fertigung beträgt im Durchschnitt 150 Euro, nicht 1.500 Euro«). Bei der folgenden Betriebsratssitzung wird das Protokoll dann korrigiert und verabschiedet, und damit ist eine weitere Betriebsratssitzung in das Buch der Geschichte eingegangen.

Das Sitzungsprotokoll bekommt auch der Arbeitgeber, falls er an der Betriebsratssitzung teilgenommen hat. Allerdings nicht das gesamte Protokoll, sondern nur den Text zu dem Tagesordnungspunkt, an dem er teilgenommen hat. Mit einem Textverarbeitungsprogramm ist das ganz einfach zu bewerkstelligen. Dasselbe gilt, wenn ein Sachverständiger, ein Kollege oder ein Gewerkschaftsvertreter an der Sitzung teilgenommen hat. Ein Muster für ein Blankoprotokoll finden Sie in Abbildung 8.2.

Protokoll

Betriebsratssitzung am ______________________ Beginn ______________ Ende ______________

Anwesend:

Betriebsratsmitglieder:		Ersatzmitglieder:	
Karin Hofmeister (Vorsitzende)	☐	Clemens Kugler	☐
Gert Bauer (Stellvertreter)	☐	Steffi Gottschalk	☐
Margot Wegner	☐	Christian Fassbinder	☐
Bernd Waffenschmidt	☐	JAV: ________________	
Johanna Feiler-Stupp	☐	Schwerbehindertenvertretung: ____________	
		Sonstige: ________________________	

Beschlussfähig: ja / nein

Tagesordnung (s. Anlage):

Angenommen: ja / nein

Genehmigung des Protokolls der Sitzung vom ____________ : ja / mit folgenden Veränderungen:

Diskussionsergebnisse der einzelnen Tagesordnungspunkte Beschlüsse im Wortlaut

Ort, Datum

____________________ ____________________

Betriebsratsvorsitzende Schriftführer

Abbildung 8.2: Ein Muster für ein Blankoprotokoll

Tipps für den Protokollführer

Der Protokollführer muss der Betriebsratssitzung besonders aufmerksam folgen, denn Versäumnisse, Fehler oder Ungenauigkeiten sind lästig, arbeitsintensiv und können unangenehme rechtliche Folgen haben. Es ist eine Sache des persönlichen Geschmacks und Geschicks, ob Sie erst mit Bleistift oder Kuli auf einem Block mitschreiben oder gleich in Laptop oder PC tippen. Sinnvoll ist es jedenfalls, schon vor Beginn ein paar Dinge vorzubereiten, ob auf Papier oder in einer Datei: Datum, Tagesordnungspunkte.

- ✔ Hören Sie aufmerksam zu!
- ✔ Schreiben Sie während des Gesprächs mit und versuchen Sie, das Geschriebene zugleich sinnvoll und sparsam zu halten.
- ✔ Notieren Sie keine vollständigen Sätze! Halbsätze oder Stichwörter genügen.
- ✔ Lösen Sie sich von weitschweifigen, umständlichen Formulierungen des Sprechers, versuchen Sie stattdessen, eigene, prägnante Formulierungen zu finden.
- ✔ Verwenden Sie immer dieselben Abkürzungen, zum Beispiel eindeutige Initialen für die Namen Ihrer Kollegen, AG für Arbeitgeber, BR für Betriebsrat, TO für Tagesordnung, BetrVG für Betriebsverfassungsgesetz, ASch für Arbeitsschutz etc.
- ✔ Wenn Ihnen etwas unklar ist, fragen Sie gleich nach. »Kollege Möller, willst du damit sagen, dass die Stühle in der Buchhaltung nicht mehr den Arbeitsschutzbestimmungen entsprechen, oder nur, dass sie schäbig sind?«
- ✔ Lassen Sie sich den Text von eingebrachten Anträgen schriftlich geben.
- ✔ Notieren Sie die abgegebenen Ja- und Nein-Stimmen sowie die Enthaltungen peinlich genau. Wiederholen Sie die Zahlen laut, um sie zu bestätigen. Notieren Sie auch, falls ein Betriebsratsmitglied an der Abstimmung nicht teilgenommen hat. Fassen Sie das Abstimmungsergebnis mit dem Satz zusammen: Der Antrag wurde angenommen / nicht angenommen.
- ✔ Notieren Sie auch die Tagesordnungspunkte, die nicht behandelt wurden, und geben Sie an, ob sie vertagt oder aus anderen Gründen von der Tagesordnung genommen wurden.
- ✔ Wenn Sie mit der Hand schreiben: Achten Sie darauf, dass Sie einen zweiten Stift und genügend Papier parat legen. Schreiben Sie nicht zu eng, damit Sie Platz für Nachträge haben.

- ✔ Geben Sie besonders wichtige Äußerungen, zum Beispiel des Arbeitgebers, als »wörtliche Zitate« wieder, um auszuschließen, dass Sie etwas hineininterpretieren, was vielleicht nicht gemeint ist.
- ✔ Achten Sie auf Neutralität und sachliche Sprache.
- ✔ Schreiben Sie die Endfassung des Protokolls so schnell wie möglich nach der Sitzung, am besten noch am gleichen Tag.
- ✔ Wenn Sie für Ihre Betriebsratssitzung einen Beamer zur Verfügung haben, können Sie auch ein sogenanntes Onlineprotokoll erstellen: das Protokoll wird für alle sichtbar auf dem Bildschirm während der Sitzung formuliert. Unstimmigkeiten können dann direkt geklärt werden. Ja, das kostet Zeit während der Sitzung. Aber die Zeit ist gut investiert, da die nachträgliche Arbeit entfällt und Berichtigungen in der Folgesitzung eher zur Ausnahmeerscheinung werden.

IN DIESEM KAPITEL

Man muss miteinander reden

Der Klassiker: das Schwarze Brett

SOS: ein Flugblatt

Die neuen Medien

Jetzt sind die Kollegen gefragt

Kapitel 9
Öffentlichkeitsarbeit

Da hat der Betriebsrat wochenlang mit dem Arbeitgeber debattiert, verhandelt, an Formulierungen gefeilt und schließlich eine prima Betriebsvereinbarung auf den Weg gebracht. Regelmäßig Betriebsratssitzungen abgehalten, an sämtlichen Ausschusssitzungen teilgenommen, jedes Jahr ein Seminar besucht. Und dann muss sich der Vorsitzende so ganz nebenbei in der Kantine die Frage gefallen lassen: »Sag mal, was macht ihr eigentlich die ganze Zeit? Von euch sieht und hört man ja nichts.« Das ist ungerecht!

Aber ist es auch unberechtigt? Vielleicht ist der Kollege ja ein notorischer Miesmacher. Aber wenn er wirklich nichts von der Arbeit des Betriebsrats mitbekommt? Dann sollte der Betriebsrat schleunigst seine Öffentlichkeitsarbeit überdenken.

Regelmäßige Gespräche

Das allerbeste Mittel der Öffentlichkeitsarbeit ist das regelmäßige Gespräch mit den Kollegen. Durch folgende Maßnahmen können Sie immer auf dem Laufenden bleiben:

- ✔ Gehen Sie durch den Betrieb.
- ✔ Schauen Sie sich die Arbeitsplätze an.
- ✔ Sprechen Sie mit allen, die Ihnen über den Weg laufen.
- ✔ Fragen Sie, ob es etwas Neues gibt.

- ✔ Erkundigen Sie sich, ob es Probleme mit der Arbeit, mit den Vorgesetzten, mit den Kollegen, mit anderen Abteilungen gibt.
- ✔ Fragen Sie nach den Arbeitsbedingungen.
- ✔ Lassen Sie sich erklären, woran die Kollegen gerade arbeiten, falls Sie es nicht wissen. Schließlich sind sie Ihre innerbetrieblichen Sachverständigen.
- ✔ Erzählen Sie, welches Thema Sie im Betriebsrat gerade bearbeiten, auch wenn es nichts Spektakuläres ist.

Die Kollegen wissen in den seltensten Fällen, welche Mitbestimmungsrechte der Betriebsrat hat, was er also alles kann – und was nicht. Sie überschätzen seine Durchsetzungsmöglichkeiten entweder oder unterschätzen sie. Erklären Sie in Gesprächen immer wieder kurz, welche Möglichkeiten Sie wirklich haben, ein Problem zu lösen. Versprechen Sie nichts, was Sie nicht halten können. Aber geben Sie sich auch nicht machtloser, als Sie sind. Und erwarten Sie nicht, dass Ihre Kollegen die Verästelungen der betrieblichen Mitbestimmung im Gedächtnis behalten.

Das Schwarze Brett

Das Schwarze Brett ist das klassische Medium, mit dem der Betriebsrat an die Öffentlichkeit tritt. Ein gut gemachtes Schwarzes Brett ist Blickfang, zeigt Präsenz, gibt Anlass zu Gesprächen und Diskussionen im Betrieb. Die Realität sieht leider oft anders aus. In den meisten Firmen gibt es alle möglichen Tafeln mit Mitteilungen, Anschlägen, Gebrauchsanweisungen, Unfallverhütungsvorschriften, Verboten und Hinweisen. Da muss das Betriebsratsbrett schon sehr ansprechend gestaltet sein, damit es auffällt.

Der richtige Ort

Viele Chefs hätten es am liebsten, wenn das Betriebsratsbrett im hintersten Eck des Umkleideraums oder unter der Treppe zum Heizungskeller hinge. Dann würden sie selbst wenigstens nicht jeden Tag beim Vorbeigehen an die Existenz des Betriebsrats erinnert.

Als Betriebsrat sehen Sie das naturgemäß anders. Sie wissen, dass das Schwarze Brett des Betriebsrats nach allgemeiner Rechtsauffassung an einer geeigneten, allen Arbeitnehmern zugänglichen Stelle aufzuhängen ist. Und geeignet ist nicht die Stelle, an die das Brett farblich oder von der Größe her passen könnte, sondern die Stelle, an der die Chance am größten ist, dass alle Kollegen draufschauen. Welche Stelle könnte das sein? Am besten eine mit viel Durchgangsverkehr, damit jeder einmal daran vorbeimuss. Aber auch eine Stelle, an der die Kollegen Muße zum Schauen haben. Also nicht neben dem Zeiterfassungsgerät, wo jeder nach seiner Zugangskarte sucht, nicht im zugigen Treppenhaus. Ein guter Ort könnte in der Nähe der Teeküche oder beim Kopierer sein, denn dort stehen immer ein paar Kollegen Schlange und haben Zeit zum Gucken.

Größer als ein Tablett!

Der Betriebsrat braucht sich nicht zu verstecken, er hat etwas zu sagen. Das Brett darf also nicht zu mickrig sein. Sonst hängen die Mitteilungen nicht mehr neben-, sondern übereinander, bekommen Eselsohren, vergilben, und keiner will sie mehr lesen. Wenn es im Betrieb auch andere Infotafeln gibt, darf das Betriebsratsbrett nicht kleiner sein als diese.

Das Brett sollte mindestens so groß sein, dass fünf DIN-A4-Seiten (also die normale Schreibmaschinenseitengröße) oder zwei kleinere Plakate nebeneinander hängen können. Es muss übrigens keineswegs schwarz sein. Schließlich geht es nicht um einen Trauerfall. Es kann ein braunes Korkbrett oder eine bezogene Dämmplatte sein. Hauptsache, man kann die Informationen problemlos, also mit Nadeln, Reißzwecken oder Klebeband anbringen und wieder entfernen. Eine Blechplatte mit Magneten ist weniger empfehlenswert, da die Magneten aller Erfahrung nach immer auf geheimnisvolle Weise verschwinden. Vor allem muss jedem auf den ersten Blick klar sein, dass dies das Informationsbrett des Betriebsrats ist. Es muss also groß darüberstehen »Der Betriebsrat« oder »Der Betriebsrat informiert« oder »Betriebsratsinformationen«.

Der Betriebsrat hat das Hausrecht

Am Brett des Betriebsrats hängen nur Informationen, Aushänge oder Plakate des Betriebsrats. Es ist nicht zugleich das Brett,

- ✔ auf dem die Geschäftsleitung mitteilt, dass es dieses Jahr kein Weihnachtsgeld gibt,
- ✔ auf dem die Kollegen eine inoffizielle Tauschbörse für Kinderwagen und Skiausrüstungen einrichten,
- ✔ an das der Kantinenwirt den Speiseplan hängt oder
- ✔ an dem Betriebsarzt, Sicherheitsbeauftragter, Hausmeister oder Gleichstellungsbeauftragter ihre Anwesenheitszeiten bekannt geben.

Das Schwarze Brett gehört allein dem Betriebsrat. Hier hat er das Hausrecht! Er hängt auf, was er für richtig hält, und er hängt auch wieder ab. Sonst keiner!

Das gibt es: Dem Arbeitgeber sticht im Vorübergehen eine Mitteilung des Betriebsrats so scheel ins Auge, dass er sie in hellem Zorn mit einem Ruck herunterreißt. Oder er schickt den Hausmeister mit dem Auftrag, »mal von allen Brettern im Betrieb die alten Mitteilungen« herunterzunehmen. Akzeptieren Sie das keinesfalls. Seien Sie in dieser Angelegenheit kompromisslos. Erklären Sie dem Hausmeister kollegial, dass die Infotafeln des Betriebsrats tabu sind. Danach gehen Sie zum Chef und verbitten sich, dass er Ihre Aushänge entfernen lässt. Erinnern Sie ihn daran, dass so ein Vorgehen eine Behinderung der Betriebsratsarbeit darstellt, die strafbar ist. Noch Zweifel? Verweisen Sie ihn auf § 78 BetrVG: »Die Mitglieder des Betriebsrats ... dürfen in der Ausübung ihrer Tätigkeit nicht gestört oder behindert werden.«

Was hängt denn da?

Bevor etwas abgerissen wird, muss da erst einmal etwas hängen. »Mitteilungen des Betriebsrats« – das klingt ja toll, aber was haben wir denn schon mitzuteilen?

- ✔ die Namen der Betriebsratsmitglieder mit Telefonnummern und den Bereichen, die sie betreuen
- ✔ die Sprechstunden des Betriebsrats
- ✔ den Hinweis auf die nächste Betriebsversammlung
- ✔ ein Auszug aus dem einschlägigen Entgelttarifvertrag
- ✔ Informationen über laufende Tarifverhandlungen
- ✔ eine kurze Zusammenfassung der letzten Betriebsversammlung
- ✔ eine Liste der abgeschlossenen Betriebsvereinbarungen und ein Hinweis, wo man sie einsehen kann

Alles so laaaangweilig?

Aber das allein reißt ja nun noch keinen vom Hocker. Im Gegenteil, eine Information, die eine Weile am Schwarzen Brett hängt, wird unsichtbar. Keiner nimmt sie mehr wahr. So wird über kurz oder lang das Schwarze Brett zum Schwarzen Loch. Das Brett muss also immer wieder neu gestaltet werden. Nein, es genügt nicht, die vier Zettel, die dort hängen, immer wieder in eine andere Reihenfolge zu bringen. Sie müssen sich schon immer wieder etwas Neues einfallen lassen.

Hängen Sie zum Beispiel Folgendes aus:

- ✔ aktuelle Informationen aus der Betriebsratsarbeit,
- ✔ Zeitungsausschnitte mit interessanten Informationen aus dem Arbeitsrecht, aus der Unfallprävention oder aus dem Bereich Datenschutz oder
- ✔ Cartoons aus einer Zeitung, Zeitschrift oder aus dem Internet. Manchmal bietet es sich ja an, eine witzige Zeichnung mit einer selbst formulierten Sprechblase an die Situation im Betrieb anzupassen. Auch wenn sie nicht direkt etwas mit Ihrer Betriebsratsarbeit zu tun hat – die Kollegen haben jede Woche einen Grund, aufs Brett zu schauen.

Auch die Gestaltung spielt eine große Rolle dabei, ob das Brett wahrgenommen wird oder nicht:

- ✔ Hängen Sie nicht ein Blatt neben das andere. Bilden Sie Gruppen, die nach Inhalt oder Wichtigkeit geordnet sind.
- ✔ Keine eng beschriebenen Seiten! Lieber eine knappe Zusammenfassung in ein paar Sätzen und dazu ein Hinweis, wo mehr Information zu bekommen ist.

- Wählen Sie für wichtige Ankündigungen eine große Schrifttype. Dann fallen sie auch den Kollegen ins Auge, die eigentlich gar nicht draufschauen wollten.
- Wechseln Sie die Formate. Benutzen Sie halbe Bogen oder Notizzettel für kurze Mitteilungen. Das macht schon im Vorübergehen neugierig.
- Greifen Sie in den Farbtopf. Schreiben Sie auf rotes, grünes oder gelbes Papier. Halt! Nicht alles auf einmal. Das Schwarze Brett soll nicht im Farbenrausch untergehen.
- Benutzen Sie Pfeile, Frage- oder Ausrufezeichen oder Paragrafenzeichen aus farbigem Zeichenkarton, die als Blickfang oder zur Akzentuierung dienen.

Vor allem aber: Halten Sie das Schwarze Brett aktuell. Ein grellroter Blitz als Blickfang, der schon etwas angestaubt und vergilbt aussieht, wirkt lächerlich.

Was nicht ans Schwarze Brett gehört: Geschäftsgeheimnisse (zum Beispiel Informationen aus dem Wirtschaftsausschuss), Schmähungen gegen wen auch immer, persönliche Daten.

Der »Brettbeauftragte«

Es hat sich bewährt, im Betriebsrat einen Kollegen zu bestimmen, der sich verantwortungsvoll um das Infobrett kümmert, Informationen sammelt, Zeitungsartikel ausschneidet, Ideen entwickelt. Im Lauf der Zeit wird er ein Gespür dafür bekommen, was ans Brett kann und wie es ansprechend zu gestalten ist. Wenn er bei Betriebsratsbeschlüssen als Erstes daran denkt: »Wie kann ich daraus einen Aushang machen?«, dann haben Sie den Richtigen mit der Aufgabe betraut.

Das Schwarze Brett ist auch ein gutes Mittel, ganz nebenbei der Geschäftsleitung Informationen zukommen zu lassen, was dem Betriebsrat wichtig ist und welche Positionen er vertritt.

Information via Flugblatt

Ein Flugblatt ist wie das Extrablatt einer Zeitung: Es erscheint aus aktuellem Anlass und schreit förmlich: »Da ist was los! Lies mich sofort!« Ein Flugblatt verfasst der Betriebsrat, wenn etwas geschieht, das alle Kollegen sofort erfahren sollen. Das ist selten etwas Gutes: Betriebsschließung, Übernahme, großflächiger Personalabbau.

Ein Flugblatt ist schnell gemacht und bringt Aufmerksamkeit:

- Verfassen Sie einen kurzen, prägnanten Text. Benutzen Sie eine *SEHR GROSSE* Schrifttype für die Überschrift.
- Erläutern Sie nicht nur die Situation, sondern kündigen Sie gleichzeitig für den nächsten oder übernächsten Tag eine Betriebsversammlung an.
- Kopieren oder drucken Sie eine ausreichende Anzahl von Exemplaren des Flugblatts.

- ✔ Gehen Sie einmal durch den ganzen Betrieb, am besten jedes Betriebsratsmitglied durch »seine« Abteilung, und drücken Sie das Blatt jedem in die Hand. So weiß jeder Kollege innerhalb einer oder zwei Stunden Bescheid.
- ✔ Außendienstmitarbeiter, Telearbeiter und andere, die nicht regelmäßig im Betrieb sind, bekommen das Flugblatt per Post, per Mail oder per Fax.
- ✔ Stellen Sie sicher, dass Sie keine Gruppe von Beschäftigten vergessen haben. Was ist mit Fahrern, Baustellenpersonal, Beschäftigten in anderen Filialen?

Noch mehr Aufsehen erregt das Verteilen von Flugblättern zu Arbeitsbeginn am Firmeneingang – dann können Sie sicher sein, dass das Thema die ganze Belegschaft den ganzen Tag beschäftigt. Es muss sich dabei aber auch wirklich um ein brisantes Thema handeln, das alle betrifft. Schwere Geschütze nur für dicke Probleme!

Kommunikation per E-Mail

Vor allem in Betrieben, in denen viele Kollegen ihren Arbeitsplatz nicht ständig im Haus haben – zum Beispiel weil sie im Homeoffice arbeiten – und mit der Firma Kontakt über E-Mail halten, muss auch der Betriebsrat dieses Medium nutzen.

- ✔ Vorteil: Der Versand geht auf Knopfdruck an beliebig viele Adressaten und kommt, anders als eine Nachricht am Schwarzen Brett, direkt beim Empfänger an.
- ✔ Nachteil: Eine Mail des Betriebsrats muss sich gegen die Konkurrenz vieler anderer Nachrichten, Rundschreiben, Newsletter und Spammails behaupten. Erweckt sie nicht sofort Interesse, ist sie mit einem Klick weg und wird auch nicht mehr hervorgeholt.

Das heißt nicht, dass Sie auf Mails verzichten sollen. Vor allem in Zusammenarbeit mit dem Intranet ist es eine Kommunikationsform, auf die Sie kaum verzichten können. Aber bedenken Sie immer auch ihre Grenzen. Wenn nicht alle Beschäftigten auch eine eigene Firmenmailadresse haben, dürfen Sie E-Mail-Nachrichten nicht als einzige Form einsetzen. Sonst schaffen Sie gerade im Bereich der Informationspolitik Kollegen erster und zweiter Klasse – und das nehmen sie Ihnen zu Recht übel.

Schicken Sie Betriebsratsnachrichten niemals an die private Mailadresse!

Der Betriebsrat im Intranet

Viele Firmen, besonders größere oder weitverzweigte, haben ein Intranet, also ein geschlossenes Informationssystem, eine Art kleines privates Internet, in das sich nur Firmenangehörige einloggen können, das allerdings auch Links nach draußen anbietet. In diesem

Intranet sollte sich der Betriebsrat unbedingt eine Seite »erobern«, auf die er aktuelle Informationen stellt.

Bei dieser neuen Technik gelten im Prinzip dieselben Regeln wie für das Schwarze Brett:

- ✔ regelmäßig aktualisieren
- ✔ keine Bleiwüsten
- ✔ ansprechend gestalten

Dazu bietet es ein paar weitere Möglichkeiten:

- ✔ Legen Sie ein Archiv an, in dem Betriebsvereinbarungen, Tarifverträge und Kurzprotokolle der letzten Betriebsversammlungen abgelegt sind.
- ✔ Nehmen Sie Tipps zur besseren Arbeitsgestaltung auf: ergonomische Hinweise zur Bildschirmarbeit, fürs Büro geeignete Dehn- und Streckübungen, Hautschutztipps und vieles mehr.
- ✔ Schalten Sie Links zu interessanten Websites wie Gewerkschaft oder Berufsgenossenschaft, auf denen die Kollegen sich weitere Informationen holen können.
- ✔ Zitieren Sie interessante oder kuriose Gerichtsurteile (zum Beispiel aus der Zeitschrift *Arbeitsrecht im Betrieb*).
- ✔ Richten Sie ein innerbetriebliches Diskussionsforum ein.

Abonnieren Sie als Betriebsrat kostenlose elektronische Newsletter mit betriebsratsrelevanten oder allgemein interessierenden Informationen und stellen Sie die Informationen mit Links ins Netz. (In Kapitel 20 finden Sie Internetadressen.)

Wenn der Betriebsrat das Intranet nutzt, muss der Webmaster ihn dabei in allen Fragen unterstützen.

Die Belegschaftsbefragung

Ein sehr effizientes Mittel der Öffentlichkeitsarbeit ist eine Belegschaftsbefragung. Mit einer Fragebogenaktion kann der Betriebsrat erfahren, wie die Kollegen ihre Arbeitsbedingungen, Gesundheitsbelastungen, das Betriebsklima oder sogar die Betriebsratsarbeit einschätzen. Plant der Betriebsrat, dem Arbeitgeber ein größeres Projekt vorzuschlagen, zum Beispiel die Umgestaltung von Großraumbüros zu Einzel- oder Zweierbüros, ist so eine Befragung fast unverzichtbar. Nicht nur, dass der Betriebsrat so die Meinung der Kollegen in Erfahrung bringen kann, er hat die Kollegen auch für das Thema interessiert:

- ✔ Die Kollegen befassen sich intensiv mit dem Thema und erwägen die Vor- und Nachteile.

- Sie spüren, dass der Betriebsrat sich um ihre Bedürfnisse kümmert.
- Sie verfolgen das Projekt in den kommenden Monaten mit großer Aufmerksamkeit, weil es ja auch »ihr« Projekt ist.

Und das ist ja das Ziel einer effektiven Öffentlichkeitsarbeit.

Den Aufwand abschätzen

Die Auswertung einer Belegschaftsbefragung ist eine ziemlich aufwendige Sache. Bei einer großen Gruppe von Befragten geht es nicht ohne EDV-Unterstützung und ein vorbereitendes Seminar. Aber auch in kleineren Betrieben kann eine Umfrage etwas bringen. Ein Rücklauf von etwa 100 Fragebogen ist ohne Weiteres noch mit Papier und Bleistift zu bewältigen.

Rudi Ratlos will es wissen

Was wollen Sie eigentlich von den Kollegen wissen? Ach, ganz allgemein, so in der Art: »Wo drückt der Schuh?« Damit werden Sie nicht viel Freude haben.

Erstens werden die Kollegen denken: »Na, wenn der Betriebsrat nicht weiß, was hier im Betrieb los ist, dann ist es ja nicht weit her mit ihm.« Zweitens werden Sie an den eingegangenen Antworten verzweifeln und sich fragen, wie Sie daraus ein Ergebnis ablesen sollen (»49 Fragebogen sind zurückgekommen. Zwei Kollegen weisen darauf hin, dass das Klo im ersten Stock verstopft ist, vier wollen die Pause um eine halbe Stunde verlegt haben, drei meinen …«).

Die Gretchenfragen

Angenommen, Sie haben in dem Betrieb, in dem Sie beschäftigt sind, keine Kantine und wollen dem Chef vorschlagen, einen Menüservice anzubieten, bei dem auf Vorbestellung täglich zwei Essen zur Auswahl angeliefert werden. Vorher aber wollen Sie wissen, was Ihre Kollegen davon halten. Sie beschließen also, eine Umfrage zu starten.

Überlegen Sie als Erstes, welche Angaben zur Person für die Auswertung wichtig und nützlich sind.

- Alter?
- Geschlecht?
- Tätigkeit?
- Abteilung?
- Ausbildung?
- Dauer der Betriebszugehörigkeit?

Da es sich hier um eine relativ einfache Frage handelt, die auch keine sensiblen persönlichen Bereiche berührt, ist wohl nur die Frage nach dem Geschlecht für die Auswertung interessant. Bei Fragen zu Arbeitsbedingungen und gesundheitlichen Problemen wäre hingegen auch das Alter ein nützlicher Indikator.

Nun kommen die Fragen zur Sache. Überlegen Sie, welche Art von Fragen für das Thema sinnvoll ist:

- ✔ geschlossene Fragen, auf die man mit Ja oder Nein antwortet
- ✔ offene Fragen, zu denen man beliebig lange Antworten gibt
- ✔ Fragen mit mehreren vorgegebenen Antwortmöglichkeiten

Es ist aber auch nichts gegen eine Mischung aus den drei Fragetypen einzuwenden. Einen Beispielfragebogen finden Sie in Abbildung 9.1.

Denken Sie beim Formulieren der Fragen schon an die Auswertung. Lassen Sie ein Betriebsratsmitglied, das nicht an der Erarbeitung des Fragebogens mitgearbeitet hat (oder ein Ersatzmitglied), ein paar Fragebogen probehalber ausfüllen und machen Sie dann einen Testlauf für die Auswertung.

Jetzt sind die Kollegen gefragt

Gehen Sie nicht aus heiterem Himmel in die Abteilungen und knallen jedem Kollegen so ein Ding auf den Tisch. Kündigen Sie ein paar Tage vorher an, was Sie vorhaben, zum Beispiel durch einen Aushang am Schwarzen Brett. Wenn Sie die Fragebogen dann austeilen, sind alle vorgewarnt, können Fragen stellen, erste Meinungen austauschen. Sagen Sie den Kollegen, dass Sie die Fragebogen in drei Tagen wieder einsammeln. Damit haben Sie ganz nebenbei schon wieder einen Anlass, an jeden Arbeitsplatz zu gehen und vielleicht auch andere Themen anzuschneiden. Außerdem sichern Sie sich auf diese Weise einen mindestens 90-prozentigen Rücklauf – sicher mehr, als wenn Sie um gelegentliche Abgabe des Fragebogens im Betriebsratsbüro bitten. Abbildung 9.2 zeigt, wie Ihre Auswertung aussehen kann.

Auswertung und Präsentation

Die Auswertung ist bei einer Befragung zu so einem relativ einfachen Thema und einer Gesamtmenge von nicht mehr als 100 Fragebogen auch mit der Hand zu schaffen. Lassen Sie sich nicht zu viel Zeit damit. Sie haben die Kollegen angespitzt, jetzt möchten sie Ergebnisse sehen.

Als erste Rückmeldung veröffentlichen Sie die Anzahl der ausgefüllten Fragebogen am Schwarzen Brett. Bei der Gelegenheit bedanken Sie sich bei den Kollegen für die Mitarbeit. Der beste Ort, die Ergebnisse zu präsentieren, ist dann aber nicht das Schwarze Brett, sondern die Betriebsversammlung. Wenn das Ergebnis in etwa so ausgefallen ist, wie Sie sich das vorher gedacht und aus diversen Gesprächen erfahren haben (die überwältigende Mehrheit ist unzufrieden mit der derzeitigen Situation), halten Sie für Ihre Initiative sehr gute Argumente in der Hand – und die ganze Belegschaft verfolgt mit Spannung, was der Arbeitgeber dazu sagt.

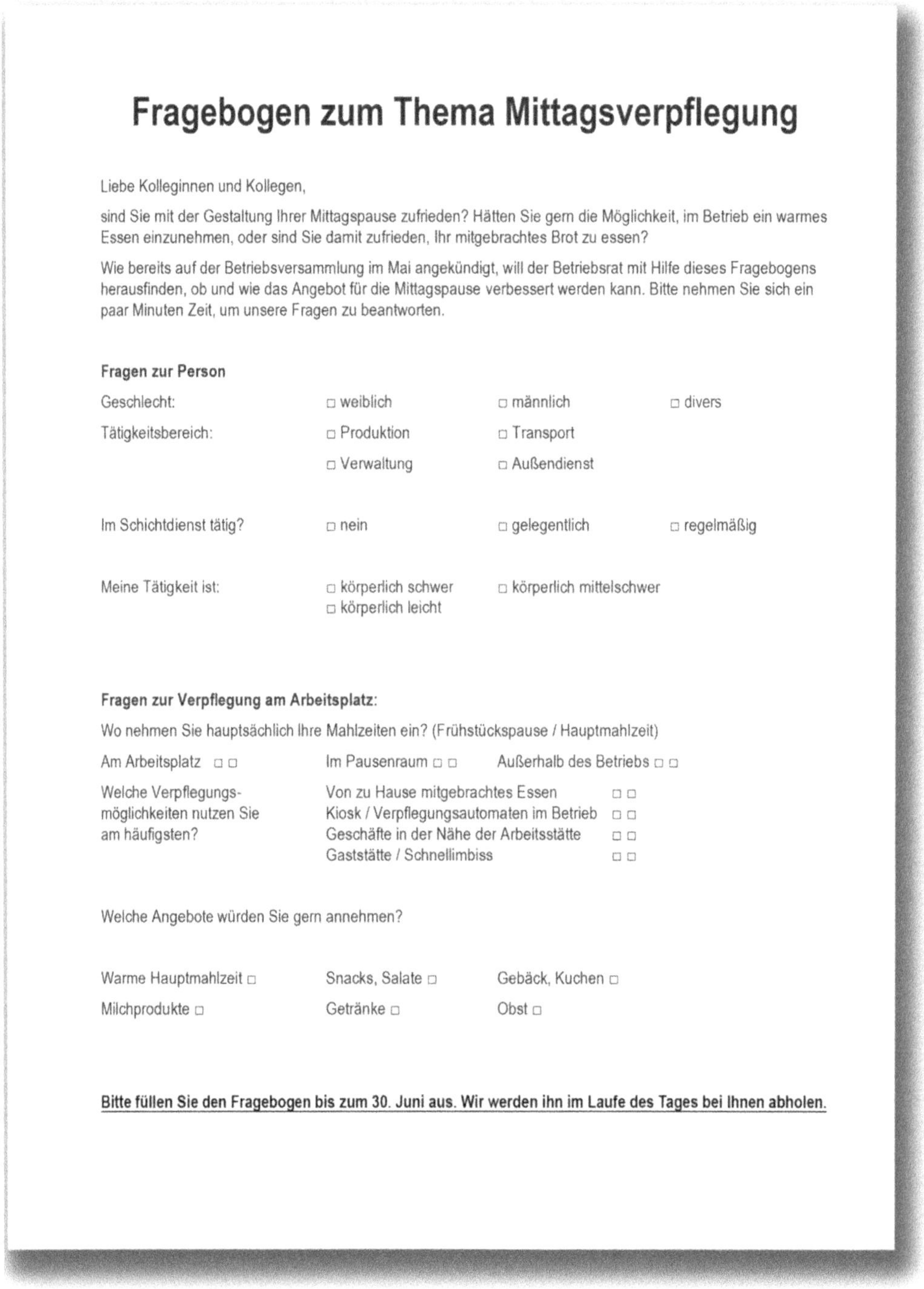

Fragebogen zum Thema Mittagsverpflegung

Liebe Kolleginnen und Kollegen,

sind Sie mit der Gestaltung Ihrer Mittagspause zufrieden? Hätten Sie gern die Möglichkeit, im Betrieb ein warmes Essen einzunehmen, oder sind Sie damit zufrieden, Ihr mitgebrachtes Brot zu essen?

Wie bereits auf der Betriebsversammlung im Mai angekündigt, will der Betriebsrat mit Hilfe dieses Fragebogens herausfinden, ob und wie das Angebot für die Mittagspause verbessert werden kann. Bitte nehmen Sie sich ein paar Minuten Zeit, um unsere Fragen zu beantworten.

Fragen zur Person

Geschlecht:	□ weiblich	□ männlich	□ divers
Tätigkeitsbereich:	□ Produktion	□ Transport	
	□ Verwaltung	□ Außendienst	
Im Schichtdienst tätig?	□ nein	□ gelegentlich	□ regelmäßig
Meine Tätigkeit ist:	□ körperlich schwer □ körperlich leicht	□ körperlich mittelschwer	

Fragen zur Verpflegung am Arbeitsplatz:

Wo nehmen Sie hauptsächlich Ihre Mahlzeiten ein? (Frühstückspause / Hauptmahlzeit)

Am Arbeitsplatz □ □	Im Pausenraum □ □	Außerhalb des Betriebs □ □

Welche Verpflegungs-möglichkeiten nutzen Sie am häufigsten?	Von zu Hause mitgebrachtes Essen	□ □
	Kiosk / Verpflegungsautomaten im Betrieb	□ □
	Geschäfte in der Nähe der Arbeitsstätte	□ □
	Gaststätte / Schnellimbiss	□ □

Welche Angebote würden Sie gern annehmen?

Warme Hauptmahlzeit □	Snacks, Salate □	Gebäck, Kuchen □
Milchprodukte □	Getränke □	Obst □

Bitte füllen Sie den Fragebogen bis zum 30. Juni aus. Wir werden ihn im Laufe des Tages bei Ihnen abholen.

Abbildung 9.1: Ein Beispielfragebogen für Ihre Umfrage im Betrieb

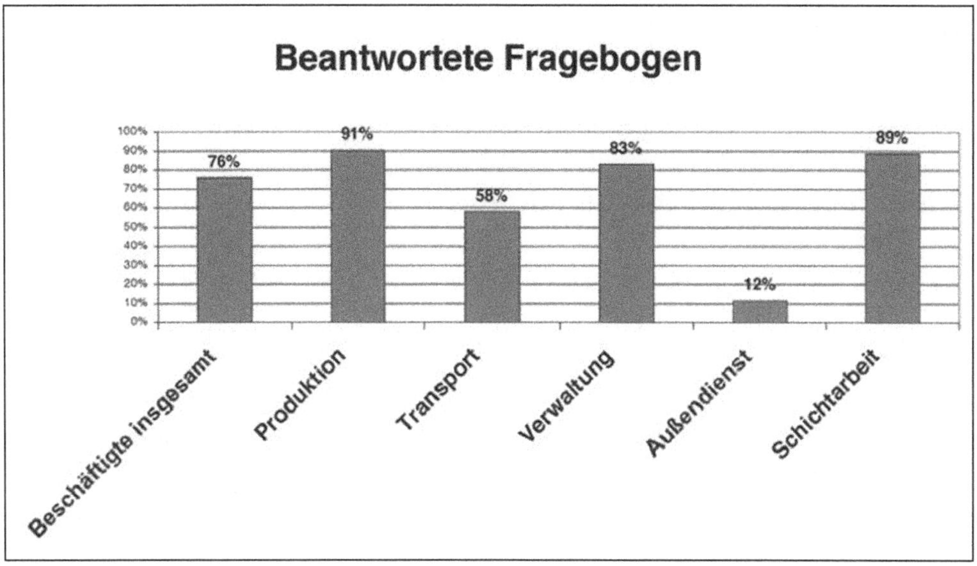

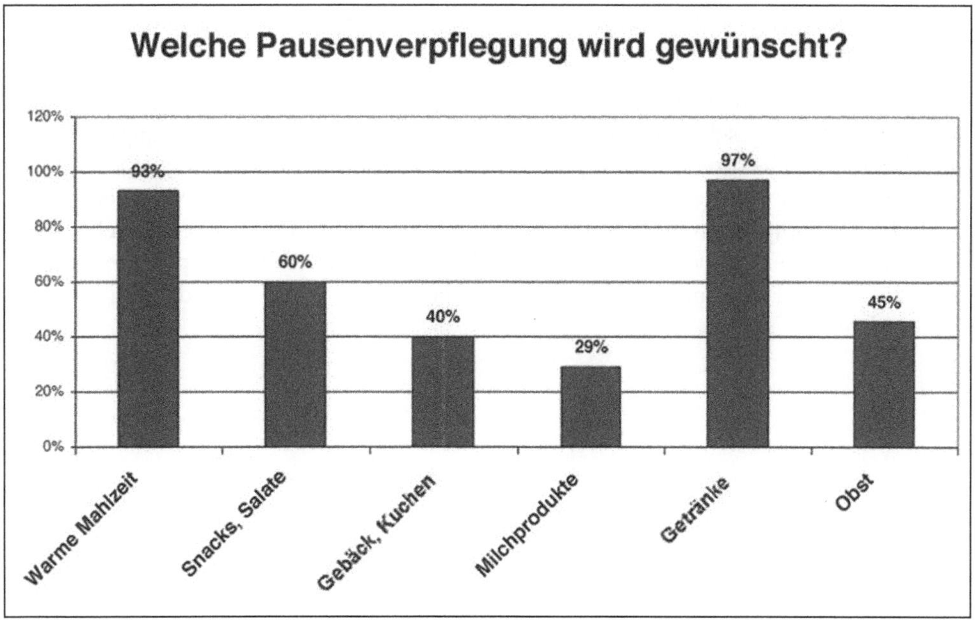

Abbildung 9.2: Die Auswertung der Fragebogen

Wenn die Fragebogen allerdings im Betriebsratsbüro verstauben und die Kollegen für ihre Mühe keine Rückmeldung bekommen, können Sie derartige Aktionen für die nächsten Jahre vergessen.

Punkten mit dem »Offenen Brief«

Ein großer Zeitungsverlag, der eine Reihe kleinerer Unternehmen besitzt, darunter einen Buchverlag, eine Druckerei und einen privaten Postdienst, hat nach einigen Turbulenzen endlich wieder schwarze Zahlen geschrieben. In der lokalen Tageszeitung erscheint ein Interview mit dem Geschäftsführer, der sich selbst über den grünen Klee lobt: Innovative Geschäftsideen, vor allem aber ein rigoroser Sparkurs hätten dieses erfreuliche Ergebnis verursacht. Dabei sei alles sozial verträglich, nämlich ohne Entlassungen über die Bühne gegangen.

Als Betriebsratsvorsitzender eines der kleineren Unternehmen wissen Sie aber, dass das keineswegs der Wahrheit entspricht. Im großen Mutterhaus gab es zwar keine betriebsbedingten Kündigungen, aber die kleinen Verlage und vor allem die Druckerei kamen nicht ungeschoren davon: 40 Prozent der Mitarbeiter wurden entlassen – gar nicht sozialverträglich.

Diesen Zeitungsartikel heften Sie nun ans Schwarze Brett. Mal sehen, was die Kollegen dazu sagen. Zugleich schreiben Sie einen Leserbrief, in dem Sie der Behauptung des Geschäftsführers widersprechen und die Sache aus Ihrer Sicht schildern. Was passiert? Der Leserbrief wird abgedruckt – die Öffentlichkeitsarbeit war erfolgreich. Natürlich wird auch dieser Zeitungsausschnitt ans Schwarze Brett geheftet. Oder, was wahrscheinlicher ist: Der Leserbrief wird nicht abgedruckt. Egal. Sie heften eine Kopie Ihres Briefes als »Offenen Brief« ans Schwarze Brett. Innerbetrieblich haben Sie damit genauso viel erreicht.

Teil III
Die Betriebsversammlung

IN DIESEM TEIL …

Vorhang auf, jetzt spricht der Betriebsrat. Die Betriebsversammlung ist seine Bühne, und mit seinem Auftritt will er ein möglichst gutes Bild abgeben. Das bedarf einer gut durchdachten Vorbereitung: von der Wahl des besten Termins über die Ausstattung des Raums bis zu möglichst attraktiven Einladungsplakaten. Interessante Beiträge müssen vorbereitet werden, der Bericht des Betriebsrats, das Herzstück der Betriebsversammlung, muss formuliert und poliert werden. In diesem Teil erhalten Sie hilfreiche Ratschläge, wie Sie eine interessante und anregende Versammlung organisieren, aus der die Kollegen mit dem Gefühl hinausgehen: Unser Betriebsrat macht es schon richtig!

IN DIESEM KAPITEL

- Betriebsversammlung – was ist das?
- Mit schöner Regelmäßigkeit
- Unbefugter Zugang verboten
- Auch Versammeln ist Arbeit

Kapitel 10
Großer Auftritt für den Betriebsrat – die Betriebsversammlung

Meistens gehört die Betriebsversammlung nicht gerade zu den liebsten Aufgaben der Betriebsräte. Zwei Typen dieser Veranstaltungen gibt es: Entweder ist Feuer unterm Dach, tiefgreifende Veränderungen stehen an, über die die Kollegen informiert werden müssen. Da es sich dabei meist um Veränderungen zum Schlechteren handelt – die Schließung von Abteilungen oder Betriebsteilen, Kürzungen bei Gehalt oder Zulagen, Anfall von unbezahlter Mehrarbeit, Kurzarbeit oder anderes –, muss der Betriebsrat schnell reagieren und vor der Versammlung möglichst schon Forderungen entwickelt und formuliert haben.

Der zweite Typ von Betriebsversammlung kommt weitaus häufiger vor: Eine öde Zusammenkunft, bei der der versammelte Betriebsrat vor der Belegschaft sitzt, den Bericht herunterliest, die Geschäftsleitung bittet, dasselbe zu tun. Dann folgt der gefürchtete Satz: »Gibt es dazu noch Fragen oder Anmerkungen?«, woraufhin die Kollegen betreten den Kopf senken, aus dem Fenster schauen oder sich ihrem Nachbarn zuwenden, bis der Betriebsrat endlich sagt: »Ich sehe, das ist nicht der Fall, dann wollen wir die Betriebsversammlung schließen.« Da ist es kein Wunder, wenn der größte Teil der Belegschaft die Betriebsversammlung entweder überhaupt nicht zur Kenntnis nimmt oder »wichtige Arbeiten« vorschützt, um die Veranstaltung zu schwänzen.

Geht es auch anders? Es geht auch anders!

Warum eine Betriebsversammlung?

Die Betriebsversammlung ist im normalen Arbeitsalltag meist die einzige Gelegenheit, bei der die Arbeitnehmer und ihre Vertreter mit dem Arbeitgeber zusammentreffen, um sich über wichtige betriebliche Belange auszutauschen und auszusprechen. Sie ist der Ort, an dem der Betriebsrat den Beschäftigten Rechenschaft ablegt darüber, was er in der Zeit seit der letzten Betriebsversammlung verhandelt und durchgesetzt hat, und an dem er neue Pläne und Projekte vorstellt. Und sie bietet die Gelegenheit für die Kollegen, Fragen, Anregungen, Wünsche, Vorschläge und Kritik an ihre gewählten Vertreter zu richten.

Die Betriebsversammlung ist aber auch der Ort, an dem der Arbeitgeber der Belegschaft über soziale und wirtschaftliche Angelegenheiten Bericht erstattet und sich den Fragen und Klagen der Beschäftigten stellen muss. Die Betriebsversammlung kann also ein wichtiges Forum des innerbetrieblichen Austausches, ja sogar ein Instrument der innerbetrieblichen Demokratie sein. Da sie also nicht eine beliebige Zusammenkunft von Menschen ist, ist auch der Teilnehmerkreis gesetzlich geregelt.

Alles, was mit der Betriebsversammlung zu tun hat, regeln die §§ 42 bis 46 des Betriebsverfassungsgesetzes.

Wie alles, was mit Betriebsratsarbeit zu tun hat, hat die Betriebsversammlung einen definierten rechtlichen Status. Damit wird festgelegt:

- ✔ Was sind die Aufgaben der Betriebsversammlung?
- ✔ Wer beruft sie ein?
- ✔ Wer nimmt daran teil – und wer nicht?
- ✔ Wie häufig findet sie statt?
- ✔ Was wird besprochen?
- ✔ Welche Rechte hat sie?

In der Hauptrolle: Der Betriebsrat

Natürlich kann auch der Arbeitgeber alle Beschäftigten zusammenrufen, um ihnen irgendetwas mitzuteilen. Eine Betriebsversammlung ist das dann aber nicht. Nur der Betriebsrat kann eine Betriebsversammlung im Sinne des Betriebsverfassungsgesetzes einberufen. Der Betriebsrat beruft die Betriebsversammlung nicht nur ein, er setzt auch die Tagesordnung fest und leitet die Betriebsversammlung. Gibt es in einem Betrieb keinen Betriebsrat, gibt es auch keine Betriebsversammlung. Einzige Ausnahme: eine Versammlung, die zur Vorbereitung einer Betriebsratswahl einen Wahlvorstand wählt. Dazu aber mehr in Teil V.

Kein Betriebsrat – keine Betriebsversammlung!

Eine Betriebsversammlung findet nur statt, wenn der Betriebsrat sie einberuft. Alle anderen Versammlungen oder Zusammenkünfte sind keine Betriebsversammlungen, sondern vom Arbeitgeber einberufene Mitarbeiterversammlungen, spontane Zusammenkünfte, Pausengespräche oder Kaffeeklatsch. Der Unterschied mag von außen minimal erscheinen, ist aber sehr bedeutsam:

Im Werk IV der Firma Krause Stahlerzeugung geht das Gerücht um, dass ein neuer Geschäftsführer den ganzen Betrieb umkrempeln und produktiver machen soll. Was das genau zu bedeuten hat, weiß erst einmal niemand. Die Gerüchte verdichten sich, die Arbeitnehmer werden unruhig, die Abteilungsleiter und Meister lassen sich zu keinen Kommentaren hinreißen, weil sie selbst nichts wissen oder zum Stillschweigen verdonnert sind. Es bleibt nichts übrig, als abzuwarten, dass die Firmenleitung Informationen herausgibt.

Gibt es aber einen Betriebsrat, so kann dieser den Arbeitgeber auffordern, ihn über bevorstehende Veränderungen zu informieren. Fruchtet das nicht, so kann er, um seinem Informationsrecht Nachdruck zu verleihen, eine Betriebsversammlung einberufen. Auf dieser kann er der Geschäftsleitung vor versammelter Belegschaft die Befürchtungen der Kollegen erläutern und sie auffordern, zu den Gerüchten Stellung zu nehmen.

Einmal im Vierteljahr

In manchen Betrieben finden Betriebsversammlungen nur unregelmäßig und selten statt. »Nur wenn was anliegt«, sagt der Betriebsrat und meint damit, dass es ihm eigentlich nie ein Anliegen ist, die Kollegen zusammenzurufen. Und wenn der Betriebsrat schon der Meinung ist, dass es die Betriebsversammlung eigentlich nicht braucht, kann man sich ja vorstellen, dass sie genauso lustlos vorbereitet wie durchgezogen wird.

Schade um die verpasste Gelegenheit, mit den Kollegen in einen regelmäßigen, lebhaften und produktiven Austausch zu kommen. Aber nicht nur das: Ein Betriebsrat, der nur selten und unregelmäßig Betriebsversammlungen anberaumt, handelt auch ganz klar gegen das Betriebsverfassungsgesetz. Das sieht nämlich vor, dass der Betriebsrat »in jedem Kalendervierteljahr« eine Betriebsversammlung einberuft. Dies ist eine Pflicht, die weder durch eine Anweisung noch durch eine Betriebsvereinbarung noch durch irgendeine sonstige Regelung außer Kraft gesetzt werden kann. Als Betriebsrat brauchen Sie sich also auf keinerlei Debatten darüber einzulassen, nach dem Muster: »Was, Sie wollen schon wieder den ganzen Vormittag mit so einer Betriebsversammlung verplempern …«. Sie zücken einfach das Betriebsverfassungsgesetz und lesen § 43 Abs. 1 vor.

»Jedes Kalendervierteljahr« – das kann bedeuten, dass zwischen zwei Betriebsversammlungen idealerweise drei Monate liegen, Zeit genug also, ein vernünftiges Resümee der Betriebsratsarbeit zu ziehen. Vorgeschrieben allerdings ist der Drei-Monats-Abstand nicht. Es kann gute Gründe dafür geben, eine Betriebsversammlung Ende März und die nächste

Anfang April einzuberufen. Ob das sinnvoll ist, müssen Sie selbst entscheiden – vielleicht gibt es ja ein drängendes Problem, das sich so schnell verändert, dass man in kurzem Zeitabstand darüber sprechen muss.

Ein Betriebsrat, der keine Betriebsversammlung einberuft, handelt gegen das Betriebsverfassungsgesetz. In diesem Fall ist eine der im Betrieb vertretenen Gewerkschaften berechtigt, beim Betriebsrat zu beantragen, eine Betriebsversammlung einzuberufen. Voraussetzung ist, dass im vorausgegangenen Kalenderhalbjahr keine Betriebsversammlung stattgefunden hat. Ebenfalls ist der Betriebsrat verpflichtet, eine außerordentliche Betriebsversammlung einzuberufen, wenn ein Viertel der wahlberechtigten Arbeitnehmer dies von ihm verlangt.

Wenn es brennt …

Neben den vorgeschriebenen vier Betriebsversammlungen kann der Betriebsrat einmal im Kalenderhalbjahr *zusätzlich* eine außerordentliche Betriebsversammlung einberufen, wenn ihm dies geboten scheint. Das kann zum Beispiel dann der Fall sein, wenn eine kurzfristig angesetzte betriebliche Veränderung die Arbeitsplätze der Kollegen zu verändern oder gar zu vernichten droht.

§ 43 BetrVG: Regelmäßige Betriebs- und Abteilungsversammlungen

(1) Der Betriebsrat hat einmal in jedem Kalendervierteljahr eine Betriebsversammlung einzuberufen und in ihr einen Tätigkeitsbericht zu erstatten. Liegen die Voraussetzungen des § 42 Abs. 2 Satz 1 vor, so hat der Betriebsrat in jedem Kalenderjahr zwei der in Satz 1 genannten Betriebsversammlungen als Abteilungsversammlungen durchzuführen. Die Abteilungsversammlungen sollen möglichst gleichzeitig stattfinden. Der Betriebsrat kann in jedem Kalenderhalbjahr eine weitere Betriebsversammlung oder, wenn die Voraussetzungen des § 42 Abs. 2 Satz 1 vorliegen, einmal weitere Abteilungsversammlungen durchführen, wenn dies aus besonderen Gründen zweckmäßig erscheint.

(2) Der Arbeitgeber ist zu den Betriebs- und Abteilungsversammlungen unter Mitteilung der Tagesordnung einzuladen. Er ist berechtigt, in den Versammlungen zu sprechen. Der Arbeitgeber oder sein Vertreter hat mindestens einmal in jedem Kalenderjahr in einer Betriebsversammlung über das Personal- und Sozialwesen einschließlich des Stands der Gleichstellung von Frauen und Männern im Betrieb sowie der Integration der im Betrieb beschäftigten ausländischen Arbeitnehmer, über die wirtschaftliche Lage und Entwicklung des Betriebs sowie über den betrieblichen Umweltschutz zu berichten, soweit dadurch nicht Betriebs- oder Geschäftsgeheimnisse gefährdet werden.

(3) Der Betriebsrat ist berechtigt und auf Wunsch des Arbeitgebers oder von mindestens einem Viertel der wahlberechtigten Arbeitnehmer verpflichtet, eine Betriebsversammlung einzuberufen und den beantragten Beratungsgegenstand auf die Tagesordnung zu setzen. Vom Zeitpunkt der Versammlungen, die auf Wunsch des Arbeitgebers stattfinden, ist dieser rechtzeitig zu verständigen.

(4) Auf Antrag einer im Betrieb vertretenen Gewerkschaft muss der Betriebsrat vor Ablauf von zwei Wochen nach Eingang des Antrags eine Betriebsversammlung nach Absatz 1 Satz 1 einberufen, wenn im vorhergegangenen Kalenderhalbjahr keine Betriebsversammlung und keine Abteilungsversammlungen durchgeführt worden sind.

Teilversammlungen

In aller Regel wird für sämtliche Arbeitnehmer eines Betriebs eine gemeinsame Betriebsversammlung einberufen. Das ist sinnvoll, weil dann alle zur selben Zeit am selben Ort dasselbe hören, zusammen diskutieren können und so ein gemeinsames Meinungsbild entsteht. Wenn aber ein Betrieb zu groß ist, um eine auch nur annähernd sinnvolle gemeinsame Aussprache zu ermöglichen, wenn in mehreren Schichten gearbeitet wird oder viele Außendienstmitarbeiter während der Woche an weit entfernten Orten arbeiten und nur zu einer Zeit in den Betrieb kommen, wenn alle anderen nicht arbeiten, oder wenn ein Betrieb auf viele einzelne Filialen aufgeteilt ist – dann ist es auch zulässig, »Teilversammlungen« durchzuführen.

Eine Teilversammlung ist also oft ein Kompromiss. Der Betriebsrat – und nur der Betriebsrat – entscheidet, ob sie durchgeführt wird oder nicht. Hat er sich dafür entschieden, so müssen alle Teilversammlungen kurz hintereinander stattfinden – also etwa für die Frühschicht am Vormittag, für die Spätschicht am Nachmittag desselben Tages. Es wäre ungut und dem Betriebsklima nicht dienlich, wenn die Hälfte der Belegschaft schon tagelang über ein wichtiges Thema diskutiert und die andere Hälfte sich den Inhalt nur mühsam zusammenreimen kann.

Abteilungsversammlungen

Manchmal gibt es Probleme, die nur eine bestimmte Abteilung betreffen, etwa die Einführung von EDV-Arbeitsplätzen in der Materialbeschaffung oder der ständige Termindruck im Fuhrpark. Oder einzelne Abteilungen haben durch die Art ihrer Arbeit immer ganz besondere Probleme, die in einer allgemeinen Betriebsversammlung nicht berücksichtigt werden können. In diesem Fall kann der Betriebsrat »Abteilungsversammlungen« durchführen. Das bedeutet allerdings nicht, dass für die anderen Abteilungen dann keine Versammlung angesetzt wird. Auch dort müssen – nach Möglichkeit zum selben Zeitpunkt – Abteilungsversammlungen durchgeführt werden, in denen dann ebenfalls die spezifischen Probleme der Abteilung besprochen werden.

Da es aber schwerlich möglich sein wird, dass der Betriebsratsvorsitzende sich zur selben Zeit an verschiedenen Orten aufhält, leiten dann sinnvollerweise die jeweils für die betreffenden Abteilungen zuständigen Mitglieder des Betriebsrats die Versammlungen.

Vielleicht macht jemand im Betriebsrat den Vorschlag: »Das, was wir zu sagen haben, können wir den Kollegen doch auch anders mitteilen. Da machen wir einen schönen Flyer, in dem alles Wichtige steht, dann sind doch auch alle informiert!« So ein Flugblatt ist eine schöne Sache, doch hat es mit einer Betriebsversammlung nicht das Geringste zu tun. Sinn der Betriebsversammlung ist es ja, dass alle einmal zu Wort kommen können und sich gegenseitig austauschen. Da wäre so ein Flugblatt doch eine sehr einseitige Sache.

Geschlossene Gesellschaft

Bei aufsehenerregenden Ereignissen wie drohenden Werksschließungen oder großflächiger Einführung von Kurzarbeit werden im Fernsehen manchmal Szenen aus Werkshallen gezeigt, in denen eine Betriebsversammlung stattfindet. Doch wie bei einem Gerichtsprozess dürfen die Kameras nur in den Minuten vor oder nach der Versammlung laufen. Eine Betriebsversammlung ist nämlich keine öffentliche Veranstaltung. Hier werden Dinge besprochen und Debatten geführt, die nur die unmittelbar Betroffenen angehen.

Daher ist der Teilnehmerkreis einer Betriebsversammlung genau festgelegt:

- ✔ Alle Arbeitnehmer des Betriebs. Dazu gehören auch Auszubildende, Teilzeitbeschäftigte, befristet Beschäftigte, auf Abruf oder in Heimarbeit Beschäftigte, Leiharbeitnehmer, Außendienstmitarbeiter, sogar Arbeitnehmer in Erziehungszeit. Faustregel: Wer zur Betriebsratswahl wahlberechtigt ist, darf auch an der Betriebsversammlung teilnehmen.
- ✔ Der Arbeitgeber oder ein von ihm benannter Vertreter, zum Beispiel der Geschäftsführer, der Personalleiter oder der Betriebsleiter. Dieser Vertreter muss allerdings im Betrieb beschäftigt sein. Der Arbeitgeber darf sich also nicht von einem Rechtsanwalt oder einem Repräsentanten des Arbeitgeberverbandes vertreten lassen.
- ✔ Beauftragte der im Betrieb vertretenen Gewerkschaften.
- ✔ Ein Beauftragter der entsprechenden Arbeitgebervereinigung, wenn der Arbeitgeber ihn hinzuziehen möchte. Voraussetzung: Der Unternehmer muss Verbandsmitglied sein.
- ✔ Sachverständige oder andere Personen, deren Teilnahme an der Betriebsversammlung der Betriebsrat für sachdienlich hält – weil sie zum Beispiel einen Vortrag über die Neuregelung der Krankenkassenbeiträge halten oder Informationen zur Schadstoffbelastung im Betrieb geben können. Falls sie ein Honorar verlangen, muss sich allerdings der Arbeitgeber mit deren Teilnahme einverstanden erklären.
- ✔ Dolmetscher, zum Beispiel in Betrieben mit hohem Anteil an ausländischen Beschäftigten. Die Kosten hat der Arbeitgeber zu tragen.

Nicht teilnahmeberechtigt sind:

- ✔ Leitende Angestellte, die auch nicht wahlberechtigt sind. Sie dürfen nur teilnehmen, wenn sie vom Betriebsrat eine ausdrückliche Einladung bekommen haben.
- ✔ Betriebsfremde Personen, die nicht eingeladen sind. Also zum Beispiel keine Familienangehörigen, keine vom Arbeitgeber beauftragten Unternehmensberater oder gar Detektive (!).
- ✔ Presse, Funk und Fernsehen.

Immer wieder ist von Kollegen zu hören: »Muss denn immer der Chef bei der Betriebsversammlung dabei sein? Die Diskussion wäre bestimmt lebhafter, wenn wir unter uns wären.« Das aber widerspricht dem Sinn der Betriebsversammlung vollkommen: Es geht ja gerade um den Austausch zwischen Arbeitnehmer und Arbeitgeber. Untereinander schimpfen kann man schließlich auch in der Kantine oder auf dem Flur – gewonnen ist damit allerdings nichts.

Wer nicht will, der muss nicht

Eine Pflicht, an der Betriebsversammlung teilzunehmen, besteht nicht. Aber da der Besuch der Betriebsversammlung ein erkämpftes Recht der Arbeitnehmer ist, könnte man vielleicht von einer moralischen Pflicht zur Teilnahme sprechen. Wer aber nicht an der Betriebsversammlung teilnimmt, kann in dieser Zeit nicht gemütlich Kaffee trinken gehen, sondern muss weiterarbeiten. Falls das nicht möglich ist, weil zum Beispiel alle Kollegen bei der Versammlung sind, muss er sich zumindest zur Verfügung halten, sonst verliert er seinen Anspruch auf Lohnfortzahlung.

Keine Freizeitbeschäftigung

Die Betriebsversammlung findet während der Arbeitszeit statt. Das ist eine eherne Regel, der es eigentlich nichts hinzuzufügen gilt. Eine Ausnahme kann allerhöchstens gemacht werden, wenn es faktisch nicht möglich ist, die Betriebsversammlung während der Arbeitszeit durchzuführen, weil zum Beispiel Maschinen aus technischen Gründen nicht abgeschaltet werden dürfen. Der Einwand des Arbeitgebers »Dann bleibt ja die ganze Arbeit liegen« ist hingegen *kein* Argument. Auch Kundenverkehr oder Ladenöffnungszeiten sind kein Grund, die Betriebsversammlung außerhalb der Arbeitszeit abzuhalten. Zum Termin der Betriebsversammlung muss das Geschäft oder die Werkstatt geschlossen oder die Arbeit von leitenden Angestellten erledigt werden. Das zu organisieren ist aber nicht die Aufgabe des Betriebsrats. Das bleibt die Aufgabe des Arbeitgebers. Er darf auch die Beschäftigten nicht auffordern, sich selbst um den Fortgang des Geschäfts zu kümmern, nach dem Muster: »Dann müssen Sie sich eben abwechseln, Hauptsache, die Kasse bleibt besetzt.«

Sollte der Chef Ihnen mit dem Vorschlag, die Betriebsversammlung außerhalb der Arbeitszeit anzusetzen, immer wieder in den Ohren liegen, machen Sie ihn darauf aufmerksam, dass er in diesem Fall selbstverständlich allen teilnehmenden Kollegen die Zeit als Arbeitszeit vergüten müsste. Falls die Kollegen dafür extra in den Betrieb kommen müssen, hat er auch die Fahrtkosten zu ersetzen (§ 44 Abs. 1 BetrVG).

In Mehrschichtbetrieben wird dies übrigens häufig praktiziert. Da es schlechterdings nicht möglich ist, alle Beschäftigten zur selben Zeit zu versammeln, wird als Termin für die Betriebsversammlung ein – eigentlich arbeitsfreier – Samstag oder Sonntag angesetzt. Dass sowohl die Fahrt wie auch die Anwesenheitszeit entlohnt werden, ist selbstverständlich.

Gegenveranstaltung? Abgesagt!

Es gibt Arbeitgeber, die die Arbeit des Betriebsrats mit allen Mitteln zu sabotieren versuchen. Eine Betriebsversammlung bietet dazu eine sehr schöne Gelegenheit. Kaum ist der Termin veröffentlicht, laden sie ihrerseits alle Mitarbeiter zu einer Informationsveranstaltung, zum kleinen Umtrunk anlässlich des vierjährigen Bestehens der neuen Schredderanlage oder zur außerordentlichen Produktionsbesprechung (»Dieses Mal aus technischen Gründen am Dienstagnachmittag«). Dass sie mit solchen Gegenveranstaltungen den Ablauf der Betriebsversammlung erheblich stören und viele Kollegen in eine Zwangslage bringen, ist ihnen nur recht – aber rechtens ist es nicht. Einschlägige Arbeitsgerichtsurteile beurteilen dieses Verhalten eindeutig als Missbrauch der Befugnisse des Arbeitgebers. Der Betriebsrat kann daher mit sicherer Aussicht auf Erfolg auf Unterlassung klagen.

Die Rechte der Betriebsversammlung

In der Betriebsversammlung wird nicht nur vorgetragen und diskutiert, es können auch Beschlüsse gefasst werden. Den Antrag, einen Beschluss zu fassen, kann jeder Arbeitnehmer stellen, sei er Mitglied des Betriebsrats oder nicht. So kann zum Beispiel beschlossen werden, der Betriebsrat möge darauf hinwirken, dass die Tiefgarage künftig Frauenparkplätze ausweist. Der Betriebsrat ist dann verpflichtet, diesen Beschluss – zum Beispiel in der folgenden Betriebsratssitzung – sorgfältig zu erörtern und zu prüfen. Falls er aber dann beschließt, das Thema nicht weiter zu verfolgen (weil nur vier Frauen im Betrieb arbeiten, von denen zwei in der Nähe wohnen und immer zu Fuß kommen), ist er an den Beschluss der Betriebsversammlung nicht gebunden. Allerdings wäre es dann unklug, bei der nächsten Betriebsversammlung nicht ausführlich zu erläutern, warum er sich mit dem Thema nicht weiter beschäftigt hat.

IN DIESEM KAPITEL

Zur rechten Zeit, am rechten Ort

Genug Platz für alle

Plakativ ankündigen

Die Tagesordnung

Der Bericht – nicht zum Gähnen

Das weite Feld der Themen

Kapitel 11
Vorbereitung ist alles

Natürlich soll Ihre Betriebsversammlung interessant und anregend sein, den Kollegen Schwung und dem Arbeitgeber etwas zu denken geben, sie soll reibungslos über die Bühne gehen und weder abrupt enden noch sich ewig hinziehen. Es soll eine lebhafte, ruhig auch kontroverse Diskussion, aber keine Schreiereien geben, die Geschäftsleitung soll alle Fragen umfassend beantworten, aber nicht die Versammlung beherrschen, kurz, am Ende sollen alle sagen: »Das war aber mal wieder eine interessante Betriebsversammlung!«

Ob es wirklich so abläuft, kann man natürlich nicht vorhersagen. Dass man aber die peinlichsten Pannen durch eine sorgfältige Vorbereitung vermeiden kann – das ist sicher allen klar. Dieses Kapitel will Ihnen einige Hinweise für eine gute Vorbereitung geben.

Der ideale Termin

Welcher Termin, also ob vormittags oder nachmittags, ob am Dienstag oder lieber am Freitag, für Ihre Betriebsversammlung am günstigsten ist, hängt in erster Linie vom Arbeitsrhythmus im Betrieb ab. Wenn Sie gleitende Arbeitszeit haben und viele Kollegen erst gegen neun Uhr auf der Matte stehen, wäre es unfreundlich, die Betriebsversammlung für 8:30 Uhr anzusetzen. Die Stunde vor der Mittagspause eignet sich ebenso wenig wie die vor Feierabend, wenn Sie nicht wollen, dass mitten im Tagesordnungspunkt 3 die Kollegen abzuwandern beginnen. Sie müssen also auch einen Zeitpunkt finden, der es erlaubt, die Betriebsversammlung zum Ende hin offen zu halten.

Wie immer in Fällen, die die Arbeitsabläufe im Betrieb berühren, ist eine Absprache mit dem Arbeitgeber notwendig. Der wird vielleicht einwenden, dass es ja wohl nicht angehen kann, dass im ganzen Betrieb die Arbeit für unbestimmte Zeit liegen bleibt, »... und das gerade jetzt, wo so viel zu tun ist ...«. Aber das lässt sich nun einmal nicht ändern. Auch eine vom Arbeitgeber einberufene Versammlung, eine interne Konferenz oder ein Kundengespräch würde ja innerhalb der Arbeitszeit liegen.

Letztlich ist die Frage des Termins – wie alle Fragen rund um die Betriebsversammlung – die Entscheidung des Betriebsrats und nicht die des Arbeitgebers. Andererseits liegt es auch im Interesse einer erfolgreichen, weil gut besuchten Betriebsversammlung, den Termin nicht ausgerechnet auf den Tag zu legen, an dem die Produktionsumstellung auf eine neue Baureihe beginnt oder die Inventur angesetzt ist.

Der richtige Ort

Wenn Ihr Chef Kundenbesuch oder eine offizielle Abordnung der Gemeinde erwartet: Wo empfängt er diese? Etwa in der zugigen Werkshalle, im staubigen Lager oder im Foyer, das alle Augenblicke von jemandem durchquert wird? Sicher nicht. Er wählt dafür einen geeigneten Raum mit genügend Stühlen, in dem man sich ungestört unterhalten kann, ohne womöglich ständiges Rattern und Quietschen übertönen zu müssen.

Nicht anders ist es mit der Betriebsversammlung. Sie ist das Forum des Betriebsrats, der Ort, an dem sich Belegschaft und Arbeitgeber austauschen. Dass dafür ein vernünftiger Rahmen zur Verfügung stehen muss, liegt auf der Hand. Die Kantine, der große Tagungsraum, ein Seminarraum bieten sich für die Betriebsversammlung als Erstes an. Wo es solche Räume nicht gibt, muss Platz geschaffen werden: Schreibtische verrückt, Paletten verschoben, Stühle herbeigeschafft, ein kleines Podium für den Betriebsrat, eventuell auch eine Mikrofonanlage.

»Wie? Sollen wir jetzt erst einmal Möbelpacker spielen?« Keineswegs. Es ist die Aufgabe des Betriebs, den erforderlichen Rahmen zu stellen. Ob dafür der Hausmeister beauftragt wird oder externe Kräfte, ob die Stühle aus der Chefetage geholt oder angemietet werden, muss letztlich der Arbeitgeber entscheiden.

Nur für den Fall, dass sich beim besten Willen kein geeigneter Ort für die Betriebsversammlung findet, kann sie außerhalb des Betriebs stattfinden. Für diesen Zweck muss die Geschäftsleitung wohl oder übel einen Raum anmieten und dafür sorgen, dass alle Arbeitnehmer dorthin kommen. Ein Grund, die Betriebsversammlung deswegen ausfallen zu lassen, ist das jedenfalls nicht.

Die Betriebsversammlung als Onlineveranstaltung ist keine Option – diese Möglichkeit war nur eine Übergangsregelung während der Coronapandemie und ist – im Gegensatz zur Betriebsratssitzung – bislang (Stand 2025) nicht als Dauerlösung vorgesehen.

Die Ausstattung

Genügend Platz und genügend Stühle – das ist noch nicht genug. Für die Betriebsversammlung braucht es noch mehr:

- ✔ einen Extratisch für den Betriebsrat an der Stirnseite des Raums, dazu genügend Stühle für alle Betriebsratsmitglieder,
- ✔ in einem großen Raum auch ein kleines Podium, damit die hinten Sitzenden den Betriebsrat überhaupt sehen können,
- ✔ ein Pult, an dem der Betriebsrat seinen Bericht vortragen kann,
- ✔ in einem größeren Raum und bei vielen Kollegen ein Mikrofon für den Betriebsrat sowie mindestens ein Saalmikrofon,
- ✔ ein Flipchart, einen Beamer, wenn der Betriebsrat das braucht.

Achten Sie unbedingt darauf, dass genügend Sitzplätze vorhanden sind. Erstens verhindern Sie so, dass unentschlossene Kollegen nach einem Blick in den Raum murmeln: »Ach, ist ja gar kein Platz!«, und einfach wieder abschwenken. Zweitens schafft es Unruhe, wenn Kollegen stehen, mit den Füßen scharren, womöglich hin und her wandern oder, wenn die Betriebsversammlung länger dauert, vor Anstrengung umfallen. Drittens – und nicht letztens – soll die Betriebsversammlung auch in einer gewissen Würde über die Bühne gehen. Gibt es nicht genügend Platz für alle, senden Sie das Signal aus: »Wir rechnen gar nicht mit so vielen.« Und das zeugt von wenig Respekt gegenüber den Kollegen.

Nicht zu viel Aufwand

Heute wird ja kaum mehr ein Vortrag ohne multimediale Unterstützung dargeboten. Es liegt nahe, dass auch der Betriebsrat nicht »wie in der Steinzeit daherkommen«, sondern sich mit schicken Folien brüsten möchte. Dagegen ist nichts einzuwenden, wenn Sie

- ✔ die Präsentation schnell und ohne allzu großen Aufwand erstellen können,
- ✔ die Technik reibungslos beherrschen,
- ✔ genau wissen, was Sie eigentlich visualisieren möchten.

Wenn Sie sich aber in die Geheimnisse der PowerPoint-Präsentation erst einarbeiten müssen, sollten Sie lieber die Finger davonlassen und Ihre Zeit und Energie auf die Vorbereitung des Berichts oder der Diskussionsbeiträge verwenden.

Die nächste Frage ist: Was soll eigentlich gezeigt werden? Sicher kein Diagramm, aus dem die Zahl der Betriebsratssitzungen oder der Beratungsgespräche hervorgeht. Wenn Sie aber Entwicklungen aufzeigen möchten wie zum Beispiel

- die gestiegene Anzahl der geleisteten Überstunden in den zurückliegenden drei Jahren,
- eine Personalentwicklung, bei der es immer mehr »Häuptlinge« und immer weniger »Indianer« gibt,
- das dramatisch veränderte Verhältnis zwischen produzierten Waren und Beschäftigten,

dann ist eine Visualisierung sehr sinnvoll.

Aber auch dann sollten Sie prüfen, ob es wirklich eine PowerPoint-Präsentation sein muss. Ein aussagekräftiges Schaubild, das über einen längeren Zeitraum – zum Beispiel während der gesamten Diskussionsrunde – präsent ist, kann wirkungsvoller sein als 20 Folien, die in schnellem Wechsel an den Kollegen vorbeiziehen. Wenn Sie sich dann aber ohnehin auf ein oder zwei Bilder beschränken, wäre es vielleicht einfacher, diese – groß! – auszudrucken und an das Flipchart zu heften. Vorteil: Sie müssen das Licht nicht herunterdimmen, alle können sich in der Diskussion sehen, keiner dämmert weg.

Die Einladung

Die Einladung zur Betriebsversammlung muss alle Kollegen rechtzeitig erreichen. Sie muss sowohl die Tagesordnung, die Sie als Betriebsrat beschlossen haben, enthalten als auch Ort, Tag und Uhrzeit. Weil der Termin vielleicht nicht für alle Kollegen die oberste Priorität hat und sie ihn daher »übersehen« könnten, arbeitet der Betriebsrat am besten mit einer Art Mehrkanalverfahren, sprich: Die Ankündigung der Betriebsversammlung muss so präsent sein, dass sie auch beim schlechtesten Willen nicht zu übersehen ist.

Das Ankündigungsplakat

Plakate (mindestens DIN A3) sind das älteste und immer noch wirksamste Mittel, Aufmerksamkeit zu erregen. Sie verändern die gewohnte Betriebslandschaft, signalisieren Aktualität, sind »Hingucker« im wörtlichen Sinn. Ein Beispiel für ein Ankündigungsplakat sehen Sie in Abbildung 11.1. Freilich müssen die Plakate es auch wert sein, dass man hinguckt:

- keine lieblos mit Filzstift hingeschmierte Botschaft
- keine unübersichtliche Bleiwüste
- nicht Mal um Mal derselbe Standardtext

Stattdessen: Eine pfiffige Gestaltung, die auf den ersten Blick zeigt: »Hallo, der Betriebsrat hat uns etwas zu sagen!« Mit ein wenig grafischem Geschick erstellen Sie ein ansprechendes Grundlayout, in das Sie immer wieder einen neuen Text einbauen können. Dann sieht man sofort: »Jetzt steht wieder eine Betriebsversammlung an.«

Der Text des Plakats ist zwar durch die Tagesordnung vorgegeben. Das heißt aber nicht, dass er so öde sein muss, dass man schon beim Lesen ins Gähnen kommt. Aus den Punkten

»Bericht des Betriebsrats« und »Bericht der Geschäftsleitung« lassen sich zwar keine wirklich reißerischen Überschriften machen, aber wenn Sie ein wenig variieren, merken die Kollegen wahrscheinlich schon ein bisschen auf. Und wenn Sie ein Schwerpunktthema haben – was spricht dagegen, es schon in die Ankündigung mit aufzunehmen?

- ✔ »Betriebsratsarbeit – ein Tätigkeitsbericht«
- ✔ »Die letzten drei Monate – ein Rückblick«
- ✔ »Wie verkraften wir das neue Dreischichtsystem? Der Betriebsrat berichtet«

Wenn Sie darüber hinaus ein besonderes Thema vorbereitet haben – und das sollte eigentlich immer der Fall sein –, können Sie Ihrer Fantasie freien Lauf lassen:

- ✔ »Zwar weiß ich viel, doch will ich alles wissen: Das Bildungsurlaubsgesetz«
- ✔ »Was zum Leben übrig bleibt: Neue Entwicklungen bei den Sozialabgaben«
- ✔ »Damit alles dran bleibt – die Arbeitsschutzkampagne der Berufsgenossenschaft«

Nicht vergessen: Die wichtigsten Angaben – Ort, Tag und Uhrzeit – müssen auf einen Blick zu sehen sein.

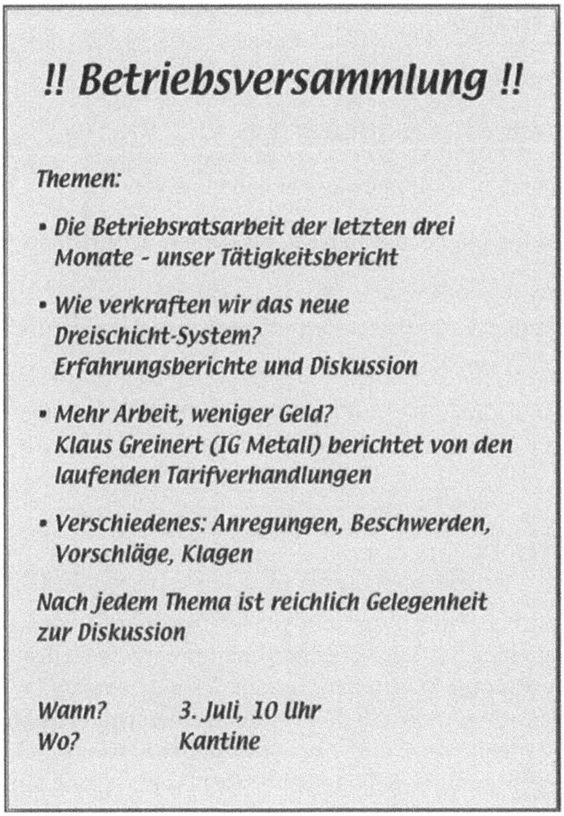

Abbildung 11.1: So oder ähnlich könnte Ihr Ankündigungsplakat aussehen.

Kleben Sie am Tag der Betriebsversammlung auf alle Plakate einen auffälligen roten Sticker mit dem Wort »Heute!!!«. Nicht alle Kollegen haben den Termin der Betriebsversammlung in den Kalender oder Tagesplaner eingetragen. So mancher ist schon dreimal am Tag am Plakat des Betriebsrats vorbeigelaufen, ohne sich klarzumachen, dass der »3. Juli ja heute ist«.

Fax, Intranet und E-Mail

Nutzen Sie alle Medien, die Ihnen zur Verfügung stehen: Intranet, Faxverteiler für auswärtige Kollegen, Mailverteiler. Staffeln Sie den Informationsfluss: Fax und Mails an diejenigen Kollegen, die nicht an einem Plakat vorbeikommen können (beispielsweise Außendienst, Fahrer), eine Woche vor der Betriebsversammlung, zusätzliche Mails zur Erinnerung zwei Tage vorher.

Wenn im Betrieb ein Intranet und/oder ein E-Mail-Verteiler eingerichtet sind, hat der Betriebsrat Anspruch darauf, diese nutzen zu können.

Die schriftliche Einladung

Eine schriftliche persönliche Einladung erhalten:

- ✔ der Arbeitgeber beziehungsweise sein Vertreter
- ✔ die Vertreter aller im Betrieb vertretenen Gewerkschaften (§ 46 Abs. 2 BetrVG)
- ✔ gegebenenfalls die leitenden Angestellten, wenn Sie diese einladen wollen
- ✔ Sachverständige, die auf Ihre Einladung hin bei der Betriebsversammlung sprechen sollen

Arbeitgeber und die im Betrieb vertretenen Gewerkschaften erhalten mit der Einladung auch die Tagesordnung.

Falls auch der Arbeitgeber Sachverständige oder Vertreter seiner Arbeitgebervereinigung einladen möchte, so muss er selbst die Einladung aussprechen.

Jetzt wird es inhaltlich

Während all diese organisatorischen Vorbereitungen mit einiger Übung reibungslos laufen, macht die inhaltliche Vorbereitung einer Betriebsversammlung immer wieder Kopfzerbrechen. Was kommt auf die Tagesordnung? Was in den Bericht des Betriebsrats? Wie verpackt man alle Informationen so, dass sie übersichtlich, aber auch einigermaßen interessant sind? Das kann eine kniffelige Aufgabe sein, und zwar sowohl dann, wenn nichts Besonderes passiert ist, als auch dann, wenn sehr viele Dinge über Sie hereingestürzt sind.

Die Tagesordnung

Die Tagesordnung einer Betriebsversammlung sieht klassischerweise so aus:

1. Eröffnung und Begrüßung
2. Bericht des Betriebsrats
3. Bericht der Geschäftsleitung
4. ein weiteres Thema (zum Beispiel: »Information über die Neufassung des Bildungsurlaubsgesetzes durch Klaus Meyer, DGB«)
5. Verschiedenes

An den einzelnen Bestandteilen der Tagesordnung ist normalerweise nicht zu rütteln. Der Bericht des Betriebsrats muss immer auf der Tagesordnung stehen – schließlich hat die Betriebsversammlung ja den Zweck, die Kollegen davon zu unterrichten, was ihre Vertreter die ganze Zeit über tun.

Auch mit der Reihenfolge muss nicht herumexperimentiert werden. Ganz sicher wird der Bericht des Betriebsrats an erster Stelle stehen, denn es ist sinnvoll, mit dem Rückblick zu starten, bevor neue Projekte in den Blick genommen werden. Und ebenso ist klar, dass der Betriebsrat vor der Geschäftsleitung spricht – es ist ja schließlich seine Veranstaltung. Ohnehin ist der Bericht der Geschäftsleitung nur einmal im Jahr verpflichtend, aber wenn es neue Entwicklungen im Betrieb gibt, sollte der Arbeitgeber auf jeden Fall schon im Vorfeld – am besten in der Einladung, die an ihn ergeht – aufgefordert werden, sich dazu zu äußern.

Der Bericht des Betriebsrats

Mit dem Bericht des Betriebsrats legen Sie den Kollegen, die Sie ja schließlich gewählt haben, Rechenschaft darüber ab, was Sie im zurückliegenden Vierteljahr getan haben.

Für viele Betriebsräte ist der Bericht ein Schreckgespenst, mit dem sie sich am liebsten gar nicht befassen möchten. Daher konstruieren sie alle möglichen Hilfsmittel, etwa ein Formular, in das nur die jeweils veränderten Zahlen und Daten eingetragen werden. Was dabei herauskommt, ist nicht mehr als eine karge Statistik: »Die letzte Betriebsversammlung fand am 23. April dieses Jahres statt. Seither haben wir 14 Betriebsratssitzungen durchgeführt und uns viermal mit der Geschäftsleitung getroffen. Wir haben drei Einstellungen zugestimmt ...« Aber: Wer will sich denn so etwas anhören?

Die Kollegen sind gekommen, um zu hören, was Sie in den letzten Wochen und Monaten getan haben. Erzählen Sie es ihnen und bleiben Sie dabei nicht an dürren Fakten und Daten hängen, unter denen sich niemand etwas vorstellen kann:

- ✔ Verlieren Sie sich nicht in Einzelheiten. Wie oft der Betriebsrat getagt hat, ist den meisten Kollegen wahrscheinlich egal. Wie oft Sie mit dem Arbeitgeber verhandelt haben, schon weniger. Doch anstatt zu sagen: »Es fanden fünf Besprechungen mit dem Arbeitgeber statt«, erläutern Sie lieber: »Um die neuen Kantinenöffnungszeiten durchzusetzen, haben wir uns öfter und länger als sonst mit der Geschäftsleitung zusammengesetzt.«

✔ Wenn Sie über eine Angelegenheit berichten, die schon bei der vorhergehenden Betriebsversammlung eine Rolle gespielt hat, fassen Sie die Entwicklung noch einmal zusammen. Es ist eher unwahrscheinlich, dass sich die Kollegen noch daran erinnern, was sie vor drei Monaten einmal gehört haben.

✔ Haben Sie keine Angst vor Wiederholungen. Auch wenn Sie sich seit zehn Wochen in jeder Betriebsratssitzung nur mit dem Thema »Zugangskontrollen« beschäftigt haben und überzeugt davon sind, dass wirklich JEDER Kollege weiß, dass die Kontrollen nach dem Zufallsprinzip ausgeführt werden – erläutern Sie es trotzdem noch einmal. Es gibt immer Kollegen, die neu sind oder bisher von dem Thema nicht betroffen waren. Mit einer kurzen Zusammenfassung informieren Sie diejenigen, die noch nicht Bescheid wissen, und den Kollegen, die auf dem Laufenden sind, erleichtern Sie den Einstieg ins Thema.

✔ Achten Sie auf die richtige Gewichtung. Wie oft Sie sich mit Entlassungen befassen mussten, ist bedeutsamer als Ihre Stellungnahme zur Farbe der neuen Stühle in der Kantine.

✔ Schildern Sie, wie mühsam es oft sein kann, überhaupt genügend Informationen zu sammeln, um ein Thema zu beurteilen.

✔ Die Geschäftsleitung war nicht besonders kooperativ? Erwähnen Sie das ruhig.

✔ Eine Regelung ist nicht so ausgefallen, wie Sie es sich gewünscht hätten? Berichten Sie, dass es in den Verhandlungen zäh hergegangen ist, dass beide Seiten sich nur mühsam einander angenähert haben, dass die jetzige Regelung nur ein Kompromiss ist. Stellen Sie eine Vereinbarung nicht als Erfolg hin, wenn sie keiner ist.

✔ Vermitteln Sie den Kollegen ein allgemeines Bild vom betrieblichen Geschehen: Gab es mehr Einstellungen als Entlassungen oder war es umgekehrt? Wie ist das zu bewerten?

✔ Vermeiden Sie Abkürzungen, die nicht jeder kennt. Und gehen Sie davon aus, dass die meisten Abkürzungen nicht allen Kollegen bekannt sind, seien sie aus dem betrieblichen Alltag oder aus der Praxis der Betriebsratsarbeit. Dass RAL 356 eine neue Farbreihe ist, wissen wahrscheinlich nur die Kollegen aus dem entsprechenden Bereich der Produktion, und was ein »Seminar nach § 37 Absatz 6« ist, wissen – Hand aufs Herz – vielleicht nicht einmal alle Betriebsratsmitglieder.

✔ Wenn Sie viele Zahlen nennen müssen, verlieren Sie sich nicht in zu großer Exaktheit. Runden Sie lieber auf oder ab. »Fast 12.000 Euro« kann man auf Anhieb besser erfassen als »11.867 Euro«, statt 26 Prozent sagen Sie lieber: mehr als ein Viertel.

Auftritt als Team

Den Bericht des Betriebsrats zu halten ist häufig Sache des Betriebsratsvorsitzenden. Er ist Repräsentant des Gremiums und nimmt daher meist die ehrenvolle Aufgabe auf sich, den Bericht vorzutragen. Aber gerade hier bewährt sich auch Teamarbeit. Überlegen Sie im Vorfeld gemeinsam, welche Themen der Bericht enthalten soll, zum Beispiel:

- ✔ Einführung eines neuen Entlohnungssystems
- ✔ Überlegungen, die Belegungsordnung für den Firmenparkplatz neu zu regeln
- ✔ neue Beurteilungsbogen
- ✔ Informationen über die Ergebnisse des betrieblichen Vorschlagswesens
- ✔ Zusammenarbeit mit der Gewerkschaft
- ✔ Hilfestellung durch eine Technologieberatungsstelle

Wenn Sie Ihre Liste zusammenhaben, teilen Sie sie ein in:

- ✔ neue, eventuell strittige Themen
- ✔ Themen, die schon bei der vergangenen Betriebsversammlung in der Diskussion waren
- ✔ Routinethemen

Welches Thema ist am wichtigsten und sollte daher am Beginn des Berichts stehen? Welches braucht am meisten Zeit? Bei welchem Thema ist der Diskussionsbedarf am größten? Wenn das geklärt ist, können Sie eine sinnvolle Gliederung des Berichts festlegen und die einzelnen Punkte auf die Betriebsratsmitglieder aufteilen. Am besten übernehmen natürlich diejenigen Kollegen einzelne Bereiche, die sich bisher am gründlichsten damit befasst haben.

Wenn Sie so mit verteilten Rollen sprechen, wird der Bericht schon ganz von selbst weniger langweilig, als wenn ihn ein Einziger herunterliest. Die Kollegen merken jedes Mal aufs Neue auf, denn jeder hat schließlich sein eigenes Temperament und seine eigene Sprechweise. Und nicht zuletzt ist dieses Vorgehen, bei dem jeder Beitrag vergleichsweise kurz ist, auch ein guter Einstieg für die Betriebsratskollegen, die sich nicht so recht trauen, vor Publikum zu sprechen. Dazu übrigens mehr in Kapitel 12.

Es gibt nicht einen einzigen Grund, warum der Arbeitgeber vom Betriebsrat vorab eine Ausführung des Berichts verlangen könnte. Anfragen dieser Art können Sie also ohne Weiteres kühl abfertigen – wer, wenn nicht er selbst, sollte wissen, was im Betrieb vor sich geht.

Weitere Themen der Betriebsversammlung

Welche und wie viele Themen dem obligatorischen Bericht folgen, liegt ganz im Ermessen des Betriebsrats. Überlegen Sie:

- ✔ Welche Themen brennen den Kollegen auf den Nägeln?
- ✔ Welche sind so aktuell, dass sie jetzt behandelt werden müssen?
- ✔ Welche Themen sollten schon lange einmal angesprochen werden?

Aber auch wenn nichts unmittelbar ansteht: Das Betriebsverfassungsgesetz nennt eine ganze Anzahl von Themenfeldern.

Betriebliche Angelegenheiten

Das ist das Konkreteste und steht den Kollegen am nächsten. Eigentlich sollte sich für jede Betriebsversammlung dazu ein konkretes Thema finden lassen, etwa:

- ✔ Vorstellung einer neuen Betriebsvereinbarung
- ✔ drohender oder geplanter Abbau von Sozialleistungen
- ✔ Arbeitsbedingungen allgemein oder in bestimmten Bereichen
- ✔ Arbeitszeiterfassung
- ✔ Überblick über die im Betrieb existierenden Betriebsvereinbarungen und ihre Inhalte
- ✔ Personalentwicklung im Betrieb und Ihre Bewertung dazu
- ✔ betriebliche und überbetriebliche Weiterbildung

Tarifpolitische Angelegenheiten

Sowohl die aktuellen Tarifverhandlungen als auch die Tarifabschlüsse können bei der Betriebsversammlung vorgestellt werden. Wenn nicht gerade zufällig ein Betriebsratsmitglied selbst in der Tarifkommission der Gewerkschaft ist, sollte zu diesem Punkt unbedingt ein Vertreter der Gewerkschaft eingeladen werden. Dieser kann nämlich nicht nur das Ergebnis als solches präsentieren, sondern auch interessante – wenn auch natürlich nicht vertrauliche – Einzelheiten aus der Verhandlung erzählen.

Aber auch wenn keine Tarifverhandlungen auf der Agenda stehen, kann man die Tatsache, dass es Tarifverträge gibt, den Kollegen ins Bewusstsein rufen, zum Beispiel durch eine allgemeine Vorstellung der Regelungen des Manteltarifvertrags. Auch wenn dieser schon Jahre in Kraft ist, werden doch die wenigsten wissen, wozu er dient und was darin geregelt ist: Wochenarbeitszeit, arbeitsfreie Tage für bestimmte persönliche Angelegenheiten wie Hochzeit oder Trauerfall, Kündigungsfristen, Beiträge zur vermögenswirksamen Leistung und vieles mehr.

Sozialpolitische Angelegenheiten

Auch bei Tagesordnungspunkten zu sozialpolitischen Angelegenheiten ist der Betriebsrat in der Themenwahl relativ frei, solange es einen Bezugspunkt zum Unternehmen gibt. Veränderungen in der Sozialgesetzgebung (Krankenkasse, Arbeitslosenversicherung, Rentenversicherung, Pflegeversicherung), Neuregelung im Arbeitsschutz, Datenschutzfragen, Riesterrente und betriebliche Altersvorsorge – das alles sind Themen, die auf einer Betriebsversammlung durchaus ihren Platz haben.

Wirtschaftliche Angelegenheiten

Wirtschaftliche Angelegenheiten müssen nicht nur den eigenen Betrieb betreffen. Angenommen, das Unternehmen, in dem Sie arbeiten, plant in Kürze den Börsengang, dann liegt es nahe, einen unabhängigen Betriebswirt einzuladen, der den Kollegen erläutert, was das für den Betrieb bedeutet, aber auch, wie das Geschäft mit den Aktien überhaupt funktioniert – ohne natürlich gleich eine stundenlange Vorlesung zu halten. Andere Themen, die eigentlich jeden Betrieb betreffen: Leiharbeit und Leiharbeitnehmer, Auslagerung von Arbeit (Outsourcing), Zukauf von Teilen statt Eigenproduktion.

Umweltpolitische Angelegenheiten

Was hat Umweltpolitik mit betrieblichem Alltag zu tun? Eine Menge! Mülltrennung und Abfallvermeidung, umweltverträgliche Entsorgung von Schadstoffen, Ankauf umweltfreundlicher Büromaterialien, Farben, Reinigungsmittel, Rohstoffe, energiesparende Maßnahmen und sogar umweltfreundliche Produktionsverfahren – das alles gehört zu den unmittelbaren Angelegenheiten, über die Betriebsrat, Belegschaft und Arbeitgeber miteinander diskutieren sollten und sich auf gemeinsame Ziele einigen können.

Gleichstellungsthemen

In Ihrer Abteilung gibt es kein Problem mit der Förderung der Gleichstellung von Frauen und Männern sowie der Vereinbarkeit von Familie und Erwerbstätigkeit? Das ist schön, gilt aber möglicherweise nicht für alle Kollegen. Machen Sie Gleichstellungsthemen zum Inhalt einer Betriebsversammlung. Möglicherweise kommen aus der Belegschaft Beiträge, die einen Handlungsbedarf offensichtlich machen.

Integrationsangelegenheiten

Ausnahmsweise soll mal an dieser Stelle wiedergegeben werden, warum der Gesetzgeber das Thema Integration als wesentlich für die Betriebsversammlung angesehen hat: »Durch die Betriebsversammlung soll eine innerbetriebliche Diskussion angestoßen werden, die zum Abbau von Fremdenfeindlichkeit und Rassismus in der Gesellschaft beitragen soll.« Eine Begründung, die an Aktualität auch Jahrzehnte später nichts eingebüßt hat.

Andere Themen

Es gibt Zeiten, in denen die Suche nach einem Thema für die Betriebsversammlung hektische Züge annimmt. Nicht etwa, weil so viel passiert ist, sondern weil sich eigentlich kaum etwas getan hat. Vor allem in kleineren Betrieben, die wirtschaftlich ganz gut dastehen, ist das häufig der Fall. Betriebsrat und Arbeitgeber haben keine kontroversen Themen besprochen, es sind weder in der Produktion noch im Personalwesen irgendwelche Neuerungen zu vermelden, die nächsten Tarifverhandlungen stehen erst in einem halben Jahr an.

Da bietet es sich an, mit den Kollegen anzufangen, das Abc der Betriebsratsarbeit durchzugehen. Die wissen ja oft gar nicht, welche Rechte der Betriebsrat eigentlich hat – und welche nicht. Fangen Sie mit einer einfachen Geschichte an: Mitbestimmung in Personalfragen. Was passiert eigentlich, wenn einem Kollegen gekündigt wird. Erläutern Sie, welche Rechte der Betriebsrat nun im Einzelnen hat, dass es Fristen einzuhalten gilt, dass immer und auf jeden Fall der Betriebsrat einzuschalten ist – und schon haben Sie mit Fragen und Antworten eine halbe Stunde gefüllt, sinnvoll und für die Kollegen informativ und interessant.

Beim nächsten Mal nehmen Sie sich ein anderes Thema vor, zum Beispiel: Was ist eine Betriebsvereinbarung? Oder Sie laden einen Sachverständigen ein: Den Gewerkschaftssekretär zum Thema Tarifauseinandersetzungen in Ihrer Branche, die zuständige technische Aufsichtsperson der für den Betrieb zuständigen Berufsgenossenschaft zum Thema Bildschirmarbeitsplätze, einen Vertreter der Krankenkasse zu Neuerungen der Pflegeversicherung.

Bitten Sie couragierte Kollegen, einen kurzen Beitrag zu einem Thema zu halten, das ihnen vertraut ist, zum Beispiel über ihre Arbeit als Ersthelfer oder Sicherheitsbeauftragter. Damit binden Sie Kollegen in die Arbeit ein und wecken ganz sicher Interesse bei der Belegschaft.

Mündlich oder schriftlich?

Der Bericht des Betriebsrats ist auf jeden Fall mündlich vorzutragen. Ihn auch in niedergeschriebener Form vorzulegen ist zwar möglich, aber nur selten wirklich erforderlich. Auf gar keinen Fall kann der Arbeitgeber verlangen, dass Sie ihm vorab den Bericht zur Verfügung stellen – das heißt: Verlangen kann er es natürlich, aber Sie brauchen auf diese Zumutung nicht einmal zu reagieren.

Sinnvoll könnte es allenfalls dann sein, den Bericht schriftlich zur Verfügung zu stellen, wenn ein großer Teil der Belegschaft an der Teilnahme an der Betriebsversammlung verhindert war oder der Bericht für einen Teil der Belegschaft übersetzt werden muss. Ansonsten aber ist der Betriebsrat gut beraten, wenn er eine »Politik der Ressourcenverknappung« betreibt, also: Wer den Bericht hören will, muss sich bitte schön auch bequemen, auf die Betriebsversammlung zu kommen.

Hängen Sie ein oder zwei der Schaubilder, die Sie bei der Betriebsversammlung erläutert haben, nach der Versammlung ans Schwarze Brett. Das ist ein guter Anreiz, beim nächsten Mal selbst zu hören, was der Betriebsrat zu berichten hat.

IN DIESEM KAPITEL

Das Forum des Betriebsrats

Die Sprache der Stühle

Der Dirigent des Geschehens

Wie man spricht

Rede und Gegenrede

Kapitel 12
Der Tag ist da

Der Tag der Betriebsversammlung ist gekommen. Vielleicht sind Sie noch einmal durch die Abteilungen gegangen, um die Kollegen daran zu erinnern, dass die Betriebsversammlung in Kürze beginnt. Dann treffen Sie sich mit Ihren Betriebsratskollegen, inspizieren den Raum, ob alles zu Ihrer Zufriedenheit organisiert ist. Langsam treffen die ersten Kollegen ein, ein paar gut kalkulierte Augenblicke später trifft auch der Chef ein – und dann kann es losgehen. Nur Mut, es wird schon alles gut gehen!

Hier hat der Betriebsrat das Sagen

Weil er es so gewohnt ist, geht Ihr Chef vielleicht schnurstracks zum Mikrofon und begrüßt die Anwesenden. Halt! Die Betriebsversammlung ist das Forum des Betriebsrats. Hier hat er das Sagen. Er hat eingeladen, er leitet die Versammlung, er schließt sie auch wieder. Konkret bedeutet das:

- ✔ Der Betriebsrat eröffnet die Versammlung.
- ✔ Er begrüßt die Anwesenden.
- ✔ Er achtet darauf, dass nur berechtigte Personen im Raum sind.
- ✔ Er stellt die Tagesordnung vor.
- ✔ Er ruft die Tagesordnungspunkte auf.

- ✔ Er hält den ersten Vortrag.
- ✔ Er erteilt und entzieht das Wort.
- ✔ Er leitet Abstimmungen.
- ✔ Er sorgt dafür, dass Redebeiträge nicht zu lang sind und den inhaltlichen Rahmen der Betriebsversammlung nicht sprengen.
- ✔ Er schließt die Versammlung.

Die Versammlungsleitung liegt zwar beim Betriebsratsvorsitzenden. Er kann sie aber, vor allem wenn er selbst den Bericht hält, ohne Umstände einem anderen Betriebsratsmitglied übertragen.

Die Botschaft der Sitzordnung

Dass der Betriebsrat der Herr der Betriebsversammlung ist, soll man auch sehen. Der Betriebsrat sitzt daher vorn an einem Tisch, sodass ihn alle gut sehen können, möglichst an der Stirnseite des Raums. Wenn das Gremium nicht zu groß ist, sollte es in kompletter Besetzung präsidieren. Die Kollegen sollen ja sehen, wer alles dazugehört.

In manchen Betrieben ist es üblich, dass die Geschäftsleitung neben dem Betriebsrat auf dem Podium sitzt. Damit soll demonstriert werden, dass es zwischen den beiden Parteien keine Konflikte gibt. So eine Sitzordnung sollten Sie aber unter allen Umständen vermeiden. Dafür gibt es einige gute Gründe:

- ✔ Sie stehen vorn als Vertreter Ihrer Kollegen, nicht als Partner der Geschäftsleitung. (Auch im Bundestag sitzen nur Vertreter der Regierung vorn, nicht Vertreter der Opposition.)
- ✔ Im Konfliktfall ist ein gewisser Abstand zwischen den Parteien angenehmer – beiden Seiten.
- ✔ Es ist besser, die Arbeitgebervertreter frontal ansprechen zu können, als sich zur Seite drehen zu müssen. Das ist nicht nur unpraktisch, weil die Kollegen dadurch womöglich gar nicht hören, was da gesprochen wird. Es vermittelt auch ein schiefes Bild, so als würden die wichtigen Themen »da vorn« abgehandelt, und die Kollegen sind nur Staffage.

Die Vertreter der Geschäftsleitung sitzen also wie alle anderen auch im Publikum und kommen höchstens nach vorn, wenn sie einen längeren Redebeitrag halten – sofern sie es nicht vorziehen, vom Platz aus zu sprechen. Weshalb sollte der Betriebsrat für die Geschäftsleitung nicht Plätze in der ersten Reihe reservieren? Er kann dann die Reaktion auf seine Beiträge gut sehen und leichter reagieren. Überdies ist es für viele Kollegen, die einen Redebeitrag halten wollen, leichter, wenn sie wissen, wo die Geschäftsleitung sitzt.

Auch Stühle können demonstrieren

Schon bevor die Versammlung beginnt, kann der Betriebsrat Flagge zeigen. Sind seit der letzten Betriebsversammlung viele Beschäftigte »aus betriebsbedingten Gründen« entlassen worden? »Besetzen« Sie die entsprechende Anzahl der Stühle durch Schilder und machen Sie so sichtbar, dass diese Kollegen fehlen. Oder ist geplant, dass in nächster Zukunft 32 von 98 Arbeitsplätzen entfallen sollen? Dann markieren Sie jeden dritten Stuhl mit einem roten Aufkleber. Ein kleines Zeichen, doch es bewirkt Solidarisierung unter den Kollegen und zeigt, dass es nicht um »Kostenstellen«, sondern um Arbeitsplätze, mehr noch: um Menschen geht.

Die Versammlungsleitung

Zu den Aufgaben desjenigen Betriebsratsmitglieds, das die Versammlung leitet, gehört es,

- ✔ die Rednerliste zu führen, denen, die sich zu Wort melden, das Wort zu erteilen und sie gegebenenfalls vorzustellen (»Als Nächste spricht jetzt zu uns die Kollegin Ruth Lindberg, sie ist die für unseren Betrieb zuständige Gewerkschaftssekretärin und hat uns schon beim Abschluss der letzten Betriebsvereinbarung sehr effektiv beraten.«).
- ✔ die Diskussion sinnvoll zu strukturieren. Dazu gehört es zum Beispiel, die Beiträge zu bündeln, einzuschätzen, wann es sinnvoll ist, eine Frage an den Betriebsrat oder den Geschäftsführer weiterzugeben, und wann die Diskussion sich so weit erschöpft hat, dass ein Resümee gezogen und der nächste Tagesordnungspunkt aufgerufen werden kann.
- ✔ die Kollegen zu unterstützen, die in der Diskussion vor Aufregung etwas unzusammenhängend und lückenhaft reden.
- ✔ die wichtigsten Punkte aus der Diskussion zusammenzufassen und damit zu signalisieren, dass sie nicht verloren gehen.

Begrüßung und Vorstellen der Tagesordnung

Es ist zwar eine Selbstverständlichkeit, aber in der Aufregung geht es doch manchmal unter: Die Betriebsversammlung beginnt damit, dass alle begrüßt werden. Das ist höflich und erweist den Kollegen den Respekt, den sie verdienen. Außerdem können Sie bei dieser Gelegenheit auch ganz einfach erläutern, wen Sie eingeladen haben. Sie begrüßen also:

- ✔ Ihre Kollegen,
- ✔ den Arbeitgeber oder seinen Vertreter,

- ✔ Gäste wie etwa den Sekretär Ihrer zuständigen Gewerkschaft oder einen anderen Gast. Stellen Sie jedes unbekannte Gesicht mit Namen und beruflicher Tätigkeit vor und erläutern Sie in einem Satz, warum der Betreffende heute hier ist.

In kleineren Betrieben ist es eine nette Geste, nach der allgemeinen Begrüßung diejenigen Kollegen zu nennen, die seit der vergangenen Betriebsversammlung in den Betrieb eingetreten sind, und sie kurz mit Namen, Tätigkeit und Abteilung vorzustellen.

Nach der Begrüßung stellen Sie kurz die Tagesordnung vor. Damit geben Sie den Kollegen eine Information, was sie erwartet (auch wenn alle mindestens zehn Mal am Einladungsplakat vorübergelaufen sind), und vermitteln in etwa eine Vorstellung davon, wie lange die Versammlung dauern wird. Außerdem haben sich bis dahin wirklich alle, auch eventuelle Nachzügler, ihren Platz gesucht, dem Nachbarn zugenickt, womöglich sogar Notizblock und Bleistift zurechtgelegt.

Der Bericht des Betriebsrats: Ablesen oder frei sprechen?

Es folgt der Bericht des Betriebsrats. Er ist ja inzwischen mehrmals durchgearbeitet worden, auf einzelne Betriebsratsmitglieder aufgeteilt, jeder weiß, was er zu sagen hat, ist im Thema drin. Nur eine Frage ist noch offen: Ablesen oder frei sprechen?

Keine Frage: Für die Zuhörer ist ein Redner, der frei spricht, hundertmal angenehmer und unterhaltsamer als einer, der mit den Augen an den Zeilen klebt, sich hastig von Absatz zu Absatz durch seinen Text arbeitet und kein einziges Mal den Blick hebt. Aber für den, der den Bericht vortragen muss, ist die Vorstellung, »alles auswendig« zu erzählen, meistens ein Albtraum. Bei näherer Betrachtung sind diese Befürchtungen natürlich grundlos, denn: Wer, wenn nicht Sie, kennt die Materie in- und auswendig?

»Da fällt mir garantiert plötzlich nichts mehr ein!« – »Ich werde mich sicher so verhaspeln, dass die Kollegen nur noch Bahnhof verstehen!« Diese Ängste kennt jeder, und jeder weiß, dass es gar nichts nützt, sich selbst gut zuzureden. Versuchen Sie es doch einmal mit einem Kompromiss: Formulieren Sie nur die ersten und letzten Sätze Ihres Berichts aus. Den Rest, also den Teil mit den »harten Fakten«, schreiben Sie nur in Stichpunkten nieder. Je unsicherer Sie sind, desto mehr Stichpunkte, desto enger also Ihr Sicherheitsnetz für den Fall, dass Ihnen plötzlich nicht mehr einfällt, wie es weitergeht. Am Anfang, der meistens am schwersten fällt, haben Sie dann noch Ihr Halteseil, an dem Sie sich entlanghangeln können. Dann, wenn Sie etwas in Schwung gekommen sind, sind Sie schon so im Thema drin, dass es wahrscheinlich wie von selbst geht. Für Sie ist es eine kleine Überwindung, für Ihre Kollegen aber ein spürbarer Zuwachs an Qualität.

Tipps für mutige Redner

Es gibt wenige Menschen, die sich ganz ohne Scheu vor eine größere Menschenansammlung stellen und frei von der Leber weg reden. Wenn Sie also Bammel vor Ihrem Auftritt haben, machen Sie sich klar, dass das eher die Regel als die Ausnahme ist. Ihr Chef ist wahrscheinlich genauso nervös wie Sie, aber er darf es noch weniger zeigen. Ihnen zittern die Knie? Das merkt außer Ihnen keiner!

Hier ein paar nützliche Tipps für den stressfreien Auftritt:

- ✔ Benutzen Sie statt DIN-A4-Blättern Karteikarten für Ihre Aufzeichnungen. Dann sehen die Zuhörer nicht, dass Ihnen die Hände zittern.
- ✔ Haben Sie nicht den Ehrgeiz, lange, verschachtelte Sätze aneinanderzureihen. Das Wesentliche lässt sich am besten in kurzen Sätzen sagen.
- ✔ Selbst die besten Redner bringen ihre Sätze nicht immer unfallfrei zu Ende. Die Zuhörer merken das meistens gar nicht – und wenn, ist es ihnen egal. Keiner erwartet von Ihnen Entertainerqualitäten. Damit würden Sie sogar eher unglaubwürdig wirken.
- ✔ Trinken Sie vor dem Vortrag einen Schluck Wasser, blasen Sie eine (imaginäre) Suppe kalt oder eine Kerze aus.
- ✔ Tragen Sie keinen engen Gürtel oder Kragen.
- ✔ Stellen Sie sich lieber hin als sitzen zu bleiben. Gerade Menschen, denen die öffentliche Rede ein Graus ist, »verstecken« sich lieber hinter einem Tisch. Überwinden Sie sich trotzdem, wenigstens einmal probehalber. Sie werden sehen, es redet sich leichter. Das Selbstvertrauen wächst ganz automatisch mit der Körpergröße.

Der Bericht des Arbeitgebers

Mindestens einmal im Jahr muss der Arbeitgeber in der Betriebsversammlung einen Bericht halten. Diesen Bericht muss der Arbeitgeber selbst vortragen, allenfalls sein direkter Vertreter. Er muss sich also auf jeden Fall einmal im Jahr selbst in eine Betriebsversammlung bemühen. Aber ohnehin wird sich wohl kaum ein Arbeitgeber diese Gelegenheit entgehen lassen. Viel schwieriger ist es meistens, ihn wieder zum Aufhören zu bewegen, wenn er einmal angefangen hat.

Worüber er auf jeden Fall sprechen soll, ist im Betriebsverfassungsgesetz festgeschrieben:

- ✔ Personal- und Sozialwesen
- ✔ Stand der Gleichstellung von Frauen und Männern im Betrieb
- ✔ Integration der im Betrieb beschäftigten ausländischen Arbeitnehmer

- ✔ wirtschaftliche Lage und Entwicklung des Betriebs
- ✔ betrieblicher Umweltschutz

Was der Arbeitgeber in seinem Bericht ausführt, weiß der Betriebsrat in der Regel vorher nicht. Allerdings birgt so ein Bericht auch selten Überraschungen – man kennt sich ja schließlich. Nicht selten sind die Berichte des Arbeitgebers ziemlich nichtssagend, da er sich in der Regel darum herumdrückt, konkrete Zahlen zu nennen oder Pläne auszuführen. Umso besser aber kann sich der Betriebsrat darauf vorbereiten. Denn der Bericht des Arbeitgebers sollte keinesfalls unkommentiert verhallen. Andererseits ist es meistens nicht einfach, vorn zu sitzen, aufmerksam zuzuhören und im selben Moment Nachfragen oder Diskussionsbeiträge vorzubereiten. Deshalb müssen Fragen an den Arbeitgeber oder Ergänzungen zu seinem Bericht schon im Vorfeld vorbereitet werden. Überlegen Sie sich also:

Welche Themen wird der Chef wohl anschneiden, welche Tendenz wird der Bericht haben? Möchte er mit dem Themenkomplex »Schwierige Marktlage, große Absatzprobleme, gefährliche Konkurrenzsituation« das Feld für eine kommende Gehaltskürzung bestellen? Auf welche betrieblichen Probleme wird er vermutlich *nicht* eingehen?

Lassen Sie nicht zu, dass der Arbeitgeber die Atmosphäre der Betriebsversammlung dominiert. Es gibt sentimentale Chefs, die von der »großen Betriebsfamilie«, von »Treue« und »persönlicher Enttäuschung« sprechen. Stellen Sie als Betriebsrat in Ihrem Redebeitrag klar, dass ein Arbeitsverhältnis durch Verträge und nicht durch persönliche Beziehungen geprägt ist. Einem kühlen Rechner hingegen, der nur von »finanziellen Aufwendungen« und »Kostenstellen« spricht, der »freisetzen« statt »entlassen« sagt, halten Sie entgegen, dass es hier nicht um abstrakte Zahlen, sondern um Kollegen, um Menschen und ihre Familien, geht.

Die Diskussion

Die Betriebsversammlung ist ein Forum – das bedeutet, dass nicht nur einer spricht und die anderen zuhören. Ausdrücklicher Zweck der Versammlung ist der Austausch zwischen Belegschaft und Betriebsrat sowie Geschäftsleitung.

Andererseits ist die »Diskussion« kein eigener Tagesordnungspunkt, der nach allen anderen Berichten und Vorträgen aufgerufen werden kann. Die Gelegenheit zur Diskussion muss vielmehr unmittelbar nach den jeweiligen Berichten oder sogar Berichtsabschnitten gegeben werden. Ihre Kollegen sind ja höchstwahrscheinlich in Debatten nicht so versiert, dass sie das, was sie zum Beispiel beim Thema Überstunden bedrückt oder auf die Palme bringt, locker eine Stunde später vorbringen können, nachdem auch die Punkte »Tiefgarage«, »Neuordnung der Essensmarkenausgabe« und »Ausstattung der Sozialräume« vorgetragen wurden. Nein, sie wollen zu dem Thema, um das es aktuell geht, ihre Sicht der Dinge, ihre Beschwerden oder Anregungen einbringen und untereinander, mit dem Betriebsrat oder mit der Geschäftsleitung Rede und Gegenrede halten. Das geht aber nicht, wenn der eine von Äpfeln und der andere von Schrauben redet. Außerdem ist eine Betriebsversammlung ja auch viel lebendiger, wenn sich Vortrag und Debatte im munteren Wechsel ablösen.

»Munterer Wechsel! Lebhafte Debatten! Wo gibt es denn so etwas?« Tatsächlich haben die Betriebsräte meistens weniger das Problem ellenlanger Rednerlisten, sondern eher das des gähnenden Nichts. Selbst auf noch so gutes Zureden will sich in der Belegschaft einfach keine Diskussion ergeben, und das, obwohl Sie sicher sind, dass eine Stunde später in der Kantine alles auf den Tisch kommt, worüber jetzt, in der Versammlung, so hartnäckig geschwiegen wurde. Es gilt also, auch diesen Aspekt der Betriebsversammlung gründlich vorzubereiten.

Je besser vorbereitet, desto spontaner

Aus einer stummen Belegschaft, die auf die Aufforderung, nun doch bitte eine lebhafte Diskussion vom Zaun zu brechen, nur betreten in die Luft blickt, eine zu machen, die engagiert und freudig diskutiert, ist erfahrungsgemäß ein hartes Brot. Daher muss die Aussprache nicht weniger sorgfältig vorbereitet werden als der Bericht des Betriebsrats.

- ✔ Mindestens zwei Betriebsratsmitglieder sollten sich unmittelbar nach jedem Referat, Bericht oder Vortrag zu Wort melden: mit einer Frage, einer Ergänzung, einer Klärung, einer anderen Sicht der Dinge. Auf diese Weise haben die Kollegen die Möglichkeit anzuknüpfen und müssen nicht selbst das Eis brechen.
- ✔ Fordern Sie ein paar mutige Kollegen auf, eine Wortmeldung vorzubereiten. Geben Sie ihnen eine konkrete Vorgabe: einen Erfahrungsbericht aus ihrer Abteilung zum Thema erhöhtes Arbeitstempo, ein kurzes Schlaglicht, wie ein ähnliches Problem in anderen Betrieben (zum Beispiel des Ehemanns, des Nachbarn, der Schwester) gehandhabt wird.
- ✔ Wenn Sie Vertrauensleute im Betrieb haben: Bereiten Sie mit ihnen zusammen eine Beteiligung an der Betriebsversammlung vor.
- ✔ Lassen Sie, wenn es sich ergibt, in Ihrem Bericht eine »Lücke«, die Nachfragen provoziert: »Nur mit einem Trick ist es uns dann gelungen, doch noch herauszufinden, welche Planungen für den Fuhrpark bestehen.« Diesen Trick aber verraten Sie *nicht* – sollen die Kollegen doch fragen!
- ✔ Sachliche Nachfragen sind immer einfacher als Beschwerden oder Solidaritätsbekundungen. Bei konkreten Informationen zu Renten- oder Versicherungsfragen gibt es normalerweise mehr Beteiligung als beim Bericht des Betriebsrats – nehmen Sie dies mit Fassung hin.
- ✔ Wenn Sie auf offener Bühne Konflikte mit dem Arbeitgeber austragen, brauchen Ihre Kollegen besonders viel Mut, dazu Stellung zu beziehen.
- ✔ Bevor Sie über die Kollegen schimpfen (»Diese lahmen Säcke!«), fragen Sie sich, ob Ihr Bericht überhaupt Fragen provoziert hat. Wenn Sie nur darüber berichten, was Sie bisher erreicht haben, wie viele Beratungsgespräche Sie geführt haben und welche Konflikte Sie mit der Geschäftsführung ausgefochten haben – was sollen die Kollegen dazu denn beitragen? Achten Sie also darauf, dass genug »lose Fäden« hängen bleiben, an die Ihre Kollegen Fragen knüpfen können.

Keine gute Idee ist es, einen Kollegen unvorbereitet aufzufordern, sich zu einer Sache zu äußern, nach dem Motto: »Kurt, du hast doch neulich so über die neue Raucherregelung geschimpft – sag uns doch einmal hier deine Meinung dazu.« Sie können sicher sein, dass Kurt Ihnen das nie verzeiht und dass manch ein Kollege so schnell nicht mehr zur Betriebsversammlung kommt – in der berechtigten Sorge, ein eher privat geäußerter Unmut würde plötzlich vor versammelter Mannschaft ans Licht gezerrt.

Bei manchen Themen werden die Kollegen vor allem Fragen an die Geschäftsleitung stellen wollen oder müssen. Achten Sie darauf, dass der Geschäftsführer nicht zu jeder Frage einzeln des Langen und Breiten Stellung nimmt – sonst besteht die Gefahr, dass er unmerklich die Versammlung »übernimmt«.

Das Ende der Versammlung

Wenn der letzte Beitrag gehalten und die letzte Frage gestellt wurde oder wenn die Versammlungsleitung das deutliche Gefühl hat, dass man sich jetzt nur noch im Kreis dreht, wird der letzte Tagungsordnungspunkt aufgerufen. Er lautet traditionell »Verschiedenes« und enthält all das, was auch noch gesagt oder angekündigt werden soll, aber keinen Platz unter den anderen Punkten gefunden hat. Das kann ein Hinweis auf eine interessante Veranstaltung, zum Beispiel der Gewerkschaft, sein oder die Ankündigung einer routinemäßigen Begehung des medizinischen Dienstes in der kommenden Woche. Selbstverständlich können sich auch hier Kollegen zu Wort melden. Dann bleiben nur noch zwei kurze Sätze: »Wir danken allen, dass sie gekommen sind. Einen schönen Tag noch und bis zum nächsten Mal.«

Das Protokoll

Anders als bei einer Betriebsratssitzung ist es nicht vorgeschrieben, von der Betriebsversammlung ein Protokoll anzufertigen. Sinnvoll ist es dennoch, um später nachvollziehen zu können, was eigentlich alles besprochen wurde. Auch hier ist Sparsamkeit Trumpf: Weder der gesamte Ablauf der Betriebsversammlung noch der Inhalt der einzelnen Wortmeldungen muss der Nachwelt erhalten bleiben. Da der Verlauf der Versammlung ja bereits durch die Einladung vorgegeben und der Bericht des Betriebsrats ebenfalls schriftlich niedergelegt ist, brauchen Sie nur noch Folgendes festzuhalten:

- ✔ eine Zusammenfassung der Diskussion der Kollegen: Gibt es neue Themen, Anregungen, Vorschläge, die der Betriebsrat aufnehmen möchte?
- ✔ Fragen, Klagen oder Beschwerden der Kollegen, denen Sie nachgehen sollten
- ✔ neue Informationen, die von der Geschäftsleitung eingebracht wurden
- ✔ Zusagen, die gemacht wurden und auf die Sie in späteren Gesprächen Bezug nehmen wollen

Dem Betriebsrat ist es erlaubt, die Betriebsversammlung mit einem Aufnahmegerät mitzuschneiden. Der Betriebsratsvorsitzende muss dies aber vorher mitteilen, sodass allen Beteiligten klar ist, dass ein Mitschnitt gemacht wird. Und wenn ein Teilnehmer verlangt, dass seine Redebeiträge nicht aufgezeichnet werden, sollten Sie sich nicht darüber hinwegsetzen! Inwieweit eine Aufnahme sinnvoll ist, ist allerdings fraglich: Erstens bedeutet das in größeren Räumen einen gewissen technischen Aufwand, damit nicht nur die Beiträge des Betriebsrats, sondern auch die aus dem Publikum wirklich gehört und verstanden werden, zweitens ist die Mühe, alles abzuhören und zu dokumentieren, relativ groß. *Aber*: Außer dem Betriebsrat darf *niemand* ein Aufnahmegerät mitlaufen lassen, auch und vor allem nicht der Arbeitgeber – und schon gar nicht heimlich

Das Hausrecht

Während der Betriebsversammlung übt der Betriebsrat in dem Raum, in dem die Versammlung stattfindet, das Hausrecht aus. Dieses Hausrecht erstreckt sich auch auf die Zugangswege zum Ort der Versammlung. Der Arbeitgeber hat also kein Recht, irgendjemanden am Besuch der Betriebsversammlung zu hindern, zum Beispiel den Vertreter der Gewerkschaft. Das Hausrecht beinhaltet auch, dass der Betriebsrat die Ordnung der Versammlung zu wahren hat und Randalierer gegebenenfalls des Raums verweisen darf – nötigenfalls sogar den Arbeitgeber!

Teil IV
Verhandlungen mit dem Arbeitgeber

IN DIESEM TEIL …

In allen betrieblichen Angelegenheiten sind Sie als Betriebsrat der Verhandlungspartner Ihres Arbeitgebers – mit dem Akzent auf »Partner«! In Sachen Mitbestimmung verhandeln Sie und er nämlich durchaus auf gleicher Augenhöhe.

Gut verhandeln ist überhaupt eine der wichtigsten Aufgaben eines Betriebsrats. Egal, ob es nur um eine kleine Sache geht oder ob ein paar Dutzend Arbeitsplätze auf dem Spiel stehen: Stets ist Ihr Geschick, Ihr Einschätzungsvermögen, Ihre Kreativität, Ihr Durchsetzungsvermögen gefragt. Wichtig ist, dass Sie immer Kontakt zu Ihrem Arbeitgeber halten und ihn ständig fordern, Ihnen alle wichtigen Informationen zu übergeben. Denn exakte und vollständige Informationen sind das A und O einer erfolgreichen Betriebsratsarbeit, egal ob Sie eine Betriebsvereinbarung zum Nichtraucherschutz abschließen oder einen Sozialplan, von dem hundert Kollegen betroffen sind.

In diesem Teil erfahren Sie aber auch, wie Sie sich dagegen wehren können, wenn Ihnen Informationen vorenthalten werden, wenn die Arbeit des Betriebsrats behindert wird oder eine Betriebsvereinbarung immer wieder hintertrieben wird. Einstweilige Verfügung, Anzeige oder sogar ein Strafverfahren – das sind Waffen, zu denen Sie im Ernstfall greifen können, wenn Sie feststellen, dass dem Arbeitgeber kein Deut an einer vertrauensvollen Zusammenarbeit liegt.

IN DIESEM KAPITEL

Wie man dem Arbeitgeber gegenübertritt

Informierte und unkundige Arbeitgeber

Ein bisschen Frieden ...

Information ist alles

Im Gespräch bleiben

Kapitel 13
Grundsatz: vertrauensvoll

Der Betriebsrat arbeitet nicht im luftleeren Raum. Was immer er plant und tut – am Arbeitgeber kommt er nicht vorbei. Entweder muss er auf Anfragen, Zustimmungsbegehren oder sogar Zumutungen des Arbeitgebers reagieren, wie es bei Einstellungen und Kündigungen, Überstunden, der Einführung neuer Produktionsmethoden oder Ähnlichem der Fall ist. Oder er hat einen Vorschlag, ein Vorhaben oder ein Projekt in petto, was er ja ebenfalls nicht selbst umsetzen kann, sondern dem Arbeitgeber nur den Anstoß dazu geben kann.

Bei vielen Betriebsräten hat sich die Meinung verfestigt, die Beziehung zum Arbeitgeber müsse unter allen Umständen gespannt und konfliktgeladen sein: »Ein Betriebsrat, der nicht jedes Jahr mindestens einmal beim Arbeitsgericht ist, ist kein guter Betriebsrat.« Das kann richtig oder falsch sein. Denn einerseits muss jeder Betriebsrat ständig auf der Hut sein, dass er sich vom Arbeitgeber nicht die Butter vom Brot nehmen lässt. Er darf sich weder von salbungsvollen Sprüchen einwickeln noch von autoritärem oder willkürlichem Auftreten einschüchtern lassen.

Aber Konflikte anzuzetteln nur um des Streits – oder des besseren Images – willen, ist auch nicht besonders sinnvoll. Damit macht sich der Betriebsrat schnell unglaubwürdig, und er punktet auch nicht unbedingt bei den Kollegen. Die erkennen nämlich recht schnell, ob sich der Betriebsrat wirklich für sie und ihre Interessen starkmacht oder ob er nur auf Krawall gebürstet ist. Außerdem muss der Betriebsrat aufpassen, dass er sein Pulver nicht leichtfertig verschießt. Wer wegen einer missverständlichen, aber eindeutig versehentlich gefallenen Formulierung des Arbeitgebers gleich mit Anzeige oder einstweiliger Verfügung droht, wird im wirklichen Konfliktfall womöglich nicht mehr ernst genommen. Das richtige Auftreten, die richtige Wahl der Waffen ist also etwas, worauf der Betriebsrat höchste Aufmerksamkeit richten muss.

Die Zusammenarbeit mit dem Arbeitgeber

»Grundsatz: vertrauensvoll« ist die Generalklausel für die Zusammenarbeit zwischen Arbeitgeber und Betriebsrat. Nicht zu Unrecht ist dieser Grundsatz einer der allerersten Paragrafen des Betriebsverfassungsgesetzes. Es entspricht durchaus dem Willen des Gesetzgebers, dass alle folgenden Paragrafen im Lichte dieses Vertrauensgebots gesehen werden.

§ 2 BetrVG: Stellung der Gewerkschaften und Vereinigungen der Arbeitgeber (Auszug)

(1) Arbeitgeber und Betriebsrat arbeiten unter Beachtung der geltenden Tarifverträge vertrauensvoll und im Zusammenwirken mit den im Betrieb vertretenen Gewerkschaften und Arbeitgebervereinigungen zum Wohl der Arbeitnehmer und des Betriebs zusammen.

Das erste Mal

Einmal ist immer das erste Mal. Egal, ob Sie Mitglied eines ganz neu installierten Betriebsrats sind oder ob der Betriebsrat nach der Wahl in einer neuen Besetzung zusammengetreten ist: Es empfiehlt sich, so bald wie möglich einen ersten Termin, eine Art »Vorstellungsbesuch« beim Arbeitgeber zu machen. Bei diesem ersten Termin können Sie bereits eine Menge Botschaften unterbringen:

- ✔ Sie machen sichtbar, dass es Sie als Gremium gibt, und zeigen damit: Es bringt dem Chef nichts, den ungeliebten »Nebenbuhler« in vielen Bereichen des betrieblichen Handelns einfach aus dem Gedächtnis zu streichen.
- ✔ Sie stellen sich im Einzelnen namentlich vor und demonstrieren damit, dass Sie ein großes Gremium mit vielfältigen Kompetenzen und Fähigkeiten sind.
- ✔ Sie können über zukünftige Pläne, Projekte oder Schwerpunkte sprechen und machen damit deutlich, dass Sie Ihre Arbeit ernst nehmen werden.
- ✔ Sie können unauffällig herausfinden, wie firm der Arbeitgeber überhaupt in Sachen Betriebsverfassungsgesetz ist, und Ihr zukünftiges Vorgehen darauf abstellen.
- ✔ Sie können das weitere Vorgehen vereinbaren: regelmäßige gemeinsame Sitzungen an einem festen Termin (»jeden ersten Montag im Monat«) sowie den Teilnehmerkreis festlegen.
- ✔ Sie können – und müssen! – herausfinden, wer überhaupt Ihr Ansprechpartner sein wird.

Auch wenn man sich bereits aus der früheren Zusammenarbeit kennt und schätzt (oder verabscheut), ist so ein erstes Zusammentreffen immer eine gute Gelegenheit, die Regeln der Betriebsratsarbeit noch einmal zu verankern und zu zeigen, dass es nicht der Betriebsrat ist, der den Grundsatz der vertrauensvollen Zusammenarbeit mutwillig bricht.

Dieselben Empfehlungen gelten natürlich auch, wenn ein neuer Geschäftsführer eingeführt wurde, sich die Struktur des Betriebs geändert oder sonst etwas getan hat, was als Neuanfang bewertet werden kann.

Machen Sie sich keine Gedanken darüber, was Sie zum ersten Gespräch mit dem Arbeitgeber anziehen. Es handelt sich dabei ja weder um eine private Einladung zum Kaffee noch um ein Vorstellungsgespräch, sondern um eine rein betriebliche Angelegenheit, in der jeder seine normale Berufskleidung trägt: Kittel, Arbeitshose, Overall, Jeans oder Anzug beziehungsweise Kostüm – wie sonst eben auch. (Schutzbrille und Ohrenstöpsel sollten Sie allerdings lieber abnehmen.) Sich für das erste (oder auch die weiteren) Gespräche mit dem Chef extra in Schale zu werfen wäre vollkommen verfehlt. Sie sind ja schließlich nicht in privaten oder persönlichen Angelegenheiten hier, sondern als Vertreter Ihrer Kollegen, die ja ebenfalls in Blaumann oder Kittel herumlaufen. Zu diesen dürfen Sie ruhig schon äußerlich Ihre Zugehörigkeit signalisieren und nicht etwa sich von ihnen absetzen.

Auf Augenhöhe

Als Betriebsrat sind Sie im Betrieb eine ebenso notwendige und wichtige Einrichtung wie etwa die Personalabteilung oder die Geschäftsleitung. Das ist gemessen an dem, was das Betriebsverfassungsrecht sagt, zwar eine objektive Tatsache, aber Ihr Arbeitgeber wird das sehr selten so sehen. Sie müssen sich also im Grunde genommen immer selbst motivieren und sich Ihre eigene Bedeutung klarmachen, auch wenn der Unternehmer Sie, je nach Stimmungslage oder Einstellung, jovial, von oben herab oder tyrannisch behandelt – Ihnen also auf mehr oder weniger freundliche Art einen Platz in der Hierarchie deutlich unter ihm zuzuweisen versucht. In Ihrer Funktion als Packerin oder Fahrer, als Redakteur oder Einkäuferin mag das zwar sachlich gerechtfertigt sein, als Betriebsratsmitglied aber sind Sie ein gleichberechtigter Verhandlungspartner. Das können Sie sich gar nicht oft genug wiederholen – so lange, bis Sie ganz automatisch im Gespräch mit dem Arbeitgeber Ihren Rücken straffen, die Stimme erheben und eine natürliche Souveränität ausstrahlen.

Der richtige Ansprechpartner

»Auf Augenhöhe verhandeln« – das bedeutet, dass Sie zunächst einmal herausbekommen müssen, wessen Augen überhaupt die richtigen sind. In einem kleinen Betrieb ist es meist einfach: Der Eigner oder der Geschäftsführer, derjenige also, der Einstellungen und Entlassungen vornimmt, der die Richtung vorgibt und generell das Sagen hat – das ist auch Ihr Ansprechpartner. Manchmal aber sind die Verhältnisse nicht so leicht zu durchschauen, es gibt jede Menge Meister, Hallenleiter, leitende Angestellte, Betriebsleiter, Prokuristen – wer ist da der Richtige?

Als Betriebsrat müssen Sie darauf bestehen, mit der höchstmöglichen Ebene zu verhandeln. Wenn Sie einmal viel Zeit investiert haben, um mit Herrn Dr. Landsberg eine Betriebsvereinbarung zum Thema Internetnutzung zu formulieren und dieser dann in der letzten Zusammenkunft sagt: »Bevor wir da etwas unterschreiben, muss natürlich noch Direktor Lamm seine Zustimmung geben«, und vor allem wenn Direktor Lamm dann seinerseits das ganze Konstrukt kippt – wenn Ihnen dies einmal passiert ist, werden Sie beim nächsten Fall darauf bestehen, nur mit der Person zu verhandeln, die auch eine letztgültige Entscheidungsbefugnis hat. Fragen Sie daher bereits zu Beginn Ihrer Betriebsratstätigkeit, wer die Legitimierung hat, rechtsverbindliche Regelungen abzuschließen, und bestehen Sie darauf, nur mit dieser Person zu verhandeln.

Abteilungsleiter, Bereichsleiterinnen und andere Beschäftigte auf einer mittleren Managementebene sind in der Regel nicht Ihre Ansprechpartner. Verdeutlichen Sie sich (und anderen) immer wieder, dass Sie als Betriebsrat die Legitimation haben, für Ihre Kollegen zu verhandeln und Regelungen und Vereinbarungen souverän abzuschließen – und dass Sie dies natürlich auch von Ihren Gesprächspartnern erwarten.

Der unkundige Arbeitgeber

Vor allem in kleineren Betrieben können Sie nicht automatisch davon ausgehen, dass der Arbeitgeber über die Rechte und Pflichten eines Betriebsrats Bescheid weiß. Geben Sie ihm daher – wenn nötig – Zeit und Gelegenheit, sich zu informieren. Wenn Sie Ihre Mitbestimmungsrechte in Anspruch nehmen, ist es nicht verkehrt, ihn anfangs kurz und sachlich auf die Rechtslage hinzuweisen. Vor allem wenn Sie das Gefühl haben, der Arbeitgeber kennt sich selbst noch nicht so gut aus, ist es sinnlos, gleich in Konfrontationsstellung zu gehen, wenn er versucht, Ihnen etwas zu verwehren. Das können Sie sich für einen späteren Zeitpunkt aufsparen. Bleiben Sie einfach fest und sachlich und erläutern Sie das Nötigste, ohne belehrend zu wirken.

»Mitbestimmungsrechte? Nie gehört«

Endlich sind, unter den misstrauischen Blicken des Firmeneigners, die Betriebsratswahlen über die Bühne gegangen, zum ersten Mal hat sich in der Firma Buck & Ellermann ein Betriebsrat konstituiert. Die nagelneuen Betriebsratsmitglieder forsten die Seminarunterlagen durch, die sie von verschiedenen Veranstaltern erhalten haben, entscheiden sich für ein Grundlagenseminar und beschließen, als Erstes die Kollegin Silvia Weinmann und den Kollegen Uwe Marzahn »auf Schulung« zu schicken. (In Kapitel 7 finden Sie zum Thema Fortbildung eine Checkliste mit allem, was dabei berücksichtigt werden muss.) Das teilt der Betriebsrat dem Arbeitgeber in der üblichen Form mit: »Sehr geehrter Herr Dr. Buck, in seiner Sitzung vom 22. Juni 2026 hat der Betriebsrat beschlossen, die Betriebsratsmitglieder Silvia Weinmann und Uwe Marzahn auf das Seminar ›Einführung in die Betriebsratsarbeit‹ zu entsenden ...«

Schon am nächsten Tag kommt ein zorniger Brief zurück: Was dem Betriebsrat überhaupt einfällt! Was denn das überhaupt für ein Ton ist! Ob es nicht selbstverständlich ist, dass da vorher gefragt werden muss! Das kann doch nicht so eigenmächtig entschieden werden! Und so weiter.

Nun hat der Betriebsrat die Möglichkeit, ein großes Fass aufzumachen und dem Arbeitgeber in dem sicheren Wissen, damit Erfolg zu haben, mit Rechtsanwalt, Gerichtsverfahren und Einigungsstelle zu drohen. Vielleicht gibt es sogar gute Gründe, gleich auf dicke Hose zu machen.

Vielleicht aber auch nicht. Vielleicht hat der Betriebsrat gar nicht vor, gleich am Anfang aus der Unkenntnis des Arbeitgebers Kapital zu schlagen, sondern nimmt die Maxime mit der vertrauensvollen Zusammenarbeit ernst. In diesem Fall hat er die Einwände des Unternehmers womöglich sogar vorausgesehen und gleich in seinem Brief aufgenommen, etwa nach dem Muster: »Wie Sie sicherlich wissen, ist der Betriebsrat vollkommen frei in der Entscheidung, welches Betriebsratsmitglied er zu welchem Zeitpunkt zu einer Schulung entsendet (§ 37 Abs. 6 Satz 2 und 3 BetrVG). Der Arbeitgeber muss von dieser Entscheidung lediglich unterrichtet werden.« Das wird Herrn Buck (oder Herrn Ellermann) natürlich auch nicht besonders schmecken, aber er hat so die Möglichkeit, die Behauptung des Betriebsrats in aller Stille selbst zu überprüfen, und verliert mit seinen haltlosen Anschuldigungen nicht das Gesicht. Der Betriebsrat hingegen spart seine Energie für eine wirklich wichtige Auseinandersetzung auf.

Friede, Freude, Eierkuchen?

Zu »vertrauensvoller Zusammenarbeit« verpflichtet das Betriebsverfassungsgesetz Betriebsrat wie Arbeitgeber – aber was heißt das eigentlich genau? Bedeutet das, dass der Betriebsrat möglichst jedem Streit aus dem Wege gehen soll? Oder dass er allen Forderungen des Arbeitgebers zustimmt? Das kann es ja wohl nicht sein!

»Vertrauensvoll« im Sinne des Betriebsverfassungsgesetzes bedeutet in erster Linie, dass beide Seiten strittige Fragen »mit dem ernsten Willen zur Einigung« be- und verhandeln. Das bedeutet: Keine grundsätzliche Verweigerung des Gesprächs oder der Verhandlung, keine fiesen Fallstricke, keine ätzende oder zerstörerische Kritik an Personen oder deren Vorschläge (»Das ist ja mal wieder typisch! Herr Wohlrab kann nicht mal ordentliche Kopien ziehen, und da soll ich mit Ihnen über eine neue Arbeitszeitordnung verhandeln? Lächerlich!«). Über strittige Fragen muss so verhandelt werden, dass sich beide Seiten bemühen, das in Rede stehende Thema genau zu bedenken, der jeweils anderen Seite darzulegen, welche Sicht der Dinge man dabei hat, die Argumente der Gegenseite zu beleuchten und bei Meinungsverschiedenheiten Wege aus der Krise zu suchen.

»Vertrauensvoll« bedeutet auch, dass nicht eine Seite vor oder während der Verhandlungen vollendete Tatsachen schafft, eine Einigungsstelle anruft oder eine Anlage oder Maschine, über die noch längst nicht ausführlich gesprochen und verhandelt wurde, einfach aufstellen und in Betrieb gehen lässt. Dass sich diese Prinzipien beide Seiten hinter die Ohren schreiben müssen, ergibt sich von selbst.

Das Prinzip »vertrauensvolle Zusammenarbeit« bedeutet aber nicht, dass der Betriebsrat zu irgendeinem Zeitpunkt darauf verzichtet, seine Rechte wahrzunehmen. Immerhin ist es ja denkbar, dass irgendwann einmal alle Argumente ausgetauscht sind und ein Kompromiss dennoch immer noch in weiter Ferne liegt. Das ist nicht ungewöhnlich, wenn man bedenkt, dass Arbeitgeber und Betriebsrat unterschiedliche Ziele verfolgen. Die Interessen der Kollegen und die Zielsetzung des Unternehmens können erheblich voneinander abweichen: Ein Sparkurs, der Arbeitsplätze vernichtet, wird nicht auf Konsens treffen. Die gesetzliche Forderung nach vertrauensvoller Zusammenarbeit enthält daher nicht die Pflicht, auf Teufel komm raus einen Kompromiss zu schließen. Sie sind zu vertrauensvoller Zusammenarbeit verpflichtet, nicht aber dazu, die Interessen der Belegschaft zurückzustellen. Lassen Sie sich nicht einreden, dass der Betriebsrat zum Wohl des Unternehmens handeln müsste: Es gibt einen Interessengegensatz zwischen Ihnen als Arbeitnehmervertretung und dem Arbeitgeber – und das darf auch so sein.

Die Elemente der »vertrauensvollen Zusammenarbeit«

Was genau unter »vertrauensvoller Zusammenarbeit« zu verstehen ist, präzisiert das Betriebsverfassungsgesetz an verschiedenen Stellen. Die wichtigsten Elemente sind: Friedenspflicht, Geheimhaltungs- und Verschwiegenheitspflicht und Informationspflicht.

Die Friedenspflicht

»Wenn der Arbeitgeber nicht nachgibt, muss der Betriebsrat eben zum Streik aufrufen!« Diese Forderung ist in zugespitzten Situationen schon mal im Betrieb zu hören. Aber ein Betriebsrat, der zum Streik aufruft, ist die längste Zeit Betriebsrat gewesen. »Maßnahmen des Arbeitskampfes zwischen Arbeitgeber und Betriebsrat sind unzulässig«, sagt das Gesetz, und schaut dabei beiden Seiten ins Gesicht. Der Betriebsrat darf nicht zum Streik oder zu einer anderen Arbeitskampfmaßnahme aufrufen, der Arbeitgeber darf nicht aussperren, um eine betriebliche Angelegenheit durchzusetzen. Ein Betriebsrat, der sich nicht an diese eherne Regel hält, kann dazu verurteilt werden, Schadensersatz zu leisten.

Auch im Fall einer Tarifauseinandersetzung muss der Betriebsrat strikt neutral bleiben. Wenn also die Gewerkschaft im Rahmen von zähen Tarifverhandlungen zum Arbeitskampf ruft, darf der Betriebsrat nicht durchs Unternehmen ziehen und die Kollegen auffordern, sich dem Streik anzuschließen. Er muss andererseits die Kollegen aber auch nicht um des Betriebsfriedens willen auffordern, an ihre Arbeitsplätze zurückzukehren!

Diese Aussage betrifft aber den Betriebsrat als Gremium, als Organ der betrieblichen Mitbestimmung. Dem einzelnen Betriebsratsmitglied ist es hingegen nicht verwehrt, den Streik, in welcher Form auch immer, zu unterstützen – er ist ja nicht nur Betriebsratsmitglied, sondern auch noch Arbeitnehmer, Gewerkschaftsmitglied, Mutter oder Vater, Mitglied im Harley-Davidson-Club oder im Gesangsverein, kurz: Mensch und Bürger, der nicht daran gehindert werden darf, Rechte wahrzunehmen, die sich aus seinen anderen Lebensbereichen ergeben.

Zur Friedenspflicht gehört des Weiteren, dass der Betriebsrat keinen Versuch macht, den Arbeitsablauf zu stören. Sie dürfen also keinen Kollegen auffordern, seine Arbeit einfach liegen zu lassen. Auch wenn Sie feststellen, dass die Kollegen im Versand auf kippeligen Stühlen sitzen müssen, dass der Fahrer des Transporters schon seit elf Stunden am Steuer sitzt: Auf eigene Faust neue Stühle bestellen oder den Kollegen einfach nach Hause zu schicken ist auf jeden Fall unzulässig. Sie haben kein Weisungsrecht gegenüber einem Ihrer Kollegen, Sie können die Anordnungen eines Abteilungsleiters oder Geschäftsführers nicht einfach außer Kraft setzen.

Freilich: Sie können, ja Sie müssen den Arbeitgeber darauf hinweisen, dass er an dieser oder jener Stelle, mit dieser oder jener Maßnahme ein Gesetz verletzt. Dieser Hinweis muss wahrscheinlich mit einem gewissen Nachdruck erfolgen. Sie können dem Arbeitgeber zum Beispiel eindrücklich schildern, welchen Gefahren er die Kollegen mit seinen Anordnungen aussetzt. »An der Papierschneidemaschine befindet sich immer noch keine Schutzhaube – das kann einen bösen Arbeitsunfall geben. Sicher würde die Berufsgenossenschaft bei ihrer nächsten Begehung das beanstanden, das ist doch auch nicht im Interesse des Betriebs.« Aber selbst einzugreifen hieße, den »ungestörten Arbeitsablauf« und damit den Betriebsfrieden zu stören, und das ist auf alle Fälle unzulässig.

Wenn jedoch die Arbeitsbedingungen derart gestaltet sind, dass den Beschäftigten Gefahr für Leib und Leben droht, müssen diese die Möglichkeit haben, den Arbeitsplatz zu verlassen und sich in Sicherheit zu bringen. Daraus dürfen ihnen keine Nachteile entstehen (§ 9 Arbeitsschutzgesetz). Auf dieses Recht darf, ja muss der Betriebsrat seine Kollegen durchaus hinweisen.

Vertraulichkeit und Geheimhaltungspflicht

Viele Arbeitgeber neigen dazu, alles, was sie dem Betriebsrat mitteilen, als »vertraulich« zu kennzeichnen: Überlegungen zu Personalplanung, Rationalisierungspläne, Erweiterungs- oder Veränderungspläne. Das ist einerseits sinnvoll, weil der Arbeitgeber ja gehalten ist, den Betriebsrat frühzeitig von seinen Plänen zu unterrichten und diese mit ihm zu erörtern. Da wäre es nicht besonders förderlich, wenn erste, umrisshafte Überlegungen bereits in der Kantine diskutiert würden.

Andererseits aber muss der Betriebsrat aufpassen, dass er nicht plötzlich zum »Geheimrat« wird, der über alles informiert wird, dem aber wegen »Vertraulichkeit« die Hände gebunden sind. Wenn es um das Wohl der Kollegen geht, dürfen negative Auswirkungen unternehmerischer Planung nicht verschwiegen werden. Der Betriebsrat muss dann vielmehr versuchen, durch geeignete Mittel wie eigene Recherche, Hinzuziehung von Sachverständigen und, wenn nötig, auch durch Herstellen einer betrieblichen Öffentlichkeit Schaden von den Kollegen abzuwenden.

Bei der Entscheidung, wie Sie mit Informationen, die Ihnen zugänglich sind, umgehen, hilft es, sich den Unterschied zwischen betrieblicher und außerbetrieblicher Öffentlichkeit deutlich zu machen. Während in der betrieblichen Öffentlichkeit das Vertraulichkeitsgebot vor allem in Bezug auf persönliche Umstände und Daten zu wahren ist, ist der außerbetrieblichen Öffentlichkeit gegenüber ein weiter gehendes Geheimhaltungsverbot zu beachten: Hier haben Informationen über bevorstehende Umstrukturierungs- oder Rationalisierungspläne nichts zu suchen.

Was auf jeden Fall der Geheimhaltungspflicht unterliegt, sind alle jene Betriebs- oder Geschäftsgeheimnisse, deren Offenlegung dem Unternehmen eindeutig schaden würden: Produktionsverfahren, Kunden- und Lieferantendateien, Preis- und Rabattlisten, Auftragslage, Kalkulationsunterlagen, Mängelanalysen, Umsatzhöhe, Jahresabschlüsse vor der Veröffentlichung. Falls dem Betriebsrat im Rahmen seiner Tätigkeit derlei Informationen vorgelegt werden und der Arbeitgeber außerdem darauf hinweist, dass es sich dabei um ein Geschäftsgeheimnis handelt, ist er verpflichtet, sich daran zu halten. Er darf darüber also nicht mit den Beschäftigten sprechen, selbstverständlich auch nicht mit Personen außerhalb des Betriebs oder gar mit Vertretern der Medien.

Aber: Natürlich dürfen, ja müssen die Betriebsratsmitglieder untereinander über diese Informationen sprechen, sie bewerten und analysieren. Sie dürfen auch mit dem Gesamtbetriebsrat darüber sprechen, mit einem Sachverständigen oder einem Vertreter ihrer Gewerkschaft, um sich bei der Analyse der Daten, die ihnen vorliegen, Rat und Hilfe zu holen. Die Geheimhaltungspflicht weitet sich dann wie eine Blase aus und umschließt auch die Vertreter dieser Organe. Nur so ist es ja möglich, die Situation des Betriebs überhaupt einzuschätzen und eventuell bereits zu einem sehr frühen Zeitpunkt auf beunruhigende Tendenzen zu reagieren. Unter die Pflicht zur Geheimhaltung fallen natürlich auch persönliche Daten der Kollegen, zum Beispiel aus den Gehaltslisten. Darüber steht mehr in Kapitel 4.

§ 79 BetrVG: Geheimhaltungspflicht (Auszug)

(1) Die Mitglieder und Ersatzmitglieder des Betriebsrats sind verpflichtet, Betriebs- oder Geschäftsgeheimnisse, die ihnen wegen ihrer Zugehörigkeit zum Betriebsrat bekannt geworden und vom Arbeitgeber ausdrücklich als geheimhaltungsbedürftig bezeichnet worden sind, nicht zu offenbaren und nicht zu verwerten. Dies gilt auch nach dem Ausscheiden aus dem Betriebsrat. Die Verpflichtung gilt nicht gegenüber Mitgliedern des Betriebsrats.

Die Informationspflicht

»Und der Arbeitgeber? Hat der denn keine besonderen Pflichten?« Doch, die hat er. Er muss den Betriebsrat nämlich über alles informieren, was dieser für seine Arbeit benötigt – und das ist eine Menge. Die Informationsrechte des Betriebsrats – also die andere Seite der Medaille – sind eine unbedingte Voraussetzung dafür, dass er seine Mitbestimmungsrechte wahrnehmen kann, daher wird in Kapitel 4 ausführlich darauf eingegangen. Und weil speziell diese Pflicht fast alle Arbeitgeber sauer ankommt und sie am liebsten alles, was sie planen, streng geheim halten möchten, ist die Durchsetzung dieses Rechts beziehungsweise die Einforderung der pflichtgemäßen Unterrichtung auch sehr häufig Gegenstand von Einigungsstellen oder Beschlussverfahren, wie in Kapitel 15 erläutert wird.

§ 90 BetrVG: Unterrichtungs- und Beratungsrechte

(1) Der Arbeitgeber hat den Betriebsrat über die Planung

1. von Neu-, Um- und Erweiterungsbauten von Fabrikations-, Verwaltungs- und sonstigen betrieblichen Räumen,
2. von technischen Anlagen,
3. von Arbeitsverfahren und Arbeitsabläufen einschließlich des Einsatzes von Künstlicher Intelligenz oder
4. der Arbeitsplätze

rechtzeitig unter Vorlage der erforderlichen Unterlagen zu unterrichten.

(2) Der Arbeitgeber hat mit dem Betriebsrat die vorgesehenen Maßnahmen und ihre Auswirkungen auf die Arbeitnehmer, insbesondere auf die Art ihrer Arbeit sowie die sich daraus ergebenden Anforderungen an die Arbeitnehmer so rechtzeitig zu beraten, dass Vorschläge und Bedenken des Betriebsrats bei der Planung berücksichtigt werden können. Arbeitgeber und Betriebsrat sollen dabei auch die gesicherten arbeitswissenschaftlichen Erkenntnisse über die menschengerechte Gestaltung der Arbeit berücksichtigen.

Viel beschworen: Das »Wohl des Betriebs«

»Wenn es dem Betrieb gut geht, geht es auch den Beschäftigten gut, und dann geht es auch dem Betriebsrat gut«, sagt so mancher Arbeitgeber, wenn er das Hohelied vom »Wohl des Betriebs« singt und den Betriebsrat partout darauf einschwören möchte. Sicher, der Betriebsrat muss das Wohl des Betriebs im Blick haben. Aber was genau ist das »Wohl des Betriebs«? Bestimmt das ausschließlich der Arbeitgeber? Und wem genau soll es wohlergehen? Dem Firmeninhaber und seiner Familie? Den Aktionären? Dem finanziellen Polster des Unternehmens oder vielleicht der Bank? Den Absatzzahlen? Den verschiedenen Produktionsmitteln, die gut gepflegt werden wollen?

Als Betriebsrat sind Sie sicher der Meinung, dass das Wohlergehen der Arbeitnehmer ebenso wichtig und schützenswert ist wie zum Beispiel das der Kapitalgeber. Und da sich der Unternehmer ganz sicher der anderen Bereiche annimmt, können Sie sich getrost mit ganzer Kraft allein dem Wohl der Arbeitnehmer widmen. Wenn Ihr Arbeitgeber Sie also wieder einmal auffordert, das »Wohl des Betriebs« zu berücksichtigen, können Sie reinen Gewissens sagen: »Aber genau das tun wir ja!«

Das »Wohl des Betriebs» kann der Betriebsrat natürlich nur dann verfolgen, wenn er auch gut Bescheid weiß über die wirtschaftliche Lage und die weiteren Pläne – ein gutes Argument für eine bessere Informationspolitik.

Vertrauensvolle Zusammenarbeit rettet tausend Arbeitsplätze

Vertrauensvolle Zusammenarbeit zwischen Betriebsrat und Arbeitgeber kann mehr bewirken als die einvernehmliche Lösung einer kniffeligen Urlaubsplanung. Als der Leiter eines Automobilzuliefererwerks in Franken den Betriebsrat vor die Alternative stellte: »Entweder Arbeitszeitverlängerung ohne Lohnausgleich oder tausend Arbeitsplätze gehen ins Ausland«, da war dem Betriebsrat klar, dass er keine der beiden Möglichkeiten akzeptieren kann. Er hatte einen anderen, besseren Vorschlag und überzeugte den Arbeitgeber, sich darauf einzulassen.

Mithilfe eines vom Betriebsrat beauftragten Sachverständigen wurde der ganze Betrieb nach Einsparungsmöglichkeiten durchforstet – doch nicht Arbeitsplätze sollten verschwinden, sondern »Zeitfresser«. Ergebnis: Alle Arbeitsplätze blieben auf Dauer erhalten, ohne dass die geforderte unbezahlte Mehrarbeit eingeführt wurde. Die Zusammenarbeit zwischen Arbeitgeber und Betriebsrat, der zuständigen Gewerkschaft und der Unternehmensberatung war außerordentlich intensiv und wie Betriebsratsvorsitzender und Werksleiter übereinstimmend berichten: »Ohne gegenseitiges Vertrauen wäre das nicht möglich gewesen.«

Das monatliche Gespräch

Betriebsrat und Arbeitgeber sind als ständige Verhandlungspartner darauf angewiesen, dass sie miteinander im Gespräch bleiben. Das Betriebsverfassungsgesetz sieht daher vor, dass beide Parteien mindestens einmal im Monat zusammentreffen, um sich über strittige Fragen auszutauschen. Aber auch wenn es gerade keine Kontroversen gibt, ist es doch sinnvoll, miteinander in regelmäßigem Kontakt zu bleiben:

- ✔ Sie erfahren in den Gesprächen über die Jahre hinweg, wie Ihr Gegenüber denkt und welche Meinung es zu ganz allgemeinen betrieblichen, gesellschaftlichen oder politischen Fragen hat.
- ✔ Sie können bestimmte Pläne, die Sie verfolgen, schon einmal ventilieren, um herauszubekommen, ob Sie damit auf massiven Widerstand stoßen werden oder nur leichte Bedenken ausräumen müssen.
- ✔ Sie lernen, welche Argumentationsweisen wie ankommen, ob der Chef klare Worte schätzt oder es lieber hat, wenn man ihm vorsichtig und verklausuliert widerspricht. (Das bedeutet natürlich nicht, dass Sie dann nur noch mit Samthandschuhen herumlaufen müssen. Aber Sie wissen dann jedenfalls, wie er reagiert.)

In diesen monatlichen Gesprächen muss der Arbeitgeber mitbestimmungspflichtige Angelegenheiten mit dem Betriebsrat erörtern. Erörtern bedeutet: Es genügt nicht, dass er Beschwerden des Betriebsrats nur zur Kenntnis nimmt. Wenn es ein Problem gibt, müssen Arbeitgeber und Betriebsrat dieses »mit dem ernsten Willen zur Einigung« verhandeln. Blockieren, abwinken, vertrösten oder energisch vom Tisch wischen – all das sind definitiv nicht die richtigen Herangehensweisen.

§ 74 BetrVG: Grundsätze für die Zusammenarbeit

(1) Arbeitgeber und Betriebsrat sollen mindestens einmal im Monat zu einer Besprechung zusammentreten. Sie haben über strittige Fragen mit dem ernsten Willen zur Einigung zu verhandeln und Vorschläge für die Beilegung von Meinungsverschiedenheiten zu machen.

(2) Maßnahmen des Arbeitskampfes zwischen Arbeitgeber und Betriebsrat sind unzulässig; Arbeitskämpfe tariffähiger Parteien werden hierdurch nicht berührt. Arbeitgeber und Betriebsrat haben Betätigungen zu unterlassen, durch die der Arbeitsablauf oder der Frieden des Betriebs beeinträchtigt werden. Sie haben jede parteipolitische Betätigung im Betrieb zu unterlassen; die Behandlung von Angelegenheiten tarifpolitischer, sozialpolitischer, umweltpolitischer und wirtschaftlicher Art, die den Betrieb oder seine Arbeitnehmer unmittelbar betreffen, wird hierdurch nicht berührt.

(3) Arbeitnehmer, die im Rahmen dieses Gesetzes Aufgaben übernehmen, werden hierdurch in der Betätigung für ihre Gewerkschaft auch im Betrieb nicht beschränkt.

Wir sind alle da …

Das Monatsgespräch führt der Betriebsrat natürlich mit einer Person, die – siehe oben – die Kompetenz besitzt, verbindliche Aussagen zu machen, also mit dem Unternehmer oder Firmeneigner selbst oder mit dem Geschäftsführer, nicht jedoch mit einem beliebigen Abteilungsleiter, der sich in jeder zweiten Angelegenheit rückversichern muss. Aufseiten des Betriebsrats nimmt – der Betriebsrat teil. Das heißt nicht nur der Vorsitzende plus Stellvertreter, sondern möglichst das ganze Gremium oder, wenn es zu groß ist, der vollständige Betriebsausschuss (was der Betriebsausschuss ist, lesen Sie in Kapitel 3). So erfahren alle Betriebsratsmitglieder aus erster Hand, worum es geht, wie die Position der Geschäftsleitung zu einem bestimmten Punkt ist und wie der Betriebsrat argumentiert oder reagiert hat. Es ist auch gar nicht notwendig, dass nur der Betriebsratsvorsitzende immer das große Wort schwingt. Alle Mitglieder können sich selbstverständlich gleichermaßen in die Diskussion einschalten und nützliche Argumente beitragen.

Falls es in einem Monatsgespräch um die besonderen Belange der Auszubildenden des Betriebs geht, nehmen deren Vertreter, also die Jugend- und Auszubildendenvertretung, an diesem Monatsgespräch teil. Die Schwerbehindertenvertretung nehmen Sie bitte immer mit zum Monatsgespräch – unabhängig davon, ob Angelegenheiten von schwerbehinderten Beschäftigten erörtert werden sollen.

Die Anwesenheit des Vertreters der zuständigen Gewerkschaft ist beim Monatsgespräch ebenso wenig verboten wie die eines Vertreters des einschlägigen Arbeitgeberverbands, sofern beide Parteien einverstanden sind.

... aber nicht unvorbereitet

»Alle bringen ihre Argumente vor? Na, wenn das mal nicht in die Hose geht!« Dieser Einwand ist sicher nicht unberechtigt. Immerhin ist es ja mehr als wahrscheinlich, dass nicht alle Betriebsratsmitglieder dieselbe Meinung oder denselben Informationsstand haben oder argumentativ gleichermaßen fit sind. Daher muss das Monatsgespräch in der davor liegenden Betriebsratssitzung unbedingt vorbereitet werden:

- ✔ Wenn es sich um eine Angelegenheit handelt, zu der der Betriebsrat sich bereits eine bestimmte Position erarbeitet hat: Argumente sammeln, am besten aufschreiben, eventuell den einzelnen Mitgliedern zuteilen.
- ✔ Wenn der Arbeitgeber einen Tagesordnungspunkt genannt hat, den er besprochen haben will: Informationen sammeln, Konsequenzen überlegen, Fragen formulieren.
- ✔ Wenn zu erwarten ist, dass der Arbeitgeber mit einer noch unbekannten Neuigkeit herausrücken wird: Allen noch einmal einschärfen, dass im Monatsgespräch niemals verbindliche Zusagen gemacht werden.

Es genügt nicht, dass Ihnen der Arbeitgeber im monatlichen Gespräch von einer wichtigen Veränderung mündlich Mitteilung macht. Sie müssen darauf bestehen, alle Informationen auch schriftlich zu erhalten. Nur so können Sie sich mit einem Sachverhalt vernünftig und qualifiziert auseinandersetzen.

Der Betriebsrat nimmt es in die Hand

Normalerweise hat der Betriebsrat ein größeres Interesse an der pünktlichen Durchführung dieser Monatsgespräche als der Arbeitgeber, dem sie oft genug nur lästig sind. Das gibt Ihnen die Chance, hier die Initiative zu ergreifen und damit auch Themen zu setzen. Wenn Sie also im ersten Kontaktgespräch vereinbart haben, dass Sie sich jeden ersten Dienstag des Monats treffen, warten Sie nicht gehorsam ab, ob der Chef Sie auch wirklich zu sich ruft. Stiefeln Sie auch nicht einfach zu ihm ins Büro.

- ✔ Verfassen Sie eine kurze, förmliche Notiz, in der Sie an den Termin erinnern.
- ✔ Schlagen Sie Uhrzeit und Ort vor. Der Ort muss durchaus nicht das Büro des Chefs sein, aber auch nicht das Betriebsratsbüro. Vielleicht gibt es einen kleinen neutralen Besprechungsraum, in dem Sie sich zusammensetzen können, ohne dass einer das »Revier« der anderen Partei betritt.

- ✔ Verfassen Sie eine Tagesordnung, in der Sie die Themen auflisten, über die Sie sprechen wollen. Manche Betriebsratsmitglieder glauben, es sei eine bessere Taktik, den Arbeitgeber im Unklaren darüber zu lassen, was man von ihm will. Normalerweise geht diese Taktik aber nicht auf. Zum einen möchte der Arbeitgeber sich natürlich ebenso auf den Termin vorbereiten können wie der Betriebsrat, zum anderen reagieren viele (nachvollziehbarerweise) ungehalten auf eine solche Überrumpelungstaktik und sagen sich: »Bevor ich jetzt auf die Schnelle etwas zusage, dessen Konsequenzen ich nicht vollkommen überblicke, lehne ich den Vorschlag lieber gleich in Bausch und Bogen ab.«

- ✔ Bitten Sie den Arbeitgeber, Ihnen ebenfalls Tagesordnungspunkte mitzuteilen, auf die er Wert legt.

So vorbereitet, haben Sie bereits die natürliche Autorität erworben, die Sitzung zu steuern. Nun können Sie auch die Reihenfolge der zu besprechenden Punkte steuern und gleichberechtigt an der Sitzung teilnehmen.

Wenn Sie hingegen feststellen müssen, dass der Arbeitgeber nach Gutsherrenart versucht, das Regiment an sich zu reißen, Sie zum Termin *zitiert*, anstatt Zeit und Ort zu *vereinbaren*, müssen Sie sehen, dass Sie schnellstmöglich die Zügel in die Hand bekommen. Schlagen Sie zum Beispiel gegen Ende des Gesprächs vor: »Der nächste turnusmäßige Termin ist ja Dienstag, der 4. Februar. Bis dahin bereiten wir schon einmal eine kleine Gesprächsunterlage vor, wie wir uns die neuen Pausenzeiten vorstellen.«

Vielleicht zeigt sich Ihr Arbeitgeber unvermutet freundlich, lässt beim Monatsgespräch nicht nur Kaffee kommen, sondern auch Schnittchen, ein paar Flaschen Bier, und plötzlich stehen sogar Cognac-Schwenker auf dem Tisch … Oder er schlägt vor, dass die ganze Runde gemütlich essen geht, er kennt da ein schönes Restaurant, wo es einen hervorragenden Wein gibt … Als Betriebsrat sind Sie gut beraten, wenn Sie alles, was über eine Tasse Kaffee und vielleicht ein paar Kekse hinausgeht, rundweg ablehnen. Der Rahmen, in dem Sie mit dem Arbeitgeber verhandeln, ist ein strikt betrieblicher, alles andere hat automatisch den Ruch der Überrumpelung, Kumpanei oder Bestechung. Überlegen Sie ganz einfach, was Ihre Kollegen davon halten würden, wenn der Betriebsrat mit dem Chef zecht, während sie selbst Überstunden schieben.

Besprechen, aber nicht entscheiden

Erinnern Sie sich noch an Kapitel 8: »Der Betriebsrat ist handlungsfähig nur durch den gemeinsamen Beschluss«? Der Beschluss wird ausschließlich auf einer Betriebsratssitzung gefasst. Daraus folgt: Während des Monatsgesprächs mit dem Arbeitgeber kann kein rechtsgültiger Betriebsratsbeschluss gefasst werden, da es sich ja eindeutig nicht um eine Betriebsratssitzung handelt. Falls der Arbeitgeber sagt: »So, dann haben wir ja alles besprochen, ich sehe, Sie sind so weit einverstanden, dann können wir ja ab Montag die neuen Schichtpläne auflegen«, falls er also von Ihnen eine begeisterte Zustimmung erwartet, müssen Sie ihn leider enttäuschen. Diese Zustimmung kann der Betriebsrat nur geben, wenn er dazu den förmlichen Beschluss gefasst hat. So lange muss sich der Arbeitgeber eben gedulden.

Die monatliche Besprechung zwischen Arbeitgeber und Betriebsrat ist Pflicht. Es ist jedoch möglich, von Fall zu Fall einvernehmlich darauf zu verzichten.

Wer schreibt, der bleibt

Es ist zwar nicht Vorschrift, vom gemeinsamen Gespräch ein Protokoll anzufertigen, hat aber den leicht nachzuvollziehenden Vorteil, dass auch vier Wochen später noch beide Parteien wissen, worüber sie gesprochen und was sie vereinbart haben. In der Regel wird sich der Arbeitgeber nicht gerade darum reißen, ein Protokoll anzufertigen.

Auch wenn Sie sich vielleicht ärgern, dass die ungeliebte Arbeit an Ihnen als Betriebsrat hängen bleibt: Verfassen Sie zumindest eine kurze Gesprächsnotiz mit allen Eckpunkten des Gesprächs. (Die vorher erstellte Tagesordnung ist schon eine gute Grundlage dafür.) Diese sollten Sie mit einem kurzen Begleitbrief (»In der Anlage haben wir unser Gespräch vom 4. April noch einmal kurz zusammengefasst. Bitte teilen Sie uns mit, falls Sie mit einem Punkt nicht einverstanden sind.«) an Ihren Gesprächspartner schicken. Falls er darauf nicht reagiert, können Sie erst einmal davon ausgehen, dass er die inhaltliche Richtigkeit nicht infrage stellt. Falls es sich um eine kniffelige Sache oder um eine sehr kontrovers diskutierte Angelegenheit handelt, sollten Sie aber auf Gegenzeichnung oder Bestätigung bestehen.

IN DIESEM KAPITEL

Das erfolgreichste Gestaltungsmittel des Betriebsrats

Alles, was zu regeln ist

Sieben Schritte zur Betriebsvereinbarung

Die wichtigsten Zutaten

Kapitel 14
Die Betriebsvereinbarung

Vereinbarungen, die zwischen Betriebsrat und Arbeitgeber getroffen werden, sind kein unverbindliches Gerede. In der Regel haben beide Seiten gute Argumente für ihre Position und sich nur langsam, oft unter Schmerzen, einander angenähert. Dennoch kann es vorkommen – und kommt auch nicht selten vor –, dass der Chef eine gegebene Zusage nach einigen Wochen bereut. Oder es kommt ein anderer Geschäftsführer, der sich nicht an die Zusagen des Vorgängers hält, der sie für Blödsinn hält, der neue Duftmarken setzen will, der sich ganz generell dem Betriebsrat gegenüber profilieren will. Oder die Geschäfte gehen plötzlich nicht mehr so gut wie vorher und es sind Sparmaßnahmen angesagt, und wo wirken solche Maßnahmen besser als bei Einsparungen bei den Arbeitnehmern – zumindest nach außen, der Konzernspitze oder auch dem eigenen Ego gegenüber. Um das zu verhindern, schließen Betriebsrat und Arbeitgeber »Betriebsvereinbarungen« ab. Was das ist und wie sie wirken, erfahren Sie in diesem Kapitel.

Was ist eine Betriebsvereinbarung?

Die Betriebsvereinbarung ist das wichtigste und interessanteste rechtliche Mittel des Betriebsrats, die Gestaltung der Arbeitsbedingungen verbindlich zu regeln. Präzise ausgedrückt, ist das ein auf Basis des Betriebsverfassungsgesetzes zwischen Arbeitgeber und Betriebsrat geschlossener Vertrag, in dem die Rechte und Pflichten der vertragsschließenden Parteien in einer bestimmten Angelegenheit verbindlich geregelt werden. Eine Betriebsvereinbarung ist also eine Art »Hausgesetz«, das Arbeitgeber und Betriebsrat gemeinsam beschließen und an das sich dann sowohl der Arbeitgeber als auch alle Beschäftigten halten müssen – einschließlich aller Abteilungs-, Bereichs- oder Gruppenleiter.

§ 77 BetrVG: Durchführung gemeinsamer Beschlüsse, Betriebsvereinbarungen

(1) Vereinbarungen zwischen Betriebsrat und Arbeitgeber, auch soweit sie auf einem Spruch der Einigungsstelle beruhen, führt der Arbeitgeber durch, es sei denn, dass im Einzelfall etwas anderes vereinbart ist. Der Betriebsrat darf nicht durch einseitige Handlungen in die Leitung des Betriebs eingreifen.

(2) Betriebsvereinbarungen sind von Betriebsrat und Arbeitgeber gemeinsam zu beschließen und schriftlich niederzulegen. Sie sind von beiden Seiten zu unterzeichnen; dies gilt nicht, soweit Betriebsvereinbarungen auf einem Spruch der Einigungsstelle beruhen. Werden Betriebsvereinbarungen in elektronischer Form geschlossen, haben Arbeitgeber und Betriebsrat abweichend von § 126a Absatz 2 des Bürgerlichen Gesetzbuchs dasselbe Dokument elektronisch zu signieren. Der Arbeitgeber hat die Betriebsvereinbarungen an geeigneter Stelle im Betrieb auszulegen.

(3) Arbeitsentgelte und sonstige Arbeitsbedingungen, die durch Tarifvertrag geregelt sind oder üblicherweise geregelt werden, können nicht Gegenstand einer Betriebsvereinbarung sein. Dies gilt nicht, wenn ein Tarifvertrag den Abschluss ergänzender Betriebsvereinbarungen ausdrücklich zulässt.

(4) Betriebsvereinbarungen gelten unmittelbar und zwingend. Werden Arbeitnehmern durch die Betriebsvereinbarung Rechte eingeräumt, so ist ein Verzicht auf sie nur mit Zustimmung des Betriebsrats zulässig. Die Verwirkung dieser Rechte ist ausgeschlossen. Ausschlussfristen für ihre Geltendmachung sind nur insoweit zulässig, als sie in einem Tarifvertrag oder einer Betriebsvereinbarung vereinbart werden; dasselbe gilt für die Abkürzung der Verjährungsfristen.

(5) Betriebsvereinbarungen können, soweit nichts anderes vereinbart ist, mit einer Frist von drei Monaten gekündigt werden.

(6) Nach Ablauf einer Betriebsvereinbarung gelten ihre Regelungen in Angelegenheiten, in denen ein Spruch der Einigungsstelle die Einigung zwischen Arbeitgeber und Betriebsrat ersetzen kann, weiter, bis sie durch eine andere Abmachung ersetzt werden.

Muss es denn so förmlich sein?

Vor allem in Familienunternehmen sträubt sich der Arbeitgeber oft, wenn der Betriebsrat vorschlägt, zu einer bestimmten Angelegenheit eine Betriebsvereinbarung abzuschließen. »Mit mir kann man doch reden«, sagen die Patriarchen. »Das müssen wir doch nicht so förmlich machen. Bisher hat doch auch alles gut geklappt!« Doch hinter diesen freundlichen Worten steckt nicht selten die Angst, dass ihr Direktionsrecht beschnitten wird, sie nicht mehr unumstritten Herr im Haus sind, »ihre Leute« ihnen womöglich auf dem Kopf herumtanzen. Vor allem aber: Die Arbeitnehmer kommen in gewissen Angelegenheiten nicht mehr als Bittsteller, sondern fordern einfach ihr Recht ein.

Als Betriebsrat haben Sie aber ein paar gute Argumente zur Hand, um Ihren Arbeitgeber zu überzeugen, dass Betriebsvereinbarungen eine sinnvolle Sache sind:

- ✔ Verträge oder Vereinbarungen zu schließen ist im Geschäftsleben eine gängige Gepflogenheit. Auch der Arbeitsvertrag wird ja schriftlich geschlossen und enthält für beide Seiten gewisse Verpflichtungen.
- ✔ Im günstigsten Fall wird eine Betriebsvereinbarung in einer Situation verhandelt, in der kein akuter Handlungsbedarf und also auch keine Zeitnot besteht. Dann kann das Für und Wider von beiden Seiten in Ruhe abgewogen werden.
- ✔ Bestimmte strittige oder kniffelige Fragen werden durch eine Betriebsvereinbarung ein für alle Mal und für alle verbindlich geklärt.
- ✔ Über komplizierte Sachverhalte braucht man sich nur einmal, und zwar während der Verhandlungen über die infrage stehende Betriebsvereinbarung, Gedanken zu machen.
- ✔ Betriebsvereinbarungen tragen zum Betriebsfrieden bei, weil den Wünschen und Bedürfnissen der Beschäftigten für alle sichtbar Rechnung getragen wird. Und ein so erzieltes besseres Betriebsklima trägt auf jeden Fall zu einer höheren Arbeitsproduktivität, zu reibungsloseren Abläufen bei.

Falls der Arbeitgeber auf dem Gebiet des Betriebsverfassungsgesetzes gar nicht bewandert ist, können Sie ihn durchaus darauf hinweisen, dass Betriebsvereinbarungen in allen Fragen, in denen der Betriebsrat ein Mitbestimmungsrecht hat, erzwingbar sind. Dazu mehr in Kapitel 15.

Zu welchen Themen?

Welche Angelegenheiten lassen sich aber überhaupt in eine Betriebsvereinbarung gießen? Die einfachste – wenn auch unvollständige – Faustregel lautet: alle, in denen der Betriebsrat ein Mitbestimmungsrecht hat. In Kapitel 3 werden sie ausführlich vorgestellt. Diese Betriebsvereinbarungen nennt man »erzwingbar«, da sie der Arbeitgeber nicht verweigern kann. Alle sozialen Angelegenheiten zum Beispiel sind also immer ein Thema für Betriebsvereinbarungen.

Themen, zu denen häufig Betriebsvereinbarungen abgeschlossen werden:

- ✔ Arbeitszeit
- ✔ Alkohol im Betrieb
- ✔ Überstunden
- ✔ Kurzarbeit
- ✔ private Telefonate

- Nutzung von E-Mail und Internet
- Altersteilzeit
- Telearbeit
- mobiles Arbeiten/Homeoffice
- Stellenausschreibungen
- betriebliches Vorschlagswesen
- Gewinnbeteiligung
- Betriebsurlaub
- Provisionen
- Leistungszulagen
- Arbeitsjubiläen
- Gefährdungsbeurteilung
- betriebliches Eingliederungsmanagement (BEM)
- Schonarbeitsplätze
- Bildschirmarbeitsplätze

Freiwillige Betriebsvereinbarungen

Darüber hinaus steht es beiden Parteien frei, »freiwillige Betriebsvereinbarungen« abzuschließen. Das sind Betriebsvereinbarungen, die Bereiche regeln, in denen der Betriebsrat kein erzwingbares Mitbestimmungsrecht hat, zum Beispiel:

- Einführung eines Job-Tickets
- Einrichtung einer Kantine
- Einrichtung eines Betriebskindergartens
- Maßnahmen zur Förderung der Vermögensbildung
- Maßnahmen des betrieblichen Umweltschutzes
- Maßnahmen zur Integration ausländischer Arbeitnehmer sowie zur Bekämpfung von Rassismus und Fremdenfeindlichkeit im Betrieb

Zu diesen Themen kann der Betriebsrat mit dem Arbeitgeber nur dann verhandeln, wenn sich beide Partner darauf einigen, dass sie eine Vereinbarung abschließen wollen und damit gemeinsame Ziele verfolgen.

Keine Betriebsvereinbarung

Und schließlich gibt es noch Bereiche, die Arbeitgeber und Betriebsrat *nicht* miteinander regeln, nämlich all jene, die abschließend tariflich oder per Gesetz geregelt sind. Dennoch sind auch diese Themen keine blinden Flecken, denn rund um die tariflich oder gesetzlich geregelten Bereiche gibt es eine Menge Einzelheiten, die für den jeweiligen Betrieb festgelegt werden können und müssen:

- ✔ nicht Fragen der Entlohnung – denn das regelt entweder der Tarifvertrag oder der einzelne Arbeitsvertrag –, wohl aber zum Beispiel die Frage nach dem Zeitpunkt der Auszahlung der Jahressonderleistung
- ✔ nicht die Länge des Urlaubs, wohl aber die Grundsätze von Anmeldung und Gewährung
- ✔ nicht die Frage, ob es Pausen gibt, sondern die Frage, wann diese zu nehmen sind
- ✔ nicht die Frage der Wochenarbeitszeit, aber durchaus die Frage nach Beginn und Ende der täglichen Arbeitszeit

Schritt für Schritt zur Vereinbarung

Wenn es über eine betriebliche Angelegenheit immer wieder Unklarheiten gibt, wenn es zu Auseinandersetzungen kommt, die bei Lichte besehen völlig unnötig sind, wenn der Betriebsrat der Meinung ist, für einen bestimmten, im Betrieb schwelenden Konflikt eine bessere Lösung parat zu haben als der Arbeitgeber, dann ist der Zeitpunkt gekommen, eine Betriebsvereinbarung anzustreben. Halt! Nicht gleich vorpreschen und sich dann mit eingekniffenem Schweif und blutiger Nase zurückziehen müssen. So etwas will gut geplant sein.

Erster Schritt: Was wollen wir eigentlich?

Sie haben in Ihrem Betriebsratsgremium entschieden, dass Sie eine bestimmte Angelegenheit eindeutig und verbindlich regeln möchten, und Sie haben außerdem festgestellt, dass es sich dabei um eine Angelegenheit handelt, in der der Betriebsrat ein erzwingbares Mitbestimmungsrecht hat. Zum Beispiel möchten Sie gern erreichen, dass die Bewilligung von beantragtem Urlaub und die Entscheidung, wer vorrangig bei kollidierenden Urlaubswünschen zu berücksichtigen ist, nicht mehr davon abhängig ist, wer sich am besten mit dem Abteilungsleiter versteht, sondern nach objektiven Kriterien verläuft. Darüber fassen Sie einen förmlichen Beschluss – denn Sie wissen ja: ohne Beschluss keine Aktion. Der Beschluss sollte schon möglichst konkret gefasst sein, also nicht: »Der Betriebsrat beschließt, eine Betriebsvereinbarung zum Thema Urlaub abzuschließen«, sondern: »Der Betriebsrat beschließt, mit dem Arbeitgeber in Verhandlungen über eine Betriebsvereinbarung einzutreten, die das Bewilligungsverfahren und die Kriterien für die Bewilligung bei kollidierenden Urlaubswünschen umfasst.«

Zweiter Schritt: Information und Sachverstand einholen

Im nächsten Schritt überlegen Sie gemeinsam, welche Argumente dafür sprechen und wie man sie am besten vorbringt. Und weil es sich mit ein paar handfesten Informationen in der Tasche leichter diskutiert, sollten Sie möglichst bald eine Phase der Informationsbeschaffung und -auswertung einschalten. Also: Betriebsvereinbarungen zum Thema besorgen, entweder solche, die bereits von anderen Betriebsratsgremien abgeschlossen wurden, oder Musterbetriebsvereinbarungen aus einschlägigen Fachzeitschriften, Handbüchern oder von Internetseiten. Wenn Sie diese ausgiebig studieren, bekommen Sie schnell heraus, was für Ihren Fall geeignet ist und was Sie eventuell übernehmen können und was nicht. Außerdem sehen Sie bei der Lektüre, ob es Fallstricke gibt, auf die Sie achten müssen, und ob es vielleicht pfiffige Lösungsmöglichkeiten gibt, auf die Sie nicht gekommen sind, und ob Sie mit Zumutungen rechnen müssen, auf die Sie sich auf keinen Fall einlassen wollen. Wichtig ist nur, dass Sie diese Unterlagen als Steinbruch betrachten, aus dem Sie Material für Ihre Überlegungen gewinnen.

Übernehmen Sie keine fertige Betriebsvereinbarung als Verhandlungsgrundlage. Jede Betriebsvereinbarung ist das Ergebnis von oft zähen Verhandlungen, also ein Kompromiss. Wenn Sie Ihre Verhandlung bereits mit einem Kompromiss beginnen – was soll dabei am Ende herauskommen?

Wenn es sich um eine Angelegenheit handelt, in der technische oder rechtliche Gegebenheiten zu beachten sind, holen Sie sich unbedingt Rat von einem Sachverständigen, einem Rechtsanwalt, einer Technologieberatungsstelle, Ihrer Gewerkschaft oder einer anderen Stelle. Gerade bei einer Regelung, die viele Kollegen betrifft und lange wirken soll, wären inhaltliche, rechtliche oder sonstige handwerkliche Fehler fatal.

Dritter Schritt: Es wird konkret

Schreiben Sie alle Punkte auf, die Sie geregelt haben möchten, wie Sie sie geregelt haben möchten und mit welchen technischen oder organisatorischen Mitteln dies ins Werk gesetzt werden kann. Ordnen und strukturieren Sie Ihre Stoffsammlung, sodass bereits der Umriss einer Betriebsvereinbarung entsteht. Zum Beispiel so:

- ✔ Urlaubsplanung für den gesamten Betrieb oder jeweils für Abteilungen?
- ✔ Fristen für die Einreichung der gewünschten Jahresurlaube und für die Reaktionszeit der für die Entscheidung zuständigen Personen
- ✔ Nutzung eines elektronischen Tools oder Urlaubsanträge auf Papier?
- ✔ Generell vorrangige Berücksichtigung von Beschäftigten in den Schulferien mit schulpflichtigen Kindern oder abhängig vom Alter der Kinder?

Es empfiehlt sich andererseits nicht, einen bereits komplett ausformulierten Entwurf einer Betriebsvereinbarung mitzubringen. Zum einen würde sich der Arbeitgeber wohl mit Sicherheit überrumpelt fühlen – das würde Ihnen im umgekehrten Fall nicht anders gehen –, zum anderen ist es sinnvoller, die Diskussion um den Inhalt – also: worum geht es überhaupt? – und die Form – also einzelne Formulierungen – voneinander zu trennen. Das ist bei einem fixierten Vorschlag aber schwierig, denn oft verbeißt sich das Gegenüber in eine unglückliche oder scheinbar fehlerhafte Formulierung, und die Debatte um die Grundzüge, die Zielsetzung der Vereinbarung wird chaotisch oder sogar unmöglich.

Am sinnvollsten und für die nachfolgenden Verhandlungen am gedeihlichsten ist es sicherlich, dem Verhandlungspartner Schritt für Schritt die Möglichkeit zu geben, Ihre Vorschläge und Begründungen nachzuvollziehen. Legen Sie also Ihre Vorschläge (mit Begründung) formlos schriftlich nieder, konzentrieren Sie sich auf die wesentlichen Teile und benutzen Sie dieses Eckpunktepapier als Verhandlungsgrundlage.

Vierter Schritt: Die Verhandlung beginnt

Erst wenn Sie genau wissen, was Sie wollen, unterbreiten Sie Ihren Vorschlag dem Arbeitgeber, entweder bei der nächsten turnusmäßigen gemeinsamen Besprechung oder in einer eigens anberaumten Sitzung, in der Sie ihn darüber informieren, dass der Betriebsrat den Abschluss einer Betriebsvereinbarung mit dem oben genannten Inhalt vorschlägt.

»Wie, Abteilungsleiter müssen innerhalb von zwei Wochen über den Urlaubsantrag entscheiden? Ich lass´ mir vom Betriebsrat doch nicht die Organisation meines Ladens vorschreiben!«, sagt da der Chef wie aus der Pistole geschossen. Doch auf diese Reaktion sind Sie gut vorbereitet:

- ✔ Eine klare zeitliche Vorgabe schafft Planungssicherheit für den Betrieb.
- ✔ Noch nicht bewilligte Urlaube führen zu Diskussionen unter den Beschäftigten. Dafür geht Zeit verloren, die man besser in die Arbeit investieren könnte.
- ✔ Klare Vorgaben für alle Beteiligten tragen zum Betriebsfrieden bei.

Wenn der Arbeitgeber sich immer noch unwillig zeigt, schlagen Sie ihm vor, dass der Betriebsrat einen Entwurf erstellt, über den Sie dann beim nächsten Mal verhandeln. Wahrscheinlich stimmt er zu – und schon haben Sie die erste Hürde genommen: Es geht nicht mehr um das »Ob«, sondern bereits um das »Wie«.

Fünfter Schritt: Der Entwurf des Arbeitgebers

Es ist ja eher unwahrscheinlich, dass der Arbeitgeber zum Betriebsrat sagt: »Das ist ja toll, dass Sie sich die Mühe gemacht haben, alles schon mal vorzubereiten. Genauso machen wir es!« Meistens muss der Betriebsrat erst einmal des Langen und Breiten erläutern, warum es sinnvoll ist, überhaupt Betriebsvereinbarungen abzuschließen, warum es in diesem besonderen Fall ebenfalls nützlich ist, warum seine Forderungen konstruktiv sind. Dies ist auch der Zeitpunkt, den Arbeitgeber daran zu erinnern, dass es durchaus nicht in seinem Belieben liegt, mit dem Betriebsrat eine Betriebsvereinbarung zu verhandeln, sondern dass der Betriebsrat dies verlangen kann und, falls der Arbeitgeber sich querstellt, eine Betriebsvereinbarung durch eine Einigungsstelle erzwingen kann. Wie, das erfahren Sie in Kapitel 15.

Falls der Arbeitgeber ebenfalls einen Entwurf vorlegt: Stellen Sie sicher, dass Sie alles genau verstehen. Sie müssen unbedingt vermeiden, dass Sie sich durch eine unklare, missverständliche oder undurchsichtige Formulierung unwissentlich auf etwas einlassen, was Sie gar nicht wollen.

Sechster Schritt: Öffentlichkeitsarbeit

Da Sie ja keine Geheimdiplomatie betreiben und auch keine Zauberer sind, die mit großer Geste ein Kaninchen aus dem Hut ziehen, empfiehlt es sich, Ihr Vorhaben den Kollegen zum richtigen Zeitpunkt – also weder zu früh, wenn die Idee gerade geboren ist, noch zu spät, wenn die Betriebsvereinbarung kurz vor der Unterschriftsreife ist – vorzustellen, am besten auf einer Betriebsversammlung. Dort können Sie nicht nur die Gründe erläutern, von denen Sie sich leiten lassen, sondern von den Kollegen auch noch Wünsche und Anregungen einsammeln. Außerdem ist es für den Arbeitgeber dann nicht mehr so einfach, einen Rückzieher zu machen oder sich stur zu stellen.

Siebter Schritt: Die Betriebsvereinbarung wird formuliert

Irgendwann sind alle Argumente ausgetauscht und Sie haben sich darauf geeinigt, wie Ihre Angelegenheit geregelt wird. Nun geht es darum, die Betriebsvereinbarung auszuformulieren.

Handschlag genügt nicht – die Bestandteile einer Betriebsvereinbarung

Erstaunlich viele Arbeitgeber scheuen sich, mit dem Betriebsrat eine schriftliche Vereinbarung zu treffen. Doch in diesem Fall geht es nicht anders. Eine Betriebsvereinbarung bedarf der Schriftform, sonst ist sie keine.

Die Verhandlungspartner

Eigentlich eine Selbstverständlichkeit, aber gesagt werden muss es trotzdem: Der erste Satz der Betriebsvereinbarung nennt die beiden Parteien, die die Vereinbarung abschließen, also:

> *Betriebsvereinbarung*
>
> *zwischen*
>
> *der Reinigungsfirma Wäscheblau, vertreten durch die Geschäftsführerin Frau Helga Simmerath (mit Adresse), im Folgenden: Wäscheblau*
>
> *und*
>
> *dem Betriebsrat der Firma Wäscheblau, vertreten durch Frau Marion Unverzagt, im Folgenden: Betriebsrat*

Gegenstand der Betriebsvereinbarung

In einem knappen Satz erläutern Sie sodann, um was es überhaupt geht:

> *Ziel der Vereinbarung ist es, durch ein Verfahren zur Bewilligung von Urlaubsanträgen und Kriterien zur Entscheidung bei kollidierenden Urlaubswünschen für alle Beschäftigten der Firma Wäscheblau Planungssicherheit für den Betrieb und die Beschäftigten zu schaffen und die Interessen aller Beschäftigten angemessen zu berücksichtigen.*

Geltungsbereich

In diesem Absatz legen Sie fest, für wen die Betriebsvereinbarung gilt: für alle Arbeitnehmer des Betriebs? Nur für bestimmte Abteilungen (Wäscherei und Auftragsannahme)? Werden aus technischen oder organisatorischen Gründen bestimmte Gruppen ausgenommen (Fahrer, Buchhaltung)?

Die Regelung selbst

In den nachfolgenden Paragrafen geht es um die Regelung selbst.

- ✔ Beginnen Sie mit dem Wesentlichen: Welche Themen sollen wie geregelt werden?
- ✔ Formulieren Sie so konkret wie möglich. Fragen Sie bei Betriebsratskollegen, die nicht an den Verhandlungen beteiligt waren, nach, ob sie den Text verstehen. Wenn nicht: Vereinfachen Sie den Text.
- ✔ Halten Sie den Text kurz.
- ✔ Nehmen Sie keine komplizierten oder überflüssigen Ausnahmeregelungen auf.
- ✔ Formulieren Sie klar und deutlich, wer innerhalb welcher Frist was tun muss.
- ✔ Vereinbaren Sie auf keinen Fall Betriebsstrafen für den Fall der Nichteinhaltung.

Betriebsvereinbarungen sollen alles eindeutig und verbindlich regeln. Vermeiden Sie Wendungen wie »nach Absprache«, »grundsätzlich«, »in der Regel«. All das ist im Zweifelsfall erneut diskussionsbedürftig und birgt den Keim von Uneinigkeit.

Beginn und Ende der Geltungsdauer

In diesem Absatz legen Sie fest, wann die Betriebsvereinbarung in Kraft tritt. Dieser Zeitpunkt sollte möglichst nah am Zeitpunkt der Unterschrift liegen, möglichst am selben Tag. Das verhindert, dass der Arbeitgeber zwischen Abschluss und Wirksamwerden womöglich noch irgendwelche Tatsachen schafft, die Sie bei den Verhandlungen nicht einbeziehen konnten.

Außerdem bestimmen Sie in diesem Absatz die Mindestlaufzeit der Betriebsvereinbarung, also den Zeitpunkt, zu dem sie frühestens gekündigt werden kann. Suchen Sie einen Mittelweg zwischen »demnächst« und »ewig«. Drei Jahre sind ein ganz guter Zeitraum, vor allem wenn die Verhandlungen langwierig und schwierig waren. In drei Jahren können sich alle Beteiligten mit den durch die Betriebsvereinbarung geschaffenen Tatsachen arrangieren, außerdem wird in dieser Zeit auch deutlich, ob es unvorhergesehene Schwachstellen oder zusätzlichen Regelungsbedarf gibt. Nach drei Jahren ist dann absehbar, ob die Betriebsvereinbarung noch zeitgemäß ist, ob sich vielleicht durch den technischen Fortschritt neuer Regelungsbedarf ergeben hat. Wenn sich herausstellt, dass die Betriebsvereinbarung wirksam ist, gut angenommen wird und die Arbeitsbedingungen wirklich verbessert, kann sie jahrelang weiterlaufen. Falls nicht, kann sie von einer der beiden Vertragsparteien mit der vertraglich vereinbarten Frist gekündigt werden. Setzen Sie diese Kündigungsfrist nicht zu kurz an! Sie brauchen für eine veränderte Regelung sicher ebenfalls eine längere Verhandlungszeit. Wird gar nichts vereinbart, gilt eine Kündigungsfrist von drei Monaten (§ 77 Abs. 5 BetrVG).

Nicht jede Betriebsvereinbarung braucht eine Kündigungsregelung. Wird eine Betriebsvereinbarung nur abgeschlossen, um eine einmalige Angelegenheit zu regeln – zum Beispiel die Schließung einer Abteilung –, bleibt sie so lange in Kraft, bis die Angelegenheit endgültig geregelt ist. Bis dahin kann sie von keiner der beiden Seiten gekündigt werden.

Die salvatorische Klausel

»Salvatorische Klausel« – klingt das nicht nach Rettungsanker, Wunderwaffe, Allheilmittel? So etwas Ähnliches ist sie auch, wenngleich Sie sich nicht zu viel davon versprechen dürfen. Diese Klausel, die in viele Verträge am Ende eingefügt wird, soll verhindern, dass das gesamte Vertragswerk unwirksam wird, wenn sich herausstellen sollte, dass einzelne Teile oder Abschnitte unwirksam oder undurchführbar sind oder nicht mehr der aktuellen Rechtslage entsprechen. Sie »rettet« also in der Tat einen Vertrag, der aus irgendwelchen, nicht von den Vertragsparteien beabsichtigten Gründen lücken- oder fehlerhaft ist. Für diese Klausel gilt: »Kann, muss aber nicht.« Sie kostet nichts extra und tut niemandem weh.

Hier ein Formulierungsbeispiel: »Sollten einzelne Bestimmungen dieses Vertrags unwirksam oder undurchführbar sein oder nach Vertragsschluss unwirksam oder undurchführbar werden, bleibt davon die Wirksamkeit des Vertrags im Übrigen unberührt.«

Die Unterschrift

Wenn endlich alles besprochen, verhandelt, formuliert, gelesen und gegengelesen wurde, wenn der Betriebsrat den formellen Beschluss gefasst hat, die erarbeitete Fassung gutzuheißen, kommt die Stunde der Wahrheit: die Unterzeichnung. Dazu werden zwei identische Fassungen erstellt. Früher waren das ein Original und ein Durchschlag, später ein Original und eine Ablichtung, heute wird man das Dokument zweimal ausdrucken. Dann unterschreiben der Betriebsratsvorsitzende und der Vertreter des Arbeitgebers auf beiden Dokumenten. Um alle Eventualitäten auszuschließen, empfiehlt es sich, jede Seite zu »paraphieren«, das heißt, in der rechten unteren Ecke mit dem Namenskürzel zu bestätigen, dass sie zur Kenntnis genommen und beschlossen wurde. Nun kann sowohl die Geschäftsleitung als auch der Betriebsrat ein Dokument mit Originalunterschriften zu den Unterlagen nehmen.

Geht es auch digital?

Ja, mittlerweile ist das digitale Zeitalter auch im Bereich der Betriebsvereinbarungen angekommen.

§ 77 BetrVG: Durchführung gemeinsamer Beschlüsse, Betriebsvereinbarungen (Auszug)

Werden Betriebsvereinbarungen in elektronischer Form geschlossen, haben Arbeitgeber und Betriebsrat abweichend von § 126a Absatz 2 des Bürgerlichen Gesetzbuchs dasselbe Dokument elektronisch zu signieren.

Ans Licht damit!

Sinnlos wäre eine Betriebsvereinbarung freilich, wenn sie nun in der Schublade verschwände. Im Gegenteil: Sie muss allen Belegschaftsmitgliedern zugänglich gemacht werden – denn sonst kann sich ja niemand an das beschlossene Ge- oder Verbot halten. Der Arbeitgeber ist sogar gesetzlich verpflichtet, die Betriebsvereinbarung »an geeigneter Stelle im Betrieb auszulegen«. Auslegen bedeutet in diesem Fall: Sie so zugänglich zu machen, dass jeder Betroffene Einblick nehmen kann, ohne zuvor zum Beispiel in der Personalabteilung um einen Termin zu bitten. Ein geeigneter Ort wäre also das Schwarze Brett, ein allgemein zugänglicher Ordner im Pausenraum, ebenfalls (aber nicht allein) ein allen zugänglicher Ordner im Firmenintranet.

Über diese Pflicht des Arbeitgebers hinaus ist der Betriebsrat natürlich gut beraten, wenn er den Text der Betriebsvereinbarung ebenfalls veröffentlicht und gegebenenfalls auch kommentiert. Das könnte zum Beispiel eine Betriebsratsinfo sein oder auf einer Betriebsversammlung. Und niemand hindert den Betriebsrat daran, die Regelungen einer Betriebsvereinbarung immer einmal wieder ins Gedächtnis zu rufen.

Sollte in einem individuellen Arbeitsvertrag eine Regelung enthalten sein, die für den betreffenden Arbeitnehmer günstiger ist, so hat diese den Vorrang – es gilt hier wie in allen Fällen das »Günstigkeitsprinzip«.

Etwas anderes gilt nur, wenn der Arbeitsvertrag eine Klausel enthält, dass seine Regelungen durch Betriebsvereinbarungen anders gestaltet werden können.

Das Ende der Vereinbarung

Angenommen, Sie haben mit Ihrem Arbeitgeber eine Betriebsvereinbarung abgeschlossen, die eine Angelegenheit betrifft, in der der Betriebsrat ein erzwingbares Mitbestimmungsrecht hat. Nach vier Jahren kündigt der Arbeitgeber die Betriebsvereinbarung – was nun? Ist die Angelegenheit, um die es geht – zum Beispiel die Frage der Urlaubsbewilligung –, nun wieder ungeregelt? Keine Angst! Solange keine neue Betriebsvereinbarung abgeschlossen ist, wirkt die alte nach, auch über die Kündigungsfrist hinweg. Es gibt kein Interregnum. Die Betriebsvereinbarung wirkt so lange fort, bis sie durch eine andere, erneut zu verhandelnde Betriebsvereinbarung ersetzt wird. Das bedeutet, dass sich der Arbeitgeber auf jeden Fall wieder mit dem Betriebsrat an einen Tisch setzen und zu einer einvernehmlichen Lösung kommen muss.

Lassen Sie sich nicht auf eine Formulierung ein, die sinngemäß lautet: »Die Nachwirkung wird ausgeschlossen.« Dann wäre tatsächlich mit Ablauf der Kündigungsfrist Schluss mit lustig – und Schluss mit der Wirkung der Betriebsvereinbarung.

Ausnahme: Der Betrieb wird stillgelegt – dann fragt niemand mehr nach alten Betriebsvereinbarungen – oder ein Tarifvertrag oder ein Gesetz zu dieser Angelegenheit tritt in Kraft und sieht eine andere Regelung vor.

Anders ist der Fall bei einer freiwilligen Betriebsvereinbarung, zum Beispiel über ein vom Arbeitgeber zu bezahlendes Job-Ticket. In diesem Fall kann der Arbeitgeber die Vereinbarung kündigen, und nach Ablauf der Kündigungsfrist ist Schluss.

Und wer ist verantwortlich?

Auch wenn eine Betriebsvereinbarung gemeinsam abgeschlossen wurde: Verantwortlich für die Einhaltung der vereinbarten Regelungen ist der Arbeitgeber, dessen Direktionsrecht im Rahmen der Betriebsvereinbarung unversehrt bleibt. Angenommen, es wurde in einer Betriebsvereinbarung niedergelegt, dass während der Arbeitszeit kein Alkohol erlaubt ist. Nun hat Frau Schwinger Jubiläum und lädt für 10 Uhr zu einem »kleinen Umtrunk«. Da ist es Sache des Arbeitgebers, Frau Schwinger darauf hinzuweisen, dass dies nicht erlaubt ist, nicht die des Betriebsrats. (Freilich sollte die Betriebsratsvorsitzende nicht fröhlich mitbechern!) Zur Durchführung der Betriebsvereinbarung ist der Arbeitgeber sogar verpflichtet, auch wenn es ihm noch so sehr gegen den Strich geht. Entzieht er sich dieser Pflicht, kann der Betriebsrat beim Arbeitsgericht eine einstweilige Verfügung beantragen (siehe dazu Kapitel 15).

Andere Vereinbarungen

Im betrieblichen Alltag kommen auch andere Arten der Vereinbarung vor. Da gibt es zum Beispiel die **betriebliche Übung**. Das ist keine niedergeschriebene Regelung oder Vereinbarung, sondern eine bestimmte betriebliche Verfahrensweise, die über einen längeren

Zeitraum besteht und vom Arbeitgeber geduldet oder sogar gewünscht wird, auch ohne dass eine ausdrückliche Erlaubnis oder Genehmigung vorliegt.

Wenn zum Beispiel der Arbeitgeber über mehrere Jahre hinweg mehr als das tariflich festgelegte Weihnachtsgeld gezahlt hat, kann er im nächsten Jahr nicht einfach damit aufhören: Durch die »betriebliche Übung« haben die Arbeitnehmer einen Anspruch darauf erworben. (Um genau das auszuschließen, weisen die meisten Arbeitgeber schriftlich darauf hin, dass es sich bei der Gewährung dieser Leistung um eine einmalige Angelegenheit handelt, aus der sich kein Rechtsanspruch herleitet.)

Eine **Regelungsabsprache** betrifft, anders als eine Betriebsvereinbarung, meistens nur einen einzelnen Fall, der zwischen Betriebsrat und Arbeitgeber geregelt werden muss. Das kann zum Beispiel dann nötig werden, wenn der Betriebsrat in einer bestimmten Angelegenheit – zum Beispiel um eine Betriebsvereinbarung anzuschließen – beschließt, gemäß § 80 Abs. 3 BetrVG einen Sachverständigen heranzuziehen. In diesem Fall braucht der Betriebsrat die Zustimmung des Arbeitgebers, da dieser ja auch das Honorar des Spezialisten übernehmen muss. Um in diesem Fall auf der sicheren Seite zu sein, empfiehlt sich die Regelungsabsprache, die ebenso rechtlich bindend ist wie die Betriebsvereinbarung.

Was geht mich das an?

Die Regelungen, die mit einer Betriebsvereinbarung getroffen werden, sind zwingend. Wenn etwa den Arbeitnehmern bestimmte Rechte eingeräumt werden, so gelten diese Rechte für alle Kollegen – es sei denn, es ist in der Betriebsvereinbarung anders vereinbart. Einzelvertragliche Regelungen, die schlechter sind, sind nicht zugelassen. Der Arbeitgeber kann also zum Beispiel nicht den Kollegen aus der Fahrzeugwartung die ansonsten vereinbarte Pause streichen, weil sie ihm für diesen Bereich unpraktikabel erscheint. Die Betriebsvereinbarung gilt ebenso für alle Beschäftigten, die nach Abschluss der Betriebsvereinbarung eingestellt wurden.

Arbeitnehmer können übrigens auch nicht von sich aus auf eingeräumte Rechte verzichten – es sei denn, der Betriebsrat stimmt ausdrücklich zu. Und das wird er natürlich nur tun, wenn es zwingende Gründe gibt, die dem Wohl des Beschäftigten dienen.

Und wenn das alles nichts hilft?

Der Betriebsrat ist durchaus nicht vom *Goodwill* des Arbeitgebers abhängig. Wenn ein Arbeitgeber in einer mitbestimmungspflichtigen Angelegenheit – das sind im Wesentlichen alle Angelegenheiten, die in § 87 des Betriebsverfassungsgesetzes genannt sind – die Verhandlungen beziehungsweise den Abschluss einer Betriebsvereinbarung verweigert, kann der Betriebsrat eine Einigungsstelle anrufen und damit den Abschluss erzwingen. Was eine Einigungsstelle ist und wie man sie anruft, erfahren Sie in Kapitel 15. Hier nur so viel: Die wenigsten Arbeitgeber wollen sich eine Einigungsstelle antun. Manchmal genügt die Erwähnung, dass man da auch andere Mittel hat.

IN DIESEM KAPITEL

- Die Einigungsstelle
- Die einstweilige Verfügung
- Die Ordnungswidrigkeitsanzeige
- Das Strafverfahren

Kapitel 15
Mit harten Bandagen

»Vertrauensvoll«, »mit dem ernsten Willen zur Einigung«, »zum Wohl der Arbeitnehmer«, »rechtzeitig und umfassend unterrichten« – all diese im Betriebsverfassungsgesetz genannten Begriffe scheinen den unleugbar vorhandenen Gegensatz der Interessen zwischen Arbeitgeber und Betriebsrat recht bequem abzupolstern. Aber die betriebliche Wirklichkeit ist dann doch häufig ganz anders. Das weiß auch das Betriebsverfassungsgesetz und hält deshalb verschiedene Mittel parat, die dem Betriebsrat im Fall eines unlösbaren Konflikts mit dem Arbeitgeber helfen, seine gesetzlich verankerten Rechte durchzusetzen. Denn ein hartleibiger Chef, der sich über die elementarsten Rechte des Betriebsrats einfach hinwegsetzt, ist eine rechte Plage und kann oft nur mit drastischen Mitteln zur Raison gebracht werden.

Die Einigungsstelle

Aber wie drastisch können die Mittel sein, die der Betriebsrat einsetzen darf? Ein Arbeitskampf – Streik, Arbeitsniederlegung – steht ja nicht zur Debatte, dagegen sprechen die Verpflichtung zur vertrauensvollen Zusammenarbeit und die Friedenspflicht. Dennoch ist der Betriebsrat nicht allein auf gute Worte angewiesen. Ein starkes und wirkungsvolles Instrument ist die Einigungsstelle, die der Betriebsrat in bestimmten Fällen »anrufen« kann.

Anrufen? Wo sitzt denn diese Einigungsstelle? Die Einigungsstelle ist keine Behörde, kein Gericht, kein Amt, keine Agentur, die darauf wartet, dass zerstrittene und einigungswillige Parteien vorbeischauen. Sie ist ein »Organ der Betriebsverfassung«, das erst gebildet wird, wenn es der Anlass erfordert.

Bevor der Betriebsrat ein Einigungsstellenverfahren in Gang setzt, muss er sich auf jeden Fall mit seiner Gewerkschaft oder seinem Rechtsbeistand beraten, und sich während des ganzen Verfahrens von ihr beziehungsweise ihm begleiten lassen. Dies gilt auch für alle anderen in diesem Kapitel vorgestellten Maßnahmen.

Der richtige Anlass

Nicht jeder beliebige Konflikt zwischen den Betriebsparteien ist ein zulässiger Anlass. Eine Einigungsstelle kann nur in den Fällen tätig werden, in denen der Betriebsrat ein erzwingbares Mitbestimmungsrecht besitzt. Im Betriebsverfassungsgesetz erkennt man diese Fälle zuverlässig an dem Satz: »Kommt eine Einigung über eine Angelegenheit ... nicht zustande, so entscheidet die Einigungsstelle. Der Spruch der Einigungsstelle ersetzt die Einigung zwischen Arbeitgeber und Betriebsrat.«

Einigungsstellenverfahren können also hauptsächlich im Streit um soziale Angelegenheiten sowie um Angelegenheiten, die im weitesten Sinne die Gestaltung der Betriebsratsarbeit betreffen, gebildet werden. Zum Beispiel:

- ✔ alle sozialen Angelegenheiten, die in § 87 BetrVG aufgeführt sind, zum Beispiel die Gestaltung der Zugangsordnung, der Erlass von Bekleidungsvorschriften, Überstunden oder Urlaubsgrundsätze (mehr dazu in Kapitel 3)
- ✔ viele personelle Angelegenheiten wie Personalfragebogen (§ 94 BetrVG), Auswahlrichtlinien (§ 95 BetrVG), betriebliche Fortbildungsmaßnahmen (§ 97 BetrVG)
- ✔ die Freistellung von Betriebsratsmitgliedern
- ✔ Zeit und Ort der Betriebsratssprechstunde
- ✔ Zeitpunkt der Schulung für Betriebsratsmitglieder
- ✔ Informationen an den Wirtschaftsausschuss
- ✔ Sozialplan

Auch in nicht mitbestimmungspflichtigen Angelegenheiten kann eine Einigungsstelle angerufen werden. Dann allerdings müssen sich beide Parteien darüber einig sein, dass die Einigungsstelle die Arbeit aufnimmt. Der Spruch der Einigungsstelle ist in diesem Fall nur dann bindend, wenn beide Parteien sich vorher oder nachher verpflichten, ihn zu akzeptieren.

Also lautet der Beschluss ...

Eine Einigungsstelle anzurufen ist keine Sache, die ein Betriebsrat leichtfertig beschließt. Vorher sollten alle anderen Möglichkeiten, mit dem Arbeitgeber eine Einigung zu erreichen, ausgeschöpft worden sein. Ist das fehlgeschlagen, ist also eine Verhandlung gescheitert oder lehnt der Arbeitgeber es überhaupt von vornherein ab, mit dem Betriebsrat zu verhandeln, stellt der Betriebsrat zunächst per Beschluss fest, dass die Verhandlungen gescheitert sind.

Als weitere Beschlüsse folgen:

- ✔ Die Angelegenheit soll durch eine Einigungsstelle entschieden werden.
- ✔ Als Einigungsstellenvorsitzende soll (zum Beispiel) die Arbeitsrichterin Frau Dr. Helene Weinstein benannt werden.
- ✔ Jede Seite soll (zum Beispiel) drei Beisitzer stellen.

Dieser Beschluss wird nun dem Arbeitgeber schriftlich mitgeteilt. Gleichzeitig wird er aufgefordert, sich innerhalb einer gewissen Frist dazu zu äußern, ob er mit der Person des Vorsitzenden einverstanden ist. Die Frist, die der Betriebsrat dem Arbeitgeber stellt, sollte so bemessen sein, dass der Arbeitgeber die Möglichkeit hat, sich mit dem Brief des Betriebsrats auseinanderzusetzen. Eine Woche dürfte in der Regel ausreichend sein – Sie wollen ja in der Sache endlich einmal zu einer Entscheidung kommen.

Die drei Möglichkeiten des Arbeitgebers

Wie reagiert nun der Arbeitgeber auf den Brief des Betriebsrats? Nicht selten so: Er lenkt ein. Er stimmt plötzlich weiteren Verhandlungen mit dem Betriebsrat zu, hört Vorschläge an, findet selbst Kompromisse, kurz: Er handelt endlich nach dem Grundsatz »vertrauensvolle Zusammenarbeit«. Wie kommt's?

Die Gründe dafür sind leicht nachzuvollziehen. Vielleicht hat er bis jetzt nicht geglaubt, dass der Betriebsrat bereit ist, für die Durchsetzung seiner Forderungen auch schweres Geschütz aufzufahren. Vielleicht hat er auch nachgerechnet und herausgefunden, dass ihn Einigungsstelle plus zeitlicher Aufwand letztlich teurer zu stehen kommen als ein einvernehmliches Verhandlungsergebnis. (Mehr zu den Kosten der Einigungsstelle lesen Sie weiter hinten in diesem Kapitel.)

Andere Möglichkeit: Er stimmt dem Vorschlag des Betriebsrats, eine Einigungsstelle einzurichten, zu, vielleicht weil er überzeugt ist, dass er nur so aus der verfahrenen Situation herauskommt.

Dritte Möglichkeit: Er lehnt auch diesen Vorschlag ab oder geht auf Tauchstation. Und jetzt? In diesem Fall wendet sich der Betriebsrat ans Arbeitsgericht und beantragt dort die Einsetzung der Einigungsstelle, die Bestellung eines Einigungsstellenvorsitzenden und die Anzahl der Beisitzer für jede Seite. Gibt das Arbeitsgericht dem Antrag statt, muss der Arbeitgeber dies akzeptieren. Ebenso legt das Arbeitsgericht die Zahl der Beisitzer fest – auch das war ja unter Umständen zwischen Betriebsrat und Arbeitgeber strittig. Und nun übernimmt der Einigungsstellenvorsitzende.

Vorsitzender und Beisitzer

Eine Einigungsstelle ist immer nach bestimmten Regeln zusammengesetzt: Sie besteht aus einem neutralen Vorsitzenden und einer gewissen Anzahl von Beisitzern, wobei jede Seite die gleiche Zahl stellt. Die Auswahl nimmt jede Partei vollkommen eigenständig vor.

Obwohl die Einigungsstelle als »Organ der Betriebsverfassung« gilt, also eine innerbetriebliche Einrichtung ist, ist es nicht zwingend notwendig, dass die Beisitzer Betriebsangehörige sind. Je nach Art des zu klärenden Konflikts können das Gewerkschaftsvertreter, Sachverständige, Anwälte oder andere Personen sein. Ihr wichtigstes Eignungskriterium ist, dass sie das Vertrauen des Betriebsrats (beziehungsweise auf der anderen Seite des Arbeitgebers) besitzen. Außerdem sollte mindestens einer etwas von dem zu verhandelnden Gegenstand verstehen, ein weiterer sollte die betriebsverfassungsrechtliche Seite beurteilen können.

Falls es im Laufe des Einigungsstellenverfahrens dazu kommt, dass einer oder mehrere Beisitzer das Vertrauen des Betriebsrats verlieren – wodurch auch immer –, können sie ohne Weiteres abberufen und durch andere geeignete Personen ersetzt werden.

Auf den Vorsitzenden müssen sich beide Parteien dagegen einigen. Seine wichtigste Qualifikation ist, dass er unparteiisch ist, also keiner Seite von vornherein zuneigt. Es versteht sich daher, dass er weder Vertreter einer Gewerkschaft noch eines Arbeitgeberverbandes sein kann. Aber natürlich muss der Vorsitzende auch von der Sache etwas verstehen, er sollte juristisch beschlagen und ein geschickter Verhandlungsführer sein. Meistens wird daher ein Arbeitsrichter als Einigungsstellenvorsitzender vorgeschlagen.

Die Aufgaben des Betriebsrats

Ist die Einigungsstelle einmal eingerichtet, kann sich der Betriebsrat dennoch nicht beruhigt zurücklehnen und die Hände in den Schoß legen. Auf ihn kommt eine Menge Aufgaben zu:

- ✔ Die Beisitzer müssen festgelegt werden: Beschäftigte des Betriebs? Sachverständige? Rechtsanwalt?
- ✔ Der Vorsitzende muss über die Vorgeschichte des Konflikts, den bisherigen Verlauf der Verhandlungen und die Punkte informiert werden, an denen die Verhandlungen bisher gescheitert sind.
- ✔ Die Beisitzer müssen anhand von Unterlagen und ausführlichen Gesprächen auf ihre Aufgabe vorbereitet werden.
- ✔ Die Belegschaft muss davon informiert werden, dass der Betriebsrat ein Einigungsstellenverfahren eingeleitet hat und was die Gründe dafür sind.
- ✔ Der Betriebsrat muss überlegen, welche Kompromisse er eingehen kann und welche nicht.

Es kommt zum Spruch

Ist über die Einigungsstelle einmal Einigkeit hergestellt, wird nicht mehr lange gefackelt. »Unverzüglich« muss sie tätig werden. Der Vorsitzende leitet die Sitzungen, hört die Teilnehmer an, macht Vorschläge und fordert die Parteien auf, diese zu beraten. Die beste Lösung ist eine, die die Parteien einvernehmlich herstellen. Das ist trotz zuvor gescheiterter Verhandlungen nicht unwahrscheinlich, denn häufig bewirkt ein neutraler Dritter einen Perspektivwechsel, weicht Verhärtungen auf, ermöglicht es beiden Seiten, die Sache mit den Augen der jeweils anderen Partei zu sehen, und öffnet die Augen für eine Lösung.

Wenn das nicht möglich ist, muss die Entscheidung durch eine Abstimmung herbeigeführt werden. Der Vorsitzende formuliert einen Beschluss, der den Beisitzern zur Abstimmung vorgelegt wird.

In dieser ersten Abstimmung enthält sich der Vorsitzende der Stimme, nur die Beisitzer stimmen ab. Daraus ergibt sich entweder ein eindeutiges Ergebnis, der Vorschlag des Vorsitzenden wird also angenommen, oder es entsteht ein Patt.

Ist aus der ersten Abstimmung kein Ergebnis entstanden, wird ein zweites Mal abgestimmt. Dieses Mal nimmt der Vorsitzende an der Abstimmung teil. Da nun die Zahl der Abstimmenden ungerade ist, ist auf jeden Fall ein Ergebnis zu erwarten.

Gut ausgesucht ist halb gewonnen

Der Einigungsstellenvorsitzende kann zum Zünglein an der Waage werden!

- ✔ Wählen Sie ihn sorgfältig aus.
- ✔ Erkundigen Sie sich bei anderen Betriebsräten, bei der Gewerkschaft oder mit Einigungsstellenverfahren erfahrenen Rechtsanwälten danach, ob sie gute Erfahrungen mit Einigungsstellenvorsitzenden gemacht haben.
- ✔ Wenn Ihr Arbeitgeber einen Vorschlag macht, von dem Ihnen diese Ansprechpartner abraten: Lehnen Sie die vorgeschlagene Person ab. Sie müssen Ihre Ablehnung nicht begründen.

Dieser Beschluss, der sogenannte Spruch der Einigungsstelle, der natürlich schriftlich niedergelegt wird, ist nun ebenso bindend wie eine Betriebsvereinbarung.

Eine Einigungsstelle kann auch vom Arbeitgeber einberufen werden. Welche Seite eine Einigungsstelle anruft, hängt vor allem davon ab, wer was von wem will, also welche Seite möchte, dass die andere Seite sich nicht so verhält, wie sie es tut.

§ 76 BetrVG: Einigungsstelle (Auszug)

(1) Zur Beilegung von Meinungsverschiedenheiten zwischen Arbeitgeber und Betriebsrat, Gesamtbetriebsrat oder Konzernbetriebsrat ist bei Bedarf eine Einigungsstelle zu bilden. Durch Betriebsvereinbarung kann eine ständige Einigungsstelle errichtet werden.

(2) Die Einigungsstelle besteht aus einer gleichen Anzahl von Beisitzern, die vom Arbeitgeber und Betriebsrat bestellt werden, und einem unparteiischen Vorsitzenden, auf dessen Person sich beide Seiten einigen müssen. Kommt eine Einigung über die Person des Vorsitzenden nicht zustande, so bestellt ihn das Arbeitsgericht. Dieses entscheidet auch, wenn kein Einverständnis über die Zahl der Beisitzer erzielt wird.

(3) Die Einigungsstelle hat unverzüglich tätig zu werden. Sie fasst ihre Beschlüsse nach mündlicher Beratung mit Stimmenmehrheit. Bei der Beschlussfassung hat sich der Vorsitzende zunächst der Stimme zu enthalten; kommt eine Stimmenmehrheit nicht zustande, so nimmt der Vorsitzende nach weiterer Beratung an der erneuten Beschlussfassung teil. Die Beschlüsse der Einigungsstelle sind schriftlich niederzulegen und vom Vorsitzenden zu unterschreiben oder in elektronischer Form niederzulegen und vom Vorsitzenden mit seiner qualifizierten elektronischen Signatur zu versehen sowie Arbeitgeber und Betriebsrat zuzuleiten.

(4) Durch Betriebsvereinbarung können weitere Einzelheiten des Verfahrens vor der Einigungsstelle geregelt werden.

(5) In den Fällen, in denen der Spruch der Einigungsstelle die Einigung zwischen Arbeitgeber und Betriebsrat ersetzt, wird die Einigungsstelle auf Antrag einer Seite tätig. Benennt eine Seite keine Mitglieder oder bleiben die von einer Seite genannten Mitglieder trotz rechtzeitiger Einladung der Sitzung fern, so entscheiden der Vorsitzende und die erschienenen Mitglieder nach Maßgabe des Absatzes 3 allein. Die Einigungsstelle fasst ihre Beschlüsse unter angemessener Berücksichtigung der Belange des Betriebs und der betroffenen Arbeitnehmer nach billigem Ermessen. Die Überschreitung der Grenzen des Ermessens kann durch den Arbeitgeber oder den Betriebsrat nur binnen einer Frist von zwei Wochen, vom Tage der Zuleitung des Beschlusses an gerechnet, beim Arbeitsgericht geltend gemacht werden.

(6) Im Übrigen wird die Einigungsstelle nur tätig, wenn beide Seiten es beantragen oder mit ihrem Tätigwerden einverstanden sind. In diesen Fällen ersetzt ihr Spruch die Einigung zwischen Arbeitgeber und Betriebsrat nur, wenn beide Seiten sich dem Spruch im Voraus unterworfen oder ihn nachträglich angenommen haben.

Kein Schnäppchen

Ein Einigungsstellenverfahren kommt den Arbeitgeber in der Regel teuer zu stehen – kein Wunder, dass die allermeisten Arbeitgeber eher davor zurückscheuen, sich einem solchen Verfahren zu unterziehen. Denn sie müssen ja nicht nur damit rechnen, dass sie mit ihren Forderungen oder Verweigerungen unterliegen, sie müssen die ganze Sache auch noch bezahlen. Und das ist kostspielig. Vor allem die Vergütung des Vorsitzenden sowie der nicht betriebsangehörigen Beisitzer schlagen mit mehreren Tausend Euro zu Buche. In der Regel ist das Honorar, das der Vorsitzende selbst festlegt, beachtlich. Wenn Rechtsanwälte als Beisitzer dabei sind, erhalten sie eine Vergütung, die nach immer noch häufig genutzten Regeln sieben Zehntel des Honorars des Vorsitzenden entspricht. Dazu kommen noch Honorare für Sachverständige, Aufwendungen und Auslagen der anderen Mitglieder, Räume, Büromaterial und einige kleinere Posten. Nicht zu vergessen der Aufwand an Zeit und Mühe, der ja auch nicht umsonst zu haben ist.

Die einstweilige Verfügung

Es gibt im betrieblichen Alltag immer wieder Fälle, in denen der Betriebsrat plötzlich vor (fast) vollendeten Tatsachen steht. Am Eingang zum Betrieb hängt am Montagmorgen auf einmal ein nagelneues Zeiterfassungsgerät, in das statt der braunen Pappen weiße Chipkarten eingeschoben werden sollen, in der Produktionshalle wird der Platz für eine neue computergestützte Werkzeugmaschine ausgemessen, die Kolleginnen in der Buchhaltung stöhnen seit ein paar Tagen über ein völlig neues EDV-Programm – ja, was ist denn da passiert?

Da wurden ganz eindeutig die Informationsrechte des Betriebsrats mit Füßen getreten. Im Hintergrund und ohne dass dem Betriebsrat auch nur ein Sterbenswörtchen davon mitgeteilt wurde, hat der Arbeitgeber Planung und Durchführung einer Sache betrieben, die den Arbeitsplatz und die Arbeitsbedingungen der betroffenen Arbeitnehmer tiefgreifend verändert.

Her mit den Informationen, sonst ...

Wenn ein Arbeitgeber den Betriebsrat nicht, unvollständig, zu spät oder gar wahrheitswidrig informiert, ihn also belügt, ist das kein Kavaliersdelikt. Und der Betriebsrat hat durchaus mehr Möglichkeiten, sich dagegen zu wehren als nur Protest, Herstellung innerbetrieblicher Öffentlichkeit, Anklagen auf der Betriebsversammlung, ernste Briefe oder wiederholte Nachfrage.

Wann immer der Arbeitgeber bestimmte Maßnahmen plant, ohne umfassende Information des Betriebsrats geht gar nichts. Dies bezieht sich auf Informationen über folgende Planungen:

- ✔ Investitionen
- ✔ arbeitsorganisatorische Maßnahmen
- ✔ Personalplanung, Personalbedarf
- ✔ Einstellungen, Versetzungen, Eingruppierungen
- ✔ Unterrichtung des Wirtschaftsausschusses über wirtschaftliche Angelegenheiten
- ✔ Erläuterung des Jahresabschlusses
- ✔ Bericht der wirtschaftlichen Lage und der Entwicklung des Unternehmens der Belegschaft gegenüber
- ✔ Planung von Betriebsänderungen wie Verlegung, Zusammenschluss mit anderen Betrieben oder die Spaltung von Betrieben, Stilllegung, Änderungen der Betriebsorganisation, des Betriebszwecks oder der Betriebsanlagen, Massenentlassungen, Einführung grundlegend neuer Arbeitsmethoden und Fertigungsverfahren

§ 90 BetrVG: Unterrichtungs- und Beratungsrechte

(1) Der Arbeitgeber hat den Betriebsrat über die Planung

1. von Neu-, Um- und Erweiterungsbauten von Fabrikations-, Verwaltungs- und sonstigen betrieblichen Räumen,
2. von technischen Anlagen,
3. von Arbeitsverfahren und Arbeitsabläufen einschließlich des Einsatzes von Künstlicher Intelligenz oder
4. der Arbeitsplätze

rechtzeitig unter Vorlage der erforderlichen Unterlagen zu unterrichten.

(2) Der Arbeitgeber hat mit dem Betriebsrat die vorgesehenen Maßnahmen und ihre Auswirkungen auf die Arbeitnehmer, insbesondere auf die Art ihrer Arbeit sowie die sich daraus ergebenden Anforderungen an die Arbeitnehmer so rechtzeitig zu beraten, dass Vorschläge und Bedenken des Betriebsrats bei der Planung berücksichtigt werden können. Arbeitgeber und Betriebsrat sollen dabei auch die gesicherten arbeitswissenschaftlichen Erkenntnisse über die menschengerechte Gestaltung der Arbeit berücksichtigen.

§ 91 BetrVG: Mitbestimmungsrecht

Werden die Arbeitnehmer durch Änderungen der Arbeitsplätze, des Arbeitsablaufs oder der Arbeitsumgebung, die den gesicherten arbeitswissenschaftlichen Erkenntnissen über die menschengerechte Gestaltung der Arbeit offensichtlich widersprechen, in besonderer Weise belastet, so kann der Betriebsrat angemessene Maßnahmen zur Abwendung, Milderung oder zum Ausgleich der Belastung verlangen. Kommt eine Einigung nicht zustande, so entscheidet die Einigungsstelle. Der Spruch der Einigungsstelle ersetzt die Einigung zwischen Arbeitgeber und Betriebsrat.

Auch wenn es dafür reichlich spät ist: Der Betriebsrat muss die nötigen Informationen – »vollständig und umfassend« – sofort anfordern, er muss darüber unterrichtet werden, welche Auswirkungen die neuen Maßnahmen auf die Arbeitsabläufe und die Arbeitsbedingungen haben, ob Personaleinsparungen geplant sind, ob sich am Entlohnungssystem etwas ändert, ob Daten erfasst werden, die bisher nicht erfasst wurden … Sie sehen, da gibt es enormen Klärungsbedarf.

Mit Sicherheit muss sich der Betriebsrat auch von einem Sachverständigen beraten lassen, er braucht die Zeit und die Möglichkeit, Alternativvorschläge zu erarbeiten. Erst wenn der Betriebsrat alle Informationen beisammenhat, beginnt die Verhandlung mit dem Arbeitgeber über die geplante Maßnahme, und erst wenn es darüber zu einer Vereinbarung gekommen ist – erst dann dürfen Anlagen und Maschinen oder neue EDV-Systeme bestellt, aufgebaut und installiert werden.

Alles auf Anfang

Aber: Dafür ist es jetzt doch viel zu spät! Die Programme sind schon installiert, die Maschinen aufgestellt und die neuen Zugangskarten liegen im Personalbüro und sollen nächste Woche ausgeteilt werden, kurz: Der Prozess der Rationalisierung von Arbeitsprozessen, Auslagerung von Arbeitsbereichen, Einführung von neuen Produktionsanlagen oder gar der Schließung von Bereichen ist in der Zwischenzeit munter vorangeschritten.

Es sei denn … Es sei denn, Sie haben dem einen Riegel vorgeschoben. Dieser Riegel heißt »einstweilige Verfügung«.

Was ist das? Das ist die Möglichkeit, seine Rechte zu schützen, bevor unumkehrbare Tatsachen geschaffen wurden. Da es meist viel zu lange dauert, bis ein Gerichtsverfahren eingeleitet und abgeschlossen wird, gibt es unter bestimmten Voraussetzungen die Möglichkeit, eine Rechtsverletzung gerichtlich verhindern zu lassen. Durch eine einstweilige Verfügung kann der Betriebsrat also zum Beispiel einen vom Arbeitgeber angestrebten Rationalisierungsprozess, Umbau, eine Umorganisation stoppen lassen und damit Zeit gewinnen, seine Informations- und Beratungsrechte wahrzunehmen, einen Berater oder Sachverständigen einzuschalten, die Kollegen zu informieren und gegebenenfalls eine Betriebsvereinbarung vorzubereiten, zu verhandeln und abzuschließen.

Die Wirkung einer einstweiligen Verfügung kann sein:

- ✔ die Herausgabe von Informationen
- ✔ die Unterlassung von Maßnahmen
- ✔ die Rücknahme von Maßnahmen

Wenn sich die Lage im Betrieb so weit zugespitzt hat, agiert der Betriebsrat keinesfalls mehr allein, sondern wendet sich an seine Gewerkschaft, eine Beratungsstelle oder seinen Rechtsanwalt. Bei diesem (wie allen anderen) Verfahren sind nämlich so viele Einzelheiten, Fristen und Besonderheiten zu beachten, dass es ohne rechtlichen Beistand nicht geht.

Anspruch und Grund

Mit der einstweiligen Verfügung wendet der Betriebsrat schon eine relativ scharfe Waffe an. Damit sie auch ins Schwarze trifft, bedarf es einer sorgfältigen Vorbereitung.

Schätzt der Betriebsrat die Lage so ein, dass er nur noch durch eine einstweilige Verfügung seine Rechte sichern kann, stellt er so schnell wie möglich alle verfügbaren Unterlagen zusammen, zum Beispiel:

- ✔ seine Briefe an den Arbeitgeber mit der Forderung nach Information
- ✔ alle schriftlichen Antworten des Arbeitgebers
- ✔ schriftliche Aussagen von Kollegen oder anderen Zeugen
- ✔ eventuell einen Zeitplan, aus dem hervorgeht, wann Planungen und Vorbereitungen der Maßnahme begonnen haben und wann der Betriebsrat davon informiert (oder nicht informiert) wurde

Das Gericht wird nämlich nur tätig, wenn bestimmte Voraussetzungen gegeben sind:

- ✔ Der Antragsteller – in diesem Fall also der Betriebsrat – muss einen rechtlich abgesicherten **Verfügungsanspruch** gegen den Gegner haben. Es muss also zweifelsfrei klar sein, dass Informations- oder Mitbestimmungsrechte des Betriebsrats bestehen und diese verletzt wurden.
- ✔ Es muss ein **Verfügungsgrund** bestehen, das bedeutet, es muss klar sein, dass ohne die angestrebte einstweilige Verfügung die Gefahr besteht, dass die Rechte des Betriebsrats weiter verletzt werden beziehungsweise, dass ihm diese Rechte durch den Fortgang der Entwicklung vollkommen aus der Hand geschlagen werden. Eine Beratung und Mitbestimmung über bereits abgeschlossene Umstrukturierungen ist ja wohl sinnlos.

Letzte Chance und ab die Post

Wenn alle Unterlagen beisammen sind und der Betriebsrat in seiner Sitzung einen ordnungsgemäßen Beschluss über die Einleitung des Verfahrens und die Beauftragung eines Anwalts gefasst hat, informiert er den Arbeitgeber schriftlich, dass er beabsichtigt, eine einstweilige Verfügung gegen die infrage stehende Maßnahme einzuleiten. Eine letzte (kurze) Frist kann dem Arbeitgeber noch eingeräumt werden, die fehlenden Informationen zu liefern. Wenn das nicht zufriedenstellend erfolgt, stellt der Anwalt des Betriebsrats den entsprechenden Antrag beim zuständigen Arbeitsgericht. Dieses entscheidet dann über den Antrag, und wenn es das im Sinne des Betriebsrats tut, wird dem Arbeitgeber verboten, seine Maßnahmen fortzusetzen – bingo!

Die Ordnungswidrigkeitsanzeige

Stellen Sie sich vor, Sie kommen mit Ihrem Auto an eine Kreuzung und fahren einfach weiter, obwohl die Ampel auf Rot steht. Hinter Ihnen fährt ein Streifenwagen. Was passiert? Werden die Polizisten Sie anhalten und bitten, noch einmal zurückzufahren und diesmal doch bitte an der Ampel stehen zu bleiben? Sicher nicht! Sie werden sich vielmehr auf eine Anzeige gefasst machen müssen, denn Sie haben eindeutig ein Gesetz übertreten.

Warum sollte das im Betrieb anders sein?

Gegen den nicht wirklich erfreulichen Ton, der womöglich zwischen Ihnen und dem Arbeitgeber herrscht, können Sie wahrscheinlich wenig tun – außer darauf zu vertrauen, dass Sie durch korrekte, engagierte und sachkundige Arbeit schließlich auch ihn überzeugen. Gegen handfeste Behinderungen aber können Sie sich wehren.

Wird der Betriebsrat also bei wichtigen Angelegenheiten immer wieder in seiner Arbeit behindert, hat er die Möglichkeit, gegen den Arbeitgeber eine Ordnungswidrigkeitsanzeige zu erstatten. Das mag nach Strafzettel klingen, den man leicht aus der Portokasse bezahlt, ist aber eine durchaus ernst zu nehmende Angelegenheit. Vor allem deshalb, weil sich die Anzeige konkret gegen die Person richtet, die den Verstoß gegen das Betriebsverfassungsgesetz begangen hat. Das kann der Arbeitgeber selbst sein, ein von ihm Beauftragter, aber auch ein Abteilungsleiter, der zum Beispiel »seiner« Abteilung verbietet, zur Betriebsversammlung zu gehen.

Die Anzeige kann der Betriebsrat oder die im Betrieb vertretene Gewerkschaft stellen, und zwar bei der zuständigen Verfolgungsbehörde, das ist je nach Bundesland entweder das Landesarbeitsministerium oder die zuständige Verwaltungsbehörde. In Abbildung 15.1 finden Sie einen Musterbrief für eine Ordnungswidrigkeitsanzeige.

Wenden Sie sich mit der Abfassung der Anzeige auf jeden Fall an Ihren Anwalt oder Ihren zuständigen Gewerkschaftssekretär, wenn Sie noch nie eine solche Anzeige erstattet haben. Sie müssen, bevor Sie eine solche Anzeige aufgeben, wirklich sicher sein, dass die rechtliche Lage eindeutig ist.

Wäscheblau Firmenservice

Betriebsrat

An die Bezirksregierung
Astadt

Betrifft: Anzeige wegen einer Ordnungswidrigkeit nach § 121 BetrVG

Sehr geehrte Damen und Herren,

hiermit erstattet der Betriebsrat der Firma Wäscheblau GmbH, vertreten durch die Betriebsratsvorsitzende Marion Unverzagt, eine Ordnungswidrigkeitsanzeige gegen die Geschäftsführerin Frau Helga Simmerath wegen einer von ihr begangenen Ordnungswidrigkeit gemäß § 121 BetrVG.

Begründung:
Frau Simmerath hat sich trotz mehrmaliger eindringlicher mündlicher und schriftlicher Aufforderung geweigert, den Betriebsrat über eine geplante Schließung der Filialen in Astadt, Bedorf und Effweiler zu unterrichten. Dem Betriebsrat liegen Unterlagen vor, die eine solche Planung mehr als wahrscheinlich machen. Als Anlage fügen wir bei:

- Kopie eines Kündigungsschreibens der Räumlichkeiten in Astadt
- Schriftliche Aussage des Betriebsratsmitglied Horst Reinlich
- Drei Schreiben des Betriebsrats mit der Aufforderung an Frau Simmerath, ihrer Informationspflicht nachzukommen.

Wir bitten Sie daher, diese Ordnungswidrigkeit mit der Verhängung einer Geldbuße gegen Frau Simmerath zu ahnden.

Mit freundlichen Grüßen

Marion Unverzagt
Betriebsratsvorsitzende

Abbildung 15.1: Musterbrief für eine Ordnungswidrigkeitsanzeige

Die Mühlen des Gesetzes

Nach Eingang der Anzeige wird gegen die betreffende Person ein Verfahren eingeleitet. Die zuständige Behörde fängt also an zu ermitteln, indem sie etwa die Beteiligten auffordert, eine schriftliche oder eine mündliche Stellungnahme abzugeben. Stellt die Behörde am Ende ihrer Ermittlungen fest, dass tatsächlich eine Ordnungswidrigkeit begangen wurde, erteilt sie einen Bußgeldbescheid. Das Bußgeld beträgt zwischen 5 und 10.000 Euro. Kommt sie zu dem Schluss, dass keine Ordnungswidrigkeit vorliegt, stellt sie das Verfahren ein.

§ 121 BetrVG: Bußgeldvorschriften

(1) Ordnungswidrig handelt, wer eine der in § 90 Abs. 1, 2 Satz 1, § 92 Abs. 1 Satz 1 auch in Verbindung mit Absatz 3, § 99 Abs. 1, § 106 Abs. 2, § 108 Abs. 5, § 110 oder § 111 bezeichneten Aufklärungs- oder Auskunftspflichten nicht, wahrheitswidrig, unvollständig oder verspätet erfüllt.

(2) Die Ordnungswidrigkeit kann mit einer Geldbuße bis zu zehntausend Euro geahndet werden.

Das Strafverfahren

Manche Arbeitgeber sind erstaunlich erfindungsreich in ihren Versuchen, die Arbeit des Betriebsrats zu stören oder zu behindern. Sie lehnen jegliche Zusammenarbeit ab, verweigern dem Betriebsrat den Zutritt zu bestimmten Betriebsteilen, reißen Anschläge vom Schwarzen Brett des Betriebsrats, geben keinerlei Informationen heraus, verleumden den Betriebsrat bei der Belegschaft, versuchen, den Besuch von Betriebsversammlungen zu verhindern, hören Telefongespräche und Sitzungen ab, durchsuchen die im Betriebsratszimmer gelagerten Unterlagen, halten Post zurück oder öffnen sie, lesen E-Mails mit, versuchen, Betriebsratsmitglieder auf Arbeitsplätze mit ungünstigen Arbeitszeiten, langweiligen oder lästigen Aufgaben, schlechten Arbeitsbedingungen oder langen Anfahrtswegen zu versetzen, behandeln sie rüde, streuen Gerüchte, werten ihre Arbeit ab, lassen sie durch Privatdetektive und illegal angebrachte Kameras überwachen – kurz, sie verwenden erstaunlich viel Energie darauf, an einer permanenten Drohkulisse zu zimmern.

Obwohl zum Beispiel gesetzlich klar und deutlich festgelegt ist, dass Arbeitnehmer das Recht haben, eine betriebliche Interessenvertretung zu wählen, und dass diese nicht in ihrer Arbeit behindert werden darf, kommt es immer wieder vor, dass Arbeitgeber bewusst und wiederholt gegen diese Gesetze verstoßen. Besonders krasse Fälle gehen sogar durch die Presse: Da werden Beschäftigte mit Entlassung bedroht, wenn sie nur darüber nachdenken, eine Betriebsratswahl durchzuführen, bestehende Betriebsräte werden schikaniert, isoliert oder verächtlich gemacht, einzelne Betriebsratsmitglieder herausgepickt und besonders madig gemacht. Auch die andere Seite der Medaille gibt es: Dienstwagen, schicke Reisen, persönliches Budget für den Betriebsratsvorsitzenden – alles mit der schlecht verhehlten Absicht, sich dessen Zustimmung bei Rationalisierungsmaßnahmen zu sichern.

Arbeitgeber nehmen solche Verstöße immer wieder auf die leichte Schulter. »Ich kann doch nicht den ganzen Tag mit dem Betriebsverfassungsgesetz unter dem Arm herumlaufen«, bekommt man dann zu hören. Das lässt sich ändern! In Betrieben, in denen die Behinderung der Betriebsratsarbeit nicht aufhört, sollte der Betriebsrat beizeiten den § 119 des Betriebsverfassungsgesetzes studieren und dessen Inhalt dem Arbeitgeber zur gefälligen Kenntnisnahme zur Verfügung stellen.

§ 119 BetrVG: Straftaten gegen Betriebsverfassungsorgane und ihre Mitglieder (Auszug)

(1) Mit Freiheitsstrafe bis zu einem Jahr oder mit Geldstrafe wird bestraft, wer

1. eine Wahl des Betriebsrats, der Jugend- und Auszubildendenvertretung … behindert oder durch Zufügung oder Androhung von Nachteilen oder durch Gewährung oder Versprechen von Vorteilen beeinflusst,
2. die Tätigkeit des Betriebsrats, des Gesamtbetriebsrats, des Konzernbetriebsrats, der Jugend- und Auszubildendenvertretung … der Einigungsstelle … oder des Wirtschaftsausschusses behindert oder stört, oder
3. ein Mitglied oder ein Ersatzmitglied des Betriebsrats, des Gesamtbetriebsrats, des Konzernbetriebsrats, der Jugend- und Auszubildendenvertretung … oder des Wirtschaftsausschusses um seiner Tätigkeit willen oder eine Auskunftsperson nach § 80 Absatz 2 Satz 3 um ihrer Tätigkeit willen benachteiligt oder begünstigt.

(2) Die Tat wird nur auf Antrag des Betriebsrats, des Gesamtbetriebsrats, des Konzernbetriebsrats … des Wahlvorstands, des Unternehmers oder einer im Betrieb vertretenen Gewerkschaft verfolgt.

Wer nicht hören will …

Dieser Paragraf ist überhaupt nicht misszuverstehen: Wer die Betriebsratsarbeit oder die Betriebsratswahl behindert, kann mit Geldstrafe oder Haft bestraft werden. Die Strafe trifft nicht das Unternehmen als solches mit seinem breiten Buckel, sondern denjenigen, der die Behinderung zu verantworten hat: den Abteilungsleiter, der »seine Leute« nicht zur Betriebsversammlung gehen lässt, den Filialleiter, der die Betriebsratswahlen hintertreibt, den Personalchef, der sich miese kleine Schikanen ausdenkt, sogar Betriebsfremde, die den Betriebsrat womöglich zu bestechen oder zu erpressen versuchen.

Wenn der Betriebsrat eine Anzeige gegen den Arbeitgeber oder einen seiner Vertreter erwägt, muss er möglichst viele aussagekräftige Unterlagen bereithalten, um der Staatsanwaltschaft die Ermittlung zu erleichtern. Solche Unterlagen können sein: Aushänge des Arbeitgebers, Briefe, Zeugenaussagen, Protokolle, Gedächtnisprotokolle, Betriebsratsbeschlüsse. Unter anderem muss aus diesen

Unterlagen hervorgehen, dass der Verstoß oder die Behinderung vorsätzlich begangen wurde. Denken Sie auch daran, dass Sie es mit einem Staatsanwalt zu tun haben: Der kann Strafrecht, aber nicht zwangsläufig Betriebsverfassungsrecht! Helfen Sie ihm dabei, indem Sie die Paragrafen aus dem Betriebsverfassungsgesetz, am besten noch mit Kopien aus den Kommentaren zu diesen Vorschriften, schicken, die den Verstoß betreffen.

Verfolgung auf Antrag

Anders als ein Raub, Diebstahl oder gar Mord wird eine Straftat im Sinne des § 119 allerdings nicht »von Amts wegen« verfolgt, die Strafbehörde wird also nicht von sich aus tätig und fängt an zu ermitteln, sondern nur, wenn ein entsprechender Antrag gestellt wurde.

Diesen Antrag kann entweder der Betriebsrat selbst oder die im Betrieb vertretene Gewerkschaft bei der Polizei oder bei der Staatsanwaltschaft stellen. Die Staatsanwaltschaft prüft den Sachverhalt und eröffnet, wenn der Tatverdacht stark genug ist, ein Verfahren, in dem der Täter dann entweder verurteilt oder freigesprochen wird.

Man sieht: Hier wird es wirklich ernst. Einem Gerichtsverfahren wird sich auch der hartgesottenste Arbeitgeber nicht gern unterziehen. Daher ist bereits die Androhung einer Anzeige eine recht wirksame Waffe in der Verhandlung. Allerdings muss der Betriebsrat schon auch zeigen, dass er entschlossen ist, den Strafantrag auch wirklich zu stellen: Wer die Zähne fletscht, sollte sie auch vorher geschärft haben.

Der Weg zur Hölle ist mit Gesetzen gepflastert

Straftaten sind auch Verstöße gegen andere Gesetze, die in der Betriebsratsarbeit von Bedeutung sind, zum Beispiel:

- ✔ Gefährdung von Gesundheit und Arbeitskraft, Leib und Leben von Arbeitnehmern (§ 23 ArbZG, § 26 ArbSchG)
- ✔ Beschäftigung von Jugendlichen über die zulässige Dauer der Arbeitszeit hinaus (§ 58 JArbSchG)
- ✔ Weigerung, einen Auszubildenden für den Unterricht an der Berufsschule freizustellen (§ 58 JArbSchG)
- ✔ Nichteinhaltung des Mutterschutzes (§ 33 MuSchG)

Lohnt sich das denn?

»Was bringt das schon?«, fragen da manche. »Geldstrafen zahlt der Alte doch aus seiner Portokasse! Und wir haben kein Fitzelchen an Information mehr bekommen. Überhaupt: Bis das Verfahren durch ist, ist ja schon alles gelaufen!«

Wohl wahr: Ein solches Verfahren kann zeitaufwendig sein, sogar zur Einstellung führen. Aber die drohende Geldbuße ist natürlich gar nicht der Zweck des Verfahrens. Hintergrund ist, dass der Betriebsrat ganz deutlich zeigt, dass man mit ihm nicht alles machen kann, dass er es sich nicht gefallen lässt, wenn seine Rechte einfach mit einem Achselzucken abgetan werden, dass er bereit ist, auch mit harten Bandagen zu kämpfen. Er hat damit die Auseinandersetzung aus dem Chefbüro und der betrieblichen Öffentlichkeit hinausgetragen und gezeigt, dass sich alle gleichermaßen an Gesetze halten müssen, auch Arbeitgeber.

Aber das Betriebsklima ...

Für das Betriebsklima ist so ein Verfahren wahrscheinlich nicht gerade eine Erholungskur – aber wenn der Betriebsrat schon zu solchen Mitteln greifen muss, dann war es mit der »vertrauensvollen Zusammenarbeit« ja ohnehin nicht weit her. Und bevor sich der Betriebsrat noch länger für dumm verkaufen lässt, ist so ein Donnerschlag vielleicht doch die bessere Lösung.

Denken Sie daran: Sie wollen mit dem Arbeitgeber auf Augenhöhe verhandeln. Glauben Sie wirklich, er nimmt Sie ernst, wenn Sie sich bei der Wahrung Ihrer Rechte so leicht über den Tisch ziehen lassen? Sie werden feststellen: Die Anzeige reinigt die Luft. Voraussetzung ist allerdings, dass Sie vorher wirklich Mühe aufgewendet haben, die Lage auf andere, friedliche Weise zu klären. Wichtig ist auch, dass Sie dem Arbeitgeber Ihr Vorhaben mitgeteilt haben und er nicht »kalt erwischt« wurde.

Hilfreich ist es, sowohl im Gespräch mit der Geschäftsleitung, mit den Kollegen wie auch mit den Betriebsratskollegen sachlich und ruhig zu bleiben. Eine Anzeige ist kein persönlicher Rachefeldzug, sondern eine im Rechtsstaat übliche und zulässige Methode, seine Rechte gegen einen Stärkeren durchzusetzen. Wahrscheinlich wird der Chef toben, gekränkt sein, versuchen, den Betriebsrat vor der Belegschaft schlechtzumachen – bleiben Sie unbeirrt ruhig und sachlich (schwer, aber lohnend!).

Versuchen Sie vor allem, sich nicht erpressen zu lassen. Wenn der Chef ankündigt, »bei einem so wenig kooperativen Betriebsrat jetzt aber mal andere Saiten aufzuziehen«, bleiben Sie gelassen. Wenn er damit droht, bisher bestehende Vergünstigungen zu streichen, dann erläutern Sie in einer Betriebsversammlung, warum Sie zum Mittel der Anzeige gegriffen haben. Lassen Sie nach Möglichkeit nicht zu, dass Betriebsrat und Belegschaft auseinanderdividiert werden. Was man deutlich anspricht, wird nicht nur weniger bedrohlich, sondern auch weniger wirkungsvoll.

IN DIESEM KAPITEL

Betriebsänderung

Interessenausgleich

Sozialplan

Kapitel 16 Interessenausgleich und Sozialplan

Sozialplan – das ist für die meisten Betriebsräte ein Schreckenswort, denn es bedeutet: viele Sorgen, viele Ängste, viel Arbeit. Wenn ein Sozialplan abzuschließen ist, heißt das meist: Hier werden in großem Stil Arbeitsplätze abgebaut. Ungefähr jeder dritte Betriebsrat in Deutschland musste schon einmal Sozialplanverhandlungen führen. Obwohl wir es also praktisch mit einer »Standardsituation« zu tun haben, bleibt es ein höchst kompliziertes Feld, das mit Dornen, Fallgruben und Tretminen nur so gespickt ist. Da niemals in zwei Betrieben identische Bedingungen herrschen, bedarf jeder einzelne Fall der genauen Betrachtung und sorgfältigen juristischen Prüfung. Falls Sie also Anzeichen feststellen, dass Ihr Arbeitgeber tiefgreifende Veränderungen plant oder falls Sie bereits gesicherte Informationen darüber haben, wenden Sie sich unter allen Umständen sofort an einen erfahrenen Fachanwalt für Arbeitsrecht. Interessenausgleich und Sozialplan sind kein Feld, auf dem sich ein Betriebsrat ohne Beistand bewegen kann – im Interesse Ihrer Kollegen sollten Sie auf Profilierungsversuche verzichten.

Die Betriebsänderung

Verhandlungen über Interessenausgleich und Sozialplan erscheinen immer dann auf der Tagesordnung, wenn ein Unternehmer eine Betriebsänderung plant, also eine einschneidende Veränderung der Betriebsgröße, des Betriebsorts, der betrieblichen Einheit, der Organisation, des Zwecks oder der Produktionsweise des Betriebs; zum Beispiel:

- ✔ Ein Betrieb wird in mehrere, einzelne, eigenständige Betriebe aufgespalten.
- ✔ Mehrere bisher eigenständige Betriebe werden zu einem Betrieb zusammengeschlossen.

- ✔ Ein Unternehmen, das aus mehreren Einzelbetrieben besteht, schließt einen oder mehrere dieser Betriebe.
- ✔ Ein Betrieb wird verlegt, zum Beispiel an den Stadtrand oder in einen Vorort.
- ✔ Ein Betrieb oder ein wesentlicher Teil eines Unternehmens (zum Beispiel die Produktion) wird an einen mehrere Hundert Kilometer entfernten neuen Standort verlegt.
- ✔ Die Fertigung einer wesentlichen Produktlinie wird auf eine neue Produktionsweise umgestellt.
- ✔ Die Betriebsorganisation ändert sich grundlegend (»Lean Production«, »Outsourcing«, flache Hierarchien, Gruppenarbeit).
- ✔ Wesentliche Betriebsteile werden stillgelegt.
- ✔ Ein Betrieb wird komplett geschlossen.

Keine Betriebsänderung, sondern ein Betriebsübergang liegt vor, wenn sich nur die Eigentumsverhältnisse ändern, der komplette Betrieb also künftig durch einen anderen Inhaber geführt wird. In diesem Fall hat der Betriebsrat keinerlei Mitbestimmungsrechte, da der neue Inhaber zunächst alle Rechte und Pflichten des bisherigen Inhabers übernehmen muss, also auch alle Bestimmungen, die sich aus Tarifverträgen, Betriebsvereinbarungen und Arbeitsverträgen ergeben (§ 613a BGB).

In allen diesen Fällen ist der Arbeitgeber verpflichtet, den Betriebsrat umgehend und vollständig von seinem Vorhaben zu informieren. Insbesondere muss er ihn darüber in Kenntnis setzen, ob diese Betriebsänderung »wesentliche Nachteile für die Belegschaft oder erhebliche Teile der Belegschaft zur Folge haben« kann.

Wesentliche Nachteile – ein weites Feld. Im Einzelnen könnte das zum Beispiel sein:

- ✔ Versetzungen auf andere Arbeitsplätze
- ✔ mit der Versetzung oder der Änderung der Betriebsorganisation einhergehender Qualifikationsverlust und dadurch schlechtere Chancen auf dem Arbeitsmarkt
- ✔ geringerer Verdienst
- ✔ schlechtere Arbeitsbedingungen, zum Beispiel Schichtarbeit, monotonere oder weniger selbstbestimmte Arbeit
- ✔ längere Anfahrtswege, durch die zum Beispiel die Anschaffung eines Autos erforderlich wird
- ✔ Ortswechsel, der mit Umzug ganzer Familien verbunden ist
- ✔ Entlassungen

§ 111 BetrVG: Betriebsänderungen

In Unternehmen mit in der Regel mehr als zwanzig wahlberechtigten Arbeitnehmern hat der Unternehmer den Betriebsrat über geplante Betriebsänderungen, die wesentliche Nachteile für die Belegschaft oder erhebliche Teile der Belegschaft zur Folge haben können, rechtzeitig und umfassend zu unterrichten und die geplanten Betriebsänderungen mit dem Betriebsrat zu beraten. Der Betriebsrat kann in Unternehmen mit mehr als 300 Arbeitnehmern zu seiner Unterstützung einen Berater hinzuziehen; § 80 Abs. 4 gilt entsprechend; im Übrigen bleibt § 80 Abs. 3 unberührt. Als Betriebsänderungen im Sinne des Satzes 1 gelten

1. Einschränkung und Stilllegung des ganzen Betriebs oder von wesentlichen Betriebsteilen,
2. Verlegung des ganzen Betriebs oder von wesentlichen Betriebsteilen,
3. Zusammenschluss mit anderen Betrieben oder die Spaltung von Betrieben,
4. grundlegende Änderungen der Betriebsorganisation, des Betriebszwecks oder der Betriebsanlagen,
5. Einführung grundlegend neuer Arbeitsmethoden und Fertigungsverfahren.

In § 111 beginnt – so hat das Bundesarbeitsgericht 2010 entschieden – die Unterrichtungs- und Beratungspflicht des Arbeitgebers bei mehr als 20 Beschäftigten im Unternehmen. Von Bedeutung ist hier, dass vom Unternehmen die Rede ist. Hiervon zu unterscheiden ist der einzelne Betrieb innerhalb eines Unternehmens. Im betroffenen Betrieb können es auch durchaus weniger als 20 Beschäftigte sein. Wichtig ist weiterhin, so hat das Bundesarbeitsgericht in seinem Urteil festgelegt, dass bei der Ermittlung der Zahl der Beschäftigten auch Leiharbeitnehmer berücksichtigt werden müssen, die länger als drei Monate im Unternehmen eingesetzt sind. Es kommt also auf die Zahl der regelmäßig Beschäftigten an. Ein kurzfristiges Umschwenken von normal Beschäftigten auf Leiharbeitnehmer ändert ebenso wenig etwas an der Zahl der regelmäßig Beschäftigten wie kurz vor der Betriebsänderung vorgenommene Entlassungen oder Aufhebungsverträge. Sollte der Arbeitgeber die gebotene Beratung mit dem Betriebsrat unterlassen haben, können Arbeitnehmer, die als Folge der Betriebsänderung ihren Arbeitsplatz verlieren, eine Abfindung als Nachteilsausgleich geltend machen (§ 113 Abs. 3 BetrVG).

Zahlenspiele

»Erhebliche Teile der Belegschaft« müssen betroffen sein, damit der Betriebsrat seine Mitbestimmungsrechte ausspielen kann – was heißt das eigentlich genau? Die Rechtsprechung hat diese wenig greifbare Angabe präzisiert. »Erheblich« bedeutet demnach:

- ✔ In Betrieben mit 21 bis 59 Arbeitnehmern sind mehr als fünf Arbeitnehmer betroffen,
- ✔ bei 60 bis 499 Arbeitnehmern sind zehn Prozent oder mehr als 25 Arbeitnehmer betroffen,

- in Betrieben mit 500 bis 599 Arbeitnehmern mindestens 30 Arbeitnehmer,
- in Betrieben mit mehr als 600 Arbeitnehmern mindestens fünf Prozent.

Schreiben Sie sich in Ihre Gesetzesausgabe neben § 111 BetrVG den Hinweis: § 17 Kündigungsschutzgesetz (KSchG). Denn aus diesem Paragrafen hat die Rechtsprechung die Zahlenstaffel entnommen.

In Kleinbetrieben mit weniger als 20 Beschäftigten kann der Unternehmer die Betriebsänderung ohne Beteiligung des Betriebsrats durchführen. Ausnahme: Das Unternehmen unterhält mehrere Betriebe, die insgesamt mehr als 20 Beschäftigte haben.

Es wird ernst!

Sobald dem Betriebsrat von einer geplanten Betriebsänderung Kenntnis gegeben wurde, kann er eigentlich alles aus der Hand legen, womit er sich bis dahin beschäftigt hat. Eine Betriebsänderung ist nämlich fast immer ein so tiefer Eingriff in die Arbeitsbedingungen und damit auch in die Lebensumstände der davon betroffenen Kollegen, dass der Betriebsrat bis zum Abschluss einer Vereinbarung ausschließlich damit befasst sein wird, sich Informationen darüber zu verschaffen, was wirklich geplant ist und welche – womöglich auch zurzeit noch nicht absehbare – Folgen die Maßnahme haben kann, sich Beistand und Sachverstand zu organisieren, Alternativmodelle zu entwickeln, die Kollegen zu informieren und zu mobilisieren, alle Aspekte einer abzuschließenden Vereinbarung zu bedenken, zu formulieren, zu verhandeln und den Kollegen zu vermitteln.

Kurze Begriffsklärung

Eine **Betriebsänderung** bedeutet eine einschneidende Veränderung in Struktur, Ort oder Arbeitsweise eines Betriebs, die für die Arbeitnehmer wesentliche Nachteile zur Folge hat.

Im **Interessenausgleich** verhandeln Betriebsrat und Arbeitgeber Zeitpunkt und Bedingungen der Betriebsänderung.

Mit dem **Sozialplan** wird der Ausgleich für die wirtschaftlichen Nachteile geregelt, die die Arbeitnehmer durch die Betriebsänderung erleiden.

Der Interessenausgleich

Auch wenn Betriebsrat und Arbeitgeber bisher immer konstruktiv miteinander verhandelt haben: Bei einer Betriebsänderung scheiden sich die Geister. Während sich der Unternehmer durch die Veränderung in erster Linie eine rationellere Produktion, eine flexiblere betriebswirtschaftliche Handhabung, eine Verringerung der Personalkosten, kurz: eine für ihn vorteilhafte Entwicklung verspricht, verfolgt der Betriebsrat naturgemäß andere Ziele: Arbeitsbedingungen vor Verschlechterung zu schützen, Kollegen vor Nachteilen zu bewahren, Arbeitsplätze zu sichern. Zu diesem Zweck strebt der Betriebsrat an, mit dem Arbeitgeber einen Interessenausgleich zu verhandeln. In einem Interessenausgleich werden die unterschiedlichen, in der Regel sogar entgegengesetzten Interessen beider Seiten betrachtet und verhandelt:

- ✔ das Interesse des Unternehmers, der sein Unternehmen nach marktwirtschaftlichen oder gewinnorientierten Maßstäben umstrukturieren, verkleinern oder schließen möchte, und
- ✔ das Interesse der Beschäftigten, die ihren Arbeitsplatz und damit ihren Lebensunterhalt sichern möchten.

Inhalt des Interessenausgleichs ist also die Frage, ob, wann, wie und wie weitgehend die geplante Betriebsänderung tatsächlich durchgeführt wird. Wenn der Betriebsrat ordnungsgemäß, also rechtzeitig und umfassend informiert wurde (ein großes Wenn!), ist er womöglich in der Lage, dem Arbeitgeber Alternativvorschläge zu machen, die die Folgen der Betriebsumwandlung für die Beschäftigten abfedern oder zumindest erträglicher machen.

In Unternehmen mit mehr als 300 Arbeitnehmern hat der Betriebsrat das gesetzlich verbriefte Recht, zur Unterstützung einen Berater (zum Beispiel einen Rechtsanwalt, einen Steuerprüfer oder einen arbeitnehmernahen Unternehmensberater) hinzuzuziehen. Aber auch in kleineren Unternehmen kann die Hinzuziehung eines Beraters vereinbart werden.

Alternativen suchen

In den Verhandlungen über den Interessenausgleich wird der Betriebsrat zunächst versuchen, Alternativen zu der vom Unternehmer geplanten Maßnahme zu entwickeln und in die Beratung einzubringen. Sein Ziel ist es, möglichst viele Arbeitsplätze zu erhalten. Betriebsräte und ihre Berater sind da oft schon auf sehr kreative und langfristig erfolgreiche Vorschläge gekommen; in Kapitel 14 finden Sie ein Beispiel dafür.

Ansatzpunkte für eine Alternative könnten zum Beispiel sein:

- ✔ effektivere Arbeitsorganisation
- ✔ rationellere Arbeitsverfahren
- ✔ alternative Produktionsmethoden
- ✔ Ausweitung oder Konzentration der Produktpalette

- ✔ Übernahme aller oder bestimmter Beschäftigter in einen anderen Unternehmenszweig
- ✔ Qualifizierung der Arbeitnehmer
- ✔ Flexibilisierung der Arbeitszeit
- ✔ Kurzarbeit statt Entlassung
- ✔ Absenkung der Arbeitszeit ohne Entgeltausgleich
- ✔ Umschulungen und Qualifizierung von Beschäftigten
- ✔ eine zeitliche Staffelung der Umwandlung

Der Arbeitgeber muss die Vorschläge des Betriebsrats anhören und mit ihm beraten. Der Betriebsrat kann die Betriebsänderung allerdings nicht wirklich verhindern, so stark sind seine Mitbestimmungsrechte in diesem Punkt nicht. Andererseits darf der Arbeitgeber die Betriebsänderung nicht durchführen, bevor er sich mit dem Betriebsrat über den Interessenausgleich verständigt hat. Gelingt das nicht, muss die Einigungsstelle angerufen werden.

Bei Vereinbarungen, die darauf abzielen, die Arbeitszeit oder das Entgelt der Arbeitnehmer zu kürzen, muss unbedingt gleichzeitig festgelegt werden, dass betriebsbedingte Kündigungen verboten sind. Sonst wären die Arbeitnehmer ja doppelt gelackmeiert: Erst bekommen sie weniger Geld, nach ein paar Monaten ist dann der Arbeitsplatz trotzdem weg und das Arbeitslosengeld, das sich nach dem letzten Einkommen berechnet, ist noch niedriger, als wenn die Kündigung gleich erfolgt wäre.

Die Bestandteile eines Interessenausgleichs

Sind alle Beratungen zu einem Ende gekommen, wird das Ergebnis des Interessenausgleichs schriftlich festgehalten:

- ✔ verhandelnde Parteien (Arbeitgeber und Betriebsrat)
- ✔ Gegenstand des Interessenausgleichs (Umwandlung, Spaltung, Schließung …)
- ✔ Art und Weise der Durchführung der Maßnahme (Versetzung, Kurzarbeit, Kündigung …)

Die List mit der Liste: Wenn es um Personalabbau geht, drängen Arbeitgeber oft darauf, eine Namensliste mit den davon betroffenen Arbeitnehmern dem Interessenausgleich beizufügen. Jetzt sollten alle Alarmglocken bei Ihnen schrillen. Wer auf dieser Liste steht, hat nur noch eingeschränkte Argumentationsmöglichkeiten bei einer Kündigungsschutzklage. Überlegen Sie gut, ob Sie diesen Weg ohne Weiteres mitgehen wollen!

Die Sozialauswahl

Interessenausgleich und Sozialplan sind in Verhandlung, es wird deutlich, dass 20 von 64 Arbeitsplätzen wegfallen – wen wird es treffen? Kann der Arbeitgeber nun endlich alle loswerden, die ihm immer Widerworte gegeben haben? Natürlich nicht, sagt das Kündigungsschutzgesetz, das in § 1 Absatz 3 die Frage der »sozial ungerechtfertigten Kündigungen« behandelt. Demnach muss bei der Auswahl der zu kündigenden vergleichbaren Arbeitnehmer berücksichtigt werden:

- ✔ die Dauer der Betriebszugehörigkeit,
- ✔ das Lebensalter,
- ✔ bestehende Unterhaltspflichten (Kinder),
- ✔ die Frage, ob der Betreffende schwerbehindert ist.

Man sieht: Diese Regelung geht von der Annahme aus, dass zum Beispiel eine 34-jährige kinderlose Frau, die seit sechs Jahren im Betrieb ist, von einer Kündigung weniger hart getroffen wird als ein 48-jähriger Mann mit zwei Kindern, der schon seit 14 Jahren denselben Arbeitsplatz innehat. Ob das wirklich so ist oder nicht, sei dahingestellt. Dass der Verlust des Arbeitsplatzes allen Sorgen, Ängste und schlaflose Nächte bereitet, wird wohl niemand bezweifeln. Doch wenn Entlassungen schon nicht zu verhindern sind, können derart objektive Kriterien für alle Beteiligten hilfreich sein.

Kein Interessenausgleich ohne Sozialplanverhandlung!

Wir halten noch einmal fest: Der Arbeitgeber muss sich mit dem Betriebsrat über die beabsichtigte Betriebsänderung beraten. Zwar hat der Betriebsrat kein erzwingbares Mitbestimmungsrecht bei der Art der Durchführung der Betriebsänderung. Aber der Unternehmer darf die Betriebsänderung nicht durchführen, solange der Interessenausgleich nicht ernsthaft, zur Not in der Einigungsstelle, verhandelt worden ist.

Warum aber sollte der Betriebsrat den Interessenausgleich dann überhaupt unterschreiben?

Unter uns gesprochen: Er soll ja gar nicht unterschreiben. Jedenfalls nicht so schnell!

Vielmehr soll er zugleich mit der Verhandlung über den Interessenausgleich in die Verhandlung über den Sozialplan eintreten. In diesem wird nämlich festgelegt, wie die von der Maßnahme betroffenen Arbeitnehmer für die Verschlechterung oder den Verlust ihres Arbeitsplatzes entschädigt werden.

Bei dieser parallelen Vorgehensweise hat sich der Betriebsrat ein Faustpfand gesichert: Solange der Arbeitgeber keinen einigermaßen akzeptablen Regelungen für den Sozialplan zustimmt, solange sieht sich der Betriebsrat wohl auch nicht in der Lage, den Interessenausgleich zu unterschreiben, solange kann die geplante Maßnahme also »leider« auch nicht anlaufen.

§ 112 BetrVG: Interessenausgleich über die Betriebsänderung, Sozialplan (Auszug)

(1) Kommt zwischen Unternehmer und Betriebsrat ein Interessenausgleich über die geplante Betriebsänderung zustande, so ist dieser schriftlich niederzulegen und vom Unternehmer und Betriebsrat zu unterschreiben. Das Gleiche gilt für eine Einigung über den Ausgleich oder die Milderung der wirtschaftlichen Nachteile, die den Arbeitnehmern infolge der geplanten Betriebsänderung entstehen (Sozialplan). Der Sozialplan hat die Wirkung einer Betriebsvereinbarung. § 77 Abs. 3 ist auf den Sozialplan nicht anzuwenden.

Der Sozialplan

Geht es im Interessenausgleich um das Ob und Wie, eventuell auch um das Wann einer Betriebsänderung, so behandelt der Sozialplan das »Und was bleibt für uns?«. Im Betriebsverfassungsgesetz wird der Sozialplan ebenso umständlich wie anschaulich als »Einigung über den Ausgleich oder die Milderung der wirtschaftlichen Nachteile, die den Arbeitnehmern infolge der geplanten Betriebsänderung entstehen« beschrieben – dem ist nichts hinzuzufügen.

Immer eine Maßanfertigung

Ein Sozialplan ist immer Maßarbeit. Was er wie regelt, worauf besonderer Wert gelegt wird und was weniger wichtig ist, das entscheidet immer die Situation vor Ort. Daher muss sich ein Betriebsrat, der einen Sozialplan verhandelt, als Erstes eine Menge Fragen stellen und beantworten:

- ✔ Wie sieht die wirtschaftliche Situation des Betriebs oder Unternehmens aus, sprich: Wie viel Geld ist überhaupt da, das verteilt werden könnte?
- ✔ Wie ist die Altersstruktur der betroffenen Kollegen?
- ✔ Wie ist die durchschnittliche Qualifikation?
- ✔ Wie sind die beruflichen Chancen in der Branche?
- ✔ Wie sind die beruflichen Chancen in der Region?

Auf dieser Grundlage lassen sich bereits ein paar Überlegungen anstellen, wie und wo der Sozialplan seine Schwerpunkte setzen soll. Verhandelt werden können viele verschiedene Komponenten, zum Beispiel:

- ✔ Abfindungszahlungen, eventuell nach Alter und/oder Betriebszugehörigkeit gestaffelt
- ✔ separate Regelungen für das Ausscheiden älterer Arbeitnehmer
- ✔ Ausgleich für höhere Fahrtkosten bei Versetzungen
- ✔ Umzugsbeihilfen

- besondere Berücksichtigung bestimmter Arbeitnehmergruppen bei der Höhe der Abfindung (zum Beispiel Schwerbehinderte, Arbeitnehmer mit Kindern, ältere Arbeitnehmer)
- Härtefallregelungen oder Einrichtung eines Härtefonds
- Ausgleich für den Verlust von Anwartschaften auf die betriebliche Altersversorgung
- Einrichtung einer Beschäftigungs- und Qualifizierungsgesellschaft

Natürlich sind nicht alle Komponenten gleich wichtig: Für eine gute Abfindungsformel wird ein Betriebsrat sicherlich bei der Frage der Übernahme von Umzugskosten nachgeben.

Wird in einem Betrieb erst nach der Ankündigung einer bevorstehenden Betriebsänderung ein Betriebsrat gewählt, so hat dieser die vollen Mitbestimmungsrechte nur dann, wenn mit der Durchführung der Betriebsänderung noch nicht begonnen wurde. Ist die Betriebsänderung bereits »in Arbeit«, wurden also zum Beispiel bereits Pachtverträge für Ladenlokale oder Lieferverträge für wichtige Waren oder Materialien gekündigt, bevor der Betriebsrat im Amt ist, hat er keinen rechtlichen Anspruch auf den Abschluss eines Sozialplans.

Die rechtliche Stellung des Sozialplans

Ein Sozialplan hat dieselbe Wirkung wie eine Betriebsvereinbarung. Im Gegensatz zum Interessenausgleich ist er über die Einigungsstelle grundsätzlich erzwingbar. Ausnahmen gelten jedoch, wenn das Unternehmen noch keine vier Jahre besteht oder bei Betriebsänderungen, die nur einen reinen Personalabbau betreffen, bei denen eine Mindestzahl an Kündigungen (vergleiche § 112a BetrVG) nicht erreicht wird.

Kommt keine Einigung über den Sozialplan zustande, kann jede der beiden Parteien zunächst den Präsidenten des jeweiligen Landesarbeitsamts als Vermittler anrufen. Ist dessen Vermittlung erfolglos, wird die Einigungsstelle angerufen. Der Spruch der Einigungsstelle ersetzt dann die Einigung zwischen Arbeitnehmer und Arbeitgeber.

Anzeigepflicht bei Massenentlassungen

Zu den vielen Einzelheiten, die bei einer Betriebsänderung mit den hier beschriebenen Folgen zu bedenken sind, gehört auch die »Massenentlassungsanzeige«. Der Betriebsrat tut gut daran, sich davon zu überzeugen, dass der Arbeitgeber diese Pflicht einhält. Sie besagt, dass in den Fällen, in denen eine bestimmte Anzahl von Beschäftigten von Kündigung betroffen ist, dies zuvor der Agentur für Arbeit angezeigt werden muss. Eine Massenentlassung liegt vor, wenn ein bestimmter Anteil der Belegschaft entlassen wird, nämlich:

- In Betrieben mit mehr als 20 und weniger als 60 Arbeitnehmern mehr als fünf Arbeitnehmer,
- in Betrieben mit mindestens 60 und weniger als 500 Arbeitnehmern zehn Prozent oder mehr als 25 Arbeitnehmer,
- in Betrieben mit mindestens 500 Arbeitnehmern mindestens 30 Arbeitnehmer.

Die Anzeige muss unter anderem die Entlassungsgründe, die Zahl und die Berufsgruppen der betroffenen Arbeitnehmer, den Zeitraum, die Auswahlkriterien sowie eine Stellungnahme des Betriebsrats enthalten.

Die Abfindung

Die Höhe der Abfindung für den einzelnen Arbeitnehmer richtet sich in erster Linie danach, wie hoch das zu verteilende finanzielle Volumen ist. Das wird von Fall zu Fall höchst unterschiedlich sein, es wird für den Betriebsrat auch nicht so einfach sein, das jeweils herauszubekommen. Darüber hinaus ist die Höhe der Abfindung auch abhängig von der Branchenüblichkeit, der Unternehmenskultur, von Abfindungsformeln aus früheren Sozialplänen und vor allem dem Verhandlungsgeschick des Betriebsrats und seines Rechtsanwalts.

Die Abfindungsformel

In den seltensten Fällen wird man vereinbaren: »Jeder Arbeitnehmer, der von der Betriebsänderung betroffen ist, erhält 10.000 Euro.« Der Normalfall ist, dass sich die Abfindungshöhe für den einzelnen Arbeitnehmer nach Betriebszugehörigkeit, Lebensalter und Gehalt richtet. Diese drei Komponenten werden zueinander durch eine Formel in Beziehung gesetzt, einen einfachen Dreisatz, der in etwa besagt: Je älter jemand ist, je länger er im Betrieb beschäftigt war und je höher sein Gehalt bisher war, desto höher ist auch die Abfindung. Es gibt unterschiedliche Formeln, mit denen diese Größen ins Verhältnis gesetzt werden können, Gegenstand der Debatte ist aber jeweils die Unbekannte, der Faktor, das X.

Beispiel

$$\frac{\textit{Lebensalter} \times \textit{Betriebszugehörigkeit} \times \textit{Monatsbruttoentgelt}}{X} = \textit{Höhe der Abfindung}$$

Nach dieser Formel erhält zum Beispiel ein 43-jähriger Arbeitnehmer, der seit neun Jahren im Betrieb beschäftigt war und ein monatliches Gehalt von 3.000 Euro hatte:

Beim Faktor 100:

$43 \times 9 \times 3000 / 100 = 11.610$ Euro

Beim Faktor 75:

$43 \times 9 \times 3000 / 75 = 15.480$ Euro

Beim Faktor 50:

$43 \times 9 \times 3000 / 50 = 23.220$ Euro

In der Sozialplanverhandlung wird meist geraume Zeit um die Formel (welche Komponenten enthält sie?) sowie um den Faktor gestritten. Zudem gibt es Variationsmöglichkeiten: Wird etwa auf alle Arbeitnehmer dieselbe Formel angewandt oder sollen jüngere Kollegen etwas weniger bekommen als ältere, die es auf dem Arbeitsmarkt schwerer haben?

Bauen Sie sich als Betriebsrat eine Kalkulationstabelle, in der Sie für alle betroffenen Arbeitnehmer die relevanten Daten aufnehmen. Dann können Sie mit der jeweils zur Debatte stehenden Formel ohne große Mühe ausrechnen, was dies für einzelne Arbeitnehmer bedeutet, ob es Ausreißer nach oben oder unten gibt oder ob sehr große Ungleichheiten entstehen.

Der Stichtag

Da nichts einfach ist in dieser Verhandlung, kommt nun auch noch die Frage nach dem Stichtag in die Debatte, jenes Datum also, nach dem Lebensalter und Betriebszugehörigkeit errechnet werden. Arbeitgeber schlagen normalerweise einen Stichtag vor, der möglichst nahe am Datum des Verhandlungsbeginns liegt, Betriebsräte hingegen möchten den Stichtag so weit wie möglich nach vorn verlegen. Der Grund dafür liegt auf der Hand: Am 1. September haben womöglich mehr Kollegen bereits ihr neues Lebensjahr oder ein weiteres Jahr der Betriebszugehörigkeit erreicht als am 1. März – für die Abfindungsrechnung haben sie mit dem späteren Stichtag ein paar Punkte gewonnen.

Beschäftigung durch Beschäftigungsgesellschaften?

»Die 150 Beschäftigten, deren Arbeitsplätze gestrichen wurden, konnten in eine Beschäftigungsgesellschaft übernommen werden.« Solche Nachrichten klingen beruhigend, »Beschäftigungsgesellschaft« – da sitzen die Leute zumindest nicht auf der Straße, denkt man. Aber was ist das eigentlich?

Eine Beschäftigungsgesellschaft, richtiger »Transfergesellschaft« oder »Transfer- und Qualifizierungsgesellschaft (TQG)«, kann für Arbeitnehmer gegründet werden, die im Rahmen einer Betriebsumwandlung betriebsbedingt gekündigt werden und von Arbeitslosigkeit bedroht sind. In dieser Transfergesellschaft werden die Arbeitnehmer nicht »beschäftigt« im herkömmlichen Sinn, es werden vielmehr viele verschiedene Maßnahmen ergriffen, um ihre Arbeitsmarktchancen zu verbessern; zum Beispiel:

- ✔ Feststellung der Leistungsfähigkeit und des Qualifikationsbedarfs,
- ✔ Angebote zum Bewerbungstraining,
- ✔ Maßnahmen zur Fortführung einer bereits begonnenen Berufsausbildung,
- ✔ Maßnahmen zur beruflichen Weiterbildung,
- ✔ Vermittlung neuer Beschäftigungsverhältnisse.

Die Errichtung und Ausstattung einer Transfergesellschaft wird im Rahmen des Sozialplans verhandelt. Sie wird als »betriebsorganisatorisch eigenständige Einheit«

gegründet, Träger ist nicht der bisherige Betrieb, sondern ein eigenständiges, darauf spezialisiertes Unternehmen. Arbeitnehmer, die das Angebot annehmen, in die Transfergesellschaft zu wechseln – der Wechsel muss immer freiwillig sein! –, verzichten auf die Einhaltung ihrer vertraglich vereinbarten Kündigungsfrist. Sie schließen mit dem bisherigen Arbeitgeber einen Aufhebungsvertrag und gleichzeitig mit der Transfergesellschaft einen befristeten Arbeitsvertrag – einen sogenannten »dreiseitigen Vertrag« (weil drei Seiten daran beteiligt sind).

Die Beschäftigungsdauer in der Transfergesellschaft entspricht in der Regel dem doppelten Zeitraum dieser Kündigungsfrist, bei einer Kündigungsfrist von drei Monaten also sechs Monate, bei vier Monaten acht Monate und so weiter, maximal jedoch ein Jahr. In dieser Zeit haben sie Anspruch auf »Transferkurzarbeitergeld« (§ 111 SGB III), dessen Höhe dem Arbeitslosengeld I entspricht. Im Sozialplan sollte unbedingt verhandelt werden, dass der bisherige Arbeitgeber dazu noch einen Aufstockungsbetrag zuschießt.

Neben diesem Aufstockungsbetrag muss der Arbeitgeber pro Arbeitnehmer einen ebenfalls zu verhandelnden Betrag für die von der Transfergesellschaft angebotenen Bildungs- und Qualifizierungsmaßnahmen bereitstellen.

Erst nach dem Ende der Transfergesellschaft, also nach maximal zwölf Monaten, beginnt für den Arbeitnehmer die Arbeitslosigkeit. Das Arbeitslosengeld I berechnet sich dann nahtlos nach dem im früheren Unternehmen erzielten Einkommen.

Die Errichtung einer solchen Transfergesellschaft hat für beide Seiten Vorteile: Der Arbeitgeber kann sein womöglich angeschlagenes Image etwas aufpolieren und mit dem Begriff »sozialverträglich« hausieren gehen. Außerdem ist er mit dem Zeitpunkt der Gründung der Transfergesellschaft alle Verwaltungskosten los und muss vor allem nicht mit lästigen und womöglich langwierigen Kündigungsschutzklagen rechnen, da ja alle Arbeitnehmer, die in die Transfergesellschaft eintreten, einen Aufhebungsvertrag unterzeichnen und damit auf ihr Klagerecht verzichten.

Die Arbeitnehmer gewinnen ebenfalls:

- ✔ Sie erhalten Weiterbildungs- und Qualifizierungsmöglichkeiten.
- ✔ Sie bekommen Unterstützung bei Bewerbungen.
- ✔ Sie können sich aus einem bestehenden Beschäftigungsverhältnis heraus bewerben.
- ✔ Der Verlauf der Rentenversicherung wird nicht unterbrochen.
- ✔ Wenn sie ein neues Arbeitsverhältnis eingehen, haben sie die Möglichkeit, ihr Arbeitsverhältnis in der Transfergesellschaft »ruhend zu stellen«, und, falls es nicht klappt, in die Transfergesellschaft zurückzukehren.
- ✔ Vor allem aber gewinnen sie Zeit, da der Bezug des Arbeitslosengeldes I erst nach dem Ausscheiden aus der Transfergesellschaft beginnt.

Teil V
Die Wahl

IN DIESEM TEIL ...

Eine Betriebsratswahl ist immer eine große Sache. Viele Gespräche, wichtige Entscheidungen, langes Herumknobeln an den Kandidatenlisten, viel Papierkram – und schließlich die Spannung: Wie sieht das Wahlergebnis aus? Wie ist der neue Betriebsrat zusammengesetzt?

Die Betriebsratswahl ist eine recht komplexe Angelegenheit, bei der es viele Dinge zu bedenken gibt. Sie kann ganz einfach oder schrecklich kompliziert sein. Doch auf alle Fragen gibt es Antworten, und mit etwas Gelassenheit bringen Sie die Wahl ganz entspannt über die Bühne.

IN DIESEM KAPITEL

Betriebsratswahl kurz gefasst

Großer Auftritt für den Wahlvorstand

Alle auf der Wählerliste?

Hochoffiziell: das Wahlausschreiben

Kapitel 17 Der Wahlbaukasten

Ging es bisher immer um die Aufgaben, Pflichten und Rechte des Betriebsrats, so kann sich der in den folgenden Kapiteln beruhigt zurücklehnen. Beim Thema Betriebsratswahl ist nämlich in erster Linie der Wahlvorstand gefragt. Der muss sich erst einmal mit einer Menge neuer Begriffe vertraut machen, um sein Amt verantwortungsvoll wahrnehmen zu können – in diesem Kapitel werden sie erläutert.

Betriebsratswahl im Schnelldurchgang

Fast vier Jahre ist der Betriebsrat nun schon im Amt, es naht der Zeitpunkt der Neuwahlen. Keine Angst: Es besteht kaum die Gefahr, dass Sie diesen Termin übersehen. Schon Monate davor erhalten Sie Post von allen möglichen Fortbildungsunternehmen, die Ihnen Terminrechner, Wahlordnungen, Handbücher und Seminare anbieten.

Die Hauptlast der Vorbereitung und Durchführung der Wahl liegt allerdings nicht beim Betriebsrat, sondern bei einem eigens dafür zu bildenden Wahlvorstand. Den muss der Betriebsrat rechtzeitig, das heißt mindestens zehn Wochen vor Ablauf der Amtszeit des Betriebsrats, bestimmen.

Der Wahlvorstand besteht aus mindestens drei wahlberechtigten Kollegen aus dem Betrieb. Deren Aufgabe ist es, alles, was mit der Wahl zusammenhängt, zu organisieren, die Wahl durchzuführen und den neuen Betriebsrat in sein Amt einzuführen.

Zunächst muss der Wahlvorstand die Formalitäten klären: Wie viele Mitglieder hat der neue Betriebsrat, wer darf wählen, wie muss das Geschlechterverhältnis aussehen? Diese Informationen sind die Grundlage für die Erstellung der Wählerliste und des Wahlausschreibens.

Dann sind die Kandidaten dran: Beim Wahlvorstand werden die Vorschlagslisten oder Wahlvorschläge eingereicht, er achtet darauf, dass sie alle nötigen Angaben und Unterschriften enthalten.

Schließlich organisiert der Wahlvorstand auch die Wahl, bestimmt Ort, Tag und Zeit der Stimmabgabe, organisiert die Briefwahlmöglichkeit für Kollegen, die am Wahltag aus irgendeinem Grund nicht im Betrieb sind.

Am Wahltag achtet der Wahlvorstand darauf, dass alle Regularien eingehalten werden und die Stimmabgabe reibungslos abläuft. Die Spannung steigt: Wer wurde gewählt, und mit welchem Stimmenanteil? Die Auszählung, Berechnung der Sitze pro Liste und Veröffentlichung dieser Zahlen ist der Höhepunkt der Wahl.

Danach gilt es nur noch, die erste Betriebsratssitzung zu eröffnen. Dann ist der Betriebsrat im Amt, und der Wahlvorstand kann seine Akten schließen.

Alles, was mit der Betriebsratswahl zusammenhängt, regeln die §§ 7 bis 20 des Betriebsverfassungsgesetzes sowie die Wahlordnung, die 2001 erlassen wurde und die offiziell »Erste Verordnung zur Durchführung des Betriebsverfassungsgesetzes (Wahlordnung – WO)« heißt.

Noch hat der Betriebsrat das Wort

Eine Betriebsratswahl macht viel Arbeit. Die kann der Betriebsrat neben seiner normalen Arbeit gar nicht allein bewältigen. Vor allem aber gibt es kein besonders gutes Bild ab, wenn der Betriebsrat seine eigene Wahl organisiert – das hat leicht einen Beigeschmack von Mauschelei. Daher bestellt der Betriebsrat rechtzeitig einen Wahlvorstand.

Bestellt? Wie eine Pizza? Oder gibt es dafür einen Katalog? Nun, das ist eben die Sprache des Gesetzes. »Bestellen« heißt in diesem Fall ganz einfach, dass der Betriebsrat drei oder mehr geeignete Kollegen anspricht und sie bittet, dieses Amt zu übernehmen. Sie werden also nicht gewählt, sondern vom Betriebsrat bestimmt. Natürlich fasst der Betriebsrat darüber einen förmlichen Beschluss, und ebenso natürlich wird den Kollegen, sobald sie zustimmen, ihre Bestellung schriftlich bestätigt. Eine Mitteilung an den Arbeitgeber über die Bestellung, in der er außerdem daran erinnert wird, dass die Wahlvorstandsmitglieder genauso wie Betriebsratsmitglieder für ihre Arbeit jederzeit freigestellt werden müssen, ist zwar nicht gesetzlich vorgeschrieben, aber – vor allem im Lichte vertrauensvoller Zusammenarbeit – nützlich und höflich.

»Rechtzeitig« soll der Wahlvorstand bestellt werden – das ist ein vager Begriff. Geben Sie den Kollegen genug Zeit, sich mit der Aufgabe vertraut zu machen und sich einzuarbeiten. Der Besuch eines einschlägigen Seminars (meist zwei oder drei Tage) ist eigentlich unumgänglich und sollte vom Betriebsrat frühzeitig beim Zeitpunkt der Bestellung des Wahlvorstands einkalkuliert werden. Die Durchführung des Seminars muss dann allerdings der Wahlvorstand selbst beschließen. Zwölf Wochen vor dem vermutlichen Datum der Betriebsratswahl sollte der Wahlvorstand stehen (beim vereinfachten Wahlverfahren reichen sechs bis acht Wochen).

Gewissenhaft und mutig

Natürlich spricht der Betriebsrat wegen des Amts des Wahlvorstands nicht gerade den erstbesten Kollegen an, der ihm auf dem Flur begegnet. Es könnte ja der nette, aber schrecklich schusselige Herr Krause sein – sicher nicht die beste Wahl für so ein Amt.

Am besten fragen Sie Kollegen, die bereits selbst davon überzeugt sind, dass ein Betriebsrat eine nützliche Einrichtung ist. Sie sollten verantwortungsbewusst, gewissenhaft und ordentlich sein, Selbstvertrauen und ein bisschen Durchsetzungsvermögen besitzen. Und es sollten nicht nur Frauen oder nur Männer sein! (Wenn Sie jetzt denken: »Genau so jemanden brauchen wir doch als Kandidaten für den Betriebsrat!«, nur zu: Auch Mitglieder des Wahlvorstands dürfen kandidieren.)

In größeren Betrieben oder bei schwierigen Verhältnissen können mehr als drei Mitglieder des Wahlvorstands bestellt werden – als Faustregel gilt: mindestens so viele Mitglieder wie Wahllokale. Außerdem muss die Zahl der Mitglieder immer ungerade sein, damit Abstimmungen nicht mit einem Patt enden. Schließlich bestimmt der Betriebsrat noch ein besonders verantwortungsbewusstes Mitglied des Wahlvorstands zum Vorsitzenden.

Falls sich der Betriebsrat nicht um die Bestellung des Wahlvorstands kümmert oder falls es noch keinen Betriebsrat gibt, kann der Gesamtbetriebsrat oder der Konzernbetriebsrat die Bestellung übernehmen – falls es so einen gibt. Falls nicht, können auch die Beschäftigten tätig werden. Auf Antrag von drei Wahlberechtigten oder einer im Betrieb vertretenen Gewerkschaft kann der Wahlvorstand durch das Arbeitsgericht bestellt werden.

Der Wahlvorstand übernimmt

Ist der Wahlvorstand bestellt, geht er möglichst unverzüglich, also noch am selben Tag oder spätestens am Tag danach an die Arbeit, denn es gibt viel zu tun: Packen Sie es an!

Die Aufgaben des Wahlvorstands

Der Wahlvorstand hat, kaum ist er im Amt, alle Hände voll zu tun. Er muss ja die gesamte Wahl so organisieren, dass alles rechtzeitig da ist, wo es hingehört, alle Unterschriften an die richtigen Stellen gesetzt, sämtliche Fristen eingehalten, Listen, Formulare, Wahlzettel, Briefwahlunterlagen bestellt und aufgehängt, verteilt, verschickt, wieder eingesammelt, geprüft, gezählt werden und vieles mehr. Da keiner das Rad neu erfinden muss, bestellt der Wahlvorstand am besten möglichst frühzeitig eine Formularsammlung – oft auch als Softwarelösung angeboten – für die Betriebsratswahl, die jeder auf Betriebsräteliteratur spezialisierte Verlag im Sortiment hat. Der Wahlvorstand muss

- ✔ den Termin der Betriebsratswahl ermitteln und festlegen,
- ✔ die ausländischen Arbeitnehmer informieren,
- ✔ die Wählerliste erstellen und auslegen,

- ✔ Einsprüche prüfen,
- ✔ die Zahl der zu wählenden Betriebsratsmitglieder feststellen,
- ✔ den Anteil der Geschlechter ermitteln,
- ✔ die Zahl der Unterstützerunterschriften ermitteln,
- ✔ das Wahlausschreiben erstellen und aushängen,
- ✔ die Wahlvorschläge entgegennehmen, auf Gültigkeit prüfen, gegebenenfalls berichtigen lassen,
- ✔ die Reihenfolge der Vorschlagslisten festlegen,
- ✔ die Wahlunterlagen anfertigen (Stimmzettel),
- ✔ die Briefwahlunterlagen erstellen, verschicken und wieder in Empfang nehmen,
- ✔ das Wahllokal auswählen und einrichten,
- ✔ am Wahltag die Wahl durchführen,
- ✔ die Stimmen auszählen und das Wahlergebnis feststellen,
- ✔ die Wahlniederschrift anfertigen,
- ✔ die Gewählten benachrichtigen,
- ✔ die Namen der neuen Betriebsratsmitglieder bekannt geben,
- ✔ die neuen Betriebsratsmitglieder zur konstituierenden Sitzung einladen und diese eröffnen.

§ 1 Wahlordnung: Wahlvorstand

(1) Die Leitung der Wahl obliegt dem Wahlvorstand.

(2) Der Wahlvorstand kann sich eine schriftliche Geschäftsordnung geben. Er kann Wahlberechtigte als Wahlhelferinnen und Wahlhelfer zu seiner Unterstützung bei der Durchführung der Stimmabgabe und bei der Stimmenzählung heranziehen.

(3) Die Beschlüsse des Wahlvorstands werden mit einfacher Stimmenmehrheit seiner stimmberechtigten Mitglieder gefasst. Die Sitzungen des Wahlvorstands finden als Präsenzsitzung statt. Über jede Sitzung des Wahlvorstands ist eine Niederschrift aufzunehmen, die mindestens den Wortlaut der gefassten Beschlüsse enthält. Die Niederschrift ist von der oder dem Vorsitzenden und einem weiteren stimmberechtigten Mitglied des Wahlvorstands zu unterzeichnen.

(4) Abweichend von Absatz 3 Satz 2 kann der Wahlvorstand beschließen, dass die Teilnahme an einer nicht öffentlichen Sitzung des Wahlvorstands mittels Video- und Telefonkonferenz erfolgen kann. Dies gilt nicht für Sitzungen des Wahlvorstands

1. im Rahmen einer Wahlversammlung nach § 14a Absatz 1 Satz 2 des Gesetzes,
2. zur Prüfung eingereichter Vorschlagslisten nach § 7 Absatz 2 Satz 2,
3. zur Durchführung eines Losverfahrens nach § 10 Absatz 1.

Es muss sichergestellt sein, dass Dritte vom Inhalt der Sitzung keine Kenntnis nehmen können. Eine Aufzeichnung der Sitzung ist unzulässig. Die mittels Video- und Telefonkonferenz Teilnehmenden bestätigen ihre Teilnahme gegenüber der oder dem Vorsitzenden in Textform. Die Bestätigung ist der Niederschrift nach Absatz 3 beizufügen.

(5) Erfolgt die Sitzung des Wahlvorstands mit der zusätzlichen Möglichkeit der Teilnahme mittels Video- und Telefonkonferenz, gilt auch eine Teilnahme vor Ort als erforderlich.

Der Wahltermin

Die Betriebsratswahlen finden in ganz Deutschland in etwa zur selben Zeit statt, nämlich alle vier Jahre zwischen dem 1. März und dem 31. Mai. Wahljahre sind 2026, 2030, 2034 und so weiter. Das hat eine Menge Vorteile: Gewerkschaften und Beratungsunternehmen bieten zentrale Seminare an, Wahlunterlagen werden in großen Mengen gedruckt, das Thema wird in der Presse und in den einschlägigen Fachzeitschriften besprochen und kommentiert und ist so präsent, dass kein Betriebsrat die Wahlen verschläft.

Aber: Wie von jeder Regel gibt es auch hier Ausnahmen. Außerhalb dieses vierjährigen Turnus finden Betriebsratswahlen statt, wenn

- ✔ in einem Betrieb zum ersten Mal ein Betriebsrat gewählt wird.
- ✔ sich nach Ablauf von zwei Jahren nach der Wahl die Belegschaftsstärke deutlich, nämlich um die Hälfte, mindestens aber um 50 Arbeitnehmer, verringert oder vergrößert hat, die Zusammensetzung des Betriebsrats also vermutlich nicht mehr dem Willen der Belegschaft entspricht.
- ✔ das Betriebsratsgremium nicht mehr die vorgeschriebene Zahl an Mitgliedern hat, obwohl bereits die gesamte Liste der Ersatzmitglieder ausgeschöpft wurde.
- ✔ der Betriebsrat den mehrheitlichen Beschluss gefasst hat zurückzutreten.
- ✔ die Betriebsratswahl erfolgreich angefochten oder der Betriebsrat durch eine gerichtliche Entscheidung aufgelöst wurde.

Ausnahmen und Ausnahmen von Ausnahmen

Auch wenn ein Betriebsrat außerhalb des »offiziellen« Zeitraums gewählt wurde, also zum Beispiel 2023 oder 2024, müssen die folgenden Betriebsratswahlen zum nächsten allgemeinen Termin stattfinden. Da es wahrscheinlich in jedem zweiten Betrieb immer wieder einmal zu außerturnusmäßigen Wahlen kommt, würde sich der zentrale Termin sonst schon nach ein paar Jahren kaum mehr rentieren. Daher sorgt das Gesetz dafür, dass sich innerhalb von vier Jahren alle wieder im Gleichklang befinden.

Aber auch für diese Ausnahme gibt es eine Ausnahme: Wenn nämlich ein Betriebsrat zum Zeitpunkt der allgemeinen Wahlen noch kein ganzes Jahr im Amt war, überschlägt er diesen Wahltermin und wird erst bei den folgenden Wahlen neu gewählt. Sonst käme es vor, dass ein Betriebsrat womöglich nur vier Monate oder gar nur drei Wochen im Amt ist. In einem von vornherein so eng begrenzten Zeitraum kann er praktisch gar nichts anpacken – die Mitglieder würden sich fragen, ob es sich überhaupt lohnt, ein Seminar zu besuchen, der Arbeitgeber würde mit langwierigen Verhandlungen gar nicht anfangen, und bevor alle auch nur ansatzweise eingearbeitet sind, ist der Spuk schon wieder vorbei.

Auf den Tag genau

Die Amtszeit des Betriebsrats beträgt vier Jahre. Das ist keine ungefähre, sondern eine exakte Zeitangabe: viermal 365 Tage (plus Schalttag). Ist dieser Zeitraum verstrichen, endet die Amtszeit des Betriebsrats unwiderruflich. Deswegen darf die Festsetzung des Wahltermins nicht »mal eben so« geschehen, womöglich »erst wenn die Inventur vorbei ist«. Ist nämlich die Amtszeit des Betriebsrats schon zu Ende, bevor der neue Betriebsrat im Amt ist, hat der Betrieb womöglich für einige Zeit keinen Betriebsrat. Das sollten Sie unbedingt vermeiden, es könnte zu unvorhergesehenen und außerdem völlig unnötigen Schwierigkeiten führen. Es soll Arbeitgeber geben, die diese Situation ausnutzen.

Um die exakten Termine für alle mit der Wahl zusammenhängenden Fristen zu errechnen, muss man daher nicht nur in etwa wissen, wann die Amtszeit des bisherigen Betriebsrats endet, sondern auf den Tag genau. Und dieser Tag liegt exakt vier Jahre nach dem Tag der Bekanntgabe des Wahlergebnisses der vorherigen Wahl. Normalerweise kann man genau feststellen, was für ein Tag das war, denn der Betriebsrat ist verpflichtet, die Wahlunterlagen bis zum Ende seiner Amtszeit aufzubewahren.

Wenn der bestehende Betriebsrat außerhalb der regelmäßigen Wahlperiode gewählt wurde, ist der Stichtag für das Ende der Amtszeit spätestens der 31. Mai.

Kannitverstan?

Wahlvorstand, Persönlichkeitswahl, Wahlausschreiben, Minderheitengeschlecht – das kann man so leicht nicht verstehen, wenn man erst vor zwei Jahren aus Kroatien, Kanada oder Korea gekommen ist. Da aber alle Arbeitnehmer, gleich welcher Nationalität, gleichermaßen wahlberechtigt beziehungsweise wählbar sind, muss der Wahlvorstand dafür sorgen, dass auch diese Kollegen über das Wahlverfahren, die Aufstellung der Wähler- und der Vorschlagslisten, den Wahlvorgang und die Stimmabgabe unterrichtet sind (§ 2 Abs. 5 Wahlordnung). Ob er dafür einen Dolmetscher anheuert oder Merkblätter in unterschiedlichen Sprachen erstellt (die Gewerkschaften haben solche Merkblätter in der Regel vorrätig), muss er danach entscheiden, was im jeweiligen Betrieb praktikabel ist.

Die Wählerliste

Die Erstellung der Wählerliste ist die erste und vordringliche Aufgabe des Wahlvorstands. Ohne sie kommt das Wahlverfahren nicht in Gang, die Kandidaten können nicht aufgestellt, das Wahlausschreiben nicht erlassen werden.

Die Wählerliste umfasst diejenigen Arbeitnehmer des Betriebs, die wahlberechtigt sind. Zu diesem Zweck muss der Arbeitgeber dem Wahlvorstand eine Liste sämtlicher Arbeitnehmer des Betriebs zur Verfügung stellen, die folgende Angaben enthalten muss: Name, Vorname, Geburtsdatum, Eintrittsdatum in den Betrieb, Art der Beschäftigung.

Anhand dieser Unterlagen erstellt der Wahlvorstand die Wählerliste, indem er prüft:

- ✔ Sind wirklich alle Beschäftigten erfasst? Fehlen womöglich wichtige Personengruppen?
- ✔ Sind leitende Angestellte, die nicht wahlberechtigt sind, auf der Liste?
- ✔ Welche Beschäftigten haben das 16. Lebensjahr noch nicht vollendet und sind deshalb nicht wahlberechtigt?
- ✔ Stehen auch die Leiharbeitnehmer auf der Liste?
- ✔ Welche der Beschäftigten besitzen nur das aktive, aber nicht das passive Wahlrecht, können also zwar wählen, nicht aber gewählt werden, weil sie weniger als sechs Monate im Betrieb oder als Leiharbeitnehmer beschäftigt sind?

Bei der Erstellung der Wählerliste muss der Arbeitgeber den Wahlvorstand unterstützen. Er muss ihm zum Beispiel alle geforderten Auskünfte geben, um Fragen zu klären, die die Wahlberechtigung einzelner Arbeitnehmer betreffen: Ist Frau Kolbe wirklich eine leitende Angestellte? Ist Herr Breitenauer, der als freier Mitarbeiter fast ausschließlich für die Firma arbeitet, nicht doch auch wahlberechtigt?

»Ich habe Ihnen schon einmal die Kollegen rausgestrichen, die ohnehin nicht wählen dürfen« – wenn Sie diesen (oder einen ähnlichen) Satz hören, müssen sich bei Ihnen unwillkürlich die Nackenhaare aufstellen. Die Feststellung der Wahlberechtigung ist nämlich definitiv nicht Sache des Arbeitgebers oder der Personalabteilung, sondern allein die des Wahlvorstands. Weisen Sie also jede Liste, die, warum auch immer, nicht vollständig ist, zurück und verlangen Sie eine neue, unbearbeitete.

Ist die Wählerliste erstellt, muss der Wahlvorstand sie veröffentlichen, das heißt an einer frei zugänglichen Stelle im Betrieb auslegen. Das sollte idealerweise ein Ort sein, an dem alle Beschäftigten vorbeikommen, zum Beispiel an der Kantine oder vor Umkleideräumen. In größeren Betrieben sollte der Arbeitgeber dem Wahlvorstand ein eigenes Büro zur Verfügung stellen, in kleineren bewahrt der Wahlvorstandsvorsitzende sie vielleicht an seinem Arbeitsplatz auf und zeigt sie jedem, der sie sehen möchte.

»Also! Das braucht doch nun auch nicht jeder zu wissen, wie alt ich bin!«, grummelt es da vielleicht. Stimmt! Die für die betriebliche Öffentlichkeit bestimmte Fassung der Liste sollte die Spalte mit den Geburtsdaten nicht enthalten.

Falls es ein betriebliches Intranet gibt, kann die Wählerliste auch dort veröffentlicht werden. Das ist vor allem dann sinnvoll, wenn viele Arbeitnehmer nicht regelmäßig im Betrieb sind.

Die Wählerliste ausschließlich elektronisch zu veröffentlichen, ist nur möglich, wenn alle Beschäftigten über diesen Weg Kenntnis erlangen können und Änderungen nur durch den Wahlvorstand erfolgen können, der also »Administrator« dieses Tools ist.

Der Wahlvorstand kann und muss die Wählerliste noch bis zum Tag der Betriebsratswahl aktualisieren, um zum Beispiel neu eingestellte Arbeitnehmer aufzunehmen oder ausscheidende Arbeitnehmer zu streichen. Es ist daher notwendig, dass der Wahlvorstand die Liste immer im Auge behält und regelmäßig auf ihre Richtigkeit und Aktualität überprüft.

Wählen und gewählt werden

Wahlberechtigt sind alle Arbeitnehmer des Betriebs, die das 16. Lebensjahr vollendet haben. Zu Arbeitnehmern zählen alle Angestellten, Arbeiter und Auszubildenden, die im Betrieb beschäftigt sind, egal ob sie Deutsche oder Ausländer, Tele- oder Heimarbeiter, Wehrdienstleistende oder Mütter und Väter in Elternzeit sind. Auch Leiharbeitnehmer, die länger als drei Monate im Betrieb eingesetzt werden, dürfen wählen. Die Kandidaten, die sich für das Amt des Betriebsrats zur Wahl stellen, müssen im Gegensatz zu den Wahlberechtigten ihren 18. Geburtstag schon gefeiert haben. Außerdem müssen sie seit sechs Monaten im Betrieb beschäftigt sein.

Einsprüche gegen die Wählerliste

Ist die Wählerliste veröffentlicht, kann dagegen innerhalb von zwei Wochen schriftlich Einspruch eingelegt werden; zum Beispiel wenn

- ✔ ein Wahlberechtigter auf der Liste fehlt.
- ✔ jemand, der nicht wahlberechtigt ist, auf der Wählerliste steht.

Einspruch erheben kann jeder Arbeitnehmer. Wenn Frau Papadopulos also feststellt, dass Frau Rosenkrantz auf der Liste fehlt, dann muss sie nicht warten, bis Frau Rosenkrantz aus dem Urlaub zurück ist, sondern kann selbst stracks zum Wahlvorstand marschieren und verlangen, dass ihre Kollegin aufgenommen wird. Allerdings genügt es nicht, wenn sie sagt: »Ihr Schlafmützen, ihr habt die Frau Rosenkrantz vergessen!« Der Einspruch muss auf jeden Fall schriftlich eingelegt werden, schon allein um keine Missverständnisse entstehen zu lassen und um den Einspruch für spätere Zeiten zu dokumentieren.

»Schriftlich« heißt in diesem Zusammenhang: handschriftlich unterschrieben oder mit elektronisch qualifizierter Signatur. Wenn eine Kollegin ihren Einspruch per E-Mail oder Fax schickt, sollte der Wahlvorstand sie auf die fehlende Schriftform aufmerksam machen.

Der Wahlvorstand muss dann unverzüglich (also nicht erst drei Tage später) zusammentreten, über den Einspruch beraten, einen mehrheitlichen Beschluss fassen und, falls der Einspruch berechtigt ist, die Wählerliste ändern. Das Ergebnis der Beratung muss schriftlich festgehalten werden. Außerdem muss es demjenigen, der den Einspruch eingelegt hat, mitgeteilt werden: »Frau Rosenkrantz wurde tatsächlich vergessen und wird nachträglich in die Wählerliste aufgenommen« oder: »Frau Rosenkrantz ist nicht wahlberechtigt, weil sie noch vor dem Wahltag in Rente geht«. Übrigens ist eine Begründung nicht gesetzlich vorgeschrieben, aber sicher zweckmäßig.

Sind jedoch die zwei Wochen bereits abgelaufen, ist auch die Einspruchsfrist vorbei und Frau Rosenkrantz fehlt nun womöglich bedauerlicherweise auf der Liste. Das ist ärgerlich und wirft ein schlechtes Licht auf den Wahlvorstand – ein Grund mehr, bei der Aufstellung der Liste ganz besonders sorgfältig ans Werk zu gehen.

Zahl der Betriebsratsmitglieder

Die Zahl der Betriebsratsmitglieder errechnet sich aus der Zahl der im Betrieb beschäftigten Arbeitnehmer.

- ✔ fünf bis 20 wahlberechtigte Arbeitnehmer: ein Betriebsratsmitglied
- ✔ 21 bis 50 wahlberechtigte Arbeitnehmer: drei Betriebsratsmitglieder
- ✔ 51 wahlberechtigte Arbeitnehmer bis 100 Arbeitnehmer: fünf Betriebsratsmitglieder
- ✔ 101 bis 200 Arbeitnehmer: sieben Betriebsratsmitglieder
- ✔ 201 bis 400 Arbeitnehmer: neun Betriebsratsmitglieder
- ✔ 401 bis 700 Arbeitnehmer: elf Betriebsratsmitglieder
- ✔ 701 bis 1.000 Arbeitnehmer: 13 Betriebsratsmitglieder

und so weiter; § 9 des Betriebsverfassungsgesetzes gibt weitere Auskunft.

Bedeutsam ist, dass es nach einem Urteil des Bundesarbeitsgerichts ab 100 Beschäftigten für die Ermittlung des Betriebsratsgremiums nicht mehr auf die Wahlberechtigung (§ 7 BetrVG) der Leiharbeitnehmer ankommt. Ab dieser Betriebsgröße sind für die Größe des Betriebsratsgremiums die in der Regel beschäftigten Leiharbeiter mit entscheidend. Es muss also von der regelmäßigen Beschäftigtenzahl des Betriebs oder Unternehmens ausgegangen werden. Hierzu muss die Zahl der Beschäftigten in der Vergangenheit wie auch die in der zukünftigen Entwicklung zu erwartende Beschäftigtenzahl herangezogen werden. Teilzeitbeschäftigte Leiharbeitnehmer zählen dabei wie Vollzeitbeschäftigte.

Die Minderheitenquote

Anhand der fertigen Wählerliste muss der Wahlvorstand nun als Nächstes ermitteln, wie das Zahlenverhältnis von Männern und Frauen aussieht. Das Betriebsverfassungsgesetz sieht nämlich seit 2001 eine Geschlechterquote vor: Das Geschlecht, das im Betrieb in der Minderheit ist, muss mindestens entsprechend seinem zahlenmäßigen Verhältnis im Betriebsrat vertreten sein. Zum Beispiel: Sind in einem Betrieb mit 100 Arbeitnehmern nur 20 Männer, beträgt ihr Anteil an der Belegschaft also 20 Prozent. Dementsprechend muss auch der Betriebsrat zu mindestens 20 Prozent aus Männern bestehen. Da der Betriebsrat in diesem Fall aus fünf Personen besteht, muss also mindestens ein Mann vertreten sein, ganz egal, wie das Wahlergebnis ansonsten aussieht. Klingt kompliziert, ist aber in der Praxis meistens leicht zu regeln. (Wie bitte? Ja, dasselbe gilt natürlich auch, wenn die Frauen in der Minderzahl sind!)

Rechnen mit d'Hondt

Selten sind die Verhältnisse auf einen Blick so leicht zu erkennen. Um also für alle erdenklichen Fälle immer die richtige Anzahl von Männern oder Frauen herauszufinden, wird das sogenannte »d'Hondtsche Höchstzahlenverfahren« eingesetzt. Das kennen Sie vielleicht schon aus Reportagen am Abend der Bundestagswahl, und, zugegeben, es klingt, als müsste man dafür mindestens ein Rechenzentrum zur Verfügung haben. Aber keine Angst, es ist ganz einfach.

Nehmen wir an, im Betrieb sind 163 Arbeitnehmer beschäftigt. Das bedeutet, es muss ein Betriebsrat mit sieben Mitgliedern gewählt werden.

Von den 163 Arbeitnehmern sind 112 Männer und 51 Frauen. Die Frauen sind also in der Minderzahl. Zu errechnen ist nun aus dem Verhältnis zwischen Männern und Frauen die Anzahl der Sitze, die die Frauen im Betriebsrat mindestens einnehmen *müssen*. Das Verfahren geht so (siehe auch Tabelle 17.1):

Männer	Frauen
112 : 1 = 112	51 : 1 = 51
112 : 2 = 56	51 : 2 = 25,5
112 : 3 = 37,3	51 : 3 = 17
112 : 4 = 28	51 : 4 = 12,75
112 : 5 = 22,4	51 : 5 = 10,2
112 : 6 = 18,666	51 : 6 = 8,5

Tabelle 17.1: Beispiel d'Hondtsches Höchstzahlenverfahren

Erstellen Sie eine Liste mit zwei Spalten. In die eine schreiben Sie die »Männerzahl«, in die andere die »Frauenzahl«. Dann teilen Sie die beiden Zahlen nacheinander durch 1, durch 2, durch 3, durch 4 und so weiter und schreiben das erhaltene Ergebnis in die jeweilige Spalte. Anschließend markieren Sie die sieben höchsten Zahlen – sieben, weil Sie sieben Sitze zu vergeben haben. In unserem Fall sind das die Zahlen 112 – 56 – 51 – 37,3 – 28 – 25,5 – 22,4. Sie stellen fest, dass sich von den sieben höchsten Zahlen fünf in der Männerspalte und zwei in der Frauenspalte befinden. Ergo: Im Betriebsrat müssen mindestens zwei Frauen vertreten sein.

Jedes Los gewinnt

»Und wenn plötzlich in zwei Spalten dieselbe Zahl auftaucht? Sollen wir dann würfeln?« Ja, genau. Im ganzen Wahlverfahren kann es immer wieder geschehen, dass ein Ergebnis uneindeutig ist. Dann, so sagt das Gesetz, »entscheidet das Los«. Wie Sie das Schicksal sprechen lassen, ob durch Würfel, eine Münze, verschieden lange Streichhölzchen – das ist Ihre Sache. Wichtig ist nur, dass die beiden Möglichkeiten allein durch den Zufall entschieden werden und keine Manipulation möglich ist.

Ist die Anzahl von Männern und Frauen gleich, gibt es also kein »Minderheitengeschlecht«, so wird ganz normal gewählt. Ist hingegen der Anteil eines Geschlechts so niedrig, dass nach dem Höchstzahlenverfahren alle höchsten Zahlen bei einem Geschlecht liegen (zum Beispiel 154 Männer und 12 Frauen) – tja, dann ist das eben so. Dann hätte das Geschlecht in der Minderheit nämlich nur Anspruch auf einen halben Platz im Betriebsrat …

Das Wahlausschreiben

Das Wahlausschreiben leitet die Betriebsratswahl ein. Von jetzt an rollt der Wagen unaufhaltsam bis zum Tag der Wahl und zur Konstituierung des neuen Betriebsrats. Das Wahlausschreiben ist ein hochoffizielles Dokument, das alle Angaben enthält, die für die Betriebsratswahl nötig sind. Wenn der Wahlvorstand das Wahlausschreiben nicht rechtzeitig, fehlerhaft, schlampig oder gar nicht erstellt, kann die Wahl mit guten Aussichten auf Erfolg angefochten werden. Vom Datum des Wahlausschreibens ab errechnen sich alle folgenden Fristen: bis zu welchem Tag gegen die Wählerliste Einspruch erhoben werden kann, wann die Wahlvorschläge spätestens eingereicht werden müssen, an welchem Tag die Wahl tatsächlich stattfindet.

Das Wahlausschreiben muss an mindestens einer geeigneten, gut zugänglichen Stelle im Betrieb ausgehängt werden (zum Beispiel am Schwarzen Brett des Betriebsrats). Wenn ein firmeneigenes Intranet existiert, kann es auch dort eingestellt werden. Weil es so wichtig ist, muss es bis zum Ende des Tages der Stimmabgabe hängen bleiben.

Das Wahlausschreiben muss folgende Angaben enthalten:

- ✔ das Datum, an dem es erlassen wurde,
- ✔ den Ort, an dem die Wählerliste ausliegt, und ob und wie diese auch in elektronischer Form, also zum Beispiel über das firmeneigene Intranet, eingesehen werden kann,
- ✔ dass nur Arbeitnehmer an der Wahl teilnehmen können – aktiv oder passiv –, die in die Wählerliste eingetragen sind,

- dass Einsprüche gegen die Wählerliste von nun an für genau zwei Wochen möglich sind, und zwar schriftlich beim Wahlvorstand (um Missverständnisse zu vermeiden, muss der letzte Tag der Frist angegeben werden),
- wie das Zahlenverhältnis Männer – Frauen im Betrieb aussieht sowie den Hinweis, dass das Geschlecht in der Minderheit im Betriebsrat mindestens entsprechend seinem zahlenmäßigen Verhältnis vertreten sein muss,
- die Zahl der zu wählenden Betriebsratsmitglieder,
- die Zahl der Sitze, die auf das Geschlecht in der Minderheit mindestens entfallen muss,
- wie viele Wahlberechtigte einen Wahlvorschlag mindestens unterzeichnen müssen,
- dass der Wahlvorschlag einer im Betrieb vertretenen Gewerkschaft von zwei Beauftragten unterzeichnet sein muss,
- dass Wahlvorschlagslisten innerhalb von zwei Wochen (genauen Tag angeben!) beim Wahlvorstand eingereicht werden müssen,
- den Ort, an dem Einsprüche, Wahlvorschläge und sonstige Erklärungen gegenüber dem Wahlvorstand abgegeben werden können,
- dass die Stimmabgabe an die Wahlvorschläge gebunden ist und dass nur solche Wahlvorschläge berücksichtigt werden, die fristgerecht eingereicht sind,
- den Ort, an dem die Wahlvorschläge bis zum Abschluss der Stimmabgabe aushängen,
- Ort, Tag und Zeit der Stimmabgabe,
- falls zutreffend: für welche Betriebsteile oder Gruppen von Beschäftigten Briefwahl beschlossen wurde,
- Ort, Tag und Zeit der öffentlichen Stimmenauszählung,
- die Unterschriften des Vorsitzenden und mindestens eines weiteren Mitglieds des Wahlvorstands.

Wenn es um die fristgebundene Einreichung von Unterlagen – zum Beispiel Einsprüche oder Vorschlagslisten – geht, sollte der Wahlvorstand eine Uhrzeit angeben, bis zu der spätestens an diesem Tag der Einspruch oder die Vorschlagliste dem Wahlvorstand vorliegen muss. Sonst sitzt der Wahlvorstand bis Mitternacht in froher Erwartung in seinem Büro. Denn dann würde die Frist des Tages erst ablaufen. Die Uhrzeit bitte nicht zu knapp bemessen: Orientieren Sie sich am Arbeitsende der überwiegenden Mehrheit der Beschäftigten.

Zwischen dem Erlass des Wahlausschreibens und dem Tag der Wahl müssen mindestens sechs Wochen liegen, wobei der Tag des Erlasses nicht mitgezählt wird. Achten Sie bei der Festsetzung der Fristen auf Sonn- und Feiertage. Endet eine Frist an einem Sonn- oder Feiertag, so gilt der darauffolgende Werktag. In Abbildung 17.1 sehen Sie ein ausgefülltes Musterwahlausschreiben.

Der Wahlvorstand
Firma Bettenkoven Holzbau GmbH & Co. KG — 10. 03. 2026
Holzwurmstr. 24
Oberholzklau

Wahlausschreiben

Sehr geehrte Damen und Herren,

wir setzen Sie davon in Kenntnis, dass der Wahlvorstand zur Wahl eines Betriebsrats im Betrieb **Bettenkoven Holzbau** in seiner Sitzung am **10.03.2026** den Erlass folgenden Wahlausschreibens beschlossen hat:

Die Betriebsratswahl findet am .....**22. 04. 2026**..... von ..**8:00**.. bis ...**16:00**...... im ..**Sitzungsraum 2. Stock**... statt.

Ausgenommen hiervon sind die folgenden Betriebsteile, für die schriftliche Stimmabgabe gemäß § 24 Abs. 3 WO beschlossen wurde:.**Holzlager Sägendingen**

Äußerst wichtig ist, dass nur diejenigen Arbeitnehmer/innen wahlberechtigt und wählbar sind, die in die Wählerliste eingetragen sind. Die Wählerliste und die Wahlordnung liegen in .....**Büro des Wahlvorstands (neben Betriebsratsbüro)**.......... zur Einsicht aus bzw. können in elektronischer Form (ergänzend) im ....**Intranet / Betriebsrat**.... zur Kenntnis genommen werden.

Sollten Sie der Auffassung sein, dass die Wählerliste fehlerhaft ist, so können Sie gegen diese schriftlich Einspruch einlegen, eingehend beim Wahlvorstand unter der oben genannten Betriebsadresse bis spätestens zum ...**24. 03. 2026**....... Ein verspätet oder nur mündlich eingelegter Einspruch kann nicht berücksichtigt werden.

Eine spätere Anfechtung der Wahl wegen Fehlern in der Wählerliste ist ausgeschlossen, wenn dieser Einspruch nicht erhoben wurde.

Das Geschlecht, das in der Belegschaft in der Minderheit ist, muss mindestens entsprechend seinem zahlenmäßigen Verhältnis im Betriebsrat vertreten sein, wenn der Betriebsrat aus mindestens drei Mitgliedern besteht (§ 15 Abs. 2 BetrVG). In unserem Betrieb sind ..**31**.... % Frauen und ...**69**...... % Männer beschäftigt.

Der Betriebsrat hat aus ....**sieben**........... Mitgliedern zu bestehen. Auf das Geschlecht in der Minderheit, in diesem Fall der Frauen/~~Männer~~, entfallen ....**zwei**...... Mindestsitze (§ 15 Abs. 2 BetrVG).

Gewählt werden können nur diejenigen Arbeitnehmer/innen, die ordnungsgemäß zur Wahl vorgeschlagen wurden. Ein ordnungsgemäßer Wahlvorschlag setzt voraus, dass dieser gemäß § 14 Abs. 4 BetrVG von mindestens ..**9**..... wahlberechtigten Arbeitnehmern bzw. Arbeitnehmerinnen unterzeichnet worden ist (Stützunterschriften). Der Wahlvorschlag einer im Betrieb vertretenen Gewerkschaft muss von zwei Beauftragten unterzeichnet worden sein (§ 14 Abs. 5 BetrVG).

Die Stimmabgabe ist an die Wahlvorschläge gebunden. Die Wahlvorschläge müssen schriftlich in Form von Vorschlagslisten vor Ablauf von zwei Wochen seit dem Erlass dieses Wahlausschreibens beim Wahlvorstand unter der oben genannten Betriebsadresse des Wahlvorstands eingereicht werden, wenn mehr als drei Betriebsratsmitglieder zu wählen sind. Der letzte Tag für die Einreichung von Vorschlagslisten ist der .... **25. 03. 2026**....

Bei der Aufstellung von Vorschlagslisten sollen das Geschlecht in der Minderheit, die einzelnen Organisationsbereiche und die verschiedenen Beschäftigungsarten berücksichtigt werden. Nicht fristgerecht eingereichte Wahlvorschläge können nicht berücksichtigt werden.

Die Wahlvorschläge hängen an folgendem Ort bis um Abschluss der Stimmabgabe aus: ...**Schwarzes Brett.**...... bzw. können in elektronischer Form ..**im Intranet / Betriebsrat**......... zur Kenntnis genommen werden.

Nach erfolgter Stimmabgabe erfolgt die öffentliche Stimmauszählung am ....**22.04.2026**..... ab ...**16:00**.. im .... **Sitzungsraum 2. Stock........**

Für weitere Rückfragen stehen wir Ihnen gern zur Verfügung.

...........*Thea Schneider*.................... ....*Bernd Richter*...................

Wahlvorstandsvorsitzende — als weiteres stimmberechtigtes Wahlvorstandsmitglied

Abbildung 17.1: Ausgefülltes Musterwahlausschreiben

Auf dem Wahlausschreiben muss vermerkt sein: a) der Tag des Erlasses, also der Tag, an dem der Wahlvorstand darüber beschlossen hat, sowie b) der Tag des Aushangs. Falls die beiden Daten nicht identisch sind, falls also das Wahlausschreiben zum Beispiel erst zwei Tage nach dem Erlass ausgehängt wurde, ist der Tag des Aushangs der entscheidende Tag, nach dem die nachfolgenden Fristen berechnet werden.

Prüfung der Vorschlagslisten

Ist das Wahlausschreiben erlassen, sind erst einmal wieder die Kollegen dran. Denn nun müssen Kandidaten festgelegt, Vorschlagslisten komponiert, Reihenfolgen festgelegt werden. Die Zusammenstellung der Listen ist nicht Sache des Wahlvorstands, sondern der verschiedenen Gruppen im Betrieb: der gewerkschaftlich organisierten Kollegen, der ausdrücklich nicht organisierten, derjenigen, die eine andere, etwa eine kämpferischere oder, im Gegenteil, eine weniger kontroverse Betriebsratsarbeit befördern wollen – Politik eben. Über das Suchen und Finden von Kandidaten und das Zustandekommen von Listen erfahren Sie mehr in Kapitel 18.

Sobald die Vorschlagslisten aber stehen, ist es die Aufgabe des Wahlvorstands, jede einzelne zu prüfen, und zwar sofort nach Eingang:

- ✔ Ist sie fristgerecht eingegangen? Wenn ja, muss dies schriftlich bestätigt werden, mit Datum und Uhrzeit.
- ✔ Hat die Liste ein Kennwort? Wenn nicht, vergibt der Wahlvorstand eines, und zwar bekommt sie dann den Namen der beiden ersten Bewerber, heißt fortan also »Liste Meier, Karla; Seehuber, Gert«.
- ✔ Wenn die Liste ein Kennwort hat: Ist es so gewählt, dass es weder eine Person noch die Wahl als solche lächerlich macht, beleidigt oder herabsetzt? (Keine Chance also für die »Liste grüner Aktendeckel« oder eine »Liste gegen Faulenskis«.) Besteht Verwechslungsgefahr mit einer anderen Liste?
- ✔ Sind alle Unterzeichner wahlberechtigte Arbeitnehmer des Betriebs?
- ✔ Weisen alle Listen die erforderliche Zahl von Unterschriften auf?
- ✔ Haben alle Bewerber schriftlich zugestimmt?
- ✔ Sind die Angaben für alle Bewerber korrekt und vollständig?
- ✔ Ist die Reihenfolge der Bewerber erkennbar?
- ✔ Wurden womöglich Unterschriften gefälscht?

Stellt der Wahlvorstand fest, dass eine Liste nicht so ist, wie sie sein soll, kann er allerdings nicht darin herumstreichen oder -malen. Er darf nämlich die Liste in keiner Weise verändern (mit Ausnahme der Namensgebung für eine namenlose Liste). Es muss die Liste vielmehr an den Listenführer zurückgeben mit der Aufforderung, »den Mangel zu heilen«, wie das im Juristendeutsch überraschend zärtlich ausgedrückt wird. Das heißt, der Listenführer muss sich nun bemühen, die noch ausstehenden Unterschriften einzuholen, fehlende Angaben nachzutragen oder, falls zum Beispiel ein Kandidat auf der Liste steht, der gar nicht wählbar ist, eine vollkommen neue Liste erstellen. Da ist zu hoffen, dass die Frist noch nicht abgelaufen ist! Welche Aufgaben der Listenvertreter im Einzelnen hat, steht in Kapitel 18.

Letzte Rettung: Die Korrektur des Wahlausschreibens

Streng sind die Regeln für die Fristen im Wahlverfahren. Aber wenn nun etwas schiefgeht? Wenn der Wahlvorstand plötzlich merkt, dass die Zahl der geschlechtsabhängigen Mindestsitze nicht zwei, sondern drei beträgt, oder wenn die Zahl der für jeden Wahlvorschlag notwendigen Unterschriften geändert werden muss – was dann? Immerhin kann das ja für die Erstellung der Wahlvorschläge ausschlaggebend sein. Da gibt es zwei Möglichkeiten:

- ✔ Liegt bis zum Ablaufen der Einreichfrist der Wahlvorschläge noch so viel Zeit, dass sich die Beschäftigten in ihrem Wahlverhalten darauf einstellen können und ihre Wahlchancen nicht beeinträchtigt werden, so genügt es, wenn der Wahlvorstand das Wahlausschreiben abändert und die Änderung auch deutlich bekannt macht, zum Beispiel durch einen auffälligen (vielleicht farbigen) Aushang neben dem Wahlausschreiben, eine Rundmail oder Ähnliches.
- ✔ Ist das nicht der Fall, wird der Wahlvorstand ein neues Wahlausschreiben erlassen und dann auch den Wahltermin entsprechend verschieben müssen.

IN DIESEM KAPITEL

Wer suchet, der findet – die Kandidaten

Die Wahl in großen Betrieben

Die Wahl in kleinen Betrieben

Der Mittelweg

Kapitel 18 Wahlverfahren maßgeschneidert

Für die Betriebsratswahl sind zwei unterschiedliche Wahlverfahren möglich. Welches angewandt wird, richtet sich hauptsächlich nach der Größe des Betriebs. Auch für Betriebe, die zum ersten Mal einen Betriebsrat wählen, gibt es eine besondere Vorgehensweise. In diesem Kapitel werden alle genau erläutert. Doch welches Verfahren auch immer angewandt wird: Zunächst gilt es, genügend geeignete Kandidaten zu finden.

Das Wichtigste: Die Kandidaten

Vor allem in kleineren Betrieben ist es gar nicht so einfach, genügend Kandidaten für die Betriebsratswahl zu finden. »Ach nö, lass mal, das ist nix für mich«, sagen viele, die im Vorfeld der Wahl angesprochen werden. Da kann sich der Betriebsrat Engelszungen wachsen lassen, die Kollegen winden sich erstaunlich erfindungsreich aus dem Gespräch heraus. Freilich, einen guten Betriebsrat wollen alle haben, aber dass sie es selbst packen könnten, trauen sich nur die wenigsten zu.

Mit Engelszungen allein ist es also nicht getan. Vor allem wenn die Kollegen das Gefühl haben: Jetzt pressiert es wohl! Der Betriebsrat haut anscheinend jeden an! Aber den Notnagel will ich auch nicht abgeben!

Die Suche nach geeigneten Kandidaten sollte daher möglichst schon im Jahr vor der Betriebsratswahl beginnen. Am besten bringt der Vorsitzende das Thema immer mal wieder als Tagesordnungspunkt in die Betriebsratssitzung ein. Dann kann man zwischendurch immer wieder einmal auf bestimmte Kollegen zugehen und Vorschläge mit ihnen diskutieren, sie bitten, sich auf der Betriebsversammlung zu Wort zu melden, oder ganz einfach mit ihnen plaudern, damit man sich gegenseitig besser kennenlernt. So kann man sie ganz nebenbei auch für die Betriebsratsarbeit interessieren. Wenn es dann konkret wird, weiß man bereits, wer wohl für die Betriebsratsarbeit passen könnte. Also nicht die, die vor allem eine große Klappe haben und alles besser wissen, auch nicht die, die sich gern als Vorredner den Herrn Chef aussuchen, sondern Kollegen, die

- ✔ schon einmal auf der Betriebsversammlung etwas beigetragen haben,
- ✔ sich trauen, auch einmal dem Abteilungsleiter, Meister oder Vorarbeiter Widerworte zu geben,
- ✔ bei den Kollegen beliebt sind, weil sie kollegial, solidarisch und hilfsbereit sind,
- ✔ nicht nur mit Klagen, sondern auch mit Vorschlägen in die Betriebsratssprechstunde kommen,
- ✔ sich irgendwo sozial oder gewerkschaftlich oder kulturell engagieren,
- ✔ gewerkschaftliche Vertrauensleute sind,
- ✔ sich als Wahlvorstand bestellen lassen.

Seien Sie darauf vorbereitet, dass Ihre Wunschkandidaten nicht gleich bei der ersten Anfrage mit Feuereifer dabei sind. Auch Kollegen, die sich ganz gut vorstellen können, im Betriebsrat mitzuarbeiten, wollen gern zweimal gefragt werden, um auszuloten, ob die Anfrage wirklich ernst gemeint ist. Andere genieren sich vielleicht zu zeigen, dass sie sich das Amt durchaus zutrauen. Lassen Sie sich also von der ersten Absage überhaupt nicht beeindrucken. Sagen Sie so etwas wie: »Ich finde, du wärst ein prima Betriebsratsmitglied. Überleg es dir doch noch einmal bis nächste Woche.« Und dann gehen Sie aber auch wirklich nächste Woche noch einmal hin und bleiben so lange in der Tür stehen, bis Ihr Wunschkandidat entweder Ja gesagt hat oder mit unabweisbaren Argumenten belegt hat, warum es nicht geht. In Kapitel 1 finden Sie übrigens ein paar gute Gegenargumente zu den häufigsten Einwänden.

Zwei Wahlverfahren

Für die Betriebsratswahl sind, je nach Betriebsgröße, zwei unterschiedliche Wahlverfahren vorgesehen:

- ✔ Kleinbetriebe mit bis zu 100 wahlberechtigten Beschäftigten – und einem, drei oder fünf Betriebsratsmitgliedern – wählen nach dem »vereinfachten Wahlverfahren«.
- ✔ In Betrieben mit 201 und mehr Beschäftigten – neun und mehr Betriebsratsmitgliedern – muss die Betriebsratswahl im »normalen Wahlverfahren« durchgeführt werden.

- ✔ Betriebe mit einer Beschäftigtenzahl von 101 bis 200 Beschäftigten – das heißt sieben Betriebsratsmitglieder – können entweder das vereinfachte oder das normale Wahlverfahren anwenden. Um das vereinfachte Verfahren durchzuführen, müssen sich der Wahlvorstand und der Arbeitgeber darauf einigen. Lehnt eine der beiden Parteien dies ab, wird nach dem normalen Verfahren gewählt.

Beide Verfahren werden im Folgenden erläutert – Sie brauchen also nur einmal kurz durchzuzählen und wissen dann, welchen Abschnitt Sie getrost auslassen können.

Das vereinfachte Wahlverfahren

Das »vereinfachte Wahlverfahren« ist grundsätzlich eine Persönlichkeitswahl. Das bedeutet: Alle Kandidaten stehen auf ein und derselben Liste, egal ob sie sich beruflich, politisch oder persönlich verstehen oder nicht. Auch wenn Herr Sebert Frau König auf den Tod nicht ausstehen kann, weil er sie für eine Krawallschachtel hält – eine eigene Liste kann er nicht aufstellen.

Zeitplan vereinfachtes Wahlverfahren

Die Fristen für das vereinfachte Wahlverfahren sind vom Gesetz sehr knapp bemessen. Wenn möglich, sollte daher der Wahlvorstand schon mindestens sechs Wochen vor der Wahl bestellt werden, damit er möglichst viel Vorlauf hat.

Zeitraum vor dem Wahltermin	Was ist zu tun?
Spätestens vier (besser sechs) Wochen vor Ablauf der Amtszeit des Betriebsrats	Bestellung des Wahlvorstands
Unverzüglich nach der Bestellung	Erste Sitzung des Wahlvorstands: Geschäftsordnung, Zeit- und Arbeitsplan erstellen Termin der Betriebsratswahl festlegen Wählerliste erstellen Zahl der zu wählenden Betriebsratsmitglieder festlegen Anzahl der Sitze für Minderheitengeschlecht ermitteln Tag, Zeit und Ort für die Wahlversammlung festlegen Letzte Frist für die nachträgliche schriftliche Stimmabgabe festlegen Tag, Ort und Zeit der öffentlichen Stimmenauszählung festlegen Erlass des Wahlausschreibens Wählerliste auslegen

Zeitraum vor dem Wahltermin	Was ist zu tun?
Drei Tage nach Erlass des Wahlausschreibens	Letzte Frist für Einsprüche gegen Wählerliste
Spätestens eine Woche vor der Wahlversammlung	Letzte Frist für die Einreichung der Wahlvorschläge Prüfung und Bekanntmachung durch den Wahlvorstand
Drei Tage vor der Wahlversammlung	Letzte Möglichkeit, schriftliche Stimmabgabe zu beantragen, Briefwahlunterlagen versenden
Tag der Wahlversammlung	Wahllokal einrichten Versammlung leiten Stimmabgabe einleiten Öffentliche Stimmenauszählung (oder: Urne versiegeln, falls noch nicht alle Stimmen der schriftlichen Stimmabgabe zurückgekommen sind) Feststellung und Niederschrift des Wahlergebnisses; schriftliche Benachrichtigung der Gewählten vom Wahlergebnis
Spätestens eine Woche vor Ablauf der Amtszeit des jetzigen Betriebsrats	Letztmöglicher Tag der Auszählung (falls bis zum Wahltag nicht alle Briefwahlstimmen zurückgekommen sind) Feststellung des Wahlergebnisses (siehe oben)
Unverzüglich nach der Stimmauszählung	Gewählte Kollegen schriftlich von ihrer Wahl informieren
Spätestens drei Tage nach der Benachrichtigung der gewählten Kollegen	Wer bis dahin seine Wahl nicht abgelehnt hat, ist endgültig in seinem Betriebsratsamt bestätigt Bekanntgabe des Wahlergebnisses an Kollegen, Arbeitgeber, Gewerkschaft
Spätestens eine Woche nach Auszählung der Stimmen	Einberufung der konstituierenden Sitzung des Betriebsrats

Beim vereinfachten Wahlverfahren darf jeder wahlberechtigte Arbeitnehmer auf dem Stimmzettel so viele Namen ankreuzen, wie Plätze im Betriebsrat zu vergeben sind – also einen, drei, fünf oder bei vereinbartem vereinfachten Wahlverfahren sieben. Nach der Stimmenauszählung steht sofort fest, wer das Rennen gemacht hat, nämlich die drei, fünf oder sieben mit den meisten Stimmen.

Die Liste wird aufgestellt

Die Liste für das vereinfachte Wahlverfahren wird vom Wahlvorstand geführt. Jeder wahlberechtigte Arbeitnehmer, also auch der Betriebsrat, auch der Wahlvorstand, kann beim Wahlvorstand einen Wahlvorschlag für die Betriebsratswahl einreichen. Frau Gerhards kann zum Beispiel Herrn Lehner vorschlagen, weil der dem Meister immer so schön Kontra gibt. Oder aber – der häufigere Fall – der Betriebsrat, der sich ja schon (siehe oben) seit geraumer Zeit Gedanken über die Kandidaten macht, reicht einen Wahlvorschlag mit mehreren Namen ein. Je mehr bereitwillige Kollegen der Betriebsrat auf seinem Vorschlag vereint, desto einfacher wird später die Arbeit für den neu gewählten Betriebsrat. Denn wenn viele verschiedene Einzelvorschläge aus unterschiedlichen Ecken des Betriebs kommen, wird die dadurch zwangsläufig entstehende Konkurrenzsituation auch nach der Wahl nicht aufgehoben sein.

Die Wahlvorschläge können im vereinfachten Verfahren grundsätzlich nur schriftlich eingereicht werden. Ausnahme: Es findet erstmals eine Betriebsratswahl statt, bei der in einer ersten Wahlversammlung der Wahlvorstand gewählt wird, in einer zweiten dann die Wahl des Betriebsrats erfolgt. In diesem Fall können Wahlvorschläge der Beschäftigten in der Wahlversammlung selbst mündlich gemacht werden.

Die Wahlordnung besagt, dass jeder Wahlvorschlag mindestens doppelt so viele Bewerber aufweisen soll wie Betriebsratsmitglieder zu wählen sind. Nur so haben die Wähler ja eine einigermaßen demokratische Auswahl. Allerdings ist ein Wahlvorschlag nicht ungültig, wenn er weniger, womöglich sogar nur einen Bewerber aufweist.

Jeder Wahlvorschlag setzt sich aus zwei Teilen zusammen: aus der Liste mit den Bewerbervorschlägen (auch wenn es nur ein einziger Name ist) und der Liste mit den Unterzeichnern des Wahlvorschlags, den sogenannten »Stützunterschriften«. Die Bewerber müssen mit Familienname, Vorname, Geburtsdatum und Art der Beschäftigung im Betrieb aufgeführt werden.

In Betrieben bis zu 20 wahlberechtigten Arbeitnehmern sind keine Stützunterschriften erforderlich. In größeren Betrieben gilt Folgendes: Pro Wahlvorschlag (also nicht unbedingt pro Bewerber!) müssen zwei (in Betrieben mit 21 bis 100 Wahlberechtigten) oder ein Zwanzigstel (in Betrieben mit 101 und mehr Wahlberechtigten) wahlberechtigte Beschäftigte unterschreiben zum Zeichen, dass sie diesen Wahlvorschlag unterstützen.

Übrigens: Jeder darf nur auf einem Wahlvorschlag unterzeichnen. Wer also schon vom Kollegen Severing gebeten wurde, ihn mit einer Unterschrift zu unterstützen, darf das nicht auch noch bei der Kollegin Hollaender tun – auch wenn er schlecht »Nein« sagen kann.

Die Zahl der mindestens erforderlichen Stützunterschriften sagt nicht aus, dass es nicht auch mehr werden dürfen. Vor allem wenn der Betriebsrat einen gemeinsamen Wahlvorschlag einreicht, ist es nicht schlecht, wenn er ein ganzes Dutzend (oder mehr) Stützunterschriften sammelt und so ganz nebenbei für eine rege Wahlbeteiligung wirbt.

Der Wahlvorschlag mit Bewerbernamen und Stützunterschriften ist eine einheitliche Urkunde. Es dürfen also nicht zwei lose Blätter abgegeben werden. Entweder Bewerbernamen und Stützunterschriften erscheinen auf einem Blatt, oder beide Blätter sind mit einem Hefter (keine Büroklammern!) untrennbar zusammengeklammert.

Beigefügt werden muss außerdem die schriftliche Zustimmung jedes Bewerbers zur Aufnahme in den Wahlvorschlag. Ausnahme: Bei der erstmaligen Wahl in zwei Wahlversammlungen erfolgt der Wahlvorschlag mündlich – dann kann natürlich der vorgeschlagene Kandidat seine Zustimmung selbst auch mündlich erklären. Die Zustimmungserklärung zur Bewerbung kann nicht zurückgenommen werden. Wer es sich plötzlich anders überlegt, hat nur die Möglichkeit, die Wahl – falls er denn gewählt wurde – nachträglich nicht anzunehmen.

Ein Bewerber, der keine Stützunterschriften vorweisen kann, wird nicht in die Vorschlagsliste aufgenommen – es sei denn, im Betrieb sind nicht mehr als 20 wahlberechtigte Arbeitnehmer.

Ist die Frist zur Einreichung der Wahlvorschläge abgelaufen, erstellt der Wahlvorstand sofort, das heißt wenn möglich noch am selben Tag, die endgültige Vorschlagsliste. Diese Liste enthält – in der Reihenfolge ihres Eingangs – Namen, Vornamen und Art der Beschäftigung im Betrieb (das Geburtsdatum ist auf dieser Liste nicht anzugeben) und wird an denselben Stellen ausgehängt wie das Wahlausschreiben. Stützunterschriften und Einwilligungserklärungen behält der Wahlvorstand in der Schublade – die gehen niemanden etwas an.

Die Stimmabgabe

Anders als bei der Wahl in größeren Betrieben findet in Kleinbetrieben die Wahl im Rahmen einer Wahlversammlung statt. Diese Wahlversammlung wird vom Wahlvorstand einberufen und geleitet. Anders als bei einer Betriebsversammlung gibt es nun aber keine großen Reden und Tätigkeitsberichte. Lassen Sie sich nicht vom Begriff »Wahlversammlung« irritieren. Der Betriebsrat wird auch im vereinfachten Wahlverfahren in einem Wahllokal gewählt. Wie bei der normalen Wahl muss natürlich auch hier gewährleistet sein, dass die Stimmabgabe geheim ist, also Sichtschutz und Urne vorhanden sind (mehr zu den Stimmzetteln und zur Ausstattung in Kapitel 19).

Schriftliche Stimmabgabe

Wer schon absieht, dass er am Tag der Stimmabgabe nicht im Betrieb sein wird, kann bis spätestens drei Tage vor der Wahl beim Wahlvorstand die schriftliche Stimmabgabe beantragen. Dann stellt der Wahlvorstand die Briefwahlunterlagen zusammen (siehe Kapitel 19) und übergibt oder verschickt sie an den Betreffenden. Da die Zeitspanne bis zur Rückgabe der Unterlagen sehr kurz sein kann, werden die Unterlagen möglicherweise nicht bis zum Wahltag wieder zum Wahlvorstand zurückgekommen sein. Der Wahlvorstand muss also denjenigen, die Briefwahl anfordern, eine Frist setzen, bis wann die Unterlagen zurückgesandt werden müssen. Länger als eine Woche nach dem Tag der Wahlversammlung sollte die Frist nicht sein. Bis dahin kann die Wahl nicht abgeschlossen werden, das heißt der Tag der Stimmauszählung verschiebt sich entsprechend (siehe ebenfalls Kapitel 19).

Das normale Wahlverfahren

Das »normale Wahlverfahren« wird überall dort angewandt, wo mehr als fünf Betriebsratsmitglieder zu wählen sind, also in Betrieben mit mehr als 100 Beschäftigten (auf die Ausnahme kommen wir gleich noch zu sprechen). In diesen Betrieben können die

Betriebsratsmitglieder sowohl einzeln, also in Form der Persönlichkeitswahl, gewählt werden als auch nach dem Grundsatz der Verhältniswahl. Dieses Verfahren ist nicht anders als bei Bundestags-, Landtags- oder Kommunalwahlen. Die Wähler kreuzen also nicht Herrn Huber, Frau Meier und Herrn Mittermüller an, die sich womöglich auf den Plätzen 3, 5 und 8 der Liste befinden, sondern nur die Liste als solche. Sie treffen ihre Wahl also nicht unter Personen, sondern unter Vorschlagslisten, zum Beispiel eine Liste der Gewerkschaft ver.di, eine Liste des Bundes der Sozialarbeiter, eine Liste der ausländischen Arbeitnehmer, eine Liste der Außendienstler, eine Frauen- und eine Männerliste, die Liste der Freunde vegetarischen Kantinenessens – den Variationen sind nur wenige Grenzen gesetzt. Es soll auch Listen geben, die in aller Stille vom Arbeitgeber aufgestellt werden – indem er einige »verlässliche« Mitarbeiter durch süße Worte oder sanften Druck dazu drängt, eine »Unser-Chef-ist-klasse-Liste« zu bilden.

Die Wahlvorschlagslisten

Um die Vorschlagslisten muss sich der Wahlvorstand beim normalen Wahlverfahren zunächst nicht kümmern. Normalerweise beginnt die Debatte um die Listen schon eine geraume Zeit bevor das Wahlausschreiben erlassen wird. So treffen sich zum Beispiel die Gewerkschaftsmitglieder des Betriebs und/oder die gewerkschaftlichen Vertrauensleute zu einer gemeinsamen Sitzung und beraten, wer kandidiert oder welche Kollegen aufgefordert werden sollen, sich zu bewerben, und mit welchen Argumenten dies ins Werk gesetzt werden kann.

Ebenso entstehen auch die anderen Listen: Gleichgesinnte setzen sich zusammen und beraten über die Zusammensetzung. Wie viele Listen tatsächlich am Tag der Stimmabgabe zur Wahl stehen, entscheidet sich manchmal erst am letzten Tag der Frist für die Einreichung der Wahlvorschläge.

Einigkeit macht stark

Es ist allerdings nicht zwingend notwendig, dass mehrere Listen aufgestellt werden. Gerade in mittelgroßen Betrieben trägt eine einzige Liste, auf die sich alle kandidaturwilligen Kollegen einigen können, ihren Teil zum Betriebsfrieden bei. Für die Stimmabgabe bedeutet eine einzige Liste, dass später nach dem Prinzip der Persönlichkeitswahl gewählt wird, jeder also diejenigen Kollegen ankreuzen kann, die er für besonders geeignet hält. Je mehr Vertreter verschiedener Listen später im Betriebsrat vertreten sind, umso größer ist die Herausforderung, mit so vielen unterschiedlichen Richtungen eine konstruktive Betriebsratsarbeit zu machen.

Ob es nur eine oder mehreren Listen gibt, kann der Wahlvorstand nicht beeinflussen oder im Vorfeld festlegen – oder wie der Rheinländer sagen würde: »Et kütt, wie et kütt«. Der Fahrplan für die Durchführung der Wahl – als Persönlichkeits- oder Verhältniswahl – wird möglicherweise erst nach Ablauf der Einreichungsfrist für die Wahlvorschläge feststehen.

Je mehr, desto besser

Die Vorschlagsliste sollte mindestens doppelt so viele Bewerber aufweisen, wie Betriebsratsmitglieder zu wählen sind: für einen siebenköpfigen Betriebsrat also vierzehn, für einen neunköpfigen achtzehn und so weiter. Das steht zwar so im Gesetz, allerdings handelt es sich dabei nicht um eine Mussvorschrift, sondern um eine Empfehlung. Eine Liste ist auch dann gültig, wenn sie weniger als die doppelte Anzahl von Kandidaten enthält, ja sogar, wenn sie weniger Kandidaten enthält, als Sitze im Betriebsrat zu vergeben sind. Das sollte allerdings unbedingt vermieden werden. Denn ob tatsächlich mehrere Listen eingereicht werden, weiß man – also der Wahlvorstand – ja erst, wenn die Einreichfrist verstrichen ist. Noch bis zur letzten Minute kann sich das Bild ändern.

Angenommen, es liegt dann tatsächlich nur eine Liste vor und diese Liste ist auch noch unvollständig, dann müsste ein Betriebsrat mit weniger als den gesetzlich vorgesehenen Mitgliedern gewählt werden, eine vertane Chance der innerbetrieblichen Demokratie!

Entscheidend ist der Listenplatz

Die Namen auf der Vorschlagsliste müssen in einer erkennbaren Reihenfolge angeordnet sein. Im Regelfall heißt das: Sie sollen durchnummeriert sein, sodass auf den ersten Blick für jeden erkennbar ist: Frau Then ist auf Platz 1, Herr Münchmeier auf Platz 2 und so weiter. Ist das nicht der Fall, so ist die Liste ungültig und der Wahlvorstand muss sie zurückweisen. Das könnte zum Beispiel geschehen, wenn alle Namen auf der Liste in alphabetischer Reihenfolge aufgeführt sind. Dann muss der Wahlvorstand nachfragen, ob das wirklich so gewünscht ist oder ob der Listenführer gedacht hat, bei der Listenwahl könnte auch jeder Wähler seine Lieblingskandidaten heraussuchen.

Warum so streng? Beim normalen Wahlverfahren in Form der Verhältniswahl werden keine Personen, sondern Listen gewählt. Nach der Auszählung steht fest, wie viele Personen jeder Liste in den Betriebsrat gewählt sind. Die Namen dieser Personen werden von oben nach unten der Liste entnommen. Aber wenn man nicht feststellen kann, wer der Erste oder der Zweite ist – wie soll sich dann der Betriebsrat zusammensetzen? Und auch die Wähler möchten ja wissen, wen sie eigentlich wählen. Denn natürlich hat der Bewerber auf Platz 1 der Liste wesentlich mehr Chancen auf einen Sitz im Betriebsrat als der Bewerber auf Platz 7, 12 oder 29.

Vor allem: Vollständig

Die Liste muss zu jedem Kandidaten folgende Angaben enthalten: Name, Vorname, Geburtsdatum, Stellenbezeichnung (die Wahlordnung spricht von Art der Beschäftigung im Betrieb) (Monteur, Buchhalterin).

Geburtsdatum und Stellenbezeichnung sollen sicherstellen, dass es nicht zu einer Verwechslung kommt, wenn zwei Kollegen im Betrieb gleich oder ähnlich heißen. Überdies ist es für die Wähler durchaus interessant zu wissen, dass sich dieses Mal gleich drei Kolleginnen aus dem Marketing zur Wahl stellen oder dass auch die Produktion gut vertreten ist. Außerdem muss von jedem Kandidaten eine von ihm selbst unterschriebene Zustimmungserklärung vorliegen. Es reicht, wenn diese Unterschrift in einer gesonderten Spalte auf der Liste erscheint. Übrigens: Jeder Kandidat darf nur auf einer Liste kandidieren.

Wer einmal durch seine Unterschrift zur Kandidatur eingewilligt hat, darf diese Einwilligung nicht zurückziehen. Er kann höchstens später die Wahl nicht annehmen.

Die Unterstützer

Jeder Wahlvorschlag benötigt eine bestimmte Anzahl von Unterschriften, die diesen Vorschlag unterstützen. Auf diese Weise soll deutlich werden, dass es sich bei der Betriebsratswahl um eine ernsthafte Sache handelt, bei der kein Raum für Jux und Tollerei ist. Außerdem wird durch den Zwang zu Unterstützerunterschriften auch deutlich, ob eine Liste überhaupt eine Chance hat, wahrgenommen und gewählt zu werden. Es ist ja möglich, dass ein paar Kollegen beim abendlichen Bier die »Liste Grüner Aktendeckel« ins Leben rufen und die Reihenfolge der Kandidaten durch Knobeln, Kniffeln oder Würfeln ermitteln. Da sollen die Stützunterschriften garantieren, dass nur solche Listen zur Wahl zugelassen werden, denen eine gewisse Chance eingeräumt werden kann, von der also auch ein paar andere Kollegen am nächsten Morgen zu überzeugen sind. Die »Liste Grüner Aktendeckel« soll bleiben, was sie ist: eine Schnapsidee!

Pro Liste muss mindestens ein Zwanzigstel der wahlberechtigten Arbeitnehmer unterschreiben zum Zeichen, dass sie diese – und nur diese – Liste unterstützen. Mehr als fünfzig Unterschriften müssen es allerdings nicht sein – in sehr großen Betrieben käme der Wahlvorstand ja sonst mit dem Zählen gar nicht mehr nach. Wer darf unterschreiben? Jeder, der wahlberechtigt ist, also auch Mitglieder des amtierenden Betriebsrats, auch Mitglieder des Wahlvorstands, auch die Kandidaten selbst.

Jeder Arbeitnehmer darf nur auf einer Liste unterschreiben.

Der Listenvertreter

Jede Liste muss schließlich noch einen Listenführer oder Listenvertreter ausweisen, an den sich der Wahlvorstand im Falle von Unklarheiten oder Rückfragen wenden kann. Als Listenführer fungiert meistens derjenige, dessen Name auf der Liste der Stützunterschriften an oberster Stelle steht. (Natürlich setzt man an die oberste Stelle jemanden, der sich dazu bereit erklärt.) Wenn der erste auf der Liste wider Erwarten nicht als Listenführer fungiert, muss deutlich gemacht werden (zum Beispiel durch Unterstreichen eines Namens), wer ansonsten für die Liste verantwortlich ist.

Noch einmal: Die Reihenfolge zählt

Angenommen, beim Wahlvorstand sind zum Ende der Frist fünf Listen eingegangen. Alle sind auf Herz und Nieren geprüft und für korrekt befunden worden. Nun sollen sie also ausgehängt oder auf andere Weise den Kollegen zugänglich gemacht werden. Nichts einfacher als das?

Man kann sich über alles streiten, so auch darüber, in welcher Reihenfolge die Listen auf dem Aushang erscheinen. In alphabetischer? Dann würde wohl jeder Listenname mit A anfangen, denn jeder weiß: Wer vorn steht, bekommt die meiste Aufmerksamkeit.

Daher muss auch hier wieder Frau Fortuna ran beziehungsweise das Los entscheiden. Und damit alle beruhigt sein können, dass es dabei mit rechten Dingen zugeht, würfelt der Wahlvorstand nicht im stillen Kämmerlein, sondern

- ✔ er lädt alle Listenführer – am besten schriftlich! – zur nächsten Sitzung ein.
- ✔ Jedes Kennwort wird auf einen Zettel geschrieben, der zusammengefaltet in ein geeignetes Behältnis – Tüte, Mütze, Schüssel, Blumenübertopf – geworfen wird.
- ✔ Der erste Zettel wird gezogen, die betreffende Liste erhält die Nummer 1.
- ✔ Der zweite Zettel … na, Sie wissen ja, wie es weitergeht.
- ✔ Wenn alle Listen eine von (hier fünf) fortlaufenden Nummern erhalten haben, liegt damit die Reihenfolge fest und wird ins Protokoll aufgenommen.

Die so ermittelte Reihenfolge behalten die Listen sowohl auf dem Aushang als auch auf den Stimmzetteln bei. Während auf dem Aushang aber alle Listen komplett mit allen Namen erscheinen, enthalten die Stimmzettel später nur die Listennamen mit den Namen der beiden ersten Kandidaten.

§ 6 Wahlordnung: Vorschlagslisten

(1) Sind mehr als fünf Betriebsratsmitglieder zu wählen, so erfolgt die Wahl aufgrund von Vorschlagslisten, sofern nicht die Anwendung des vereinfachten Wahlverfahrens vereinbart worden ist (§ 14a Absatz 5 des Gesetzes). Die Vorschlagslisten sind von den Wahlberechtigten vor Ablauf von zwei Wochen seit Erlass des Wahlausschreibens beim Wahlvorstand einzureichen.

(2) Jede Vorschlagsliste soll mindestens doppelt so viele Bewerberinnen oder Bewerber aufweisen, wie Betriebsratsmitglieder zu wählen sind.

(3) In jeder Vorschlagsliste sind die einzelnen Bewerberinnen oder Bewerber in erkennbarer Reihenfolge unter fortlaufender Nummer und unter Angabe von Familienname, Vorname, Geburtsdatum und Art der Beschäftigung im Betrieb aufzuführen. Die schriftliche Zustimmung der Bewerberinnen oder der Bewerber zur Aufnahme in die Liste ist beizufügen.

(4) Wenn kein anderer Unterzeichner der Vorschlagsliste ausdrücklich als Listenvertreter bezeichnet ist, wird die oder der an erster Stelle Unterzeichnete als Listenvertreterin oder Listenvertreter angesehen. Diese Person ist berechtigt und verpflichtet, dem Wahlvorstand die zur Beseitigung von Beanstandungen erforderlichen Erklärungen abzugeben sowie Erklärungen und Entscheidungen des Wahlvorstands entgegenzunehmen.

(5) Die Unterschrift eines Wahlberechtigten zählt nur auf einer Vorschlagsliste. Hat ein Wahlberechtigter mehrere Vorschlagslisten unterzeichnet, so hat er auf Aufforderung des Wahlvorstands binnen einer ihm gesetzten angemessenen Frist, spätestens jedoch vor Ablauf von drei Arbeitstagen, zu erklären, welche Unterschrift er aufrechterhält. Unterbleibt die fristgerechte Erklärung, so wird sein Name auf der zuerst eingereichten Vorschlagsliste gezählt und auf den übrigen Listen gestrichen; sind mehrere Vorschlagslisten, die von demselben Wahlberechtigten unterschrieben sind, gleichzeitig eingereicht worden, so entscheidet das Los darüber, auf welcher Vorschlagsliste die Unterschrift gilt.

(6) Eine Verbindung von Vorschlagslisten ist unzulässig.

(7) Eine Bewerberin oder ein Bewerber kann nur auf einer Vorschlagsliste vorgeschlagen werden. Ist der Name dieser Person mit ihrer schriftlichen Zustimmung auf mehreren Vorschlagslisten aufgeführt, so hat sie auf Aufforderung des Wahlvorstands vor Ablauf von drei Arbeitstagen zu erklären, welche Bewerbung sie aufrechterhält. Unterbleibt die fristgerechte Erklärung, so ist die Bewerberin oder der Bewerber auf sämtlichen Listen zu streichen.

Zeitplan für das normale Wahlverfahren

Zeitraum vor dem Wahltermin	Was ist zu tun?
Zwölf, spätestens aber zehn Wochen vor Ablauf der Amtszeit	Bestellung des Wahlvorstands
Unverzüglich nach der Bestellung	Erste Sitzung des Wahlvorstands: Geschäftsordnung, Zeit- und Arbeitsplan erstellen Termin der Betriebsratswahl festlegen Wählerliste aufstellen Zahl der zu wählenden Betriebsratsmitglieder ermitteln Anzahl der Sitze für Minderheitengeschlecht ermitteln Ort, Tag und Zeit der Stimmabgabe festlegen Ort, Tag und Zeit der öffentlichen Stimmenauszählung bestimmen
Spätestens sechs Wochen vor dem ersten Tag der Stimmabgabe	Wählerliste auslegen Erlass des Wahlausschreibens
Zwei Wochen nach Erlass des Wahlausschreibens	Ende der Frist für Einsprüche gegen Wählerliste
Zwei Wochen nach Erlass des Wahlausschreibens	Ende der Frist für die Einreichung der Vorschlagslisten, Prüfung und Bekanntmachung durch den Wahlvorstand
Spätestens eine Woche vor dem (ersten) Tag der Stimmabgabe	Reihenfolge der Listen auslosen, Vorschlagslisten veröffentlichen (Aushang und/oder Intranet)

Zeitraum vor dem Wahltermin	Was ist zu tun?
So rechtzeitig, dass der Rücklauf vor Beginn der Wahl möglich ist	Versenden der Briefwahlunterlagen
Spätestens eine Woche vor Ablauf der Amtszeit des amtierenden Betriebsrats	Tag der Wahl; unmittelbar zu Beginn der öffentlichen Stimmauszählung Wahlumschläge der Briefwähler öffnen und deren Stimmzettel in die Urne legen
Unverzüglich nach der Stimmabgabe	Öffentliche Stimmenauszählung, Feststellung und Niederschrift des Wahlergebnisses, schriftliche Benachrichtigung der Gewählten vom Wahlergebnis, Bekanntgabe des Wahlergebnisses, Abschrift der Wahlniederschrift an Arbeitgeber und Gewerkschaft
Spätestens eine Woche nach Auszählung der Stimmen	Einberufung der konstituierenden Sitzung des Betriebsrats

Die Wahl der Wahl: Betriebe mit 101 bis 200 Beschäftigten

Wenn ein Betrieb nicht gerade ein »Kleinbetrieb« ist, also mehr als 100 wahlberechtigte Arbeitnehmer aufweist, gibt es die Möglichkeit, nach dem vereinfachten Verfahren zu wählen. Voraussetzung ist, dass Wahlvorstand (nicht der Betriebsrat!) und Arbeitgeber sich darüber einig sind. Erzwingen kann keine der beiden Seiten die Zustimmung der anderen. Wird also das vereinfachte Wahlverfahren vereinbart, heißt das automatisch: Es gibt nur eine einzige Liste, und es wird im Rahmen einer Wahlversammlung nach dem Grundsatz der Persönlichkeitswahl abgestimmt. »Na toll«, werden Sie jetzt denken. »Was ist denn die bessere Entscheidung?« Es gibt für beide Wahlverfahren gute Argumente:

Wenn es schnell gehen muss, spricht das für das vereinfachte Wahlverfahren, das in einer kürzeren Zeitspanne durchgeführt werden kann. Sollten Sie zum Beispiel in absehbarer Zukunft eine Betriebsänderung befürchten, aber noch keinen Betriebsrat haben, muss so schnell wie möglich eine Betriebsratswahl durchgeführt werden, weil es nur dann die Möglichkeit gibt, durch Interessenausgleich und Sozialplan die nachteiligen Folgen für Ihre Kollegen abzumildern. Wenn Sie nicht unter Zeitdruck stehen, spricht mehr für das normale Wahlverfahren. Lassen Sie sich nicht von dem Begriff »vereinfacht« beeindrucken: Auch bei diesem vereinfachten Verfahren sind die Vorschriften der Wahlordnung zu beachten. Es ist aber wesentlich gedrängter.

Das erste Mal

»Der Betriebsrat bestellt den Wahlvorstand« – ja, wenn es immer so einfach wäre! Gerade in kleinen Betrieben existiert oft noch gar kein Betriebsrat, der sich um die Wahl kümmern könnte. Dennoch haben die Beschäftigten das Gefühl: Es muss etwas passieren. Eine Menge

Dinge liegen im Argen, und ein paar energische Kollegen wären auch da, die sich vorstellen könnten, mit dem Arbeitgeber auf einer geregelten Basis, sprich: versehen mit ein paar starken Mitbestimmungsrechten, über Schichtpläne, Arbeitsbedingungen und Sicherheitsvorkehrungen zu verhandeln.

Termin: Jederzeit

Um zum ersten Mal einen Betriebsrat zu installieren, muss man glücklicherweise nicht warten, bis wieder einmal der zentrale Wahltermin heranrückt. Das wäre ja eine nicht akzeptable Beschneidung der Rechte der Arbeitnehmer. Wird in einem Betrieb erstmals ein Betriebsrat gewählt, kann dies selbstverständlich zu jeder beliebigen Zeit stattfinden.

Der Wahlvorstand

Aber wer bestellt den Wahlvorstand, wenn es noch keinen Betriebsrat gibt? Da gibt es zwei Möglichkeiten.

Wenn der Betrieb zu einem größeren Unternehmen mit mehreren untergeordneten Betrieben gehört und wenn dieses Unternehmen einen Gesamtbetriebsrat oder einen Konzernbetriebsrat hat, so kann dieser einen Wahlvorstand bestellen. Das wäre die beste Möglichkeit, denn der Gesamtbetriebsrat kennt sich mit den Gegebenheiten des Betriebs wahrscheinlich ganz gut aus, es handelt sich um erfahrene Kollegen, die den »Neuen« mit moralischer, sachlicher und materieller Unterstützung unter die Arme greifen können.

Gibt es kein solches Gremium, müssen die Arbeitnehmer selbst aktiv werden und sich einen Wahlvorstand wählen. Dies geschieht auf einer Betriebsversammlung – der einzige Fall, in dem eine Betriebsversammlung stattfinden kann, ohne dass es einen Betriebsrat gibt. Zu dieser Betriebsversammlung können eine im Betrieb vertretene Gewerkschaft oder drei wahlberechtigte Arbeitnehmer des Betriebs einladen. Sie hängen dazu – wie es auch ein Betriebsrat tun würde – zum Beispiel eine Einladung ans betriebliche Schwarze Brett, stellen die Einladung ins Intranet oder verschicken Briefe. Es muss nur gewährleistet sein, dass *alle* Arbeitnehmer die Möglichkeit haben, die Einladung zu sehen und wahrzunehmen. Flüsterpropaganda, womöglich noch mit dem Ziel, den einen oder anderen aus der Informationskette auszukoppeln, ist nicht zulässig.

Lassen Sie auf der Einladung für die erste Versammlung mehr als nur drei Arbeitnehmer unterschreiben. Je mehr Unterschriften unter dem Brief stehen, umso mehr Kollegen trauen sich zu kommen und sogar zu kandidieren.

Ganz schön riskant?

Die Initiatoren einer erstmaligen Betriebsratswahl waren früher oft konspirativ unterwegs. Gespräche mit Kollegen, ob sie die Wahl eines Betriebsrats unterstützen würden, wurden unter dem Siegel der Verschwiegenheit geführt, damit der Arbeitgeber von der möglicherweise bevorstehenden Betriebsratswahl nichts erfährt. Oftmals haben sie dann versucht, die »Rädelsführer« vorab durch Versetzungen oder gar Kündigungen auszuschalten. Besonderen Kündigungsschutz wegen der Initiative für die Betriebsratswahl gab es in dem Stadium noch nicht. Das hat sich zum Glück geändert. Jetzt brauchen Sie keine Geheimdienstqualitäten, sondern einen Notar.

§ 15 Abs. 3b Kündigungsschutzgesetz

Die Kündigung eines Arbeitnehmers, der Vorbereitungshandlungen zur Errichtung eines Betriebsrats oder einer Bordvertretung unternimmt und eine öffentlich beglaubigte Erklärung mit dem Inhalt abgegeben hat, dass er die Absicht hat, einen Betriebsrat oder eine Bordvertretung zu errichten, ist unzulässig, soweit sie aus Gründen erfolgt, die in der Person oder in dem Verhalten des Arbeitnehmers liegen, es sei denn, dass Tatsachen vorliegen, die den Arbeitgeber zur Kündigung aus wichtigem Grund ohne Einhaltung einer Kündigungsfrist berechtigen. Der Kündigungsschutz gilt von der Abgabe der Erklärung nach Satz 1 bis zum Zeitpunkt der Einladung zu einer Betriebs-, Wahl- oder Bordversammlung nach § 17 Absatz 3, § 17a Nummer 3 Satz 2, § 115 Absatz 2 Nummer 8 Satz 1 des Betriebsverfassungsgesetzes, längstens jedoch für drei Monate.

Was zu tun ist:

- ✔ Sie müssen eine Vorbereitungshandlung für die Errichtung eines Betriebsrats unternommen haben. Darunter fallen zum Beispiel Gespräche mit den Kollegen, um die Bereitschaft zur Gründung eines Betriebsrats zu hinterfragen, oder die Kontaktaufnahme zu einer Gewerkschaft, um Informationen für die Betriebsratswahl zu bekommen.
- ✔ Sie müssen eine Erklärung schriftlich abfassen, dass Sie die Absicht haben, einen Betriebsrat zu gründen. Geben Sie dazu Ihren Namen, Ihr Geburtsdatum und Ihre Anschrift sowie die Bezeichnung des Unternehmens und des Betriebs an, in dem dieser Betriebsrat errichtet werden soll.
- ✔ Diese Erklärung muss unterzeichnet und die Unterschrift von einem Notar beglaubigt werden.

Die Wahl des Wahlvorstands

Die Betriebsversammlung zur Wahl eines Wahlvorstands findet wie alle anderen Betriebsversammlungen auch während der Arbeitszeit im Betrieb statt. Sie wird eröffnet und geleitet von denjenigen, die dazu eingeladen haben. Teilnehmer sind alle Arbeitnehmer des Betriebs, auch die nicht wahlberechtigten (wer das im Einzelnen ist, muss ja der Wahlvorstand erst noch feststellen). Auch ein Beauftragter einer im Betrieb vertretenen Gewerkschaft darf anwesend sein. Der Arbeitgeber und die leitenden Angestellten haben jedoch kein Recht zur Teilnahme, es sei denn, sie sind ausdrücklich eingeladen.

Nach einer kurzen Erläuterung, worum es bei dieser Versammlung geht, wird dann auch schon zur Wahl geschritten. Sinnvollerweise haben sich die drei Einladenden vorab einiges überlegt, vor allem wen sie als Mitglieder des Wahlvorstands vorschlagen. Meistens werden sie sich selbst vorschlagen, denn wer die Courage aufbringt, Betriebsratswahlen zu initiieren, ist dafür genau der oder die Richtige.

Gewählt werden diejenigen Personen, die die Mehrzahl der Stimmen der Anwesenden auf sich vereinigen können. Es kommt also nicht darauf an, dass alle Beschäftigten – oder ein bestimmter Prozentsatz – anwesend sind. Es wählen die, die da sind, und deren Votum gilt. Wie es nun weitergeht, hängt wieder von der Betriebsgröße ab: In Betrieben mit mehr als 101 Arbeitnehmern wird mit der Wahl des Wahlvorstands das normale Wahlverfahren eingeleitet. In kleinen Betrieben mit 100 und weniger Arbeitnehmern wird der Betriebsrat im sogenannten »zweistufigen Wahlverfahren« gewählt.

Der Wahlvorstand wird in der Regel durch Handaufheben gewählt. Wenn Sie befürchten, dass sich die Kollegen nicht trauen, die Hand zu heben (weil ja mit Sicherheit auch einige dasitzen, die alles, was gesagt und getan wurde, sofort dem Chef hinterbringen), ist es nicht unzulässig, die Frage andersherum zu formulieren. Statt »Wer ist dafür, dass die Kollegen Müller, Meier und Krause den Wahlvorstand bilden?« könnte man auch fragen: »Ist jemand dagegen, dass die Kollegen Müller, Meier und Krause den Wahlvorstand bilden?« Und wenn sich nun keiner meldet – dann sind sie gewählt.

Zweistufiges Wahlverfahren

Dieses Wahlverfahren heißt so, weil die Wahl in zwei kurz aufeinanderfolgenden Schritten oder Stufen vor sich geht. Dieses Verfahren geht so holterdiepolter über die Bühne, dass der Wahlvorstand kaum Zeit zum Verschnaufen hat. Das A und O dieses Verfahrens ist also eine sorgfältige Vorbereitung.

Die beginnt schon bei der Einladung: In dieser muss bereits darauf hingewiesen werden, dass Wahlvorschläge für den Betriebsrat (also nicht für den Wahlvorstand) ab sofort schriftlich vorgelegt, mündlich aber noch bis zum Ende der Versammlung gemacht werden können. Schriftliche Wahlvorschläge müssen mindestens von zwei (in Betrieben mit 21 bis 100 Wahlberechtigten) oder einem Zwanzigstel (in Betrieben mit mehr als 100 Wahlberechtigten) der Wahlberechtigten unterschrieben sein. In Betrieben mit bis zu 20 Wahlberechtigten ist keine Unterzeichnung von Wahlvorschlägen erforderlich.

Sofort nachdem die Einladung ausgehängt wurde, muss der Arbeitgeber den Einladenden alle für die Anfertigung der Wählerliste erforderlichen Unterlagen aushändigen, und zwar in einem verschlossenen Umschlag. Dies ist zwingend vom Gesetz vorgeschrieben (§ 28 Abs. 2 der Wahlordnung). Weigert er sich, kann er durch eine einstweilige Verfügung dazu gezwungen werden.

Der Tag der Betriebsversammlung ist da, der Wahlvorstand wird von den Anwesenden gewählt – und dann geht es sofort weiter:

- ✔ Die Einladenden übergeben dem Wahlvorstand den versiegelten Umschlag des Arbeitgebers mit den Unterlagen für die Wählerliste.

- Der Wahlvorstand erstellt *noch während der Versammlung* die Wählerliste. Dabei muss er prüfen, wer das aktive, wer das passive Wahlrecht besitzt, die Liste nach Männern und Frauen aufteilen, die Zahl der Betriebsratsmitglieder und die Zahl der Mindestsitze für das Minderheitengeschlecht ermitteln, Ort, Tag und Zeit der zweiten Wahlversammlung sowie die letzte Frist für die nachträgliche schriftliche Stimmabgabe bestimmen.

- Im Anschluss daran, ebenfalls noch während der Versammlung, erlässt der Wahlvorstand das Wahlausschreiben.

Damit ist die Betriebsratswahl förmlich eingeleitet und alles geht weiter wie beim einstufigen vereinfachten Wahlverfahren, also:

- Drei Tage nach dem Erlass des Wahlausschreibens endet die Frist für Einsprüche gegen die Wählerliste.

- Sieben Tage nach der ersten Versammlung findet bereits die zweite, die eigentliche Wahlversammlung statt, bei der die Kollegen ihre Stimmzettel in die Urne werfen können.

- Wenige Tage danach endet die Frist für die schriftliche Stimmabgabe, spätestens jetzt kann die öffentliche Auszählung der Stimmen stattfinden.

- Vor Ablauf einer Woche nach der Auszählung wird der neue Betriebsrat zur konstituierenden Sitzung einberufen.

Bereit sein ist alles

Um alle diese Aufgaben in der extrem knappen Zeit zu bewältigen – man bedenke, was allein alles auf der Wahlversammlung organisiert werden muss! –, ist es unbedingt notwendig, dass die drei Kollegen, die zur Wahlversammlung einladen, alles so sorgfältig und vollständig wie möglich vorbereitet haben und ganz genau wissen, was zu tun ist. Jetzt erst noch groß herumzublättern würde alle Beteiligten – die Einladenden, den neu gewählten Wahlvorstand und die Kollegen – nervös und ungeduldig machen. Am besten also schon vor (!) dem Aushang der Einladung eine genaue Checkliste mit Zeitplan aufstellen, damit Sie gut vorbereitet sind.

Aber warum eigentlich diese extreme Hast? Ob wir den Betriebsrat jetzt eine Woche früher oder später wählen, ist doch egal! Durchaus nicht!

Wenn die Arbeitnehmer in einem Betrieb beschließen, einen Betriebsrat zu wählen, wissen sie oft nicht, wie stark ihnen dabei der Wind ins Gesicht bläst. Zwar gehört die Wahl des Betriebsrats zu den unveräußerlichen Rechten der Arbeitnehmer, aber ein Arbeitgeber, der das nicht so sieht, kann die Wahl erheblich unter Störfeuer nehmen. Man muss als Beispiel gar nicht die bekannten Einzelhandelsketten heranziehen, deren Kampf gegen Betriebsratswahlen immer wieder durch die Presse geht. Auch in kleinen Unternehmen stellt sich der Chef stur, rückt die Unterlagen nicht heraus, fängt die Einladenden bei jeder Gelegenheit ab, um ihnen mit moralischen Vorhaltungen oder offenen Drohungen den Schneid abzukaufen, weigert sich, einen Raum für die Versammlungen bereitzustellen, hindert die Arbeitnehmer daran, sie zu besuchen – Sie können es sich sicher selbst vorstellen. Da ist es eher eine Hilfe, wenn die ganze Wahl zügig über die Bühne geht und der Betriebsrat schnell seine Arbeit aufnehmen kann.

Zeitplan für das vereinfachte zweistufige Wahlverfahren

Nachdem die Wahl bei diesem Verfahren in zwei kurz aufeinanderfolgenden Schritten erfolgt, bleibt dem Wahlvorstand kaum Zeit zum Verschnaufen. Das A und O dieses Verfahrens ist eine sorgfältige Vorbereitung.

Zeitraum vor dem Wahltermin	Was ist zu tun?
Sieben Tage (ohne den Tag der Einladung gerechnet) vor der Betriebsversammlung zur Wahl eines Wahlvorstands	Einladung zur Betriebsversammlung aushängen
Unverzüglich nach dem Aushang der Einladung	Arbeitgeber händigt den Einladenden die für die Wählerliste erforderlichen Unterlagen in einem verschlossenen Umschlag aus
Erste Wahlversammlung	Wahl des Wahlvorstands, Erstellen der Wählerliste, Festlegung der Zahl der Betriebsratsmitglieder und der Sitze für das Minderheitengeschlecht, Erlass des Wahlausschreibens, Auslegen der Wählerliste Ende der ersten Wahlversammlung: letzte Frist für die Einreichung von Wahlvorschlägen, schriftliche Bestätigung des Eingangs und Prüfung der Wahlvorschläge Unmittelbar danach: Aushang der Wahlvorschläge
Drei Tage nach Erlass des Wahlausschreibens	Letzte Frist für Einsprüche gegen Wählerliste
Drei Tage vor der Wahlversammlung	Letzte Möglichkeit, schriftliche Stimmabgabe zu beantragen, Versendung der Unterlagen, Festsetzung eines Termins zur letztmöglichen Rücksendung
Tag der zweiten Wahlversammlung: eine Woche nach der ersten Wahlversammlung	Wahllokal einrichten, Versammlung leiten, Stimmabgabe einleiten, öffentliche Stimmenauszählung (oder: Urne versiegeln, falls noch nicht alle Stimmen der schriftlichen Stimmabgabe zurückgekommen sind), Feststellung und Niederschrift des Wahlergebnisses, schriftliche Benachrichtigung der Gewählten vom Wahlergebnis, Bekanntgabe des Wahlergebnisses
Ende der Frist für die schriftliche Stimmabgabe	Öffentliche Auszählung (falls bis zum Wahltag nicht alle Briefwahlstimmen zurückgekommen sind), Feststellung des Wahlergebnisses (siehe oben)
Spätestens eine Woche nach Auszählung der Stimmen	Einberufung der konstituierenden Sitzung des Betriebsrats

In Betrieben, in denen es ums Überleben geht, in denen die Beschäftigten also fürchten müssen, dass sich am Horizont eine Entlassungswelle schon aufbaut, ist dieses Tempo noch wichtiger. Je schneller ein Betriebsrat installiert ist, desto größer die Chancen, wenigstens noch einen Sozialplan abschließen zu können.

Erste Hilfe für die Wahl

Gehen Sie die erste Betriebsratswahl nicht allein an. Die Gewerkschaften bieten für Arbeitnehmer, die einen Betriebsrat einrichten wollen, jede Menge Unterstützung. Außerdem ist bereits im Gesetz eine Reihe von »Schutzmaßnahmen« eingezogen:

- ✔ Kommt der Arbeitgeber der Pflicht, dem Wahlvorstand die Unterlagen für die Wählerliste zu übergeben, nicht nach, kann er durch eine einstweilige Verfügung dazu gezwungen werden.
- ✔ Anstelle von drei Arbeitnehmern kann auch eine im Betrieb vertretene Gewerkschaft zur Versammlung einladen.
- ✔ Die Einladenden, der Wahlvorstand sowie die Kandidaten zur Betriebsratswahl genießen ab dem Moment, in dem sie tätig werden, Kündigungsschutz.

IN DIESEM KAPITEL

Wählen in Abwesenheit: die Briefwahl

Mehr als nur eine alte Schachtel: die Urne

Listen, Listen, Listen

Das Einmaleins der Stimmenauszählung

Kapitel 19
Wählen und zählen

Wenn endlich alle Listen erstellt sind, ist es schon höchste Zeit, die Wahlunterlagen fertigzustellen. Auch damit darf sich der Wahlvorstand nicht allzu lang Zeit lassen. Sobald also die Frist für die Wahlvorschläge und Vorschlagslisten abgelaufen ist und – je nach Betrieb – klar ist, ob mehrere Listen gegeneinander antreten oder nur eine, also Persönlichkeitswahl angesetzt ist, werden die Stimmzettel erstellt. Warum denn jetzt schon wieder diese Eile?

Die Briefwahl

Die Erfahrung zeigt, dass am Wahltag fast immer ein paar Wahlberechtigte nicht im Betrieb sein werden und daher nicht persönlich abstimmen können. Um auch diesen Kollegen die Möglichkeit zu geben, über die Zusammensetzung des neuen Betriebsratsgremiums abzustimmen, ist die Möglichkeit der Briefwahl vorgesehen – im Zusammenhang mit der Betriebsratswahl heißt sie ganz korrekt: »schriftliche Stimmabgabe«.

Briefwahl ist möglich für

- ✔ Arbeitnehmer, die am Wahltag nicht im Betrieb sind, weil sie zum Beispiel krank, in Elternzeit, Urlaub oder auf Dienstreise sind.
- ✔ Kollegen, die wegen der Art ihrer Arbeit ihren Arbeitsplatz an einer anderen Stelle haben, zum Beispiel Kollegen im Außendienst, an Telearbeitsplätzen oder im Homeoffice.

- ✔ Arbeitnehmer, die in einem entfernten Betriebsteil oder Kleinstbetrieb arbeiten, für den der Wahlvorstand Briefwahl beschlossen hat, also etwa die Beschäftigten eines außerhalb der Stadt gelegenen Lagers oder einer Filiale, die nicht allein wegen der Wahl in den Hauptbetrieb kommen können.

Allen Arbeitnehmern, von denen der Wahlvorstand schon vorher weiß, dass sie am Wahltag ganz sicher nicht im Betrieb sind, werden die Wahlunterlagen unaufgefordert und so schnell wie möglich zugesandt. Alle anderen Wahlberechtigten erhalten die Unterlagen nur auf Verlangen. Der Wahlvorstand darf also nicht schon einmal auf Verdacht allen Arbeitnehmern die Briefwahlunterlagen in die Hand drücken. Es gilt der Grundsatz, dass die persönliche Wahl der Normalfall, die Briefwahl die Ausnahme ist.

Die Wahlunterlagen

Zu den Wahlunterlagen gehören folgende Dokumente:

1. das Wahlausschreiben in Kopie,
2. die Vorschlagslisten,
3. der Stimmzettel und der Wahlumschlag,
4. eine vorgedruckte persönliche Erklärung, in der der Wähler gegenüber dem Wahlvorstand versichert, dass er den Stimmzettel persönlich gekennzeichnet hat,
5. ein größerer Freiumschlag, der die Anschrift des Wahlvorstands und als Absender den Namen und die Anschrift der oder des Wahlberechtigten sowie den Vermerk »schriftliche Stimmabgabe« trägt,
6. ein Merkblatt über die Art und Weise der schriftlichen Stimmabgabe, das die Information darüber enthält, bis zu welchem Tag die Materialien spätestens zurückgeschickt werden müssen.

Spätestens jetzt ist klar, warum Sorgfalt und Gründlichkeit eine der wesentlichen Anforderungen an den Wahlvorstand ist. Er achtet nämlich tunlichst darauf, nur ja keines der sechs Dokumente zu vergessen, sonst kann die Stimme nicht ordnungsgemäß abgegeben werden. Und die Kollegen, die an der Wahl gehindert werden, sind entweder sauer, rufen den Wahlvorstand an und schimpfen ihn ordentlich aus, oder sie sind gleichgültig und schmeißen den ganzen Papierkram in den Papierkorb, oder sie sind boshaft und benutzen diese Nachlässigkeit, um nachträglich die Wahl anzufechten.

Erklärung und Merkblatt

Mit der Erklärung versichert der Wähler gegenüber dem Wahlvorstand, dass er den Stimmzettel persönlich ausgefüllt hat. Dies ist eine (wichtige) Formalität, die bei jeder Wahl einzuhalten ist. Es wäre ja vorstellbar, dass sich später ein wahlberechtigter Arbeitnehmer meldet und behauptet, seine Briefwahlunterlagen seien ihm abhandengekommen und von jemand anders ausgefüllt worden. Dann kann der Wahlvorstand die persönliche Erklärung aus seinen Unterlagen hervorholen und den Vorwurf getrost zurückweisen.

Das Merkblatt ist eine Anleitung, wie die einzelnen Bestandteile der Wahlunterlagen zurückzusenden sind:

- ✔ Stimmzettel und persönliche Erklärung ausfüllen
- ✔ Stimmzettel (nur diesen!) in den Wahlumschlag stecken und verschließen
- ✔ Wahlumschlag und persönliche Erklärung in den größeren Freiumschlag stecken
- ✔ alles rechtzeitig an den Wahlvorstand schicken

Wahrscheinlich haben Sie inzwischen den Eindruck, dass so eine Betriebsratswahl sich zu einer wahren Materialschlacht ausweitet. Muss der Wahlvorstand da denn alle Formulare selbst erstellen? Keineswegs! Die auf Arbeitsrecht und Betriebsräteberatung spezialisierten Verlage bieten umfangreiche Pakete mit allen notwendigen Formularen, Vordrucken und Erläuterungen an, darunter auch Muster für die persönliche Erklärung sowie für das Merkblatt, außerdem für sämtliche Formulare, die nach dem Abschluss des Wahlvorgangs gebraucht werden. Sie sparen sich damit nicht nur viel Zeit und Mühe, sondern können auch sicher sein, dass Sie keine wesentlichen Angaben vergessen oder unkorrekt formuliert haben.

Jeder hat nur eine Stimme!

Nachdem der Wahlvorstand die Unterlagen verschickt hat, vermerkt er in der Wählerliste, wer die Briefwahlunterlagen erhalten hat. Das ist wichtig! Denn angenommen, Herr Brinkmann ist nun am Wahltag doch da, weil sich sein Geschäftstermin verschoben hat, oder Frau Horn nutzt die Gelegenheit, ihren kleinen Jungen den Kolleginnen vorzustellen und nebenbei auch zur Wahl zu gehen – dann muss der Wahlvorstand ja wissen: Halt! Da sind doch Briefwahlunterlagen rausgegangen!

Irgendwann werden die ersten Umschläge mit den Wahlunterlagen wieder eintreffen. Der Wahlvorstand darf sich auf keinen Fall freudestrahlend (»Wir haben Post!«) auf die Briefumschläge stürzen und sie vor dem Wahltag öffnen. Nehmen Sie die verschlossenen Umschläge und bewahren Sie sie an einem für alle anderen unzugänglichen Ort auf.

Trotzdem darf der betreffende Arbeitnehmer seine Stimme auch persönlich abgeben. Dann muss allerdings sichergestellt werden, dass seine Briefwahlstimme nicht auch noch zählt. Anhand der Wählerliste ist das aber ganz leicht festzustellen – wenn der Wahlvorstand sich keine Schlamperei erlaubt hat.

Der Stimmzettel

Für die Stimmzettel gibt es naturgemäß keine Vordrucke. Allerdings werden an sie auch keine großen gestalterischen Anforderungen gestellt, außer dieser einen: Alle müssen gleich aussehen. Mit einem einfachen Textverarbeitungssystem, einer Schreibmaschine plus Kopierer, notfalls sogar mit der Hand (aber bitte in deutlicher Handschrift) sind sie schnell erstellt.

- ✔ Name des Betriebs (nicht zwingend notwendig)
- ✔ Jahr der Betriebsratswahl (nicht zwingend notwendig)
- ✔ Die zu wählenden Kandidaten oder Listen
  - Bei Persönlichkeitswahl: Name, Vorname, Art der Beschäftigung der Kandidaten im Betrieb. Im vereinfachten Wahlverfahren werden die Kandidaten in alphabetischer Reihenfolge aufgeführt, im normalen Wahlverfahren in der Reihenfolge, wie sie auf dem eingereichten Wahlvorschlag aufgeführt waren.
  - Bei Listenwahl: die zur Wahl stehenden Listen in der zuvor ausgelosten Reihenfolge mit Nummer, Kennwort und den Namen, Vornamen sowie Art der Beschäftigung im Betrieb der beiden ersten Kandidaten.
- ✔ Hinweise zum Verfahren
  - Bei Persönlichkeitswahl: wie viele Kandidaten höchstens angekreuzt werden dürfen (so viele, wie Sitze im Betriebsrat zu besetzen sind)
  - Bei Listenwahl: Hinweis, dass nur eine Liste gewählt werden darf
- ✔ Kreise oder Kästchen für das Kreuz

In Abbildung 19.1 sehen Sie je einen Musterstimmzettel für die Persönlichkeitswahl (links) und für die Listenwahl (rechts).

Der Wahltag

Endlich – oder viel zu schnell? – ist der Tag der Stimmabgabe gekommen. Der Wahlvorstand geht noch einmal in sich und überlegt, ob er alles Nötige vorbereitet hat:

- ✔ Ist die Wählerliste auf dem letzten Stand, inklusive der Vermerke, an wen Briefwahlunterlagen gegangen sind?
- ✔ Sind alle anderen Unterlagen (Wahlausschreiben, Aushänge) in Kopie vorhanden?
- ✔ Hat jemand daran gedacht, für alle Fälle das kommentierte Betriebsverfassungsgesetz mit Wahlordnung einzustecken?

- ✔ Wurden für alle Wahlberechtigten genügend Stimmzettel gedruckt oder kopiert? Gibt es auch noch ein paar in Reserve? Alle auf demselben Papier?
- ✔ Mehrere Kugelschreiber! Notizpapier! Taschenrechner! Eine Schere oder ein Messer! Ein Schokoriegel als Nervennahrung! Ein Apfel wegen der Vitamine!

Agentur Zickzack

Betriebsratswahl 2026
Stimmzettel

Aberle, Claudia (Sachbearbeiterin) ○
Heise, Horst (Grafiker) ○
Jansen, Charlotte (Fotografin) ○
Kaufmann, Marie (Grafikerin) ○
Mann, Thea (Bürokauffrau) ○
Theisen, Benny (Mediendesigner) ○

Achtung: Es dürfen nicht mehr als drei KandidatInnen angekreuzt werden!

Betriebsratswahl 2026
Stimmzettel

Liste 1: ver.di ☐
Hambach,Helga (Herstellerin)
Fux, Thorsten (Drucker)

Liste 2: Harmonie ☐
Becker, Heinz (Key account Großkunden)
Roehrich, Helene (Sachbearbeiterin)

Liste 3: Bock, Eike; Heller, Klaus ☐
Bock, Eike (Korrektor)
Heller, Klaus (Drucker)

Achtung: Es darf nur eine Liste angekreuzt werden!

Betriebsratswahlen Druckerei Krampe

Abbildung 19.1: Musterstimmzettel für die Persönlichkeitswahl (links) und für die Listenwahl (rechts)

Zeit genug für alle

Gewählt wird während der Arbeitszeit, da unterscheidet sich die Wahl in nichts von allen anderen Gelegenheiten, bei denen die Kollegen irgendetwas mit dem Betriebsrat zu tun haben. Aber wie lange muss diese Zeit bemessen sein? Reicht eine Stunde? Muss es ein ganzer Tag sein?

Die Antwort darauf muss der Wahlvorstand finden. Sie hängt von der Größe des Betriebs, der Arbeitsorganisation, der Arbeitszeiten ab. In einem kleinen Betrieb mit 55 Beschäftigten, die alle zur selben Zeit kommen und wieder gehen, reichen vier oder sechs Stunden. In einem größeren Betrieb mit sehr unterschiedlichen Arbeitszeiten oder womöglich Schichtbetrieb wird man die Zeit der Stimmabgabe so legen, dass alle Schichten ausreichend Zeit haben, ihr Wahlrecht auszuüben.

In ganz kleinen Betrieben, in denen das vereinfachte Wahlverfahren angewandt wird, hat der Wahlvorstand für die Wahlversammlung einen Zeitpunkt gewählt, der für alle Wahlberechtigten günstig liegt.

Das Wahllokal

Der Raum, in dem die Stimmabgabe stattfindet, muss groß genug sein, dass der Wahlvorstand darin an einem Tisch sitzen und alle seine Unterlagen ausbreiten kann und dass außerdem, an einem anderen Tisch, die Stimmabgabe stattfinden kann. Der Tisch für die Stimmabgabe sollte so stehen, dass der Stimmzettel ungestört und ungesehen ausgefüllt werden kann. Ein Wandschirm oder eine Stelltafel dient als Sichtschutz. Außerdem muss vor oder auf dem Tisch des Wahlvorstands Platz für die Urne sein. Der Raum sollte möglichst so liegen, dass die Wähler ihn gut erreichen können und nicht zum Beispiel bei Regen über den Hof laufen oder in das Lager hinuntersteigen müssen.

Die Wahlurne

Der Behälter, der die abgegebenen Stimmzettel aufnimmt, kann natürlich eine abschließbare Luxusausführung in poliertem Holz sein. Normalerweise aber genügt eine Kiste oder ein stabiler Karton, groß genug, um alle Stimmzettel aufzunehmen, ohne dass sie sich stauen oder verknittern. Dieser Kasten – ist er wirklich ganz leer? – wird nun sorgfältig an allen Kanten mit Klebeband verschlossen, über das die Mitglieder des Wahlvorstands vorsichtshalber auch noch ihre Unterschrift oder einen Stempel setzen. In die Oberseite wird ein Schlitz geschnitten, groß genug, um den Stimmzettel hineinzustecken, aber nicht so groß, dass man hineinsehen oder hineinfassen kann.

Von nun an darf die Urne keine Sekunde mehr unbeaufsichtigt irgendwo herumstehen. Vor dem Wahltag nicht, damit nicht jemand schon einmal ein, zwei, drei Stimmzettel hineinwirft. Am besten schließt sie der Wahlvorstand in einen Schrank oder Spind ein, an den niemand herankommt. Sobald der Wahlvorgang begonnen hat, darf sie ohnehin nicht mehr allein gelassen werden, auch wenn kein Wähler im Wahllokal ist.

Wahlhelfer

Wahlhelfer sind Beschäftigte des Betriebs, die der Wahlvorstand zu seiner Unterstützung heranziehen kann. Die Wahlhelfer treten nur am Tag der Wahl in Erscheinung und sollen den Wahlvorstand unterstützen, indem sie zum Beispiel Dinge besorgen, die der Wahlvorstand im Wahllokal braucht (neue Bleistifte) oder bei der Stimmenauszählung helfen (Briefumschläge öffnen, Stimmzettel sortieren, Wahlurnen ausleeren). Wen der Wahlvorstand als Wahlhelfer auswählt und wie viele, ist seine Sache, aber wenn er in einem Betrieb mit 63 Beschäftigten sechs Wahlhelfer benennt, wird er wohl Legitimationsprobleme bekommen.

Türen auf, jetzt geht es los

Egal, ob die Kollegen schon vor der Tür Schlangen bilden oder nur langsam hereintröpfeln: Die Wahl findet nur während der im Wahlausschreiben angegebenen Zeiten statt. Auch beim vereinfachten Wahlverfahren läuft alles genau so ab, nur dass eben nicht jeder Wähler vorbeikommt, wenn er gerade Zeit hat, sondern alles während der Wahlversammlung über die Bühne geht.

Die Prozedur der Wahl ist immer dieselbe, egal ob es um den Bundestag oder den Betriebsrat geht: Jeder Wähler nennt seinen Namen, der Wahlvorstand sieht in der Wählerliste nach, ob er auch wahlberechtigt ist. Dann bekommt er einen Stimmzettel, tritt hinter den Sichtschutz, tut dort seine Pflicht, faltet den Stimmzettel so, dass seine Wahlentscheidung nicht sichtbar ist und kommt wieder zum Wahlvorstand. In der Wählerliste wird die Stimmabgabe durch ein Kreuz oder einen Haken markiert, dann darf der Wähler den Stimmzettel in die Wahlurne werfen. Und schon ist der Nächste dran.

Während der gesamten Zeit der Stimmabgabe müssen immer zwei stimmberechtigte Wahlvorstandsmitglieder oder ein stimmberechtigtes Wahlvorstandsmitglied und ein Wahlhelfer gleichzeitig im Wahlraum anwesend sein.

Briefwahlstimmen

Zu Beginn der öffentlichen Stimmenauszählung müssen noch die Briefwahlstimmen in die Urne. Also:

- ✔ alle zurückgekommenen Umschläge öffnen
- ✔ überprüfen: Ist die persönliche Erklärung unterschrieben? Der Wahlumschlag vorhanden?
- ✔ Namen in der Wählerliste abhaken
- ✔ Briefwahlumschlag öffnen und nach innen gefalteten Stimmzettel entnehmen
- ✔ hinein mit dem Stimmzettel in die Urne
- ✔ persönliche Erklärung zu den Unterlagen nehmen

Wenn sich in einem Umschlag mehrere Stimmzettel befinden, so ist die Stimme nur dann gültig, wenn alle genau identisch ausgefüllt sind. Ist das nicht der Fall, sind alle Stimmzettel als ungültig zu werten. Sie werden zusammengepackt und zu den Wahlunterlagen genommen.

Wahlbriefe, die nach Beendigung der Stimmabgabe eingehen, sind ungültig und werden ungeöffnet zu den Wahlunterlagen genommen.

Im vereinfachten Wahlverfahren liegt die Frist für die Rücksendung der Briefwahlunterlagen womöglich erst nach dem Wahltag. Sind tatsächlich noch nicht alle versandten Unterlagen an den Wahlvorstand zurückgegangen, wird jetzt die Wahlurne versiegelt und sorgfältig verwahrt. Erst wenn die Frist verstrichen ist, geht es weiter.

§ 12 Wahlordnung 2001: Wahlvorgang

(1) Der Wahlvorstand hat geeignete Vorkehrungen für die unbeobachtete Bezeichnung der Stimmzettel im Wahlraum zu treffen und für die Bereitstellung einer Wahlurne oder mehrerer Wahlurnen zu sorgen. Die Wahlurne muss vom Wahlvorstand verschlossen und so eingerichtet sein, dass die eingeworfenen

Stimmzettel nicht herausgenommen werden können, ohne dass die Urne geöffnet wird.

(2) Während der Wahl müssen immer mindestens zwei stimmberechtigte Mitglieder des Wahlvorstands im Wahlraum anwesend sein; sind Wahlhelferinnen oder Wahlhelfer bestellt (§ 1 Abs. 2), so genügt die Anwesenheit eines stimmberechtigten Mitglieds des Wahlvorstands und einer Wahlhelferin oder eines Wahlhelfers.

(3) Die Wählerin oder der Wähler geben ihre Namen an und werfen den gefalteten Stimmzettel in die Wahlurne ein, nachdem die Stimmabgabe in der Wählerliste vermerkt worden ist.

(4) Wer infolge seiner Behinderung bei der Stimmabgabe beeinträchtigt ist, kann eine Person seines Vertrauens bestimmen, die ihm bei der Stimmabgabe behilflich sein soll, und teilt dies dem Wahlvorstand mit. Wahlbewerberinnen oder Wahlbewerber, Mitglieder des Wahlvorstands sowie Wahlhelferinnen und Wahlhelfer dürfen nicht zur Hilfeleistung herangezogen werden. Die Hilfeleistung beschränkt sich auf die Erfüllung der Wünsche der Wählerin oder des Wählers zur Stimmabgabe; die Person des Vertrauens darf gemeinsam mit der Wählerin oder dem Wähler die Wahlzelle aufsuchen. Sie ist zur Geheimhaltung der Kenntnisse verpflichtet, die sie bei der Hilfeleistung zur Stimmabgabe erlangt hat. Die Sätze 1 bis 4 gelten entsprechend für des Lesens unkundige Wählerinnen und Wähler.

(5) Nach Abschluss der Stimmabgabe ist die Wahlurne zu versiegeln, wenn die Stimmenzählung nicht unmittelbar nach Beendigung der Wahl durchgeführt wird. Gleiches gilt, wenn die Stimmabgabe unterbrochen wird, insbesondere wenn sie an mehreren Tagen erfolgt.

Die öffentliche Stimmenauszählung

Die Auszählung der Stimmen erfolgt unmittelbar nach dem Abschluss der Stimmabgabe. Der gesamte Wahlvorstand muss daran teilnehmen und im Zweifelsfall darüber entscheiden, ob einzelne Stimmzettel gültig sind oder nicht. Und sie ist öffentlich. Jeder, der sich dafür interessiert, kann daran teilnehmen. (Aber Achtung: Die Wahlparty findet erst nach Arbeitsende statt!)

Die Urne wird geöffnet (da kommt die Schere oder das Messer zum Einsatz), die Stimmzettel herausgenommen. Bevor es ans Zählen geht, prüft der Wahlvorstand aber erst, ob ungültige Stimmen dabei sind:

- ✔ Stimmzettel, auf denen mehr als eine Liste oder mehr als die zulässige Zahl der Kandidaten angekreuzt sind
- ✔ Stimmzettel, die mit einem Zusatz versehen sind: einem zusätzlichen Namen, einem Kommentar zu einem der Kandidaten oder Ähnliches.

- ✔ Stimmzettel, bei denen nicht deutlich wird, wie abgestimmt wurde, weil das Kreuz zum Beispiel zwischen zwei Kästchen steht
- ✔ Stimmzettel, die unterschrieben sind

Wenn mehrere Wahllokale eingerichtet waren, werden alle Urnen – noch versiegelt – in eines der Wahllokale gebracht, damit alle Stimmen am selben Ort gezählt werden können.

Sind also ordnungsgemäß nun die Schlechten im Kröpfchen, kommen die Guten ins Töpfchen. Je nach Wahlverfahren beginnt nun die Ermittlung des Wahlergebnisses.

Die Persönlichkeitswahl

Hier ist das Zählverfahren unkompliziert: Zunächst einmal wird durchgezählt, wer wie viele Stimmen erhalten hat. So könnte das Ergebnis aussehen:

Helga Manderscheidt	128
Horst Blume	119
Max Wehnert	24
Marie Stocker	86
Sabine Bessler	136
Johannes Waffenschmitt	74
Doris Lanz	65
Alexander Esser	33
Thomas Rainer	152
Bert Weinert	73
Claudia Gilles	55
Ingo Schneider	101
Carlo Mendozzi	124
Bruno Huber	45

Aus dem Wahlausschreiben war schon hervorgegangen, dass ein siebenköpfiger Betriebsrat zu wählen war, dem mindestens zwei Frauen angehören müssen. Also werden zuerst die beiden Kandidatinnen mit den höchsten Stimmenzahlen ermittelt. In unserem Fall sind das

1. Sabine Bessler (136 Stimmen) und
2. Helga Manderscheidt (128 Stimmen).

Die beiden sind also schon einmal drin.

Die übrigen fünf Betriebsratssitze werden nun ganz schlicht auf die verbleibenden

Kandidaten mit den höchsten Stimmenzahlen verteilt:

1. Thomas Rainer (152 Stimmen)
2. Carlo Mendozzi (124 Stimmen)
3. Horst Blume (119 Stimmen)
4. Ingo Schneider (101 Stimmen)
5. Marie Stocker (86 Stimmen)

Damit steht der neue Betriebsrat fest. Darin sind drei Frauen und vier Männer vertreten – auf gute Zusammenarbeit!

Die Listenwahl

Bei der Ermittlung des Wahlergebnisses bei Listenwahl tritt Herr d'Hondt wieder in Erscheinung (siehe Kapitel 17). Mit seiner Hilfe wird als Erstes die Verteilung der Betriebsratssitze auf die einzelnen Listen ermittelt; das Minderheitenproblem wird erst danach gelöst.

Liste 1: ver.di	125 Stimmen
Liste 2: Harmonie	56 Stimmen
Liste 3: Bock, Eike; Heller, Klaus	83 Stimmen

Das Höchstzahlenverfahren ergibt folgendes Bild, um die Sitzverteilung in einem neunköpfigen Betriebsrat zu ermitteln:

1. ver.di	2. Harmonie	3. Bock/Heller
125 : 1 = <u>125</u>	56 : 1 = <u>56</u>	83 : 1 = <u>83</u>
125 : 2 = <u>62,5</u>	56 : 2 = <u>28</u>	83 : 2 = <u>41</u>
125 : 3 = <u>41,6</u>	56 : 3 = 18,6	83 : 3 = <u>27,6</u>
125 : 4 = <u>31,25</u>	56 : 4 = 14	83 : 4 = 20,75
125 : 5 = 25	56 : 5 = 11,2	83 : 5 = 16,6
125 : 6 = 20,83	56 : 6 = 9,33	83 : 6 = 13,83
125 : 7 = 17,85	56 : 7 = 8	83 : 7 = 11,85

Die Liste 1 erhält demnach vier Sitze, die Liste 3 drei Sitze und die Liste 2 zwei Sitze.

Auch in diesem Betrieb sind die Frauen in der Minderzahl, der Wahlvorstand hat schon im Wahlausschreiben darauf hingewiesen, dass drei Sitze für sie reserviert werden müssen. Nun gibt es zwei Möglichkeiten: Entweder sind durch die errechnete Sitzverteilung bereits drei Frauen im Betriebsrat, dann steht das Ergebnis hiermit fest. Wenn das nicht der Fall ist, muss der Bewerber mit der niedrigsten Höchstzahl (27,6 auf Liste 3) weichen.

An seine Stelle tritt die Frau, die auf derselben Liste die nächste noch nicht berücksichtigte Höchstzahl erreicht hat – also zum Beispiel die Kandidatin mit der Listennummer 5 (Höchstzahl 16,6).

Wenn aber auf dieser Liste gar keine Frau mehr kandidiert, so geht der Sitz – leider, leider – auf die Liste über, auf der die nächste noch nicht berücksichtigte Höchstzahl zu finden ist. In unserem Fall wäre das die Listennummer 5 auf Liste 1. Also wird auf der Liste 1 nach der Frau gesucht, auf die die nächste Höchstzahl entfällt. Das klingt kompliziert. Aber keine Angst: Wenn die Zahl der Listen und der Kandidaten nicht allzu groß ist, findet man meist auf einen Blick, was man sucht.

Die nicht gewählten Bewerber können sich nun freilich nicht – enttäuscht oder erleichtert – ins »Privatleben« zurückziehen. Sie bilden die Liste der Ersatzmitglieder, aus der in den folgenden vier Jahren der Betriebsrat »aufgefüllt« wird, wenn wegen vorübergehender oder dauernder Abwesenheit eines Betriebsratsmitglieds ein Platz im Gremium vakant ist.

Die Wahlniederschrift

Mit der Wahlniederschrift wird das Wahlergebnis festgestellt. Die Niederschrift wird zu den Wahlakten genommen und ist für den Fall einer Anfechtung der Wahl das wichtigste Beweisstück. Folgende Angaben muss sie enthalten:

- ✔ wie viele Stimmzettel und wie viele gültige Stimmen abgegeben wurden
- ✔ wie viele Stimmen jeder Person beziehungsweise jeder Liste zugefallen sind
- ✔ die ermittelten Höchstzahlen
- ✔ die Verteilung der berechneten Höchstzahlen auf die Listen
- ✔ die Zahl der ungültigen Stimmen
- ✔ die Namen der in den Betriebsrat gewählten Bewerber
- ✔ die Unterschriften des Vorsitzenden des Wahlvorstands und eines weiteren Mitglieds
- ✔ eventuelle Zwischenfälle oder bemerkenswerten Ereignisse im Verlauf der Wahl (Wurde zum Beispiel das Wahllokal vorzeitig geschlossen, weil schon eine Stunde vor dem offiziellen Ende alle Wahlberechtigten ihre Stimme abgegeben haben? Musste die Wahl aus irgendwelchen Gründen unterbrochen werden?)

Benachrichtigung der gewählten Betriebsratsmitglieder

Sobald das Wahlergebnis in der Niederschrift dokumentiert ist, müssen die neu gewählten Betriebsratsmitglieder benachrichtigt werden. Vielleicht waren sie ja bei der Auszählung anwesend und wissen schon Bescheid. Dennoch: Die Benachrichtigung muss schriftlich erfolgen. Im Benachrichtigungsschreiben muss darauf hingewiesen werden, dass das neu gewählte Mitglied innerhalb einer Frist von drei Arbeitstagen (vom Tag nach Zugang der Benachrichtigung) erklären kann, dass es die Wahl nicht annimmt. (Eine ausdrückliche Erklärung, dass die Wahl angenommen wird, ist nicht notwendig.)

Falls tatsächlich einer der Bewerber die Wahl nicht annimmt, rückt derjenige nach, der die nächsthöhere Stimmenzahl aufweist oder in der Vorschlagsliste der nächste Bewerber. Aber Achtung: Auch hier ist wieder darauf zu achten, dass die dem Minderheitengeschlecht zustehende Zahl der Sitze beibehalten wird.

Die Bekanntmachung der Wahlergebnisse

Nun müssen auch noch die anderen Kollegen, die Wähler, vom Wahlergebnis informiert werden. Aber: Auch wenn sie noch so gespannt sind: Das Wahlergebnis steht erst fest, wenn klar ist, dass alle Gewählten die Wahl annehmen, also erst nach drei Tagen. Erst dann – dann aber sofort – wird das Ergebnis der Betriebsratswahl bekannt gemacht. Diese Bekanntgabe erfolgt auf demselben Weg wie die Bekanntgabe des Wahlausschreibens, also durch Aushang an derselben Stelle und/oder Veröffentlichung im Intranet, Mailversand oder was auch immer. Nun werden auch der Arbeitgeber und die im Betrieb vertretenen Gewerkschaften vom Wahlausgang benachrichtigt. Sie erhalten je eine Kopie der Wahlniederschrift.

Die konstituierende Sitzung des Betriebsrats

Der Wahlvorstand hat seine Aufgabe nun fast erfüllt. Er nimmt alle Aushänge ab, die die Wahl betreffen, nur der Aushang mit der Bekanntgabe des Ergebnisses muss insgesamt zwei Wochen hängen bleiben. Dann werden alle Unterlagen – falls das noch nicht geschehen ist – ordentlich abgeheftet und zu einer handlichen Akte zusammengestellt, die dem Betriebsrat übergeben wird. Dieser muss die Wahlunterlagen während der gesamten Amtszeit aufbewahren.

Aber noch haben wir ja gar keinen Betriebsrat!

Das ist nun tatsächlich und unwiderruflich die letzte Amtshandlung des Wahlvorstands: Der Wahlvorstandsvorsitzende lädt die gewählten Bewerber spätestens eine Woche nach dem Wahltag zur ersten Betriebsratssitzung ein. Falls die Zeit knapp ist: Nur die Einladung muss innerhalb dieser Wochenfrist ergehen, die Sitzung kann auch ein paar Tage später stattfinden.

Diese erste Betriebsratssitzung wird, da der Betriebsrat ja noch nicht »konstituiert« ist, also noch keinen Vorsitzenden hat, der die Sitzung leiten könnte, vom Wahlvorstandsvorsitzenden (und nur von diesem!) eröffnet. Er stellt zunächst fest, ob der Betriebsrat beschlussfähig ist, ob also mehr als die Hälfte der gewählten Betriebsratsmitglieder anwesend sind. Das ist an einem so wichtigen Tag natürlich zu hoffen. Reicht die Zahl dennoch nicht, so müssen jetzt bereits Ersatzmitglieder einspringen.

Dann fordert er die Betriebsratsmitglieder auf, aus ihrer Mitte einen Wahlleiter zu wählen, der die Wahl des Vorsitzenden und des Stellvertreters in die Hand nimmt. Steht der Wahlleiter fest – Abstimmung durch Handaufheben genügt –, hat der Wahlvorstandsvorsitzende seine Aufgabe erfüllt, wünscht allseits gutes Gelingen und schließt die Tür hinter sich. Der Wahlleiter lässt nun in je einem Wahlgang den Betriebsratsvorsitzenden sowie seinen Stellvertreter durch Mehrheitsentscheid wählen – und damit ist der neue Betriebsrat im Amt.

Die ersten Aufgaben

In der ersten Betriebsratssitzung wird – das ist dem neuen Betriebsrat jedenfalls zu wünschen – noch nichts anliegen, was unverzüglich in Angriff genommen werden muss. Hier sollte nämlich Zeit sein für einige wichtige Beschlüsse und für die Festlegungen für die künftige Arbeit:

✔ Wie häufig, an welchem Tag und zu welcher Zeit finden die Betriebsratssitzungen statt?

✔ Wie wird die Protokollführung gehandhabt? Ein ständiger Schriftführer? Turnusmäßiger Wechsel?

✔ Werden Vertreter der Gewerkschaft jedes Mal eingeladen? Zu bestimmten Punkten?

✔ Muss ein Betriebsausschuss (ab neun Betriebsratsmitgliedern) gewählt werden?

✔ Wer geht in den Wirtschaftsausschuss?

✔ Wer betreut das Schwarze Brett des Betriebsrats?

✔ Gibt es weitere feste Zuständigkeiten, die so bald wie möglich besetzt werden müssen?

Die Geschäftsordnung des Betriebsrats

Als Betriebsrat können Sie sich eine Geschäftsordnung geben. Pflicht ist es nicht, aber es hat einiges für sich. Normalerweise gibt sich der Betriebsrat seine Geschäftsordnung zu Beginn seiner Amtsperiode. Das ist ein guter Zeitpunkt, um sich über die Aufgaben und Pflichten einmal zusammenfassend klar zu werden und den Ernst der Angelegenheit zu betonen. In der Geschäftsordnung werden zum Beispiel folgende Punkte niedergelegt:

✔ Was sind die konkreten Aufgaben des Vorsitzenden?

✔ Welche Aufgaben werden von den anderen Betriebsratsmitgliedern erledigt?

✔ In welchem Turnus finden Betriebsratssitzungen statt?

- ✔ In welcher Form wird das Protokoll geführt (Ergebnisprotokoll)?
- ✔ Annahme von Mitteilungen nur durch den Vorsitzenden!
- ✔ In welcher Form werden die Kollegen über die Arbeit des Betriebsrats informiert?
- ✔ Soll der Vertreter der Gewerkschaft regelmäßig an den Sitzungen teilnehmen?
- ✔ Wie werden Wahlen zu Ausschüssen des Betriebsrats durchgeführt?
- ✔ Regelmäßige Qualifizierung!
- ✔ Soll es Arbeitsgruppen geben, auf die Aufgaben des Betriebsrats übertragen werden und die eigenständig Regelungen treffen können?
- ✔ Werden virtuelle Betriebsratssitzungen durchgeführt und wenn ja, unter welchen Voraussetzungen)?

Die Geschäftsordnung ist nur gültig, wenn die Mehrheit der Betriebsratsmitglieder dafür stimmt. Falls sich herausstellt, dass sie doch nicht so praktikabel ist wie zunächst gemeint, kann sie ohne Weiteres wieder geändert werden – allerdings wiederum nur mit der Mehrheit der Stimmen sämtlicher Betriebsratsmitglieder. Wenn es bei Amtsantritt des neuen Betriebsrats bereits eine alte Geschäftsordnung gibt, kann er sie auch übernehmen – auch hier gilt die Mehrheitsregel.

Die Anfechtung der Wahl

Meistens geht ja alles gut. Der Wahlvorstand ist sorgfältig und gewissenhaft, alle Fristen wurden eingehalten, alle Listen waren korrekt geführt. Doch für den Fall, dass eklatante Fehler passiert sind, sieht das Betriebsverfassungsgesetz die Möglichkeit vor, die Wahl anzufechten, und zwar sowohl die Wahl des gesamten Gremiums als auch die Wahl eines einzelnen Betriebsratsmitglieds.

Der Vollständigkeit halber wollen wir diese Möglichkeiten hier auch vorstellen:

- ✔ **Nichtig** ist eine Betriebsratswahl, wenn sie nicht nach den gesetzlichen Vorgaben stattgefunden hat, also zum Beispiel spontan auf einer Betriebsversammlung, ohne Einhaltung irgendwelcher gesetzlichen Fristen, ohne Wahlvorstand, ohne Wählerliste, ohne Wahlausschreiben, oder unter so starkem Druck des Arbeitgebers auf die Belegschaft, dass sich die meisten Wahlberechtigten nicht trauten, ihr Wahlrecht wahrzunehmen.
- ✔ **Anfechtbar** ist eine Wahl, wenn gegen wesentliche Vorschriften verstoßen wurde, wie zum Beispiel:
  - Zulassung nicht wählbarer Arbeitnehmer (zum Beispiel leitende Angestellte) als Bewerber

- Durchführung des vereinfachten Wahlverfahrens in Betrieben mit mehr als 100 Arbeitnehmern, ohne dass dies zwischen Arbeitgeber und Wahlvorstand vereinbart wurde
- Nichtbeachtung des Grundsatzes, dass für das Minderheitengeschlecht die Mindestsitze ermittelt werden müssen
- Nichteinhaltung einzelner Fristen

Und wie wird man einen Betriebsrat wieder los?

Ist ein Betriebsratsgremium erst einmal gebildet, bleibt es normalerweise bestehen, bis erneut Betriebsratswahlen durchgeführt werden, also in der Regel vier Jahre. Legt ein Betriebsratsmitglied während der Amtszeit aus irgendeinem Grund das Amt nieder, so rückt ein Ersatzmitglied nach.

Aber ein Betriebsratsmitglied wirklich loswerden können weder der Betriebsrat noch der Arbeitgeber so ohne Weiteres. Es muss sich schon eine sehr grobe Pflichtverletzung zuschulden kommen lassen, bevor das möglich ist, und auch dann gibt es hohe Hürden. Der Ausschluss eines einzelnen Mitglieds oder die Auflösung des gesamten Betriebsrats muss beim Arbeitsgericht beantragt werden. Einen solchen Antrag kann der Betriebsrat, der Arbeitgeber, eine im Betrieb vertretene Gewerkschaft stellen oder mindestens ein Viertel der wahlberechtigten Arbeitnehmer eines Betriebs. Diese hohe Hürde stellt sicher, dass niemand, weder die Betriebsratskollegen noch der Arbeitgeber, fahrlässig an der Zusammensetzung des ja immerhin durch eine demokratische Wahl zustande gekommenen Gremiums herumpfuscht.

Die Gründe für einen Ausschluss müssen schon schwerwiegend sein: Etwa wenn sich herausstellt, dass ein Betriebsratsmitglied Informationen aus Personalgesprächen, die es begleitet hat, ohne Einverständnis des betroffenen Beschäftigten weitergibt. In diesem Fall – vor allem wenn es wiederholt und beabsichtigt vorkommt – würden die anderen Betriebsratskollegen sicher mit Recht und guten Gründen die Entfernung aus dem Betriebsrat betreiben. Der Arbeitgeber hingegen kann die Absetzung des Betriebsrats betreiben, wenn dieser sich eine ernsthafte Pflichtverletzung zuschulden kommen lässt, zum Beispiel zum Streik aufruft.

Die Belegschaft wiederum könnte die Absetzung des gesamten Betriebsratsgremiums betreiben, wenn es einfach nichts tut, zum Beispiel niemals eine Betriebsversammlung einberuft. Ein Betriebsratsmitglied, das so seines Amtes enthoben wird, verliert damit auch seinen besonderen Kündigungsschutz.

Teil VI

Der Top-Ten-Teil

Besuchen Sie uns auf www.fuer-dummies.de oder unseren Social-Media-Kanälen:

Facebook
www.facebook.com/fuerdummies

Instagram
www.instagram.com/furdummies

YouTube
www.youtube.com/@dummies-mann

IN DIESEM TEIL ...

Kein ... *für Dummies*-Band ohne Zehnerlisten. Auch in diesem Band werden Ihre Erwartungen hoffentlich nicht enttäuscht. Ich habe in diesem Teil zehn nützliche Internetadressen für Betriebsräte zusammengestellt, die Ihnen in allen möglichen Zweifelsfragen weiterhelfen. Das weite Spektrum der einschlägigen Gesetze, mit denen Sie es zu tun bekommen, ist in zehn handliche Regelungsbereiche zusammengefasst. Für Verhandlungen mit dem Arbeitgeber finden Sie hier zehn nützliche Tipps sowie weitere zehn Tipps für erfolgreiche Beratungsgespräche. Und schließlich finden Sie hier auch die Antworten auf die zehn häufigsten Fragen, die Ihnen Ihre Kollegen stellen werden.

IN DIESEM KAPITEL

Daten, Zahlen, Fakten

Gesetzestexte

Beratungsstellen

Kapitel 20
Zehn Internetseiten für Betriebsräte

Als Betriebsrat gehen Ihnen die Fragen nie aus. Die wichtigste lautet: »Wo finde ich Informationen oder Beratung zu diesem oder jenem Problem?« Die folgenden Internetseiten sollten Ihnen in 95 Prozent der Fälle weiterhelfen können. Sie finden dort aber auch Antworten auf Fragen, die Sie sich bisher noch gar nicht gestellt haben. Bei einigen der aufgeführten Stellen können Sie einen Newsletter abonnieren.

Bundesrecht

`www.gesetze-im-internet.de`

Auf dieser Internetseite stellt das Bundesministerium der Justiz fast das gesamte aktuelle Bundesrecht kostenlos und in der jeweils aktuellen Fassung bereit. Wer also nur schnell einmal etwas in einem Gesetzestext nachsehen möchte, muss nicht die gedruckte Fassung besorgen, sondern kann den entsprechenden Paragrafen hier einsehen. Wichtig: Die im Internet abrufbaren Gesetzestexte sind nicht die offizielle amtliche Fassung. Diese finden Sie nur im Bundesgesetzblatt. Für Ihren Bedarf – zur Information oder für ein kurzes Zitat in einem Brief – reicht die Internetfassung aber meistens aus.

Bundesarbeitsgericht

`www.bundesarbeitsgericht.de`

Höchstrichterliche Entscheidungen werden immer mal wieder in der Presse erwähnt, oft auch mit Aktenzeichen. Aber wie kommt man an den ganzen Text des Urteils heran? Über die Internetseite des Bundesarbeitsgerichts (BAG), Kategorie »Entscheidungen«. Hier kann man die Entscheidungen der letzten Jahre, geordnet nach Aktenzeichen oder nach Termin der Urteilsverkündung, einsehen.

Bundesministerium für Arbeit und Soziales

www.bmas.de

Die Website des Ministeriums bietet Seiten zum Arbeitsrecht und zum Arbeitsschutz mit Themen wie Teilzeit, Mobbing, Datenschutz, Entsendung von Arbeitnehmern, Mindestlohn und so weiter. Außerdem kann man Infobroschüren zu verschiedenen Themen wie »Arbeitsrecht«, »Soziale Sicherung«, »Teilzeit« und anderes herunterladen.

Bundesanstalt für Arbeitsschutz und Arbeitsmedizin

www.baua.de

Die Bundesanstalt für Arbeitsschutz und Arbeitsmedizin (BAuA) ist eine Behörde, die dem Bundesministerium für Arbeit und Soziales zugeordnet ist. Ihr Forschungs- und Beratungsbereich ist eine »menschengerechte Arbeitswelt mit sicheren, gesunden und wettbewerbsfähigen Arbeitsplätzen«. Als Betriebsrat, aber auch als Unternehmer kann man an die BAuA mit allen Fragen zum Thema Arbeitssicherheit oder Gesundheitsschutz herantreten, zum Beispiel: »Wie groß muss mein Büro eigentlich mindestens sein?«; »Habe ich Anspruch auf einen strahlungsarmen Monitor?«; »Was kann ich gegen Mobbing in meinem Betrieb tun?«; »Wie finde ich die leiseste Maschine auf dem Markt?«; »Wie gehe ich sicher mit Gefahrstoffen um?«. Auf der Internetseite finden sich außerdem Handlungsbeispiele, Praxishilfen, Statistiken, Ausbildungsinformationen, Gesetzestexte zu bestimmten Bereichen des Arbeitsschutzes und vieles mehr.

Deutsche Gesetzliche Unfallversicherung

www.dguv.de

Auf der Seite des Dachverbandes der gesetzlichen Unfallversicherung finden Sie nicht nur die Adressen sämtlicher Berufsgenossenschaften, also auch die, bei der Sie versichert sind, sondern auch Berichte der berufsgenossenschaftlichen Forschungsinstitute, Datenmaterial zum Thema Berufskrankheiten, Gesundheitsschutz und Prävention, alle berufsgenossenschaftlichen Vorschriften, Regeln und Informationsschriften, viele Informationen zu allgemeinen Themen des Arbeits- und Gesundheitsschutzes wie Lärm, Stolper- und Rutschunfälle, psychische Gesundheit, Produktsicherheit, persönliche Schutzausrüstung und vieles mehr.

Gesetzliche Krankenkassen

`www.gesetzlichekrankenkassen.de`

`www.bkk.de` (in Verbindung mit den jeweiligen betrieblichen Namen)

`www.aok.de`

Die Betriebskrankenkassen, aber auch andere Krankenkassen bieten Informationsbroschüren zu Themen, mit denen sich auch Betriebsräte oft herumschlagen müssen: Schichtarbeit, Gesundheitszirkel, psychische Belastungen im Job, Praxishilfen zu Suchtkrankheiten.

Technologieberatungsstellen

`www.tbs-nrw.de`

`www.tbs-niedersachsen.de`

`www.tbs-hessen.org`

`www.tbs-rheinlandpfalz.de`

`www.tbs-berlin.de`

`www.best-saarland.de`

`www.btq-kassel.de`

`www.bildungswerk-bayern.de/tibay/`

`www.tbs-netz.de`

Die Technologieberatungsstellen unterstützen Betriebsräte, Personalräte und Mitarbeitervertretungen in vielen unterschiedlichen Fragen rund um die Felder »Arbeit und Ökonomie«, »Arbeit und EDV«, »Arbeit und Organisation«, »Arbeit und Gesundheit«. Sie erarbeiten zum Beispiel zusammen mit Betriebsräten Konzepte für die Ausarbeitung und Verhandlung von Betriebsvereinbarungen, machen Vorschläge für die Verbesserung von Arbeitsbedingungen, beraten und unterstützen Betriebsräte, um sie im betrieblichen Umfeld handlungsfähig zu machen. Sie bieten auch Unternehmensberatung an, die die Interessen der Beschäftigten im Blick hat, nach dem Motto »Lieber qualifizieren als wegrationalisieren«. Technologieberatungsstellen gibt es in Nordrhein-Westfalen, Hessen, Niedersachsen, Rheinland-Pfalz und Berlin.

Deutscher Gewerkschaftsbund

www.dgb.de

Der Deutsche Gewerkschaftsbund (DGB) ist der Dachverband der acht in ihm organisierten Einzelgewerkschaften und in gewisser Weise ihr Sprachrohr gegenüber politischen Entscheidungsträgern. Über die Website des DGB erreichen Sie die für Sie zuständige Gewerkschaft und können Informationen zu Gesetzen, gewerkschaftlichen Aktionen und Initiativen abrufen.

Auf der Seite www.dgbrechtsschutz.de/recht/ finden sich kurze, präzise Informationen zu häufig gestellten Fragen, zum Beispiel zu betrieblicher Altersvorsorge, Leiharbeit, befristeten Beschäftigungsverhältnissen, Teilzeitarbeit, Arbeitszeugnis, Kündigung, Insolvenz und so weiter.

Hans-Böckler-Stiftung

www.boeckler.de

Die Hans-Böckler-Stiftung ist das Forschungs- und Studienförderungswerk des Deutschen Gewerkschaftsbundes. Ihre Aufgabe ist die wissenschaftliche Beratung und Qualifizierung von Betriebs- und Personalräten und anderen Arbeitnehmervertretern. Auf den Seiten der Stiftung findet sich eine Fülle von praxisgerecht aufbereiteten Analysen und Daten zu den Themen Mitbestimmung, Strukturpolitik, Arbeitsgesellschaft, öffentlicher Sektor, Sozialstaat, Arbeitsmarkt, Wirtschaft und Tarifpolitik – eine gute Quelle für die Unterfütterung von Berichten auf der Betriebsversammlung, für Diskussionen mit dem Arbeitgeber, Informationen für das Schwarze Brett und vieles mehr. Die Hans-Böckler-Stiftung bietet auf ihrer Internetseite im Bereich »Mitbestimmung« eine Menge ganz konkreter Praxishilfen sowie ein Archiv mit über 9.000 Betriebsvereinbarungen.

Institut der deutschen Wirtschaft Köln

www.iwkoeln.de

Mal sehen, wie die andere Seite tickt? Das Institut der deutschen Wirtschaft Köln ist ein arbeitgebernahes Wirtschaftsforschungsinstitut, das von Verbänden und Unternehmen der privaten Wirtschaft finanziert wird. Es »vertritt eine klare marktwirtschaftliche Position« und verfolgt den selbst gestellten Auftrag, »das Verständnis wirtschaftlicher und gesellschaftlicher Prozesse in Politik und Öffentlichkeit zu festigen und zu verbessern«. Es lohnt sich, die Seiten einmal zu durchstöbern, um sich auf Argumentationslinien des Arbeitgebers vorzubereiten.

IN DIESEM KAPITEL

Die vielen rechtlichen Aspekte der Betriebsratsarbeit

Kurzer Überblick über die wichtigsten Gesetze

Kapitel 21
Zehn gesetzliche Regelungsbereiche

Dass das Betriebsverfassungsgesetz mitsamt einem ausführlichen Kommentar in jedes Betriebsratsbüro gehört, ist eine Selbstverständlichkeit. Aber damit ist nur der Bereich der Rechte und Pflichten des Betriebsrats abgedeckt. Wenn Kollegen mit Fragen ankommen, hilft es meist nicht weiter. Hier kommen daher die wichtigsten gesetzlichen Regelungsbereiche mitsamt einem kurzen Überblick über die einschlägigen Gesetzestexte ins Spiel. Welche Gesetze Sie besonders häufig nachschlagen müssen, hängt natürlich von der Art des Betriebs ab, in dem Sie arbeiten.

Als Betriebsrat können und dürfen Sie keine verbindliche Rechtsauskunft geben.

Arbeitnehmerüberlassung/Leiharbeit

Das Gesetz zur Regelung der gewerbsmäßigen Arbeitnehmerüberlassung (Arbeitnehmerüberlassungsgesetz; AÜG) regelt alles, was mit »Leiharbeitnehmern« zu tun hat, also mit Arbeitnehmern, die von ihrem Arbeitgeber zum Arbeitseinsatz an ein anderes Unternehmen »verliehen« werden: die Bedingungen der gewerbsmäßigen Überlassung von Arbeitnehmern, die Rechtsstellung der Leiharbeitnehmer, die Rechtsbeziehung zwischen Entleiher, Verleiher und Leiharbeitnehmer. Im AÜG wird auch geregelt, wie das Betriebsverfassungsgesetz auf diese Arbeitnehmer anzuwenden ist und wer für die Unterweisung dieser Arbeitnehmer und für die Einhaltung aller Arbeitsschutzbestimmungen verantwortlich ist. Das Gesetz wurde in den vergangenen zehn Jahren mehrmals überarbeitet und geändert. Es ist zu erwarten, dass auch in den kommenden Jahren weitere Änderungen folgen.

Mit dem Gesetz über zwingende Arbeitsbedingungen für grenzüberschreitend entsandte und für regelmäßig im Inland beschäftigte Arbeitnehmer und Arbeitnehmerinnen

(Arbeitnehmerentsendegesetz, AEntG) sollen für Arbeitnehmer, für die ansonsten nicht das deutsche Arbeitsrecht gilt, »angemessene« Mindestarbeitsbedingungen einschließlich der Mindestentlohnung festgelegt werden. Die tariflichen Regelungen beziehen sich aber nur auf bestimmte, im Gesetz festgeschriebene Branchen (unter anderem Baugewerbe, Briefdienstleistungen, Sicherheitsdienstleistungen und Wäschereidienstleistungen). Auch für das Arbeitnehmerentsendegesetz sind bereits Änderungen beschlossen, die in den kommenden Jahren in Kraft treten werden.

Arbeits- und Gesundheitsschutz

Ein ganzes Bündel von Gesetzen befasst sich mit der Sicherheit am Arbeitsplatz und dem Schutz vor Gesundheitsgefahren. Das **Arbeitsschutzgesetz** (ArbSchG) richtet sich vor allem an die Arbeitgeber: Es verpflichtet sie, die Gefährdungen der Sicherheit und Gesundheit ihrer Beschäftigten zu ermitteln, die Risiken zu bewerten, Schutzvorkehrungen zu treffen und die Mitarbeiter über die Gefahren und Maßnahmen zu informieren. Außerdem müssen sie für eine innerbetriebliche Arbeitsschutzorganisation sorgen. Das Gesetz deckt alle Beschäftigungsbereiche ab (gewerbliche Wirtschaft, öffentlicher Dienst, Landwirtschaft, freie Berufe). Das **Arbeitssicherheitsgesetz** (ASiG) definiert Bestellung und Aufgabe von sowie Anforderungen an Betriebsärzte und Fachkräfte für Arbeitssicherheit. Es verpflichtet den Arbeitgeber in Betrieben mit mehr als zwanzig Beschäftigten einen Arbeitsschutzausschuss einzusetzen, in dem alle Fragen des betrieblichen Arbeits- und Gesundheitsschutzes besprochen werden und dem zwei Mitglieder des Betriebsrats angehören. Mit der **Arbeitsstättenverordnung** (ArbStättV) wird der Arbeitgeber zur Einhaltung von bestimmten Mindeststandards bei der Einrichtung und Gestaltung von Arbeitsstätten, Pausen-, Sanitär-, Bereitschafts-, Umkleideräumen verpflichtet. In der Arbeitsstättenverordnung werden auch Mindestvorgaben für die Gestaltung von Arbeitsplätzen wie zum Beispiel von Bildschirmarbeitsplätzen gemacht.

Weitere einschlägige Gesetze sind unter anderem die **Gefahrstoffverordnung** (GefStoffV), die **Persönliche-Schutzausrüstung-Benutzungsverordnung** (PSA-BV), die **Lastenhandhabungsverordnung** (LasthandhabV), die **Baustellenverordnung** (BaustellV), **Lärm- und Vibrations-Arbeitsschutzverordnung** (LärmVibrationsArbSchV) und die **Betriebssicherheitsverordnung** (BetrSichV). Das **Sozialgesetzbuch VII** (SGB VII) behandelt die gesetzliche Unfallversicherung und ihren Auftrag, nämlich mit allen geeigneten Mitteln Arbeitsunfälle, Berufskrankheiten sowie arbeitsbedingte Gesundheitsgefahren zu verhüten.

Arbeitsvertrag und Kündigung

Für Fragen rund um den Arbeitsvertrag ist zunächst das **Bürgerliche Gesetzbuch** (BGB) heranzuziehen, das in § 622 die Kündigungsfristen festlegt. Das **Kündigungsschutzgesetz** (KSchG) regelt alles, was bei einer Kündigung beachtet werden muss: die »soziale Rechtfertigung«, also die zulässigen Kündigungsgründe, die Möglichkeit, gegen eine Kündigung Klage zu erheben und alle damit zusammenhängenden Fragen, den besonderen Kündigungsschutz für Betriebsräte, Personalräte, Jugendvertreter und Wahlvorstände, die

Anzeigepflicht von Massenentlassungen bei der Agentur für Arbeit. Im **Heimarbeitsgesetz** (HAG) sind die Arbeitsbedingungen und Entgeltregelungen für Heimarbeiter, Hausgewerbetreibende und Zwischenmeister niedergelegt. Im **Gesetz über Teilzeitarbeit und befristete Arbeitsverträge** (TzBfG) werden die Voraussetzungen für befristete Arbeitsverträge sowie Ansprüche auf die Reduzierung der Arbeitszeit geregelt und es soll die Diskriminierung von teilzeitbeschäftigten sowie befristet beschäftigten Arbeitnehmern verhindern.

Arbeitszeit und Urlaub

Das **Arbeitszeitgesetz** (ArbZG) regelt die maximal zulässige tägliche Arbeitszeit, Lage, Dauer und Anzahl von Pausen, Nacht- und Schichtarbeit, Sonntags- und Feiertagsruhe. Das **Bundesurlaubsgesetz** (BUrlG) garantiert jedem Arbeitnehmer einen jährlichen Mindesturlaub von 24 Werktagen (da auch der Samstag als Werktag zählt, entspricht das einer Urlaubsdauer von vier Wochen). Dieser Anspruch darf weder durch einen Tarifvertrag noch durch eine einzelvertragliche Regelung noch durch eine Betriebsvereinbarung unterschritten werden. Das Gesetz regelt auch den Zweck des Urlaubs (Erholung, nicht aber Erwerbstätigkeit zum Beispiel bei einem anderen Arbeitgeber).

Behinderte

Die Teilhabe behinderter Menschen am Arbeitsleben regelt das **Sozialgesetzbuch IX** (SGB IX). Es gewährt schwerbehinderten und ihnen gleichgestellten Beschäftigten einen besonderen Kündigungsschutz (die Kündigung darf nur mit Zustimmung des Integrationsamts ausgesprochen werden), außerdem haben schwerbehinderte Beschäftigte Anspruch auf mehr Urlaubstage. Private und öffentliche Arbeitgeber mit mindestens 20 Arbeitsplätzen sind verpflichtet, auf mindestens fünf Prozent der Arbeitsplätze schwerbehinderte Menschen zu beschäftigen, andernfalls ist eine Ausgleichsabgabe zu zahlen.

Schwerbehinderte können aus dem Gesetz zwar keinen Anspruch auf Beschäftigung ableiten, haben aber an ihrem Arbeitsplatz einen einklagbaren Anspruch auf eine Beschäftigung, »bei der sie ihre Fähigkeiten und Kenntnisse möglichst voll verwerten und weiterentwickeln können«. Sie dürfen also nicht gedankenlos mit irgendwelchen stumpfsinnigen Arbeiten betraut werden, nur weil sie vielleicht keine normale Computertastatur bedienen können. Damit die Rechte der Schwerbehinderten im betrieblichen Alltag geschützt und gefördert werden, können sie eine betriebliche Schwerbehindertenvertretung wählen (§§ 177 bis 180 SGB IX), die das Recht hat, an den Betriebsratssitzungen teilzunehmen (dazu mehr in Kapitel 2).

Entgelt

Für einen großen Teil der deutschen Arbeitnehmer ist die Höhe des Lohns oder Gehalts (also des »Entgelts« für die von ihnen geleistete Arbeit) durch einen Tarifvertrag geregelt, der zwischen den Tarifparteien verhandelt wurde. Wer die Tarifparteien im Einzelnen sind und welche Rechtsnormen gelten, regelt das **Tarifvertragsgesetz** (TVG).

Dass Arbeitnehmer, die krank sind, dabei nicht auch noch arm werden, ist das Verdienst des **Gesetzes über die Fortzahlung des Arbeitsentgelts an Feiertagen und im Krankheitsfall** (Entgeltfortzahlungsgesetz; EntgFG), das zu den Herzstücken der sozialen Sicherung Deutschlands gehört. Es besagt im Wesentlichen, dass der Arbeitgeber dem erkrankten Arbeitnehmer bis zu einer Dauer von sechs Wochen Lohn oder Gehalt weiterzahlen muss. In diesem Gesetz wird auch geregelt, bis wann der Arbeitnehmer seine Arbeitsunfähigkeit dem Arbeitgeber anzeigen muss (unverzüglich) und wann eine ärztliche Bescheinigung über die Arbeitsunfähigkeit vorgelegt beziehungsweise über die gesetzlichen Krankenkassen abgerufen werden muss (nach drei Kalendertagen). Eine weitere bedeutsame Regelung für die Arbeitnehmer ist die Festsetzung des gesetzlichen Mindestlohns. Geregelt ist der gesetzliche Mindestlohn im Gesetz zur Regelung eines allgemeinen Mindestlohns (Mindestlohngesetz – MiLoG).

Das **Entgelttransparenzgesetz** (EntgTranspG) hat zum Ziel, die Entgeltungleichheit zwischen Männern und Frauen zu beseitigen, indem eine Ungleichbehandlung der Bezahlung aufgrund des Geschlechts verboten wird – allerdings nur in Betrieben ab einer gewissen Größe, nämlich ab 200 Mitarbeitenden. Beschäftigte können damit eine individuelle Auskunft über die Lohnstrukturen in ihrem Betrieb geltend machen.

Jugend und Ausbildung

Im **Berufsbildungsgesetz** (BBiG) ist der Grundsatz der Berufsausbildung in Deutschland festgeschrieben, das sogenannte »duale System«, das festlegt, dass die Ausbildung sowohl im (privat geführten) Betrieb als auch in einer (staatlich geführten) Berufsschule stattfindet. Das Gesetz regelt außerdem die Inhalte des Ausbildungsvertrags, die Rechte und Pflichten von Ausbildenden und Auszubildenden, alle Aspekte rund um die Prüfung sowie die Frage, wer eigentlich ausbilden darf.

Im **Jugendarbeitsschutzgesetz** (JArbSchG) sind die für Jugendliche geltende maximale Wochenarbeitszeit (40 Stunden), der Mindesturlaub (je nach Lebensalter 30, 27 oder 25 Werktage), die Nachtarbeitsruhe (zwischen 20 und 6 Uhr), die grundsätzliche Samstags- und Sonntagsruhe sowie das Mindestalter für eine gewerbsmäßige Beschäftigung überhaupt (15 Jahre) festgeschrieben.

Mitbestimmung

Das Herzstück aller Betriebsratsarbeit ist das **Betriebsverfassungsgesetz** (BetrVG), in dem die gesamte Bandbreite der Mitbestimmungs-, Mitwirkungs- und Informationsrechte der betrieblichen Interessenvertretung festgelegt ist.

Das **Mitbestimmungsgesetz** (MitbestG) regelt eine andere Art der Einflussmöglichkeit von Arbeitnehmern: die paritätische Besetzung von Aufsichtsräten mit je zur Hälfte

Arbeitnehmer- und Arbeitgebervertretern. Das Mitbestimmungsgesetz wird nur in Kapital- und Kommanditgesellschaften mit mehr als 2.000 Beschäftigten angewendet. Die Arbeitnehmerseite besteht aus Arbeitnehmern des Unternehmens, leitenden Angestellten und Gewerkschaftsvertretern. Bei Unstimmigkeiten entscheidet die Stimme des Aufsichtsratsvorsitzenden.

Auf Unternehmen des Bergbaus und der Eisen- und Stahlerzeugung findet das **Montan-Mitbestimmungsgesetz** (Montan MitbestG) Anwendung. Es gilt bereits bei einer Unternehmensgröße von 1.000 Beschäftigten und räumt der Arbeitnehmerseite mehr Rechte ein (zum Beispiel sind keine leitenden Angestellten als Aufsichtsratsmitglieder festgeschrieben). Außerdem entscheidet in einer Pattsituation nicht der Vorsitzende, sondern eine »neutrale Person«, zum Beispiel der Oberbürgermeister der Stadt, in der das Unternehmen seinen Sitz hat.

Da leitende Angestellte nicht vom Betriebsrat vertreten werden, haben sie die Möglichkeit, einen Sprecherausschuss zu bilden, der ihre Belange gegenüber dem Arbeitgeber vertritt. Das regelt das **Sprecherausschussgesetz** (SprAuG). Der Sprecherausschuss hat, anders als der Betriebsrat, keine Mitbestimmungsrechte, ist aber zu hören, bevor ein leitender Angestellter gekündigt werden soll.

Ein wichtiger Baustein im Komplex betrieblicher Mitbestimmung ist der Datenschutz, der auf nationaler Ebene im **Bundesdatenschutzgesetz** (BDSG) und der Datenschutzgrundverordnung (DSGVO) geregelt ist. Die Datenschutzgrundverordnung ist eine Verordnung der Europäischen Union, mit der die Regeln zur Verarbeitung personenbezogener Daten EU-weit vereinheitlicht werden. Das Bundesdatenschutzgesetz und die Datenschutzgrundverordnung regeln den Schutz der sogenannten »informationellen Selbstbestimmung«, also den Schutz des Einzelnen vor Gefahren der Verarbeitung von Daten, die sich auf seine Person beziehen, und zwar nicht nur von Behörden, sondern auch von Privatunternehmen, also zum Beispiel dem eigenen Arbeitgeber. Die gesetzlichen Regelungen sehen allerdings explizit nicht vor, dass dem Betriebsrat mitbestimmungsrelevante Daten mit Hinweis auf den Datenschutz verweigert werden dürfen. Die Rechte des Betriebsrats werden durch das Bundesdatenschutzgesetz und die Datenschutzgrundverordnung also nicht eingeschränkt, ebenso wenig wie die Zusammenarbeit des Betriebsrats mit seiner Gewerkschaft. Es gehört vielmehr zu den Aufgaben des Betriebsrats, auf die Einhaltung des Datenschutzes im Betrieb zu achten, zum Beispiel in Zusammenarbeit mit dem betrieblichen Datenschutzbeauftragten.

Auch das **Allgemeine Gleichbehandlungsgesetz** (AGG) gibt dem Betriebsrat ein Mittel an die Hand, seine Mitbestimmungsrechte auszuüben. Ziel des Gesetzes ist der umfassende Schutz vor Diskriminierung wegen Rasse, ethnischer Herkunft, Geschlecht, Religion, Weltanschauung, Behinderung, Alter oder sexueller Identität. Es richtet sich in seinem arbeitsrechtlichen Teil (§§ 6 bis 18) ausdrücklich an den Arbeitgeber, dem es die Pflicht auferlegt, alle Arbeitnehmer vor Diskriminierung zu schützen, und räumt den Arbeitnehmern das Recht ein, im Falle »einer Belästigung oder sexuellen Belästigung am Arbeitsplatz ihre Tätigkeit ohne Verlust des Arbeitsentgelts einzustellen, soweit dies zu ihrem Schutz erforderlich ist« (§ 14). Bei einem groben Verstoß des Arbeitgebers gegen den Schutz der Arbeitnehmer vor Benachteiligungen können der Betriebsrat und auch eine im Betrieb vertretene Gewerkschaft vom Arbeitgeber die Unterlassung einer diskriminierenden Handlung fordern.

Mütter und Eltern

Eine werdende oder stillende Mutter benötigt den ganz besonderen Schutz des Arbeitgebers. Das **Mutterschutzgesetz** (MuSchG) legt fest, dass von ihrem Arbeitsplatz keine nachteilige Wirkung auf ihre Gesundheit oder die Gesundheit des Kindes ausgehen darf (etwa durch das Heben schwerer Lasten, langes Stehen, Akkordarbeit). Sie darf sechs Wochen vor der Entbindung und acht Wochen danach nicht beschäftigt werden. Der Arbeitgeber muss sie während der Schwangerschaft für Vorsorgeuntersuchungen bezahlt freistellen. Außerdem genießen Schwangere einen besonderen Kündigungsschutz.

Die **Verordnung zum Schutze der Mütter am Arbeitsplatz** (MuSchArbV) regelt ergänzend dazu, dass Sicherheit und Gesundheit einer werdenden Mutter durch die Arbeitsbedingungen (zum Beispiel Umgang mit Gefahrstoffen) oder die Lage der Arbeitszeit nicht beeinträchtigt werden dürfen.

Das **Bundeselterngeld- und Elternzeitgesetz** (BEEG) regelt die Höhe des Elterngeldes. Das Elterngeld kann als Basiselterngeld für zwölf Monate in Höhe von maximal 1.800 Euro monatlich in Anspruch genommen werden. Nimmt der andere Elternteil ebenfalls mindestens zwei Monate Elternzeit, verlängert sich der Bezugszeitraum auf 14 Monate. Wahlweise ist auch der Bezug von Elterngeld Plus möglich. Die Anspruchsdauer erstreckt sich dann über 24 Monate bei maximal 900 Euro Elterngeld monatlich. Außerdem enthält das Bundeselterngeld- und Elternzeitgesetz Regelungen zur Dauer der Elternzeit und einen besonderen Kündigungsschutz während der Elternzeit.

Sozialversicherung

Sozialgesetzbuch (SGB) ist der Oberbegriff für insgesamt zwölf Einzelbücher, die zusammengenommen das gesamte deutsche Sozialrecht enthalten (Kranken-, Pflege-, Unfall- und Rentenversicherung). Im **SGB II** wird zum Beispiel die Grundsicherung für Arbeitssuchende geregelt, **SGB III** behandelt alles um den Komplex der Arbeitsförderung, darunter auch Höhe und Bezugsdauer des Arbeitslosengeldes, **SGB VII** den Bereich der gesetzlichen Unfallversicherung, **SGB IX** die Teilhabe behinderter Menschen.

Alle für die Betriebsratsarbeit relevanten Gesetzestexte mit einer informativen Einführung finden Sie in einer Sammelausgabe (Michael Kittner *Arbeits- und Sozialordnung*). Bei Gesetzen, die Sie häufig nachschlagen müssen, sollten Sie allerdings unbedingt auch einen Kommentar dazu anschaffen.

IN DIESEM KAPITEL

Was ist das Ziel?

Wer sind die Mitstreiter?

Das richtige Rüstzeug

Kapitel 22
Zehn Tipps für Verhandlungen mit dem Arbeitgeber

Verhandlungen mit dem Arbeitgeber sind oft langwierig, anstrengend und anspruchsvoll. Da braucht der Betriebsrat gute Nerven, eine gründliche Vorbereitung, eine Portion Geschick und die Unterstützung der Belegschaft. Die folgenden zehn Tipps sollen Ihnen helfen, zum gewünschten Ergebnis zu kommen.

Ziele klären

Bevor Sie als Betriebsrat in die Verhandlung gehen, müssen Sie genau wissen, was Sie eigentlich wollen. Ob Sie dem Arbeitgeber eine Betriebsvereinbarung vorschlagen oder der Arbeitgeber Ihnen: Wenn Sie nicht wissen, wohin die Reise gehen soll, kann schon der erste Schritt in die falsche Richtung führen. Diskutieren Sie in der Betriebsratssitzung ausführlich darüber, was Sie erreichen – oder gegebenenfalls abwehren – wollen, welche Punkte verhandelbar sind und welche nicht, welche Kompromisse Sie eventuell anbieten können und auf welche Sie sich keinesfalls einlassen wollen. Fassen Sie den Beschluss so konkret wie möglich. Nicht: »Wir möchten im Großraumbüro bessere Arbeitsbedingungen«, sondern: »Wir fordern den Arbeitgeber auf, Maßnahmen zu ergreifen, um im Großraumbüro den Schallpegel zu senken. Außerdem soll für jeden Beschäftigten ein Sichtschutz bereitgestellt werden.«

Ganz wichtig: Prüfen Sie in jedem Fall ganz genau, wie stark Ihre Mitbestimmungsrechte sind. Können Sie eine Betriebsvereinbarung erzwingen? Oder sind Sie auf die Verhandlungsbereitschaft des Arbeitgebers angewiesen?

Informationen zusammentragen

Tragen Sie vor dem ersten Termin so viele Informationen wie möglich zusammen. Klären Sie ab,

- ✔ welche Informationen Ihnen der Arbeitgeber zur Verfügung stellen muss,
- ✔ wann er sie bereitstellen muss,
- ✔ welche Informationen Sie von anderen Stellen beschaffen können.

Unterziehen Sie die Unterlagen noch einmal einer genauen Prüfung:

- ✔ Sind sie wirklich vollständig?
- ✔ Enthalten sie auch die eigenen Planungsunterlagen des Arbeitgebers?
- ✔ Enthalten sie alle anderen Informationen, die auch dem Arbeitgeber zur Verfügung stehen?
- ✔ Hat er externe Beratung in Anspruch genommen?
- ✔ Liegen dem Betriebsrat in diesem Fall a) der Wortlaut des Auftrags, b) die kompletten Untersuchungs- oder Beratungsergebnisse schriftlich vor?

Machen Sie sich ein Bild von der personellen und wirtschaftlichen Lage des Unternehmens: Wie steht es wirtschaftlich da? Entstehen bestimmte Probleme (Überstundenlast) etwa durch eine chronisch kurze Personaldecke?

Sammeln und notieren Sie alle Argumente, die für Ihre Forderung sprechen. Überlegen Sie sich bereits im Vorfeld, welche Bedenken, Gegenargumente von der Gegenseite kommen könnten. Recherchieren Sie Beispiele aus anderen Betrieben, anderen Branchen, die zeigen: Es geht, man muss nur über seinen Schatten springen.

Stellen Sie vor Beginn der Verhandlung auch klar, ob Ihr Verhandlungspartner berechtigt ist, eine rechtsverbindliche Regelung abzuschließen. Ganz praktisch: Ist er derjenige, der die Vereinbarung schlussendlich unterschreibt? Verhandeln Sie nicht mit einem Partner, dessen Zusagen durch eine übergeordnete Instanz zurückgenommen werden können; damit verschwenden Sie nur Zeit und Energie.

Verbündete suchen

Suchen Sie sich Verbündete. Nehmen Sie Sachverständige, Spezialisten, einen Rechtsanwalt mit in die Verhandlung. Besuchen Sie vorab ein entsprechendes Seminar oder lassen Sie sich beraten. Sorgen Sie dafür, dass Ihre Verhandlung ein Gesprächsthema im Betrieb ist. Wenn die Kollegen wissen, worum es dem Betriebsrat geht, erhalten Sie von ihnen Rückendeckung, Verstärkung und vielleicht sogar Anregungen und Vorschläge.

Eigenen Vorschlag entwickeln

Wenn Ihnen der Arbeitgeber einen Vorschlag zur Regelung einer Angelegenheit vorlegt: Prüfen Sie diesen Vorschlag sorgfältig. Anstatt aber zu versuchen, darin alles zu verändern, was Ihnen nicht geheuer oder was nicht akzeptabel ist, entwickeln Sie lieber einen eigenen Vorschlag zu dieser Angelegenheit. Das mag zwar viel mehr Arbeit sein. Andererseits gibt es keine bessere Vorbereitung.

Wenn Sie einen eigenen Entwurf schreiben, müssen Sie das Problem selbst in allen Facetten durchdenken, entdecken Fallstricke und Hintertüren, auf die Sie selbst bei aufmerksamstem Lesen nicht gekommen wären. Außerdem sind Sie mit einem eigenen Entwurf frei, der Angelegenheit einen ganz neuen Dreh zu geben. Anstatt die Zahl der vorgeschlagenen Kündigungen nur zu reduzieren, kommen Sie vielleicht auf eine Einsparlösung, die gar keine Arbeitsplätze kostet.

Das richtige Verhandlungsteam zusammenstellen

Erste Regel: Nicht zu groß. Zweite Regel: Nicht zu klein. Wie groß das Team schließlich ist, das der Betriebsrat in die Verhandlung schickt, hängt unter anderem vom Gegenstand ab, um den es geht. Je schwieriger und wichtiger die Verhandlung, desto kleiner und schlagkräftiger das Team. Das hat den Vorteil, dass die Betriebsratsmitglieder in der Verhandlung flexibler sind und sich untereinander schnell verständigen können. Außerdem lassen sich die verschiedenen »Rollen« leichter verteilen: Der eine Kollege hat immer die Hintergrundinformationen bereit, die andere Kollegin kann sich auf Gegenargumente spezialisieren. Wenn das Team zu groß ist, müssen sich zu viele Kollegen auf die Rolle des stummen Zuschauers beschränken. Allerdings: Auf der Betriebsratsseite sollten nicht weniger Personen sitzen als auf der Arbeitgeberseite.

Nicht das Heft aus der Hand nehmen lassen

Schlagen Sie für schwierige und konfliktreiche Verhandlungen einen neutralen Sitzungsraum vor. Findet die Besprechung im Büro des Chefs statt, haben Sie keinen Einfluss auf Unterbrechungen durch Telefonate oder Störungen der Assistenz, womöglich nicht einmal auf das Ende der Sitzung. Wenn Sie in der »Höhle des Löwen« sitzen, kann es außerdem passieren, dass Sie sich von vornherein – zumindest unterschwellig – unterlegen fühlen.

Achten Sie auch darauf, dass die Verhandlungsführung nicht wie naturgegeben beim Chef liegt. Terminplanung, Moderation des Gesprächs, Zeitrahmen für Vorbereitung, Vorbereitung von Materialien, verwendete technische Mittel wie etwa ein Beamer – all das wird gemeinsam besprochen und beschlossen, nicht vom Arbeitgeber einfach angeordnet.

Und dass es allein Sache des Betriebsrats ist, wen er in die Verhandlungsrunde schickt, ist ja wohl ohnehin selbstverständlich.

Lassen Sie sich vor allem nicht in fruchtlose Diskussionen verwickeln. Die Frage, ob die (gesetzlich verankerten!) Mitbestimmungsrechte des Betriebsrats betriebswirtschaftlich sinnvoll oder schädlich sind, steht überhaupt nicht zur Debatte. Sie existieren, und damit müssen alle Beteiligten leben!

Nicht ins Bockshorn jagen lassen

Gehen Sie nicht automatisch davon aus, dass Ihr Arbeitgeber konstruktiv diskutieren will. Machen Sie sich auf Störmanöver gefasst und begegnen Sie ihnen souverän. Beliebte Taktiken sind zum Beispiel:

- ✔ Verzögern, Termine verschieben oder platzen lassen
- ✔ Informationen zurückhalten
- ✔ Fakten schaffen, bevor ein Verhandlungsergebnis überhaupt greifbar erscheint
- ✔ Androhung, bei ungünstigem Verhandlungsverlauf die Bedingungen weiter zu verschlechtern oder noch mehr Arbeitsplätze als ursprünglich vorgesehen abzubauen
- ✔ Spaltungsversuche. Davon ist jede Variante denkbar: Man kann den Betriebsratsvorsitzenden gegen die anderen Betriebsratsmitglieder ausspielen, den Betriebsrat gegen seinen Berater oder den Betriebsrat gegen die Belegschaft. Beliebtester Satz dabei ist: »Ich würde ja gern zu einer Einigung kommen, aber der Betriebsrat beharrt so stur auf seinen Forderungen …«

Wenn Sie sich von vornherein mit dem Gedanken vertraut machen, dass der Arbeitgeber mit unfairen Mitteln agiert, können Sie in der Situation gelassen reagieren und ebenfalls schweres Geschütz auffahren (siehe dazu Kapitel 15).

Keine Zusage ohne Beschluss

Lassen Sie sich nicht davon blenden, wenn ein Verhandlungsergebnis in greifbare Nähe gerückt ist. Als Abordnung des Betriebsrats können Sie zwar selbstständig verhandeln, doch eine Zusage des Betriebsrats kann nur durch einen gemeinsamen Beschluss herbeigeführt werden.

Wissen, wann die Verhandlung gescheitert ist

Nicht jede Verhandlung führt zu einem Ergebnis. Wenn die Arbeitgeberseite blockiert und verzögert, sich weigert, von den eigenen Vorstellungen auch nur ein Jota abzuweichen, kurz: wenn sie die Mitbestimmungsrechte des Betriebsrats einfach ignoriert – dann kann der Betriebsrat nur noch feststellen, dass die Verhandlung gescheitert ist. Mit dieser Erkenntnis zieht er sich nun aber nicht resigniert zurück, sondern geht in die nächste Runde: die Einigungsstelle (alles darüber in Kapitel 15).

Selbstbewusstsein zeigen

Vergessen Sie nie: Als Betriebsrat sind Sie ein wichtiger Teil des Betriebs. Sie sind kein Kostgänger des Unternehmens, Ihre Absicht ist es auch nicht, den Erfolg des Unternehmens zu behindern oder zu schmälern, wie Ihr Arbeitgeber womöglich behauptet. Ihre Aufgabe ist es vielmehr, die Interessen Ihrer Kollegen mit allen Mitteln, mit Energie und Fantasie, zu vertreten. Um dies zu erreichen, sind Sie in Ihren Entscheidungen vollkommen souverän und nur dem Betriebsverfassungsgesetz unterworfen. Wie Sie Ihre Arbeit gestalten, welche Beschlüsse Sie fassen, wann und wie lange Sie welche Termine wahrnehmen, welche Vorschläge Sie entwickeln und wie Sie Ihre Mitbestimmungsrechte wahrnehmen – all das entscheiden Sie als Betriebsratsgremium, und niemand sonst.

IN DIESEM KAPITEL

Aufmerksam zuhören

Nicht unterbrechen

Kollegen schützen

Aktiv werden

Kapitel 23
Zehn Tipps für ein erfolgreiches Beratungsgespräch

Wenn Kollegen mit einer Frage, einem Problem oder einer Beschwerde zu Ihnen kommen, entscheidet sich oft in den ersten Minuten, ob ein Gespräch erfolgreich und befriedigend endet oder gründlich misslingt. Mit einer sichtbar abwehrenden Haltung, deutlich gezeigter Ungeduld oder häufigen Unterbrechungen können Sie ein Beratungsgespräch ganz schnell zum Scheitern bringen. Das ist für beide Seiten unbefriedigend: Der Kollege wird beim nächsten Problem lange zögern, ob er sich dem Betriebsrat anvertrauen soll, der ja offensichtlich eher genervt reagiert hat, und bei Ihnen bleibt ein ungutes Gefühl zurück und der berechtigte Verdacht, Ihrer Aufgabe nicht gerecht geworden zu sein.

1. Lassen Sie den Kollegen das Problem in der ganzen Breite schildern. Sagen Sie nicht nach den ersten Sätzen: »Ah ja, das Problem kenne ich.«

2. Schauen Sie Ihr Gegenüber an. Signalisieren Sie zwischendurch, dass Sie zuhören – etwa durch ein eingestreutes »Ah ja?« oder »Hm«.

3. Unterbrechen Sie nicht, aber fragen Sie so lange nach, bis Sie wirklich verstanden haben, worum es geht. Erstens bekommen Sie das Problem dann besser in den Griff, zweitens hat der Kollege die Möglichkeit, seinen ganzen Ärger loszuwerden. Danach lässt sich viel ruhiger und konstruktiver reden. Nehmen Sie jedes Problem ernst.

4. Formulieren Sie das Anliegen des Kollegen in Ihren eigenen Worten als Fragestellung: »Habe ich dich richtig verstanden? Möchtest du, dass …?« Damit schlagen Sie zwei Fliegen mit einer Klappe: Sie geben dem Kollegen das Gefühl, dass Sie sich gedanklich mit seinem Anliegen befasst haben und vermeiden gleichzeitig Missverständnisse, falls Sie aneinander vorbeigeredet haben.

5. Nehmen Sie sich Zeit. Wenn das nicht geht, verweisen Sie auf eine bessere Gelegenheit. Aber nicht »irgendwann«, sondern: »Morgen um 15 Uhr. Passt das?«

6. Wenn Vorwürfe kommen, bügeln Sie nicht gereizt ab, sondern fragen Sie sachlich nach: »Was meinst du damit genau? Was haben wir aus deiner Sicht falsch gemacht?« Dass ein Kollege mit der Arbeit des Betriebsrats unzufrieden ist, ist sein gutes Recht, und er wird auch seine Gründe dafür haben. Vielleicht hat er aber auch nur falsche Vorstellungen davon, was der Betriebsrat wirklich kann?

7. Wenn Sie mit Kollegen am Arbeitsplatz sprechen und der Vorgesetzte kommt dazu, um Druck zu machen – »Halten Sie mir hier die Leute nicht auf!« –, nehmen *Sie* die Sache in die Hand. Lassen Sie den Kollegen nicht im Regen beziehungsweise allein mit dem ungehaltenen Meister stehen. Sagen Sie: »Wir müssen hier gerade eine Frage abklären, so viel Zeit muss jetzt sein.« Falls das nichts nützt, haken Sie nach: »Sie wollen den Betriebsrat doch nicht in seiner Arbeit behindern?«

8. Wenn Sie zufällig von einem Problem erfahren, sprechen Sie den betreffenden Kollegen direkt an. Aber nicht so, dass die ganze Abteilung zuhören kann.

9. Wenn es eine Angelegenheit ist, die die ganze Abteilung betrifft, gehen Sie zu einer passenden Zeit (also nicht gerade eine Viertelstunde vor der Pause oder vor Arbeitsende) in die Abteilung und sprechen alle an.

10. Geben Sie Rückmeldung, was Sie in der Sache unternommen haben. Wenn Sie nichts unternommen haben, erklären Sie, warum. Wenn Sie gescheitert sind, erläutern Sie woran. Versprechen Sie, dass Sie am Ball bleiben. Bleiben Sie am Ball!

IN DIESEM KAPITEL

Fragen, auf die Sie vorbereitet sein sollten

Tipps zu Antworten auf häufige Fragen

Kapitel 24
Die zehn häufigsten Fragen, auf die Sie eine Antwort geben können sollten

Zum Betriebsrat kommen die Kollegen mit den unterschiedlichsten Fragen. Einige werden Sie aus dem Handgelenk beantworten können, bei anderen kommen Sie wahrscheinlich selbst ins Grübeln, müssen Gesetzestexte und Kommentare wälzen oder die Kollegen sogar an einen Rechtsanwalt verweisen, denn eine verbindliche Rechtsauskunft können und dürfen Sie nicht geben. Bestimmte Fragen aber, wie die nachfolgenden, werden Ihnen während Ihrer Amtszeit immer wieder begegnen – hier sind die Antworten darauf.

Durfte mir der Arbeitgeber bei der Einstellung eigentlich so viele persönliche Fragen stellen?

Persönliche Fragen darf der Arbeitgeber durchaus stellen – in gewissen Grenzen freilich. Er muss natürlich alles wissen, was für die zu besetzende Stelle von Belang ist: Ausbildung, Abschlüsse und beruflicher Werdegang, bisherige Berufserfahrung, derzeitiges Arbeitsverhältnis und Dauer der Kündigungsfrist. Die Frage nach den Vermögensverhältnissen ist wohl nur gerechtfertigt, wenn die Stelle mit einem besonderen Vertrauensverhältnis in finanziellen Dingen zu tun hätte. Für die Frage, ob der Arbeitnehmer der Lohnpfändung unterliegt, gelten die gleichen Maßstäbe.

Über seinen Gesundheitszustand muss ein Arbeitnehmer nur insoweit Auskunft geben, als dieser in unmittelbarem Zusammenhang mit der Stelle steht: Eine Arthrose beeinträchtigt die Leistungsfähigkeit einer Bürokauffrau kaum, hingegen die eines Fliesenlegers ganz erheblich, und eine chronische ansteckende Krankheit ist für einen Pflegeberuf ein K.-o.-Kriterium.

Ähnliches gilt auch für die Frage nach einer Vorstrafe oder einer laufenden Ermittlung. Bei Vorstrafen, die direkt mit der angestrebten Stelle zu tun haben – ein Unterschlagungsdelikt bei einem Kassierer, ein Führerscheinentzug bei einem Außendienstler, der Orte besuchen muss, die nur mit dem Auto zu erreichen sind –, hat der Arbeitgeber ein berechtigtes Interesse an der Antwort auf diese Frage.

Einmal verurteilt – für immer vorbestraft?

Als Vorstrafen gelten Verurteilungen oder Strafbefehle in einem Prozess, die im Bundeszentralregister aufgeführt werden. Ist die Vorstrafe bereits getilgt, muss sie nicht angegeben werden. Eine solche Tilgung geschieht je nach Schwere der Tat fünf bis zwanzig Jahre nach der Verurteilung (§ 46 Bundeszentralregistergesetz). Wenn die Vorstrafe nicht in das polizeiliche Führungszeugnis aufzunehmen ist – zum Beispiel eine Geldstrafe von weniger als 90 Tagessätzen –, muss sie nicht angegeben werden.

Die Frage nach der Mitgliedschaft in einer Gewerkschaft, einer Partei, einer religiösen Vereinigung ist in der Regel nicht zulässig, sofern es sich nicht um eine Vertrauensstellung in einer politischen Partei oder religiösen Gemeinschaft handelt.

Die Frage nach einer bestehenden Schwangerschaft widerspricht dem Grundsatz der Gleichbehandlung und darf daher nicht gestellt werden. Ob nach Schwerbehindertenstatus gefragt werden darf, ist umstritten: Einerseits kann der spezielle Schutz für Schwerbehinderte (besonderer Kündigungsschutz, mehr Urlaub) ja nicht greifen, wenn der Arbeitgeber nichts davon weiß, andererseits machen viele Schwerbehinderte die Erfahrung, dass sie eine Stelle, die sie trotz Behinderung problemlos ausüben könnten, dann eben doch nicht bekommen. Aus einschlägigen Urteilen kann man allerdings die Tendenz ablesen, dass die Frage dann zulässig ist, wenn es darum geht, den Betreffenden vor einer für ihn nicht ausführbaren Arbeit zu schützen, dass sie aber unzulässig ist, wenn sie als Mittel zur Diskriminierung eingesetzt wird, wenn die Schwerbehinderung also als Grund dafür herhalten muss, dass ein Bewerber eine Stelle nicht bekommt, obwohl die Art seiner Behinderung ihn in keiner Weise einschränkt.

Im bestehenden Arbeitsverhältnis ist die Frage des Arbeitgebers nach Ablauf von sechs Monaten allerdings für zulässig erachtet worden, wenn es zum Beispiel darauf ankommen sollte, dass für eine beabsichtigte Kündigung eine Zustimmung beim Inklusionsamt zu beantragen ist. Wird die Frage dann vom schwerbehinderten Beschäftigten nicht oder wahrheitswidirg beantwortet, kann er sich im Nachgang nicht auf seinen besonderen Kündigungsschutz als Schwerbehinderter berufen.

Rechtsgrundlage: unter anderem Allgemeines Gleichbehandlungsgesetz (AGG)

Muss ich eigentlich Überstunden machen?

Grundsätzlich müssen alle Überstunden, die in einem Betrieb anfallen, vom Betriebsrat genehmigt werden. Bevor der Betriebsrat seine Zustimmung gibt, wird er sich in der Regel genau ansehen, warum schon wieder Überstunden geleistet werden sollen: Handelt es sich um Arbeitsspitzen, wie sie im normalen Betriebsablauf eben vorkommen? Oder wird damit ein zu niedriger Personalstand kompensiert? Führt die Menge der zu leistenden Überstunden zu übermäßiger Belastung bei den Kollegen? Leidet unter vielen unvorhergesehenen, kurzfristig angesetzten Überstunden auf Dauer das Familienleben der Beschäftigten? Werden womöglich sogar die gesetzlich vorgeschriebenen Arbeitszeitbeschränkungen verletzt? Je nach Sachlage wird der Betriebsrat dem Arbeitgeber auf dessen Antrag also eine Zustimmung oder eine Absage erteilen. Manche Betriebsräte schließen mit dem Arbeitgeber auch Vereinbarungen ab, die generell eine bestimmte Menge von Überstunden pro Monat (zehn oder fünfzehn) erlauben.

Hat der Betriebsrat aber den Überstunden zugestimmt, muss der Arbeitnehmer diese auch ableisten.

Rechtsgrundlage: Betriebsverfassungsgesetz (BetrVG), § 87; Arbeitszeitgesetz (ArbZG), § 3

Warum bekomme ich kein Weihnachtsgeld?

Um diese Frage zu beantworten, müssen erst einmal verschiedene Unterlagen studiert werden.

Der Tarifvertrag

Wenn im Tarifvertrag eine jährliche tarifliche Sonderleistung vereinbart ist, muss der Arbeitgeber diese an alle Arbeitnehmer auch auszahlen. Zu welchem Zeitpunkt und in welcher Stückelung er dies tut, wird zwischen Arbeitgeber und Betriebsrat vereinbart. Oft wird die Hälfte mit dem Junigehalt, die andere Hälfte mit dem Novembergehalt ausgezahlt und dann freudig als »Urlaubsgeld« beziehungsweise »Weihnachtsgeld« begrüßt. Die Sonderleistung kann aber je nach Betriebsvereinbarung auch zu jedem anderen Zeitpunkt ausgezahlt werden, wenn der Tarifvertrag dies nicht anders vorsieht.

Betriebsvereinbarung

Dort, wo es keinen Tarifvertrag gibt, könnte zwischen Arbeitgeber und Betriebsrat eine Betriebsvereinbarung geschlossen werden, die Höhe, Auszahlungszeitpunkt und Empfängerkreis bestimmt.

Einzelvertragliche Regelung

Wenn eine solche besteht, muss der vereinbarte Betrag auch ausgezahlt werden. Wenn sich im Arbeitsvertrag dazu nichts findet, gibt es keine Grundlage dafür.

Betriebliche Übung

Wird eine bestimmte betriebliche Verfahrensweise über einen längeren Zeitraum hin (in der Regel drei Jahre) geduldet oder ausgeführt, erwächst für den Arbeitnehmer daraus ein »Vertrauenstatbestand«, das heißt, er kann davon ausgehen, dass der Arbeitgeber auch in Zukunft so verfährt. Wenn der Arbeitgeber hingegen die Zahlung mit dem (schriftlichen) Hinweis verbindet, dass es sich um eine einmalige Leistung handelt, aus der kein Rechtsanspruch entsteht, ist der zukünftige Anspruch hinfällig.

Gleichbehandlungsgrundsatz

Nach diesem Grundsatz ist der Arbeitgeber verpflichtet, entweder allen Arbeitnehmern oder allen, die bestimmten, objektiv abzugrenzenden Kriterien entsprechen (zum Beispiel allen Kollegen im Außendienst), oder eben keinem Arbeitnehmer eine Sonderzahlung zukommen zu lassen. »Nasenprämien« widersprechen diesem Grundsatz!

Wann muss ich eigentlich meine Krankmeldung einreichen?

»Krankmelden«, also den Arbeitgeber davon informieren, dass man krank und daher nicht arbeitsfähig ist, muss man sich sofort, »unverzüglich«, wie es im Gesetz heißt. Wenn Sie also morgens mit dickem Hals und Kopfschmerzen aufwachen: Nicht noch einmal herumdrehen, sondern sofort zum Telefon wanken und im Betrieb anrufen. Dabei sollte man auch angeben, wie lange die Krankheit voraussichtlich ungefähr dauern wird. Das wird man nicht in jedem Fall wissen. Wer sich aber ein Bein gebrochen hat, kann sich an fünf Fingern abzählen, dass er nicht am nächsten Tag schon wieder arbeitsfähig sein wird.

Wenn die Krankheit länger als drei Kalendertage dauert, müssen Sie eine ärztliche Bescheinigung über das Bestehen der Arbeitsunfähigkeit vorlegen – beziehungsweise vom Arbeitgeber über die Krankenkasse abrufen lassen, wenn Sie gesetzlich versichert sind – also spätestens am vierten Tag. Manche Arbeitgeber wollen damit nicht so lange warten – sie sind berechtigt, die ärztliche Bescheinigung bereits früher zu verlangen. Im Einzelfall können sie das ohne den Betriebsrat machen. Wenn diese Anordnung für mehrere oder alle Arbeitnehmer erfolgen soll, kommen Sie ins Spiel. Diese kollektive Anordnung ist mitbestimmungspflichtig. Schließlich geht es um die Frage von Ordnung und Verhalten im Betrieb! Näheres dazu finden Sie in Kapitel 3. In Tarifverträgen oder Betriebsvereinbarungen (nicht erzwingbar) kann eine längere Frist bis zur Vorlage der ärztlichen Bescheinigung vereinbart werden.

In manchen Tarifverträgen wird statt an Kalendertagen an Arbeitstage angeknüpft. Arbeiten Sie in einer Fünf-Tage-Woche von Montag bis Freitag und sind ab Donnerstag bis Sonntag arbeitsunfähig, müssten Sie keine ärztliche Bescheinigung vorlegen.

Die Anzeigepflicht gilt übrigens auch, wenn Sie sich gerade im Ausland aufhalten – auch dann müssen Sie Ihrem Arbeitgeber so schnell wie möglich Bescheid sagen.

Rechtsgrundlage: Entgeltfortzahlungsgesetz (EFZG), § 5

Ich habe ein schulpflichtiges Kind. Habe ich Anspruch darauf, in den Ferien Urlaub zu bekommen?

Zunächst einmal: Einen Anspruch auf Urlaub haben Sie auf jeden Fall, und zwar vom ersten Tag des Beschäftigungsverhältnisses an. Das ist im ersten Monat ein Zwölftel des gesamten Jahresurlaubs, im zweiten zwei Zwölftel und so weiter. Allerdings wird der volle Urlaubsanspruch erst erworben, wenn das Beschäftigungsverhältnis sechs Monate gedauert hat – daher gilt in der Probezeit normalerweise auch eine Urlaubssperre. Der Urlaubsanspruch besteht übrigens auch dann, wenn der Arbeitnehmer lange krank ist oder war. Die Anzahl der Urlaubstage regelt der zuständige Tarifvertrag, der Arbeitsvertrag oder, wenn beide keine Angaben darüber machen, das Bundesurlaubsgesetz.

Wann der Urlaub aber genommen wird, muss zwingend mit dem Arbeitgeber abgesprochen werden. Das kann in Form einer umlaufenden Urlaubsliste geschehen oder durch rechtzeitige Meldung im Personalbüro oder an einer sonstigen vereinbarten Stelle oder im direkten Gespräch mit dem Vorgesetzten, wobei aber aus nachvollziehbaren Gründen darauf zu achten ist, dass der Zeitraum des Urlaubs schriftlich niedergelegt ist. Auf keinen Fall dürfen Sie eigenmächtig und ohne Genehmigung in Urlaub gehen – so eine »Selbstbeurlaubung« ist ein berechtigter Kündigungsgrund.

Um zu verhindern, dass Arbeitnehmern der ihnen zustehende Urlaub vom Arbeitgeber einfach nicht gewährt wird (»Ich kann Sie hier einfach nicht entbehren, Frau Müller!«), und um es Eltern von schulpflichtigen Kindern zu ermöglichen, mit ihren Kindern zusammen in Urlaub zu gehen, sollte der Betriebsrat mit dem Arbeitgeber Urlaubsgrundsätze vereinbaren, die für jeden Kollegen eine annehmbare Möglichkeit enthalten, seine Urlaubsplanung zu gestalten. Wie das gehen kann, können Sie in Kapitel 14 lesen.

Rechtsgrundlage: Bundesurlaubsgesetz (BUrlG)

Ich möchte gern in Teilzeit arbeiten – geht das?

Alle Arbeitnehmer haben Anspruch auf eine Verringerung der vertraglich vereinbarten Arbeitszeit, wenn die gesetzlichen Voraussetzungen vorliegen. Die Möglichkeit, in Teilzeit zu arbeiten, ist also kein besonderes Entgegenkommen des Chefs, sondern ein vom Gesetz vorgesehener und durchsetzbarer Anspruch, der für jeden Arbeitnehmer besteht. Voraussetzung ist, dass das Arbeitsverhältnis seit mehr als sechs Monaten besteht und er in einem Betrieb mit mehr als 15 Beschäftigten arbeitet. Allerdings kann der Arbeitnehmer die Umwandlung nicht von jetzt auf gleich verlangen, er muss die Verringerung seiner Arbeitszeit und den Umfang der Verringerung, mindestens drei Monate bevor diese beginnen soll, geltend machen. Sie wollen eigentlich nicht auf Dauer, sondern nur für einen begrenzten Zeitraum Ihre Arbeitszeit reduzieren, zum Beispiel weil Ihre Kinder in der Grundschule mehr Betreuung benötigen? Auch das ist möglich, wenn Sie in einem Unternehmen mit mehr als 45 Arbeitnehmern beschäftigt sind. Die Brückenteilzeit ermöglicht Ihnen dann, nach Ablauf von maximal fünf Jahren wieder zu Ihrem früheren Stundenanteil zurückzukehren.

Der Arbeitgeber kann das Begehren nicht schlankweg ablehnen, er ist vielmehr verpflichtet, den Wunsch des Arbeitnehmers mit diesem gemeinsam zu erörtern und zu einer einvernehmlichen Lösung zu kommen. »Kommt nicht infrage!«, ist eindeutig keine solche Lösung. Vielmehr muss der Arbeitgeber zustimmen, wenn nicht betriebliche Gründe dagegensprechen: eine wesentliche Beeinträchtigung der Organisation, des Arbeitsablaufs oder der Sicherheit oder unverhältnismäßige Kosten. Diese unscharfe Bedingung ist in allen Fällen, in denen sich beide Seiten nicht einigen können, der Streitpunkt. Eine Arbeitszeitverringerung bringt natürlich immer einen gewissen organisatorischen Mehraufwand mit sich – aber ist das dann schon ein ausreichender Grund für eine Verweigerung?

In besonderen Situationen, zum Beispiel während der Elternzeit oder zur Betreuung pflegebedürftiger Familienangehöriger, haben Sie die Möglichkeit, für einen befristeten Zeitraum Teilzeit zu arbeiten. Dieses Verlangen kann der Arbeitgeber nur ablehnen, wenn er dringende betriebliche Gründe dafür hat. Er muss also noch »eine Schüppe drauflegen«, wenn er Ihnen diesen Weg versperren will.

Als Betriebsrat haben Sie in diesem Fall übrigens kein Mitbestimmungsrecht, da es sich um eine einzelvertragliche Frage handelt. Im Streitfall muss der betreffende Arbeitnehmer eine Klage beim Arbeitsgericht führen.

Rechtsgrundlage: Teilzeit- und Befristungsgesetz (TzBfG), Bundeselterngeld- und Elternzeitgesetz (BEEG), Pflegezeitgesetz (PflegeZG), Familienpflegezeitgesetz (FPfZG)

Der Chef hat vorhin gesagt: »Sie können gleich zusammenpacken!« Ist das jetzt eine Kündigung?

Nein, definitiv nicht. Eine Kündigung muss *immer* schriftlich erfolgen. Eine mündliche Kündigung ist unwirksam. Das gilt natürlich auch dann, wenn ein Arbeitnehmer zum Chef sagt: »Mir reicht es jetzt, ich gehe!« Dann hat er zwar seinem Ärger Luft gemacht, aber seinen Arbeitsplatz hat er immer noch. Wenn Sie den Ärger per Fax oder WhatsApp äußern, ist das immer noch keine Kündigung, weil die elektronische Form ausgeschlossen ist. Es soll Menschen geben, die meinen, so ihre Beziehung beenden zu können. Aber nicht ein Arbeitsverhältnis.

Rechtsgrundlage: Bürgerliches Gesetzbuch (BGB), § 623

Ich habe seit einigen Wochen immer solche Rückenschmerzen – kann das an der Arbeit liegen?

Das ist durchaus möglich. Anhaltspunkte dafür kann die Gefährdungsbeurteilung geben, die der Arbeitgeber für jeden einzelnen Arbeitsplatz im Betrieb erstellen muss. Diese Gefährdungsbeurteilung muss sowohl vor Beginn der Arbeiten als auch zwischendurch die Arbeitsbedingungen bewerten, Gefährdungen minimieren und analysieren, welche Maßnahmen zur Verbesserung durchgeführt werden. Da der Arbeitgeber in der Regel die Sicherheit oder mangelnde Sicherheit eines Arbeitsplatzes nicht selbst beurteilen kann, soll er sich von Experten, insbesondere einer Fachkraft für Arbeitssicherheit, einem Brandschutzbeauftragten und einem Betriebsarzt unterstützen lassen.

Die im Rahmen der Gefährdungsbeurteilung zu ermittelnden Gefährdungen erstrecken sich auf ein weites Feld:

- ✔ die Gestaltung und die Einrichtung der Arbeitsstätte und des Arbeitsplatzes
- ✔ physikalische, chemische und biologische Einwirkungen
- ✔ die Gestaltung, die Auswahl und der Einsatz von Arbeitsmitteln, insbesondere von Arbeitsstoffen, Maschinen, Geräten und Anlagen sowie der Umgang damit
- ✔ die Gestaltung von Arbeits- und Fertigungsverfahren, Arbeitsabläufen und Arbeitszeit und deren Zusammenwirken
- ✔ unzureichende Qualifikation und Unterweisung der Beschäftigten

Auch die Ermittlung psychischer Belastungen gehört in eine Gefährdungsbeurteilung.

Bei der Erarbeitung von Gefährdungsbeurteilungen, den daraus folgenden notwendigen Schutzmaßnahmen und der Kontrolle ihrer Wirksamkeit hat der Betriebsrat das volle

Mitbestimmungsrecht. Wenn für den infrage stehenden Arbeitsplatz also noch keine Gefährdungsbeurteilung erstellt worden ist, aus der sich ableiten lässt, ob die Rückenschmerzen womöglich aus einer ungesunden Zwangshaltung, dem Heben schwerer Lasten oder einer unzuträglichen Bestuhlung herrühren, dann sollte der Betriebsrat den Arbeitgeber schleunigst auffordern, dies nachzuholen. Die Ergebnisse der Gefährdungsbeurteilung einschließlich der ergriffenen Maßnahmen müssen schriftlich dokumentiert und aufbewahrt werden.

Rechtsgrundlage: Arbeitsschutzgesetz (ArbSchG), §§ 5 und 6

Unser Abteilungsleiter sagt, wir haben zu viel Arbeit, um zur Betriebsversammlung zu gehen – darf er das?

Eindeutig: Nein! Kein Arbeitnehmer darf daran gehindert werden, die Betriebsversammlung zu besuchen. Und zu welchem Zeitpunkt diese stattfindet, bestimmt allein der Betriebsrat. Eine Zustimmung des Arbeitgebers ist nicht notwendig. Da Betriebsversammlungen grundsätzlich während der Arbeitszeit stattfinden, muss sich der Arbeitgeber eben darauf einrichten und die Arbeit entsprechend organisieren. Allerdings ist der Betriebsrat gehalten, auf betriebliche Notwendigkeiten Rücksicht zu nehmen und die Versammlung nicht ausgerechnet an dem Tag abzuhalten, an dem erfahrungsgemäß Hochbetrieb herrscht. Gegebenenfalls sollte der Betriebsrat dies im Vorfeld mit dem Arbeitgeber absprechen.

Wenn der Termin der Betriebsversammlung aber einmal feststeht, hat der Arbeitgeber nicht das Recht, die Beschäftigten aufzufordern, ihr fernzubleiben – und ein Abteilungsleiter, Meister oder Bereichsleiter schon gar nicht. Tut er es dennoch, macht er sich wegen Behinderung der Betriebsratsarbeit strafbar. Die Strafvorschrift richtet sich direkt gegen denjenigen, der die Behinderung verursacht hat. Wenn der Betriebsrat Strafanzeige gegen den forschen Abteilungsleiter stellt, kann dieser sich also nicht hinter »betrieblichen Belangen« verstecken, sondern muss sich wohl oder übel selbst vor dem Kadi verantworten.

Rechtsgrundlage: Betriebsverfassungsgesetz (BetrVG), §§ 43 und 119

Was macht ihr vom Betriebsrat eigentlich die ganze Zeit?

Durch den Betrieb gehen, mit Kollegen sprechen, Briefe schreiben, mit dem Chef verhandeln, telefonieren, Kollegen beraten, Fachzeitschriften lesen, Gesetze nachschlagen, nachprüfen, ob der Arbeitsschutz eingehalten wird, Vereinbarungen aufsetzen, sich mit dem Gewerkschaftssekretär beraten, Betriebsratssitzungen abhalten, Protokolle schreiben, Betriebsversammlungen vorbereiten, das Schwarze Brett bestücken, Seminare besuchen, Kollegen informieren, Arbeitsschutzausschusssitzungen besuchen, mit dem Chef streiten, Kommentar des Betriebsverfassungsgesetzes durchforschen, im Internet nach Themen und Erfahrungen recherchieren, Betriebsratskollegen von anderen Betrieben anrufen … noch Fragen?

Glossar

Abmahnung Mündliche oder schriftliche Rüge, mit der ein Arbeitgeber den Verstoß eines Arbeitnehmers gegen seine arbeitsvertraglichen Verpflichtungen ahndet. Mit der Abmahnung werden in der Regel für den Wiederholungsfall arbeitsrechtliche Konsequenzen, insbesondere die Kündigung, angedroht. Die Abmahnung wird zur Personalakte genommen. Wird sie nicht mehr zu Dokumentationszwecken benötigt, kann verlangt werden, sie zu entfernen.

Allgemeines Gleichbehandlungsgesetz (AGG) Dieses Gesetz soll Benachteiligungen aus Gründen der ethnischen Herkunft, des Geschlechts, der Religion, der Weltanschauung, einer Behinderung, des Alters oder der sexuellen Identität verhindern und beseitigen. Für die Betriebsratsarbeit spielt es zum Beispiel bei Stellenausschreibungen oder bei der Sozialauswahl eine Rolle.

Änderungskündigung Kündigung des Arbeitsverhältnisses, die mit dem Angebot verbunden wird, das Arbeitsverhältnis zu geänderten Bedingungen fortzusetzen, zum Beispiel an einem anderen Arbeitsplatz, in einer anderen (niedrigeren) Gehaltsgruppe oder mit einer anderen vertraglichen Arbeitszeit (zum Beispiel Teilzeit statt Vollzeit). Für den Betriebsrat gelten bei einer Änderungskündigung dieselben Mitbestimmungsrechte wie bei einer ordentlichen Kündigung. Geht es um einen anderen Arbeitsplatz, kommt auch eine Beteiligung des Betriebsrats bei Versetzungen in Betracht.

Arbeitgeber Jede natürliche (Unternehmenseigner) oder juristische (zum Beispiel GmbH) Person, die Arbeitnehmer auf Grundlage eines Arbeitsvertrags beschäftigt.

Arbeitnehmer Angestellte, Arbeiter und Auszubildende eines Betriebs, die aufgrund eines Arbeitsvertrags gegen ein Arbeitsentgelt zu einer Arbeitsleistung verpflichtet sind. Nicht als Arbeitnehmer gelten Selbstständige, die aufgrund eines Dienst- oder Werkvertrags Arbeitsleistungen erbringen, Personen, die mit dem Arbeitgeber verheiratet, verwandt oder verschwägert sind und mit ihm im selben Haushalt leben zählen betriebsverfassungsrechtlich auch nicht zu den Arbeitnehmern.

Arbeitnehmerüberlassungsgesetz (AÜG) Regelt alles, was mit → Leiharbeitnehmern zu tun hat, also Arbeitnehmern, die von ihrem Arbeitgeber zum Arbeitseinsatz an ein anderes Unternehmen »verliehen« werden. Damit besteht zwar der Arbeitsvertrag zwischen Arbeitgeber und Arbeitnehmer weiter, das Weisungsrecht aber liegt beim Entleiher.

Arbeitsgericht Vor dem Arbeitsgericht werden Verfahren zwischen Betriebsrat und Arbeitgeber, Arbeitnehmer und Arbeitgeber oder Gewerkschaften und Arbeitgeberverband verhandelt und entschieden. Das höchste deutsche Arbeitsgericht ist das Bundesarbeitsgericht (BAG), dessen Urteile in der Fachliteratur und in Fachzeitschriften häufig zitiert und erläutert werden.

Arbeitsschutz Die organisatorischen, personellen, technischen, medizinischen und rechtlichen Regelungen, die gewährleisten sollen, dass Leben und Gesundheit der Arbeitnehmer unversehrt erhalten bleiben. Der Betriebsrat hat die ausdrückliche Aufgabe, darüber zu wachen, dass alle Gesetze, Verordnungen, Vorschriften, Tarifverträge und Betriebsvereinbarungen, die Maßnahmen des Arbeitsschutzes zum Gegenstand haben, eingehalten werden.

Arbeitsunfähigkeitsbescheinigung (AUB) Ärztliche Bescheinigung, die ein Arbeitnehmer vorlegen muss, wenn er aufgrund seines Gesundheitszustands seine vertraglich festgelegte Beschäftigung nicht ausüben kann. Gesetzlich krankenversicherte Arbeitnehmer müssen ihre Arbeitsunfähigkeit ärztlich feststellen lassen. Die Bescheinigung kann dann vom Arbeitgeber über die Krankenkassen abgerufen werden.

Arbeitszeitkonto In Betrieben, die Gleitzeit eingeführt haben, wird für jeden Arbeitnehmer verzeichnet, wie weit die tatsächlich geleistete Arbeitszeit eines Tages von der festgelegten Soll-Arbeitszeit nach oben oder unten abweicht (Plus- und Minuszeiten). Im Arbeitszeitkonto werden Arbeitszeitguthaben beziehungsweise Arbeitszeitschulden bis zu einer bestimmten Grenze dokumentiert.

Aufhebungsvertrag Beendigung eines Arbeitsvertrags, mit der eine Kündigung vermieden wird. Im Aufhebungsvertrag wird oft eine Abfindung vereinbart. Bei einem Aufhebungsvertrag hat der Betriebsrat keine Mitbestimmungsrechte.

Aufsichtsrat Insbesondere Aktiengesellschaften (AG), Kommanditgesellschaften auf Aktien (KGaA) und bestimmte Genossenschaften müssen nach dem deutschen Aktiengesetz einen Aufsichtsrat bilden, der als Kontrollgremium für die Arbeit des Vorstands (Geschäftsführung) fungiert und die Gesellschaft gegenüber dem Vorstand vertritt. Der Aufsichtsrat bestellt den Vorstand beziehungsweise beruft ihn ab. Der »mitbestimmte Aufsichtsrat« besteht aus Vertretern der Anteilseigner und aus Vertretern der Arbeitnehmer. Der Vorsitzende wird stets von einem Vertreter der Anteilseigner gestellt. Bei Abstimmungen zählt seine Stimme doppelt, sodass keine Pattsituation entstehen kann.

Ausschuss für Arbeitssicherheit Diesem Ausschuss gehören neben dem Arbeitgeber beziehungsweise seinem Vertreter auch Vertreter des Betriebsrats, die → Betriebsärzte, die → Fachkräfte für Arbeitssicherheit sowie die → Sicherheitsbeauftragten an. Der Ausschuss berät regelmäßig alle Fragen des betrieblichen Arbeits- und Gesundheitsschutzes.

Außertarifliche Angestellte (AT-Angestellte) Angestellte, deren Aufgabe höhere Anforderungen stellt, als für die höchste tarifliche Vergütungsgruppe definiert sind, und deren Gehalt deutlich über der höchsten tariflichen Vergütungsgruppe liegt. Wie weit darüber wird in einigen Tarifverträgen – aber längst nicht in allen – ausdrücklich definiert (Mindestabstandsgebot). Im Gegenzug kommen diese Angestellten nicht in den Genuss tariflich ausgehandelter Regelungen wie etwa 35-Stunden-Woche, 30 Tage Urlaub, Jahressonderzahlung und so weiter.

Berufsgenossenschaft (BG) Träger der gesetzlichen Unfallversicherung für die Unternehmen der deutschen Privatwirtschaft und deren Beschäftigten. Ihr gesetzlicher Auftrag ist es, Arbeitsunfälle und Berufskrankheiten sowie arbeitsbedingte Gesundheitsgefahren mit allen geeigneten Mitteln zu verhüten. Beschäftigte, die einen Arbeitsunfall erlitten haben oder an einer Berufskrankheit leiden, werden durch die Berufsgenossenschaften medizinisch, beruflich und sozial rehabilitiert oder, falls das nicht möglich ist, durch Rentenzahlungen unterstützt.

Berufskrankheiten (BK) Krankheiten, die sich der Versicherte durch eine berufliche Tätigkeit zugezogen hat und die in der Berufskrankheiten-Verordnung vom Gesetzgeber als solche bezeichnet sind. Der Verdacht auf eine Berufskrankheit muss der Berufsgenossenschaft gemeldet werden. Eine »BK-Anzeige« kann durch den behandelnden Arzt, durch den Arbeitgeber, durch den Arbeitnehmer selbst oder durch den Betriebsrat gestellt werden.

Beschäftigungs- und Qualifizierungsgesellschaft (Transfergesellschaft) Arbeitnehmer, die von Massenentlassung betroffen sind, können, wenn der Sozialplan dies vorsieht, für einen befristeten Zeitraum in eine zu gründende Beschäftigungs- und Qualifizierungsgesellschaft übernommen werden. In dieser Zeit erhalten sie »Transferkurzarbeitergeld«, dessen Höhe dem Arbeitslosengeld entspricht.

Betrieb Die einfachsten Begriffe lassen sich oft am schwersten erklären. Wirtschaftswissenschaftlich gesprochen ist ein Betrieb »eine Wirtschaftseinheit mit dem Ziel, den Bedarf eines Marktes durch Produktion oder Dienstleistung zu decken«. Im Betriebsverfassungsrecht umfasst der Begriff Betrieb »die organisatorische Einheit, innerhalb derer der Arbeitgeber allein oder mit seinen Arbeitnehmern mithilfe von technischen und immateriellen Mitteln bestimmte arbeitstechnische Zwecke fortgesetzt verfolgt, die sich nicht nur in der Befriedigung von Eigenbedarf erschöpfen«. Ein Unternehmen kann mehrere Betriebe umfassen, wobei der Betrieb eine örtliche, rechtlich unselbstständige Niederlassung eines Unternehmens ist.

Betriebliche Übung Bestimmte Verfahrensweise, die über einen längeren Zeitraum besteht oder wiederholt wird, zum Beispiel Zahlung eines über die Vereinbarung im Tarifvertrag hinausgehenden Weihnachtsgeldes oder bestimmter Zulagen. Aus einer solchen betrieblichen Übung entsteht ein Anspruch der Arbeitnehmer auf Fortführung der Leistung. Dies ist nicht der Fall, wenn der Arbeitgeber ausdrücklich (schriftlich) darauf hinweist, dass es sich jeweils um eine einmalige Leistung handelt, aus der kein Rechtsanspruch abgeleitet werden kann.

Betriebliches Vorschlagswesen Alle Maßnahmen, mit denen Vorschläge von Arbeitnehmern zur Verbesserung technischer, organisatorischer oder sozialer Gegebenheiten gesammelt, bewertet und im betrieblichen Alltag angewandt werden.

Betriebsänderung Eingriff des Unternehmers in Ablauf oder Bestand des Betriebs, zum Beispiel Verlagerung, Stilllegung, Spaltung, Zusammenschluss eines Betriebs oder Betriebsteils oder grundlegende Veränderung von Betriebsorganisation, Betriebszweck oder Betriebsanlagen.

Betriebsarzt Mediziner mit Weiterbildung zum Facharzt für Arbeitsmedizin, der den Arbeitgeber, den Betriebsrat sowie die Arbeitnehmer eines Betriebs in allen Fragen des betrieblichen Arbeits- und Gesundheitsschutzes medizinisch berät. Hierzu gehört neben den vorgeschriebenen arbeitsmedizinischen Vorsorgeuntersuchungen unter anderem auch die Wiedereingliederung nach schweren Erkrankungen. Der Betriebsarzt muss mit der → Fachkraft für Arbeitssicherheit zusammenarbeiten und gehört dem → Ausschuss für Arbeitssicherheit an.

Betriebsausschuss Der Betriebsausschuss ist dort zu wählen, wo der Betriebsrat neun oder mehr Mitglieder hat. Er führt die laufenden Geschäfte und kann Aufgaben zur selbstständigen Erledigung übertragen bekommen. Mitglieder des Betriebsausschusses sind der Betriebsratsvorsitzende, der stellvertretende Betriebsratsvorsitzende und weitere Mitglieder des Betriebsrats, die aus dessen Mitte gewählt werden.

Betriebsklima Die subjektiv erlebte und wahrgenommene Qualität der Zusammenarbeit der Beschäftigten eines Betriebs. Merkmale eines guten Betriebsklimas sind zum Beispiel guter Führungsstil, Möglichkeit zu eigenverantwortlicher Arbeit, weder Über- noch Unterforderung, Qualität der zwischenmenschlichen Beziehungen, Anerkennung von Engagement und Erfolgen. Hinweise auf ein schlechtes Betriebsklima sind viele Fehlzeiten, hohe Kündigungsraten, hohe Unfallzahlen, Qualitätsmängel von Produkten oder Dienstleistungen.

Betriebsrat Die gewählte Interessenvertretung der Arbeitnehmer im Betrieb. Der Betriebsrat wird von den Arbeitnehmern auf vier Jahre gewählt. Die Zahl der Betriebsratsmitglieder richtet sich nach der Größe des Betriebs. Die Aufgaben des Betriebsrats bestehen in der Überwachung von Gesetzen und Regelungen zugunsten der Arbeitnehmer (zum Beispiel Tarifverträge, Arbeitsschutzgesetze), zum Schutz der Beschäftigten vor Verschlechterungen von Arbeitsbedingungen und zum Schutz von besonderen Personengruppen wie Frauen, Schwerbehinderten, ausländischen Arbeitnehmern sowie der aktiven Gestaltung von Maßnahmen, die der Belegschaft dienen.

Betriebsvereinbarung Betriebsvereinbarungen werden zwischen Betriebsrat und Arbeitgeber zu unterschiedlichen Themen abgeschlossen (zum Beispiel Lage und Dauer der täglichen Arbeitszeit, Altersteilzeit, Leistungszulagen, Provisionen). Sie dürfen keine Sachverhalte regeln, zu denen ein Tarifvertrag existiert.

Betriebsverfassung Die Betriebsverfassung regelt die Beziehungen zwischen Arbeitgeber und Belegschaft sowie die Rechte und Pflichten der Arbeitnehmervertretung in den Betrieben. Sie ist im Betriebsverfassungsgesetz niedergelegt und gilt für alle privaten Betriebe in Deutschland.

Betriebsversammlung Sie dient der Aussprache zwischen Betriebsrat und Beschäftigten im Betrieb. Teilnahmeberechtigt sind alle Arbeitnehmer des Betriebs, der Arbeitgeber, Gewerkschaftsvertreter, Vertreter des Arbeitgeberverbandes – wenn der Arbeitgeber dort organisiert ist - und vom Betriebsrat eingeladene Sachverständige.

Bildungsurlaub Freistellung eines Arbeitnehmers für die Teilnahme an einer Fortbildung unter Fortzahlung des Arbeitsentgelts. Der Bildungsurlaub wird zusätzlich zum tariflich oder gesetzlich vereinbarten Urlaub gewährt und muss sich nicht auf das Arbeitsgebiet des Arbeitnehmers beziehen. Die Möglichkeit von Bildungsurlaub wird durch Landesgesetze unterschiedlich geregelt. In Bayern und Sachsen gibt es keine Bildungsurlaubsgesetze.

Datenschutz Der Schutz personenbezogener Daten vor jeglichem Missbrauch. Im Betrieb ist Datenschutz vor allem in der Verhaltens- und Leistungskontrolle relevant.

Dreiseitiger Vertrag Arbeitnehmer, die im Rahmen einer Betriebsänderung gekündigt werden und in eine Transfergesellschaft wechseln, schließen mit dem bisherigen Arbeitgeber einen Aufhebungsvertrag und gleichzeitig damit einen befristeten Arbeitsvertrag mit der Transfergesellschaft – es sind also drei Seiten beteiligt.

Eingruppierung Zuordnung der Arbeitnehmer zu den im Tarifvertrag vorgegebenen Lohn-, Gehalts- oder Entgeltgruppen je nach der ausgeübten Tätigkeit. Die Gruppen sind meist noch nach Tätigkeitsjahren oder Lebensalter gestaffelt.

Einigungsstelle Können Konflikte zwischen Arbeitnehmervertretung und Arbeitgeber nicht durch Verhandlungen gelöst werden, wird eine Einigungsstelle einberufen, die durch ihren Spruch die Einigung zwischen Betriebsrat und Arbeitgeber ersetzt.

Entgelt Vergütung, die für eine Arbeitsleistung vereinbart wird (Lohn, Gehalt).

Entgeltfortzahlung Die Entgeltfortzahlung an Feiertagen sowie im Krankheitsfall für den Zeitraum von sechs Wochen in Höhe von 100 Prozent des Arbeitsentgelts ist gesetzlich geregelt.

Fachkraft für Arbeitssicherheit Ingenieure, Techniker oder Meister mit einer besonderen Ausbildung in Sicherheitstechnik, die den Arbeitgeber bei der Aufgabe unterstützen, die Sicherheit und Gesundheit der Beschäftigten zu gewährleisten. Die sicherheitstechnische Betreuung kann vor allem in kleineren und mittleren Unternehmen auch extern oder in Teilzeit erfolgen. Dann steht die Fachkraft für Arbeitssicherheit (Sifa) dem Betrieb je nach Zahl der Beschäftigten und dem Gefährdungsgrad der Arbeit für eine bestimmte Zahl von Einsatzstunden zur Verfügung. Die Fachkraft für Arbeitssicherheit muss mit dem → Betriebsrat zusammenarbeiten.

Freistellung von Betriebsratsmitgliedern Jedes Betriebsratsmitglied ist per Gesetz während der Zeit, in der es seinen Pflichten als Betriebsratsmitglied nachkommt, von seinen beruflichen Pflichten ohne Minderung des Arbeitsentgelts befreit. In Betrieben mit 200 und mehr Arbeitnehmern ist mindestens ein Betriebsratsmitglied vollständig von der Arbeit freizustellen.

Friedenspflicht Zwischen den »Betriebsparteien«, also zwischen Arbeitgeber und Betriebsrat, sind alle Maßnahmen des Arbeitskampfes unzulässig. Bei unlösbaren Konflikten im Bereich erzwingbarer Mitbestimmung hat der Gesetzgeber als letztes Mittel die Einrichtung einer → Einigungsstelle vorgesehen.

Gefährdungsbeurteilung Der Arbeitgeber oder eine von ihm beauftragte befähigte Person muss nach § 5 Arbeitsschutzgesetz für jeden Arbeitsplatz die Arbeitsbedingungen bewerten mit dem Ziel, Gefährdungen zu minimieren und Maßnahmen zur Verbesserung durchzuführen. Diese Gefährdungsbeurteilung, die daraus festgelegten Arbeitsschutzmaßnahmen sowie das Ergebnis der Überprüfung ihrer Wirksamkeit müssen vom Arbeitgeber schriftlich dokumentiert und regelmäßig auf ihre Wirksamkeit überprüft werden.

Gesamtbetriebsrat Besteht ein Unternehmen aus mehreren Betrieben, von denen jeder (oder doch einige) einen Betriebsrat besitzt, so ist von diesen ein Gesamtbetriebsrat zu bilden, der Angelegenheiten behandelt, die das gesamte Unternehmen betreffen.

Gewerkschaft Vereinigungen, in denen sich Arbeitnehmer zur Verfolgung gemeinsamer Interessen bei der Gestaltung der Arbeits- und Wirtschaftsbedingungen zusammenschließen.

Die ersten Gewerkschaften entstanden im 19. Jahrhundert und setzten sich damals wie heute für höhere Löhne, bessere Arbeitsbedingungen, kürzere Arbeitszeiten, geregelten Urlaub und Mitbestimmung der Arbeitnehmer im Betrieb ein. Nur eine Gewerkschaft kann mit dem entsprechenden Arbeitgeberverband Lohn-/Gehaltsverhandlungen führen und Tarifverträge abschließen. Die Gewerkschaftsarbeit wird durch Beitragszahlungen der Mitglieder finanziert, die sich nach der Höhe des Bruttolohns richten. Dem Deutschen Gewerkschaftsbund als Dachorganisation gehören acht Einzelgewerkschaften an, die unterschiedliche Branchen vertreten. Darüber hinaus gibt es auch Gewerkschaften, die nur bestimmte Berufsgruppen vertreten (Beamte, Lokführer, leitende Angestellte) oder bestimmten Weltanschauungen anhängen (Christlicher Gewerkschaftsbund).

Gewerkschaftliche Vertrauensleute Gewerkschaftsmitglieder, die in dem Betrieb, in dem sie beschäftigt sind, die gewerkschaftlichen Aufgaben wahrnehmen. Sie sind das Bindeglied zwischen Gewerkschaften und ihren Mitgliedern und arbeiten in bestimmten Bereichen (zum Beispiel bei der Vorbereitung einer Betriebsversammlung) eng mit dem Betriebsrat zusammen. Sie dürfen gegenüber anderen Beschäftigten im Betrieb nicht benachteiligt werden.

Gleitende Arbeitszeit Variable Gestaltung des Beginns und Endes der täglichen Arbeitszeit. Dabei wird meist eine Kernarbeitszeit vereinbart, in der alle Arbeitnehmer anwesend sein müssen. Der Ausgleichszeitraum, innerhalb dessen die vertraglich festgelegte tägliche Arbeitszeit (zum Beispiel acht Stunden) erreicht werden muss, kann zwischen einem Tag und einem Jahr liegen.

Günstigkeitsprinzip Wenn in Arbeitsvertrag, Betriebsvereinbarung, Tarifvertrag und Gesetz ein bestimmter Sachverhalt unterschiedlich geregelt ist – zum Beispiel die Anzahl der Urlaubstage –, so gilt immer die für den Arbeitnehmer günstigere Regelung.

Haustarifvertrag Tarifvertrag, der mit einem einzelnen Unternehmen abgeschlossen wird. In Haustarifverträgen können, ebenso wie in Branchentarifverträgen, alle Arbeits- und Einkommensbedingungen geregelt werden. Ein Haustarifvertrag kann ebenso wie jeder andere Tarifvertrag nicht vom Betriebsrat, sondern nur von der zuständigen Gewerkschaft abgeschlossen werden.

Informationsrechte Der Betriebsrat hat das Recht, vom Arbeitgeber über alle Angelegenheiten, für die er zuständig ist, rechtzeitig und umfassend schriftlich unterrichtet zu werden.

Insolvenzverfahren Ziel eines Insolvenzverfahrens ist es, das verbleibende Vermögen entweder auf alle Gläubiger aufzuteilen oder eine Regelung zu vereinbaren, die zum Beispiel dem Erhalt des Unternehmens gilt und damit auch den Erhalt aller oder zumindest einiger Arbeitsplätze. Während des Insolvenzverfahrens bleibt die Rechtsstellung des Betriebsrats unberührt. Er verhandelt mit dem Insolvenzverwalter den Sozialplan.

Interessenausgleich Plant ein Unternehmer eine → Betriebsänderung, so kann der Betriebsrat einen Interessenausgleich anstreben. Darin wird verhandelt, ob die geplante Maßnahme so durchgeführt wird, wie es der Unternehmer vorgesehen hat, oder ob es eine Möglichkeit gibt, eine für die Beschäftigten weniger belastende Änderung durchzuführen. Der Arbeitgeber muss mit dem Betriebsrat einen Interessenausgleich verhandeln, der

Betriebsrat hat aber hinsichtlich der Maßnahmen, die die Betriebsänderung verhindern, kein echtes Mitbestimmungsrecht.

Jugend- und Auszubildendenvertretung In Betrieben, die mindestens fünf Jugendliche und/oder Auszubildende beschäftigen, muss eine Jugend- und Auszubildendenvertretung gebildet werden, sofern es auch einen Betriebsrat gibt. Sie hat die Aufgabe, die besonderen Interessen der Jugendlichen gegenüber dem Betriebs-/Personalrat zu vertreten. An den Arbeitgeber selbst kann sie nicht herantreten. Die Jugendlichen und Auszubildenden wählen ihre Vertretung direkt.

Konzernbetriebsrat Die Gesamtbetriebsräte eines Konzerns können beschließen, einen Konzernbetriebsrat zu gründen, in den sie dann jeweils zwei ihrer Mitglieder entsenden. Der Konzernbetriebsrat ist für Angelegenheiten zuständig, die entweder den gesamten Konzern oder mehrere Unternehmen betreffen.

Kündigung Auflösung des Arbeitsverhältnisses, entweder durch den Arbeitgeber oder durch den Arbeitnehmer. Man unterscheidet zwischen einer ordentlichen (fristgerechten) und einer außerordentlichen (fristlosen) Kündigung.

Kündigungsfristen Wenn ein Arbeitsverhältnis durch eine ordentliche Kündigung beendet wird, müssen bestimmte Fristen eingehalten werden, die entweder gesetzlich, tariflich, betrieblich (Betriebsvereinbarung) oder einzelvertraglich vereinbart sind. Die Kündigungsfristen sind oft gestaffelt nach der Dauer der Betriebszugehörigkeit. Während der Probezeit gelten meistens kürzere Kündigungsfristen. Bei einer außerordentlichen (fristlosen) Kündigung ist keine Frist vorgeschrieben.

Kündigungsgründe Bei einer Kündigung durch den Arbeitgeber kommen drei verschiedene Kündigungsgründe infrage: betriebsbedingt (zum Beispiel wegen Schließung eines Betriebsteils), personenbedingt (zum Beispiel wegen häufigen Kurzerkrankungen oder lang andauernder Krankheit) und verhaltensbedingt (zum Beispiel wegen Fehlverhalten am Arbeitsplatz).

Kündigungsschutz Arbeitnehmer, die länger als sechs Monate in einem Betrieb mit mehr als zehn Beschäftigten beschäftigt sind, genießen Kündigungsschutz.

Kündigungsschutz, besonderer Besonderen Kündigungsschutz genießen Betriebsratsmitglieder und alle anderen Mitglieder betriebsverfassungsrechtlicher Organe wie Jugend- und Auszubildendenvertreter, Wahlvorstandsmitglieder, Kandidaten zur Betriebsratswahl, außerdem Schwerbehinderte und Gleichgestellte, Frauen während Schwangerschaft und Mutterschutz, Arbeitnehmer in Elternzeit, Auszubildende sowie Zeitsoldaten, die an einer Eignungsübung teilnehmen, Mitglieder des Bundestags, der Landtage und Stadt- oder Gemeinderäte.

Kurzarbeit Vorübergehende Verkürzung der betriebsüblichen Arbeitszeit als Alternative zur Entlassung, zum Beispiel bei Auftragsmangel. Die in diesem Fall entstehenden Einkommenseinbußen werden teilweise von der Bundesanstalt für Arbeit ausgeglichen. Die Einführung von Kurzarbeit ist mitbestimmungspflichtig.

Leiharbeitnehmer Arbeitnehmer, der bei einem »Verleihunternehmen« beschäftigt ist, das ihn gegen Entgelt für eine befristete Zeit (maximal 18 Monate nach Arbeitnehmerüberlassungsgesetz oder aber nach tarifvertraglichen Regelungen für Zeitarbeit) an ein anderes Unternehmen überlässt. Der Arbeitnehmer erhält sein Entgelt von dem Verleihunternehmen, bei dem er arbeitsvertraglich beschäftigt ist. Er hat aber in dem Betrieb, der ihn »ausleiht«, bestimmte Rechte, zum Beispiel das Wahlrecht bei der Betriebsratswahl, wenn er länger als drei Monate dort beschäftigt ist. Zwar sollten Leiharbeitnehmer nach der geltenden EU-Leiharbeitsrichtlinie schon ab dem ersten Tag eines Einsatzes einen Anspruch auf die für einen vergleichbaren Arbeitnehmer geltenden Arbeitsbedingungen – einschließlich des Arbeitsentgelts – haben. Die im AÜG eingeführte Regelung für eine gleiche Bezahlung, aber erst nach neun Monaten, stellt deshalb eine deutliche Verschlechterung der Leiharbeitnehmer in Deutschland gegenüber dem EU-Recht dar.

Leitende Angestellte Arbeitnehmer, die von der Geltung der Tarifverträge und der betrieblichen Mitbestimmung ausgenommen sind. Leitender Angestellter ist jeder, der nach seinem Arbeitsvertrag oder nach seiner Stellung im Betrieb befugt ist, Mitarbeiter einzustellen oder zu entlassen, Prokura oder Generalvollmacht hat oder in weitgehender Entscheidungsfreiheit und ohne Weisung Aufgaben wahrnimmt, die für den Bestand und die Entwicklung des Unternehmens oder eines Betriebs von Bedeutung sind und deren Erfüllung besondere Erfahrungen und Kenntnisse voraussetzt. Der Betriebsrat ist für die leitenden Angestellten nicht zuständig. Sie können aber aus ihrem Kreis einen → Sprecherausschuss wählen.

Manteltarifvertrag Im Gegensatz zum Entgelttarifvertrag enthält der Manteltarifvertrag (auch: Rahmentarifvertrag) Bestimmungen über die Arbeitsbedingungen, zum Beispiel Einstellungs- und Kündigungsbestimmungen, Dauer der Arbeitszeit, Erholungs- und Sonderurlaub, vorübergehende Freistellungen, Zuschläge für Mehr-, Nacht- und Schichtarbeit, Bestimmungen zum Rationalisierungsschutz. Die Laufzeit eines Manteltarifvertrags ist meistens länger als der eines Entgelttarifvertrags.

Massenentlassung Entlassung eines bestimmten Prozentsatzes der Beschäftigten eines Betriebs (zum Beispiel zehn Prozent in Betrieben mit 60 bis 499 Arbeitnehmern). Die Massenentlassung muss der Agentur für Arbeit angezeigt werden, bevor die Kündigungen ausgesprochen werden.

Mitbestimmung Die Mitbestimmungsrechte des Betriebsrats sind je nach Regelungsbereich unterschiedlich stark, angefangen bei den Informationsrechten über Anhörungs-, Beratungs- und Initiativrechte sowie Zustimmungs- und Vetorechte bis zu Mitbestimmungsrechten. In den wesentlichen sozialen Angelegenheiten hat der Betriebsrat die stärksten Mitbestimmungsrechte, hier kann der Arbeitgeber ohne die Zustimmung des Betriebsrats keine Entscheidungen treffen oder umsetzen.

Nachtarbeit Jede Arbeit, die mehr als zwei Stunden während der vom Gesetz als Nachtzeit (23 bis 6 Uhr) bestimmten Zeit liegt. Tarifverträge können eine längere Zeitspanne festlegen. Nachtarbeit belastet die Gesundheit ganz besonders, weil sie den natürlichen Lebensrhythmus des Menschen stört. Außerdem beeinträchtigt sie das soziale Leben des Arbeitnehmers deutlich.

Nachwirkung Wird eine Betriebsvereinbarung über eine mitbestimmungspflichtige Angelegenheit gekündigt, so gelten die Regelungen so lange weiter, bis sie durch eine neue Betriebsvereinbarung ersetzt werden.

Öffnungsklausel Eine Bestimmung in einem Gesetz oder Tarifvertrag, die zu bestimmten Regelungen den ergänzenden oder konkretisierenden Abschluss einer Betriebsvereinbarung oder abweichende Regelungen durch den Arbeitsvertrag zulässt. Öffnungsklauseln kommen zum Beispiel bei Regelungen zur flexiblen Arbeitszeitgestaltung vor. Sie können aber auch die Unterschreitung tariflich vereinbarter Mindeststandards zulassen, zum Beispiel eine Abweichung vom tariflich vereinbarten Entgelt nach unten in wirtschaftlichen Krisensituationen oder in Klein- und Mittelbetrieben.

Ordnungswidrigkeitsverfahren Ein Arbeitgeber, der seine Auskunftspflichten nicht vollständig, nicht wahrheitsgemäß, nicht rechtzeitig oder gar nicht erfüllt, macht sich einer Ordnungswidrigkeit schuldig. Das Betriebsverfassungsgesetz (§ 121) gibt dem Betriebsrat die Möglichkeit, gegen diesen Arbeitgeber eine Ordnungswidrigkeitsanzeige zu stellen. Wird der Anzeige stattgegeben, droht dem Arbeitgeber eine Geldbuße (5 bis 10.000 Euro).

Regelungsabsprache Eine Vereinbarung zwischen Arbeitgeber und Betriebsrat, die oftmals nur für einen Einzelfall getroffen wird, zum Beispiel über die Hinzuziehung eines Sachverständigen für den Betriebsrat oder die Einigung auf die Person des Einigungsstellenvorsitzenden. Sie wirkt im Gegensatz zur Betriebsvereinbarung nur zwischen Betriebsrat und Arbeitgeber.

Sachverständiger Jede Person, die dem Betriebsrat fachliche oder rechtliche Kenntnisse vermitteln kann, die dieser benötigt, um seine Aufgaben erfüllen und sein Mitbestimmungsrecht qualifiziert ausüben zu können.

Schwerbehindertenvertretung Gesetzliche Vertretung der Schwerbehinderten in einem Betrieb, in dem mindestens fünf Schwerbehinderte beschäftigt sind. Sie achtet darauf, dass die zugunsten der Schwerbehinderten geltenden Gesetze oder Betriebsvereinbarungen und so weiter eingehalten werden und dass die Eingliederung von Schwerbehinderten in den Betrieb gefördert wird.

Sicherheitsbeauftragter Beschäftigter des Betriebs mit einer besonderen Ausbildung (zum Beispiel eines Wochenkurses der Berufsgenossenschaften), der an seinem Arbeitsplatz darauf achtet, dass die Beschäftigten seiner Arbeitsgruppe oder Abteilung die einschlägigen Sicherheitsvorschriften einhalten und ihre persönliche Schutzausrüstung (PSA) tragen. Der Sicherheitsbeauftragte hat kein Weisungsrecht, er kann und soll den Arbeitgeber aber in allen Sicherheitsfragen beraten. Die Sicherheitsbeauftragten nehmen an Sitzungen des → Ausschusses für Arbeitssicherheit teil.

Sozialplan Im Falle einer Betriebsänderung verhandelt der Betriebsrat mit dem Arbeitgeber Art und Umfang des finanziellen Ausgleichs für Arbeitnehmer, die von einer Kündigung betroffen sind. Diese Ausgleichsmaßnahmen (zum Beispiel Abfindungen, Übergang in eine Transfergesellschaft) werden im Sozialplan festgehalten.

Sprecherausschuss Das Vertretungsorgan der → leitenden Angestellten, die nicht vom Betriebsrat vertreten werden. Mitglieder des Sprecherausschusses haben keinen Anspruch auf Freistellung und keinen besonderen Kündigungsschutz. Sie haben zwar Unterrichtungs- und Beratungsrechte, aber keine Mitbestimmungsrechte.

Strafverfahren Wer die Wahl des Betriebsrats oder seine Tätigkeit behindert oder stört oder ein Mitglied eines Betriebsrats benachteiligt oder begünstigt, begeht eine Straftat, die mit Geld- oder Freiheitsstrafe geahndet werden kann. Der Strafantrag kann vom Betriebsrat oder einer der im Betrieb vertretenen Gewerkschaften bei der Staatsanwaltschaft oder bei der Polizei gestellt werden.

Tarifliche Sonderleistung Tariflich festgelegte zusätzliche Zahlung, die in der Regel einmal im Jahr oder auch aufgeteilt als Urlaubs- und Weihnachtsgeld gezahlt wird, entweder in Form eines festen Betrags oder als prozentualer Anteil des Monatsentgelts.

Tarifvertrag Er regelt die Rechte und Pflichten von Arbeitnehmern und Arbeitgebern, vor allem die Frage von Entlohnung, Arbeitszeit, Urlaub sowie Abschluss und Beendigung von Arbeitsverhältnissen. Tarifverträge können ausschließlich zwischen Tarifparteien abgeschlossen werden, also von Arbeitnehmer- oder Innungsverbänden und (tariffähigen) Gewerkschaften. Entsprechend gelten Tarifverträge auch nur für die Mitglieder dieser Tarifparteien. Abweichungen vom Tarifvertrag sind nur zugunsten der Arbeitnehmer erlaubt, es sei denn, es wurde eine → Öffnungsklausel vereinbart. Ist eine Frage tarifvertraglich geregelt, dürfen Arbeitgeber und Betriebsrat nicht zum gleichen Thema eine Betriebsvereinbarung abschließen (Tarifvorrang).

Tendenzbetrieb Unternehmen, die politischen, koalitionspolitischen, konfessionellen, karitativen, erzieherischen, wissenschaftlichen, künstlerischen Bestimmungen oder Zwecken der Berichterstattung oder Meinungsäußerung dienen, werden als Tendenzbetriebe bezeichnet, also zum Beispiel Parteien, Gewerkschaften, Arbeitgeberverbände, kirchliche Einrichtungen, konfessionelle Hilfsdienste, Theater, Verlage, Forschungsinstitute, Zeitungsverlage. Betriebsräte in diesen Unternehmen haben nur dann ein Mitwirkungsrecht, soweit die Zweckbestimmung des Unternehmens nicht betroffen ist. Im Tendenzbetrieb wird zum Beispiel kein → Wirtschaftsausschuss gebildet.

Transfergesellschaft → Beschäftigungs- und Qualifizierungsgesellschaft

Überstunden Die Arbeitszeit, die über die im Tarifvertrag oder in einem Einzelarbeitsvertrag festgelegte Arbeitszeit hinausgeht. Der Betriebsrat hat ein Mitbestimmungsrecht dabei, ob und in welchem Umfang Überstunden zu leisten sind und welche Arbeitnehmer diese Überstunden leisten sollen. Auch freiwillig geleistete Überstunden, die vom Arbeitnehmer ohne ausdrückliche Anordnung geleistet werden, unterliegen dem Mitbestimmungsrecht. Das Mitbestimmungsrecht des Betriebsrats kann von Fall zu Fall oder in einer Rahmenvereinbarung angewandt werden. In diesem Fall kann zum Beispiel vereinbart werden, dass pro Monat eine bestimmte Zahl von Überstunden ohne Rücksprache mit dem Betriebsrat angeordnet werden kann.

Vertrauensarbeitszeit Dabei wird es dem Arbeitnehmer überlassen, wann, wie und in welcher Zeit er die vertraglich festgelegte Arbeitsleistung erbringt. Durch Vertrauensarbeitszeit darf die tariflich oder gesetzlich vorgegebene Höchstdauer der täglichen oder wöchentlichen Arbeitszeit nicht überschritten werden.

Wahlperiode Die regelmäßige Amtszeit eines Betriebsrats beträgt vier Jahre. Wird erst im Verlauf der Wahlperiode ein Betriebsrat gewählt, endet dessen Amtszeit mit Ablauf der allgemeinen Wahlperiode. Betriebsratswahlen werden bundesweit in allen Betrieben im selben Zeitraum durchgeführt. Wahljahre: 2026, 2030 und so weiter.

Wahlvorstand Der Wahlvorstand leitet die Wahl des Betriebsrats ein. Er besteht aus mindestens drei Mitgliedern und wird spätestens zehn Wochen vor Ablauf der vierjährigen Wahlperiode vom Betriebsrat bestellt. Sofern noch kein Betriebsrat besteht oder erst noch gegründet werden soll, wird der Wahlvorstand auf einer Betriebsversammlung von der Mehrheit der anwesenden Beschäftigten gewählt.

Wirtschaftsausschuss In Unternehmen mit mindestens 100 Beschäftigten muss ein Wirtschaftsausschuss eingerichtet werden, der mit dem Unternehmer alle wirtschaftlichen Angelegenheiten berät. Über seine Erkenntnisse unterrichtet er den Betriebsrat.

Zulagen/Zuschläge Die tariflichen Grundvergütungen können durch vielfältige tarifliche Zulagen und Zuschläge ergänzt werden, die von unterschiedlichen Kriterien abhängig sind. Zu den wichtigsten gehören: Leistungszulagen, die abhängig von der erbrachten individuellen Leistung als Prozentsatz der Tarifvergütung gezahlt werden; arbeitszeitbezogene Zuschläge, zum Beispiel für Mehrarbeit, Spätarbeit, Nacht- und Schichtarbeit, Samstags-, Sonn- und Feiertagsarbeit; Erschwerniszulagen etwa für Hitzearbeit, gefährliche Arbeiten, Schmutzarbeit; Funktionszulagen für bestimmte Tätigkeiten wie Vorarbeiter, Ausbilder.

Abbildungsverzeichnis

Abbildung 4.1: Musterbrief mit Zustimmungsverweigerung 93

Abbildung 4.2: Widerspruchsschreiben des Betriebsrats 96

Abbildung 6.1: Musterbrief für die Kostenübernahme der Betriebsratsausstattung 136

Abbildung 7.1: Musterbrief für eine Fortbildung 149

Abbildung 8.1: Eine Tagesordnung kann so aussehen. 161

Abbildung 8.2: Ein Muster für ein Blankoprotokoll 173

Abbildung 9.1: Ein Beispielfragebogen für Ihre Umfrage im Betrieb 186

Abbildung 9.2: Die Auswertung der Fragebogen 187

Abbildung 11.1: So oder ähnlich könnte Ihr Ankündigungsplakat aussehen. 203

Abbildung 15.1: Musterbrief für eine Ordnungswidrigkeitsanzeige 262

Abbildung 17.1: Ausgefülltes Musterwahlausschreiben 293

Abbildung 19.1: Musterstimmzettel für die Persönlichkeitswahl (links) und für die Listenwahl (rechts) 319

Stichwortverzeichnis

A

Abfindung 275–276
Abfindungsformel 276
Abmahnung 72, 75, 98, 109, 159
Abteilungsversammlung 194–195
Akkordlohn 81–82
Aktenvernichter 130
Alkohol im Betrieb 239
Alkoholverbot 68, 248
Allgemeines Gleichbehandlungsgesetz 352
Altersteilzeit 240
Altersvorsorge
 betriebliche 275, 336
Amtszeit 286, 299–300
Angelegenheit
 soziale 36, 64, 252
Angestellter
 außertariflicher 81
 leitender 60, 196, 287, 341
Arbeit
 mobile 66, 83, 240
Arbeitgeber 226, 243
 Ansprechpartner 225
 Behinderung der Betriebsratsarbeit 263
 Informationspflicht 230, 257–258, 268
 monatliches Gespräch 232
 Ordnungswidrigkeitsanzeige gegen 261
 Vorstellungsbesuch 224
 Zusammenarbeit mit 224, 227, 253
Arbeitgeberverband 196, 234
Arbeitnehmer
 älterer 106
 ausländischer 106
 wahlberechtigter 39, 46, 294
Arbeitnehmerentsendegesetz 337
Arbeitnehmerüberlassung 337
Arbeitnehmerüberlassungsgesetz 141
Arbeits- und Gesundheitsschutz 338
Arbeits- und Sozialordnung 140
Arbeitsbefreiung 118
Arbeitsgericht 99, 253
Arbeitsgruppe 56
Arbeitsjubiläum 240
Arbeitslosengeld 278
Arbeitsplatz
 Gestaltung 338
Arbeitsrecht 334
Arbeitsschutz 77, 78, 79, 110–111, 229, 334
Arbeitsschutzausschuss 54–55, 101, 338
Arbeitsschutzgesetz 141, 229, 338
Arbeitsschutzvorschrift 140
Arbeitssicherheit 75–76, 78, 334, 338
 Fachkraft für 54–55, 78, 110, 357
Arbeitssicherheitsgesetz 141, 338
Arbeitsstättenverordnung 127, 140, 338
Arbeitsunfähigkeit 340, 354
Arbeitsunfall 76, 79
Arbeitsvertrag 38, 239, 241, 247, 338, 354
Arbeitszeit 69–70, 239, 339, 342
 Wochenarbeitszeit 241
Arbeitszeitgesetz 70, 141, 339
Arbeitszeugnis 336
AT-Angestellter 81
Aufsichtsrat 59
Augenhöhe 347
Ausbildung 340
Auskunftspflicht 351
Ausrüstung
 technische 132
Ausschreibung
 innerbetriebliche 87–88, 90
Auswahlrichtlinie 252
Auszubildender 264

B

Baustellenverordnung 338
Behinderung der Betriebsratsarbeit 264
Bekleidungsvorschriften 252
Belegschaftsbefragung 183
Belegschaftssprecher 46
Berater 271
Beratungsgespräch 113
Beratungsrecht 37
Bericht des Arbeitgebers 194
Berufsbildung
 Förderung der 85
Berufsbildungsgesetz 340
Berufsgenossenschaft 101, 140, 163, 183, 229
Berufskrankheit 79
Beschäftigungs- und Qualifizierungsgesellschaft 275
Beschäftigungsverhältnis
 befristetes 336
Beschluss 48, 147–148, 235, 241, 255, 282, 343, 346
Beschlussverfahren 64, 151
Beteiligungsrecht 51
Betriebsänderung 151, 258, 267, 269–273, 275
Betriebsarzt 78
Betriebsausschuss 49–50, 233, 327
Betriebsferien 74
Betriebsfrieden 90, 243, 303
Betriebskindergarten 240
Betriebsklima 239
Betriebskrankenkasse 335
Betriebsorganisation 268

Betriebsrat
  Amtszeit 281
  Anzahl der Mitglieder 289
  europäischer 59
  Geschäftsführung 50
  Kandidaten 298
  konstituierende Sitzung 326
Betriebsratsbüro 154
  Ausstattung 129
  Größe 126
  Lage 126
Betriebsratssitzung 42, 47, 61, 153–154, 156, 234–235, 327, 343
  Beschluss 166
  Dauer 157
  Einladung 157–158
  Leitung 165
  Ort 154
  Protokoll 171
  Tagesordnung 157, 159
  Teilnehmer 162
  Termin 156
  Themen 160
  virtuelle 328
Betriebsratssprechstunde 252, 298
Betriebsratsvorsitzender 47, 156–157, 165, 205, 212, 232, 326
  Stellvertreter 47, 50, 157
Betriebsratswahl 39, 60–61, 103, 192, 196, 264, 275, 281–282, 288, 291, 298–300, 305, 307, 311–312, 314–315, 317–318, 328–329
  Anfechtung 328
  Bekanntgabe des Ergebnisses 326
  Briefwahl 315
  Kandidaten 282, 294, 297, 300, 305–306, 322
  Listenvertreter 294
  Minderheitengeschlecht 286, 291, 307, 312–313, 329
  persönliche Erklärung 316
  Stimmenauszählung 300
  Stimmzettel 317
  Termin 285
  Urne 300, 308, 313
  Vorschlagsliste 294
  Wahlvorschläge 282
Betriebsschließung 37, 181
Betriebssicherheitsverordnung 141, 338
Betriebsspaltung 267
Betriebsübergang 268
Betriebsurlaub 240
Betriebsvereinbarung 37, 51, 58, 67, 69, 76, 78, 88, 105, 113, 118, 131, 140, 160, 177, 180, 183, 193, 208, 210, 213, 226, 237–239, 241–244, 246–247, 249, 255, 259, 268, 274–275, 335–336, 339, 343, 353–354
  erzwingbare 240, 343
  freiwillige 240, 248
  Geltungsdauer 245
  Laufzeit 246
  Nachwirkung 248
  salvatorische Klausel 246
  Urlaub 241
Betriebsverfassungsgesetz 31–35, 139, 193, 208
  Kommentar 140–141
Betriebsverlegung 267
Betriebsversammlung 39, 47, 180–181, 185, 191–192, 197, 211–213, 216, 219, 244, 247, 261, 263–264, 266, 297, 302, 311, 313, 329, 358
  Abteilungsversammlung 194–195
  außerordentliche 194
  Bericht des Arbeitgebers 215
  Bericht des Betriebsrats 204–205, 214
  Beschluss 198
  Diskussion 216–217
  Einladung 202
  Entgeltfortzahlung 197
  Häufigkeit 192
  Hausrecht 219
  Leitung 212
  Ort 200
  Protokoll 218
  Sitzordnung 212
  Tagesordnung 204–205, 213–214
  Teilnehmer 196
  Teilversammlung 195
  Termin 199
  Themen 208
Betriebszugehörigkeit 274, 276
Bildschirmarbeitsplatz 240
Brettbeauftragter 181
Briefwahl 282–283, 292, 300, 302
Briefwahlstimmen 321
Brückenteilzeit 356
Bundesanstalt für Arbeitsschutz und Arbeitsmedizin (BAuA) 334
Bundesarbeitsgericht 333
Bundesdatenschutzgesetz 341
Bundesministerium der Justiz 333
Bundesministerium für Arbeit und Soziales 334
Bundesrecht 333
Bundesurlaubsgesetz 38, 74, 339
Bürgerliches Gesetzbuch 357
Bußgeld 263

C

ChatGPT 145

D

Datenschutz 133, 145
Datenschutzbeauftragter 133
Datenschutzgrundverordnung 341
Deutsche Gesetzliche Unfallversicherung 334
Deutscher Gewerkschaftsbund (DGB) 336
Direktionsrecht 40, 119, 238, 248
Dolmetscher 196

E

Ehrenamt 44
Eingliederungsmanagement
  betriebliches 79, 240

Eingruppierung 88, 258
Einigungsstelle 64–65, 148, 227, 230, 243, 249, 251–256, 259, 264, 272, 275, 347
  Kosten 253
  Spruch 255
  Vorsitzender 254
Einspruch 288–289, 291
Einstellung 87, 258
Elternzeit 315
  Elterngeld 342
  Kündigungsschutz 342
E-Mail 69, 131, 182
Entgelt 339
Entgeltfortzahlungsgesetz 355
Entgeltliste 230
Erklärung
  persönliche 316
Ersatzmitglied 165, 326, 329

F

Fachkraft für Arbeitssicherheit 54–55, 78, 110, 357
Fachliteratur 139, 143
Feststellungsantrag 99
Flugblatt 181
Fortbildung 95, 144–145, 148
Fortbildungsmaßnahme
  betriebliche 252
Freiheitsstrafe 264
Freistellung 40, 119, 121, 145–146, 157, 252
Friedenspflicht 228–229, 251
Frist 48

G

Gefährdungsbeurteilung 78, 240, 357
Gefahrstoffrecht 141
Gefahrstoffverordnung 338
Gehaltsfortzahlung 119
Gehaltsliste 101
Gehaltstarifvertrag 140
Geheimhaltungspflicht 163, 230
Gesamtbetriebsrat 58, 230, 283, 309
Geschäftsführung des Betriebsrats 50
Geschäftsgeheimnis 230
Geschäftsordnung 146, 155, 169, 284, 299, 327–328
Gesetzestext 333
Gespräch
  monatliches 232–233, 235–236
Gestaltungsrecht 107
Gesundheitsschutz 66, 76, 334, 338
Gewerkschaft 39, 50, 59, 61–62, 101, 140, 150, 158, 163, 183, 195–196, 224, 228, 230, 232–233, 242, 254, 260–261, 264–265, 283, 303, 308, 314, 327–329
Gewerkschaftsmitglied 61
Gewerkschaftssekretär 61
Gewerkschaftsvertreter 61–62, 172, 208, 213–214
Gewinnbeteiligung 240
Gleichbehandlung 352
  Männer und Frauen 51
Gleichbehandlungsgrundsatz 354
Gleichstellung von Frauen und Männern 209
Gleitzeit 69
Großraumbüro 110–111
Grundlagenseminar 144
Gruppenarbeit 66, 83
Günstigkeitsprinzip 247

H

Hans-Böckler-Stiftung 336
Härtefonds 275
Hausrecht 127, 164, 179, 219
Heimarbeitsgesetz 339
Höchstzahlenverfahren 291, 324
Homeoffice 83, 240

I

Informationspflicht des Arbeitgebers 100, 230
Informationsrecht 37, 52, 64, 100, 230, 257
Initiativrecht 37, 65
Inklusionsvereinbarung 106
Institut der deutschen Wirtschaft Köln 336
Integration 209
Interessenausgleich 37, 141, 270–273, 275
  Namensliste 272
Internetzugang 69, 131
Intranet 182, 204, 247, 288, 291

J

Job-Ticket 240, 248
Jugend- und Auszubildendenvertretung 51, 59, 108, 160, 233
Jugendarbeitsschutzgesetz 340

K

Kandidat 39, 297
Kantine 64, 80, 240
Kindergarten 80
KI-Tool 145
Klausel
  salvatorische 246
Kleiderordnung 68
Kontrolle 67
Konzernbetriebsrat 59, 283, 309
Kostenrahmen 135
Kostenübernahme 146, 163
Krankmeldung 354
Kündigung 94, 97–98, 272, 275, 336, 338, 357
  Anhörung des Betriebsrats 97
  Auswahlrichtlinien 95
  Bedenken 94
  betriebsbedingte 99
  personenbedingte 99
  verhaltensbedingte 98
  Widerspruch 95, 99
Kündigungsfrist 338
Kündigungsgrund 355
Kündigungsschutz 103, 314, 329, 338
Kündigungsschutzgesetz 140, 273, 338
Kündigungsschutzklage 100, 278
Kündigungsschutzprozess 95, 99–100
Künstliche Intelligenz 151
  Sachverstand 75
Kurzarbeit 72, 239, 272

L

Landesarbeitsamtspräsident 275
Lärm- und Vibrations-Arbeitsschutzverordnung 338
Lastenhandhabungsverordnung 338
Leiharbeit 336
Leiharbeitnehmer 88, 115, 196, 209, 287–289, 336–337
Leistungszulage 240
Listenvertreter 305
Listenwahl 304, 318, 324
  Reihenfolge der Listen 318
Lohngestaltung
  betriebliche 66, 81

M

Manteltarifvertrag 140
Massenentlassung 258, 275
Minderheitengeschlecht 299, 326, 338
Minderheitenschutz 292
Mindestlohn
  gesetzlicher 340
Mindeststandard 338
Mitarbeiter
  freier 88, 287
Mitarbeiterversammlung 193
Mitarbeitervertretung 32
Mitbestimmung 228, 249, 340
  erzwingbare 240
Mitbestimmungsgesetz 356
Mitbestimmungsrecht 36–37, 46, 52, 64, 81, 84, 178, 210, 226, 240–241, 259, 273, 275, 308, 346–347
  erzwingbares 252
Mitwirkungsrecht 32, 36
Mobiles Arbeiten *siehe* Arbeit, mobile
Mutterschutz 113, 139, 265
Mutterschutzgesetz 140, 342

N

Nichtraucherschutz 67, 108

O

Öffentlichkeitsarbeit 177
Öffnungsklausel 38
Ordnung
  betriebliche 66
Ordnungswidrigkeitsanzeige 261

P

Pausenraum 108
Pensionskasse 80
Personalentwicklung 108, 202
Personalfragebogen 85, 252
Personalplanung 52, 100, 229, 258
Personalrat 32
Personalvertretungsgesetz 32
Persönliche-Schutzausrüstung-Benutzungsverordnung 338
Persönlichkeitswahl 286, 299, 302–303, 315, 318
  Reihenfolge der Kandidaten 318
Prämienfestsetzung 82
Prävention 334
Protokoll 171, 328
Provision 240

Q

Qualifizierung 159, 272, 275, 278, 328

R

Rauchen 67
Rechtsanwalt 150, 152, 242, 254, 260, 271, 344
Rechtsberatung 114
Regelungsabsprache 249
Runder Tisch 46

S

Sachmittel 137
Sachverständiger 75, 78, 101, 150, 172, 196, 229, 232, 242, 249, 254, 259, 270, 344
Schichtarbeit 268, 335, 339
Schonarbeitsplatz 240
Schulung 227
Schutzausrüstung
  persönliche 78, 334
Schwarzes Brett 178–180, 248, 291, 327
Schwerbehindertenvertretung 60, 140, 158, 160, 233, 339
Schwerbehinderter 107, 109, 275, 339
Schwerbehinderung 352
Sicherheitsbeauftragter 54, 78
Sicherheitsmangel 77
Sitzung
  konstituierende 46, 284, 300, 308, 312–313, 327
Sonderleistung
  tarifliche 73, 241, 353
Sozialauswahl 95
Sozialeinrichtung 80
Sozialgesetzbuch 338, 342
Sozialplan 37, 41, 141, 150, 252, 270, 273–275, 277, 314
  Stichtag 277
Sozialversicherung 342
Sprecherausschuss 60, 341
Sprechstunde 114–115
Stellenausschreibung 89, 240
Stellenbeschreibung 88
Steuerprüfer 271
Stimmabgabe 282, 284, 286, 292, 299–300, 302, 307, 313, 315, 318–319, 321–322
  schriftliche 302, 316
Stimmenauszählung 320, 322
  öffentliche 292, 300, 308, 313
Stimmzettel 300, 316–317, 320–321
Strafverfahren 264
Streik 39, 228, 251
Stützunterschrift 301

T

Tarifverhandlung 180, 208, 210, 228
Tarifvertrag 38, 70, 73–74, 81, 90, 94, 101, 113, 140, 167, 170, 241, 248, 339, 353

Gehaltstarifvertrag 140
Manteltarifvertrag 140, 208
Technologieberatungsstelle 242, 335
Teilfreistellung 121
Teilversammlung 195
Teilzeit- und Befristungsgesetz 141
Teilzeitarbeit 336, 356
Elternzeit 356
pflegebedürftige Familienangehörige 356
Telearbeit 240
Telefon 155
Privatgespräche 69, 239
Telefonkonferenz *siehe* Video- und Telefonkonferenz
Tendenzbetrieb 53
Transfergesellschaft 277–278

U

Überstunden 71–72, 108, 239, 252, 353
Überwachung 74–75
Übung
betriebliche 248–249, 354
Umgruppierung 91
Umsetzung 92
Umweltschutz 51, 106, 209
betrieblicher 240
Unkündbarkeit 103
Unternehmensmitbestimmung 59
Unterstützerunterschrift 284
Urlaub 241, 252, 339
Bewilligungsverfahren 245
Urlaubsanspruch 355
Urlaubsplanung 242
Urlaubsregelung 65, 73–74
Urlaubssperre 74

V

Vereinbarkeit von Familie und Erwerbstätigkeit 209
Vereinbarung
nähere 151
Verfügung
einstweilige 64, 147, 248, 259–260, 314
Verfügungsanspruch 260
Verfügungsgrund 260
Vergütung
leistungsbezogene 82
Verhältniswahl 303
Verhandlung
gescheiterte 347
mit dem Arbeitgeber 345
Verhandlungsteam 345
Vermögensbildung 240
Verschwiegenheitspflicht 228
Versetzung 92, 258, 268, 272
Vertrauensarbeitszeit 150
Vertrauensleute
gewerkschaftliche 61, 298
Vertraulichkeit 117, 229
Vertraulichkeitsgebot 118
Video- und Telefonkonferenz 155
Anwesenheitsliste 166
Geschäftsordnung 156
Widerspruchsrecht 155
Vorschlagsliste 284, 294, 303, 306, 315–316
Namen 300
Reihenfolge 284, 294, 304
Vorschlagswesen
betriebliches 82, 240
Vorsitzender 284

W

Wahlanfechtung 326
Wahlausschreiben 281, 286, 291, 294–295, 299, 302–303, 312–313, 316, 318, 320, 323
Wahlberechtigter 39, 46, 283–284, 289, 292, 315, 319
Wahlergebnis 323
Wählerliste 281, 287–291, 307, 312–313, 318, 321
Einspruch 312
Wahlhelfer 320
Wahlleiter 327
Wahllokal 283–284, 300, 313, 320, 323
Wahlniederschrift 284, 308, 325–326
Wahlordnung 284, 301, 311
Wahlperiode 286
Wahlrecht 287
Wahltermin 285–286
Wahlumschlag 316
Wahlunterlagen 286, 308, 317, 321, 326
Wahlurne 320–321
Wahlverfahren
normales 298, 302, 304, 311
vereinfachtes 299, 312, 319
zweistufiges 301, 311
Wahlversammlung 299–300, 302, 308, 312, 319–320
Wahlvorgang 317, 321
Wahlvorschlag 284, 291–292, 295, 300–301, 303, 311, 313, 315
Wahlvorschlagsliste 303
Wahlvorstand 39, 103, 192, 264, 281–284, 286, 287, 288, 289, 290, 291, 292, 299, 300, 302–307, 310–313, 315, 316, 320–321, 326, 327
Vorsitzender 283, 326
Wahl des 313
Weihnachtsgeld 249, 353
Weiterbeschäftigung 97
Weiterbildung 84
Werkswohnung 80
Wirtschaftsausschuss 52–53, 101, 252, 258, 327
Wohl des Betriebs 231–232

Z

Zeiterfassungsgeräte 75
Zugangskontrolle 68
Zugangsordnung 252
Zulage
übertarifliche 37, 81, 91
Zusammenarbeit
mit Arbeitgeber 224
vertrauensvolle 122, 227–228, 232, 251, 253
Zustimmungserklärung 301, 304
Zwangsgeld 92

Diese Bücher könnten Sie auch interessieren

A. Broere

Effizienter arbeiten für Dummies

1. Auflage 2019 **ISBN:** 978-3-527-71614-2

144 Seiten

Format: 217 mm x 143 mm

Ladenpreis: 10,- €*

Sie wollen lernen, wie Sie effizienter und belastungsfrei Arbeiten? Sie wollen wissen, wie Sie Ihre Aufmerksamkeit steuern können und Sie sich einen idealen Tag zusammenstellen? Dann schnappen Sie sich dieses Buch, denn es zeigt Ihnen den besten Weg.

M. Dörr

Erfolgreiches Zeitmanagement für Dummies

2. Auflage 2022 **ISBN:** 978-3-527-71930-3

300 Seiten

Format: 176 mm x 240 mm

Ladenpreis: 17,- €

Markus Dörr zeigt Ihnen, wie Sie mit einer guten Tagesplanung erfolgreicher und zufriedener werden. Sie erfahren, wie Sie mit Störungen und Zeitdieben umgehen und der ständigen Erreichbarkeit durch E-Mail, Smartphone und Co. begegnen, die Technik aber zeitgleich sinnvoll nutzen.

A. Hobi

Zeitmanagement mit KI-Tools für Dummies

1. Auflage 2025 **ISBN:** 978-3-527-72312-6

368 Seiten

Format: 176 mm x 240 mm

Ladenpreis: 22,- €*

Andreas Hobi zeigt in diesem Buch, wie Sie Künstliche Intelligenz gezielt einsetzen, um Ihr Zeit- und Selbstmanagement zu optimieren. Sie lernen, wie KI Sie bei der Terminplanung unterstützt, einen Großteil der Koordination übernimmt und bewährte Methoden effektiv ergänzt.

*Der €-Preis gilt nur für Deutschland. Preisänderungen und Irrtümer vorbehalten.

Diese Bücher könnten Sie auch interessieren

R. Klepsch

Feedback- und Mitarbeitergespräche für Dummies

2. Auflage 2025 **ISBN:** 978-3-527-72280-8
320 Seiten
Format: 176 mm x 240 mm
Ladenpreis: 22,- €*

Feedback soll motivieren und dem Empfänger Orientierung bieten. Doch konstruktives Feedback zu geben - und zu empfangen - ist nicht so leicht. Dr. Rüdiger Klepsch zeigt Ihnen, wie Sie konstruktive Mitarbeitergespräche vorbereiten und durchführen, sei es persönlich oder remote.

C. Reiman

Soft Skills für Dummies

1. Auflage 2025 **ISBN:** 978-3-527-72402-4
256 Seiten
Format: 140 mm x 216 mm
Ladenpreis: 19,99 €*

Neben fachlichem Können sind Soft Skills heute unerlässlich, um im Job und im Privatleben Erfolg zu haben. Dieses Buch zeigt Ihnen, wie Sie zwischenmenschliche Fähigkeiten wie Teamfähigkeit oder Zeitmanagement entwickeln oder verfeinern. Mit Selbsttests in jedem Kapitel.

C. Wirrwitz

Verhandlungstechniken für Dummies

1. Auflage 2023 **ISBN:** 978-3-527-72044-6
304 Seiten
Format: 176 mm x 240 mm
Ladenpreis: 22,- €*

Verhandeln kann man lernen - und in diesem Buch finden Sie grundlegende und fundierte Verhandlungskonzepte konkret und mit vielen Beispielen erläutert. Lernen Sie, sich richtig vorzubereiten, zu erkennen, wie Ihr Verhandlungspartner tickt, und auch richtig hartnäckig zu bleiben.

*Der €-Preis gilt nur für Deutschland. Preisänderungen und Irrtümer vorbehalten.